河南省社会科学规划项目"中原作家群资料整理"研究成果
本成果出版得到淮河文明研究中心资助

白桦研究

中原作家群研究资料丛刊
程光炜　吴圣刚　主编

白桦研究

陶广学 编著

河南大学出版社
HENAN UNIVERSITY PRESS

图书在版编目(CIP)数据

白桦研究 / 陶广学编著. — 郑州:河南大学出版社,2015.2
(中原作家群研究资料丛刊)
ISBN 978 – 7 – 5649 – 1903 – 0

Ⅰ. ①白… Ⅱ. ①陶… Ⅲ. ①白桦 – 文学研究
Ⅳ. ①I206.7
中国版本图书馆 CIP 数据核字(2015)第 042001 号

出 版 人	张云鹏
出版统筹	侯若愚
责任编辑	舒慧敏
责任校对	韩　琳
封面设计	侯一言

出　　版	河南大学出版社
地　　址	郑州市郑东新区商务外环中华大厦2401室
电　　话	0371 – 60993151(人文社科出版分社)
	0371 – 86059753
网　　址	www.hupress.com
排　　版	郑州市诚丰印刷有限公司
印　　刷	河南省瑞光印务股份有限公司
版　　次	2015 年 4 月第 1 版
印　　次	2015 年 4 月第 1 次印刷
开　　本	710mm × 1000mm　1/16
印　　张	22.75
字　　数	420 千字
定　　价	68.50 元

本书如有印装质量问题,请与河南大学出版社营销部联系调换。

编选说明

从最初动议到确定方案,再到最后完成,这套"中原作家群研究资料丛刊"历时一年有余。因为,它绝不仅仅是已有研究成果的简单整合。首先,编著者必须通读该作家的所有作品,包括文学作品、散文随笔、演讲报告、文艺批评等等,形成对作家作品的感性认识和理性判断,这是编选作家研究资料的基础和前提。然后收集研究资料,要求尽可能全面详尽,网络、期刊、报纸、杂志、著作、作家本人及其亲友、故交等各种途径、各种渠道,越全面越好。最耗时、最费力、最艰苦的工作是资料的分类、甄别和遴选,它体现了编著者的眼光、立场、态度和学养,决定了研究资料的分量和品质。典型性、历史性、多元性是我们选文的基本原则,力求覆盖作家不同时段、不同类型、不同风格的作品,兼顾专家批评和新锐批评,体现不同时期的文学生态和文化场域。总之,整个过程没有捷径可走,全是笨功夫、苦功夫。尽管如此,其疏漏之处肯定不少,恳请专家学者批评指正。

本研究资料共分四大部分,即作家"自述·访谈·印象记"、"研究论文选辑"、"作品年表"、"研究资料索引"。"研究论文选辑"以时间为线索,以"问题"为中心,先总论、后分论,同一"问题"相对集中,体现逻辑性和层次感,并努力体现作家作品研究的历史进程。对入选的文章,为了出版方便,作统一技术处理,删减了摘要、关键词,注释一律改为脚注,除对一些明显的文字和标点符号的疏误作订正外,其他方面包括注释的不完整、不规范,词语使用的不当等,则依旧保持原貌。"作品年表"部分按照时间顺序排列整理收录,截止时间为 2014 年 7 月。只列入作品的首发、首印,作品的再版、转载不列入年表,海外翻译版本尽可能列入年表。期刊、著作均按年、月排序,报纸具体到日期。重要散文、发表的重要演讲等列入作品年表,但作家编辑的书目、研究资料等均不列入。"研究资料索引"包括单篇学术论文索引、学位论文索引、研究专著索引三部分,截止时间同样为 2014 年 7 月,均按刊发/出版时间先后顺序编排。

需要特别说明的是,由于各种原因,编委会没能与选用论文的作者一一联系,丛书出版后,将赠书一本,以表歉意和谢意!且本书用于学术研究而非商业目的,想学界前辈、同人亦能理解支持。在此真诚致谢!如需稿费,请与编委会联系。

编委会
2014.10.31

总　　序
程光炜　吴圣刚

　　新时期以来，中国当代文学呈现为多样、多态发展的趋势。在当代文学的版图中，"文学豫军"或"中原作家群"早已成为中国当代文学的重要现象和重要构成。之所以称之为"文学豫军"或"中原作家群"，是因为它呈现出群体性，是一个集合的概念。但是，这绝不意味着这个群体中的个体是孱弱的，没有独立呈现的分量。相反，正是一个个有分量的个体组成了一个有广泛影响的作家群体：姚雪垠、叶楠、白桦、李准、张一弓、南丁、田中禾、张宇、郑彦英、李佩甫、二月河、周同宾、刘震云、阎连科、周大新、刘庆邦、李洱、柳建伟、孙方友、墨白、邵丽、乔叶、计文君等等，每位作家都有不凡的创作业绩，每个人都有自己的独特之处，都是文学中的"这一个"。

　　地处中原的河南，在当代中国政治、经济版图上不是核心地带，但在历史、文化地理图上却是积淀深厚的重镇。这里也在接受全球化的荡涤，也在搭载现代化的快车，但这里与中国当下的经济前沿存在着距离，呈现着现代化的滞后性。因此，河南在时代的节奏中存在着"时间差"。这使得中州大地在现代化的浪潮中还氤氲着农业文明、历史文化的气息，也使得中原儿女在这种相对的"慢节奏"中对历史、现实和文化进行思考，精神和灵魂回归这片土地，并以中原文化的思维方式进行着多种表达。走进历史，走进中原文化，是豫籍作家的共同选择。无论是身居河南的作家还是移居他乡的作家，他们的灵魂仍然栖居在家乡故土，并用他们敏感的触角细腻地联系和感受着中原文化，中原文化是他们精神发生的原点，河南历史和家乡生活是他们创作的源泉。对于这些河南作家来说，似乎只有这片故土和其中的点点滴滴才能够激活创作的灵性。正如阎连科所说："我家住在一个镇子上，那是一个很大的村庄。那个村庄是我写作取之不尽的生活源泉、情感源泉、想象的源泉。一句话，是我写作的一切的灵感之源。那个镇子奇妙无比，任何现实中的一件事情都可能是荒诞的、合理的。"[①]正是在这种表达中，作家们完成了自己的一部部皇皇巨著，成就了当代河南文学的气象大观。

---

① 阎连科：《我的现实，我的主义》，http://v.book.ifeng.com/book/ts/7332.htm。

"中原作家群"不仅是河南的文学现象,也是全国的文学现象;产生于中原大地的河南文学,早已超越了这一区域空间。无论是二月河、李佩甫的作品红遍全国、传播域外,还是刘震云、阎连科、周大新、李洱的作品的海外影响,都说明豫籍作家的作品是全国性的,也具有世界性的分量。这足以构成河南自己的文学史。关于河南文学和"中原作家群"研究,近十年来,随着作家作品的动态性呈现,更多表现为个案化的文学研究,而当代河南文学的整体性、系统性研究则不够。这一方面与河南的经济实力及其对文化提升、带动能力的不足有关,另一方面也与学界、文学界对河南文学在当下中国文化地理学上的地位认识不足有关,特别是与本土学界的研究、推介的成绩有关。弥补这一不足,是一项浩繁的工作,但起步必须从基础开始。

资料整理无疑是学术研究中最基础性的工作。学术界目前关于河南作家的研究资料,主要是上世纪80年代出版的《李准研究资料》、《姚雪垠研究资料》等有限的几种。相关研究主要体现在两个方面:一是关于"文学豫军"、"中原作家群"的正当性和合理性的阐述,这方面的研究成果主要有孙荪的《文学豫军论》等,该文系统性地评述了"文学豫军"的由来、构成及文化特征。二是"中原作家群"形成的历史文化原因以及具体作家作品的研究。刘增杰主编的《精神中原》以论文集的形式综合了学界对于中原作家群整体把握和作家研究的成果;张鸿声主编的《河南文学史·当代卷》则是系统描述当代河南文学发展的第一部史著;梁鸿的《"外省笔记":20世纪河南文学》以"外省"的视角考察河南文学,从文化的角度寻觅和审视河南文学;何弘的《超越还是重复——中原文学论稿》试图对"中原作家群"或中原文学作出一个整体性的描述。这些研究对于解说一种文学现象的发生、发展是必要的,但都是初步的,特别是对"中原作家群"形成的历史文化原因和整体性特征的研究,远未形成对"中原作家群"完整的、核心的解说,更没有评估、揭示出"中原作家群"的应有价值。因此,就需要有人真正深入下去,沉入到纷繁的资料中去,耐心、细密地梳理,把那些能够反映和体现作家创作实绩、作品价值和当代河南文学整体面貌的资料整理出来,形成完整、系统的当代河南文学的资料体系,为文学史的生成奠定坚实的基础。

信阳师范学院文学院的一些老师近年来致力于河南文学研究,逐渐形成了自己的方向和领域,引起了学界的关注。作为一所本土的有长期人文积淀的高校,研究河南文学、推动河南文学发展是应有的责任。2013年起,文学院整合文艺学、现当代文学和写作学等学科的十几位教授、博士组成研究团队,集中开展当代河南文学研究。这个团队以博士为主,中青年结合,队伍整齐,潜力很大。他们首先从资料整理开始,扎扎实实开展研究工作。第一辑选取"中原作家群"中影响最大的15位作家,经过近一年的努力,整理出《白桦研究》(陶广学讲师,扬州大学博士)、《张一弓研究》(吕东亮副教授,武汉大学博士)、《田中禾研究》(徐洪军讲师,上海大学博士)、《张宇研究》(杨文臣讲师,山东大学博士)、《李佩甫研究》(樊会芹讲师,江苏师范大学硕士)、《二月河研究》(吴圣刚教授)、《刘震云研究》(禹权恒讲师,武汉大学博士)、《阎连科研究》(方志红副教授,四川大学博士)、《周大新研究》(沈文慧教授,华中师范大学博士)、《刘庆邦研究》(杜昆讲师,南京师范大学博士)、《李洱研究》(王雨海教授)、《墨白研究》(杨文臣讲师,山东大学博士)、《邵丽、乔叶、计文君研究》(李群副教授,河南大学硕士)等13卷,资料选编力求翔实、准确、有代表性。第一辑告罄之后还会启动第二辑,甚至第三辑,目标是把"中原作家群"主要作家的资料完整、系统地拓展出来,真正为当代河南文学的深化研究做些基础性的工作。

由于编选者的眼界、学识、水平有限,疏漏、不足,甚至差错定然存在,敬请学界批评指正。

目　录

1　　编选说明
1　　程光炜　吴圣刚　总序

自述·访谈·印象记

3　　白　桦　我们创作的基点
5　　白　桦　没有突破就没有文学
12　　白　桦　文学在思想解放运动中的作用
19　　白　桦　作家的使命感与文学的未来
22　　白　桦　我们的自信
25　　白　桦　历史的回顾与思考——创作《曙光》所想到的
39　　白　桦　《吴王金戈越王剑》创作断想
42　　白　桦　五点和诗有关的感想——在诗歌创作座谈会上的发言
50　　白　桦　诗的逃避与被逃避
52　　白　桦　由衷的、有感而发的歌唱——《今夜星光灿烂》拍摄前和谢铁骊同志的谈话
62　　白　桦　关于《苦恋》的通信——致《解放军报》《文艺报》编辑部
65　　白　桦　关于《孔雀公主》
67　　白　桦　给电影提供坚实的文学基础
74　　白　桦　我和胡风短暂而又长久的因缘
88　　白　桦　我相信守望底线
91　　白　桦　潘志兴　对话——巨著、探索与传统
96　　朱　竞　白　桦　花丛中的礼炮
99　　鲁　豫　白　桦　白桦，真正的诗人
104　　朱健国　白桦珠海说孤独
117　　香港《文汇报》记者　白桦：文学创作必须自由
120　　夏　榆　"没有思想就没有文学"——专访作家白桦
127　　白　桦　王妍丁　白桦与王妍丁的QQ访谈
130　　白　桦　张　鸿　白桦座谈创作与人生

144	白 桦 郑丽虹	白桦:文学对人性的解剖最深刻
148	白 桦 曹可凡	可凡倾听:白桦,今夜星光灿烂
154	李 钦	白桦——多思、多才、多产的作家
156	孟 涛	自由个性美学——白桦对电影的思索
159	孙振亚	投军路上遇白桦
163	王安忆	诗人白桦
164	周孟贤	白桦:在寂寞的这边

研究论文选辑

169	谢 冕	孔雀已经归来——论白桦的诗
176	沈 栖	中国知识分子的思想宣言——读白桦长诗《从秋瑾到林昭》随感
178	陶汉章	一个写路线斗争的好戏
181	张国军	光彩照人——试谈话剧《曙光》贺龙形象的塑造
185	薛宝琨	悲剧的力量——看《曙光》想到的……
188	崇 龙	革命斗争的真实反映
193	冯 牧	让灿烂的星光照亮人们的心——和青年朋友谈《今夜星光灿烂》
197	浦 人	革命和青春的颂歌——影片《今夜星光灿烂》观后
199	高立志 崔莲英	一首抒情的赞歌——《今夜星光灿烂》的艺术特色
202	《解放军报》特约评论员	四项基本原则不容违反——评电影文学剧本《苦恋》
210	唐 因 唐达成	论《苦恋》的错误倾向
219	张光年	1981年批判《苦恋》的前前后后
234	史中兴	一篇批判《苦恋》文章引发的风波
238	马 达	《文汇报》拒绝转载批判《苦恋》文章内情
244	徐庆全	《苦恋》风波始末
256	柳 萌	《春天对我如此厚爱》发表后——20年文坛亲历记
261	顾 骧	史笔·哲理·诗情——《吴王金戈越王剑》散论
265	林克欢	历史意识与道德批判——评《吴王金戈越王剑》的重大不足
269	张 维	不能把古代神话现代化——对影片《孔雀公主》的意见
274	张仲春	白桦、叶楠剧作艺术风格比较
284	唐葆祥	匠心独运谱新歌——读白桦《霓裳羽衣歌》
289	季元龙	要画出这样沉默的国民的魂灵来——读中篇小说《啊!古老的航道!》

297　李清霞　浓缩的历史 深广的蕴藉——重读白桦的《呦呦鹿鸣》
304　蓝　芒　文学呼唤激情和想象力——读白桦《蓝铃姑娘》小说二题
308　刘千秋　文明人的"野蛮"与野蛮人的"文明"——试析《远方有个女儿国》的反乌托邦叙事

作品年表

317　白桦作品年表

研究资料索引

339　白桦研究资料索引

345　编后记

自述·访谈·印象记

我们创作的基点

白 桦

我们为什么写戏、写诗、写小说？这个问题是个最根本的问题。如果这个问题不搞明白，光讨论什么能写，什么不能写？该歌颂还是该暴露？历史题材还是现代题材？……都无法谈清楚。有些理论家不谈这个创作上的最基本点，而离开生活实际和创作实践，用一些貌似革命的词句要求应该写什么和不应该写什么，应该歌颂还是应该暴露，历史题材重要还是现代题材重要，实际上这只能引起混乱。我们这一代文艺工作者已经是走了很长一段弯路了。"四人帮"误了一代人，其流毒还远远没有肃清。最近，某些人公然振振有词地把和林彪、江青炮制的《纪要》极其相似的观点和语言拿出来吓人，就是明证。我们不能再误下去了！我们之所以走弯路，首先是没有把为什么写戏这个最根本的问题搞清楚。如果我们不是为了对今天的生活表态，不是为了促使人类社会的前进，促使经过千辛万苦才建立起来的社会主义国家更完美，我们写戏干什么呢？古今中外有价值的作品，无一不是由于反映了作家那个时代的人民的要求和愿望！戏剧是要通过舞台直接向观众讲话的。今天的观众在台下一听就知道这个作家的态度，是在说真话还是在说假话？观众完全可以看透作家的心灵。像"四人帮"那样用强权来迫使观众在剧场里听那些味同嚼蜡的假话的时期，已经一去不复返了。任何个人和小集团都不能使我们为他们的利益去说谎了！这是听了多年谎话之后再听到谎话就作呕的观众所决定的。很遗憾，至今却还有人试图说服或吓唬剧作家不要去揭示生活本质的真实，而给作者描绘了一幅美丽的图画：忘掉一切吧！只管向前看。真正熟悉和理解生活并经历过坎坷的剧作家完全了解现状，不仅要向前看，还得向左向右看，有时候向后看看也是必要的。因为很多惨痛的教训至今都没有被认识，有些人还在同一个方向从背后捅刀子。我国人民的确一直都是热情洋溢地往前看，向前进，即使跌一跤，又爬起来继续前进。如60年代初，善良的人民怎么知道，正当我们勒紧腰带，以十倍的努力克服由于天灾和人祸造成的困难的时候，正当我们刚刚又有了温饱，并取得较大成就的时候，"四人帮"一伙已经开始为他们的篡党夺权密谋于暗室了。向四个现代化进军就那么容易吗？进军的道路已经畅通无阻了吗？不！远远不是！今年春天不是又刮了一阵不大不小的冷风吗？有些人不是已经把棍棒举起来了吗？有些整人的文章不是已经写好了吗？只不过没来得及抛出来就又风和日丽了。但那些靠打棍子才能往上爬的人还在,写好的文章只不过暂时收进抽屉里罢了。

三个月之前,一个同志问我:

"你以为这股冷风会产生什么影响?"

我回答说:

"一些接受了正反两方面经验教训的作家不会受什么影响,会坚定不移地按照自己深思熟虑以后选择的路子继续前进。只是一些不明真相的业余作者和青年作家可能无所适从,他们中的有些人为了出头,不得不去辨认风向,去适应某些错误的要求,去走那种既不需要深入熟悉和理解生活、又不能接受生活的主人——人民群众检验的创作道路。"

如果我们对生活的本质有了认识,我们的作品就要对人民负责,对历史负责!如果我们能做到对人民和历史负责,必然也会符合党和阶级的长远利益。

创作、评论界一场关于创作方法的大辩论已经展开,而且势必会全面展开。某种谬论借行政压力左右全国创作方向的可能已经不存在了!这是形势很好的证明。粉碎"四人帮"之后出现了大批作品,很多作家用创作实践有力地参加了论战。在真理面前人人平等。某些人不是多次试着又以极"左"的气势和语无伦次、反复无常的论点向创作、评论界挑战吗!他们以为创作、评论界都会像几年前那样俯首帖耳、瑟瑟发抖;真是隔年的皇历看不得,引起的却是全国创作、评论界的高度警觉,真正做到百家争鸣,那种不调和音自然就显得特别刺耳和可笑!真理将越辩越明。

谁也代替不了从垄断者手里重新夺得的马列主义基本原理对我们的指导,谁也代替不了给我们许多痛苦和欢乐的生活实际对我们的教育!我们的书生气少了一些,眼睛亮了些,立场坚定了些,胆子大了些!

因为我们创作的基点是:对人民负责!对历史负责!

原载《剧本》1978 年 8 月第 8 期

没有突破就没有文学

白　桦

我十分珍惜能够在第四次文代大会上发言的机会。很多同志和战友二十多年不见面,恍若隔世。很多同志和战友这些年都有一百个死的危机,只有一个生的希望,结果却活着在这里相见,在这里叙旧,在这里回顾与展望！但有些同志和战友却永远离开了我们,我们记得他们曾经和我们一样希望过,斗争过,他们的希望和斗争留给了我们。

我想谈几点感想:

正由于越来越多的人在醒悟

半个世纪以来,我们这个伟大的民族在中国共产党的领导下,用我们像江河那样汹涌的鲜血冲开了一条民族生存的道路,使我们从封建愚昧的状态中醒悟过来。正由于越来越多的人在醒悟,我们的战斗者才越来越多,我们的战果才越来越大,才建立起了一个伟大的人民共和国。我们的祖国有过一个多么明媚的早晨！在早晨,我们是清醒的,为了奔赴我们的目标而付出了很大的牺牲。那时,我们的党满怀信心,力大无穷,一呼万应！因为党扎根于人民。在我们建国之初,就是最仇视我们的敌人也不得不承认,中国人民站起来了！前进了！任何外来的压力都不能使这个民族倒退,使这个国家遭到颠覆。但是,后来我们出现了倒退,出现了几乎被颠覆的危险。林彪、"四人帮"一伙推行愚民政策,利用人民对党和领袖的感激和敬仰,使越来越多的人重新回到蒙昧状态之中。为什么会是这样呢？首先是因为他们一步一步把科学的马列主义加以歪曲之后硬性规定为宗教主义,不允许对马列主义、毛泽东思想进行科学的研究和讨论,当然也就不能正确去认识和发展。用专政和群众运动的手段把革命领袖制造成为神,众多的人不敢反对也不敢怀疑。直到今天,当我们反对现代迷信、提倡科学的时候,仍然遭到像辛亥革命前打偶像被众人围攻致死的情形。张志新之死就是这样。张志新烈士的鲜血使越来越多的人醒悟,但还有一些人执迷不悟,也有一些人由于自私的目的假装一副虔诚的信徒的样子。执迷不悟的人可怜,装做信徒的人可恨!我们不得不像蚕蛹那样非常吃力地去咬破我们自己做成的茧子,才能够得到空气和阳光,才能够有生存、发展的空间。

我们曾经长时期不间断地反对过文艺作品中的公式化、概念化倾向,但从未反掉过,这同样是由于文艺参与造神的结果。每一位作家、艺术家都会记忆犹新,有一个时期,作品中任何一个党的干部形象一定都要等于党。任何一个工人的形象一定都要等于整个工人阶级。最后,人,在文艺中消逝了。剩下来的当然乃是一些贫乏的概念。在做蒙昧这颗蚕茧的过程中,文艺也起到了很重要的作用。我们的民族很善良,善良的人很容易轻信,一直到林彪、"四人帮"一伙对人民群众实行"全面专政"的时候还都死记着一个公式:成绩是主要的,缺点错误是局部的,是十个指头里的一个指头。甚至在相当长时期内,很多人还认为"四人帮"是真的在进行一场革命。有些本来是很英勇的战士,在敌人面前由于蒙昧而失去了战斗力。如果不是这伙反面教员,我们会有比较多的人至死不悟!百万群众在丙辰清明的呐喊不是在很长一段时间内被某些人认为非法吗?正由于越来越多的人在醒悟,才在1976年10月一举粉碎了"四人帮";正由于越来越多的人在醒悟,亿万干部、群众才能得到解放;正因为越来越多的人在醒悟,包括那些指责别人为"缺德派"在内的不同观点的人才能够展开正常的争论;正由于越来越多的人在醒悟,文艺创作才能出现今天这样正视现实的局面,第四届文代大会才能召开,许多老同志才能活着在这里团聚;正由于越来越多的人在醒悟,中国的四个现代化才有希望,文学才有希望!

"你们想干什么"?

近一个时期,有些人对粉碎"四人帮"三年来的文艺创作形势提出了严厉的责难,经常质问:"你们想干什么?"这个问题必须正面回答。

我们想干什么呢?我们想在我国文艺领域里恢复现实主义传统!我们想恢复文艺反映社会生活这个起码的职能!我们想让人们记住惨痛的历史教训!我们想让人们分辨良莠、识别是非!我们想在人民群众心目中恢复社会主义革命的信念!我们想让人民认识到中国的现状,认识到前进道路上的坎坷和光明。近三年来的文艺创作实践也充分说明了我们这些目的。那么,为什么会使有些人感到奇怪和不理解呢?我以为这是很正常的,因为长期以来"指鹿为马",一旦真马出现反而不认识了,还把指马为马的人当做异端。

在新的历史时期,作家、艺术家如果回避我们眼前的深刻的社会思想斗争,不愿意了解当前人民群众的生活和新鲜活泼的思想,他们的作品当然没有读者。因此,这不但是我们想干什么,还有一个应该干什么的问题。我们应该掩饰谁也无法掩饰的社会矛盾吗？我们应该去歌颂使我们付出了重大民族牺牲的愚昧状态吗？我们应该对已经绊住了我们的手脚的官僚主义保持沉默吗？我们应该去照顾与共产党毫无共同点的"一言堂"主的威望吗？人民群众不许可！你一定要这么干就干好了，只要你有园地、有纸张，至于读者，就越来越少了！"四人帮"当道这一段历史长达十年，比抗日战争还要长，这一段历史如此之奇特，我们不应该思索一下为什么吗？党的十一届三中全会所以赢得绝大多数人民群众的拥护，不正是由于党中央恢复了实事求是的作风，向人民说了真话吗！党是司令部，群众是战斗员，不把敌情告诉战斗员，战斗员怎么去消灭敌人，赢得胜利呢！

　　作家、艺术家的使命是历史赋予我们的，任何违反历史前进规律的人给文艺施加压力，为他们的政治利益服务，最终是要失败的。我们不要忽视人类历史上这个极罕见的现象，研究他们的发生与发展，毛骨悚然的成功和悲惨可耻的失败。人类历史中没有任何职业像文艺家这样注定要接受历史的荣誉审判，林彪、"四人帮"和他们的那个"顾问"都曾经凌驾于中国文艺家之上作恶多端，还有一些"四人帮"的御用理论家和爪牙们不是不论大小都结束了自己的政治生命了嘛！新中国短短三十年的文艺史，沧海桑田，沉浮变幻，可资接受的教训很多，中国的文艺家还是有几根硬骨头的，一大批文艺家被一些"左"派理论棍子打倒在地，埋葬在泥土里二十多年不是又复活了嘛！又开始发芽、开花并准备结果了嘛！种子就不怕泥土，种子埋在泥土里不是适得其所嘛！一本《重放的鲜花》说明了二十多年文学创作界的功过。历史不会埋没李白、杜甫、司马迁，但历史埋没了和李白、杜甫、司马迁同时代的显赫一时逆历史潮流而动的权贵！今天，许多多年不能拿笔写作的作家不是没有被消灭掉吗？许多同志的肉体被消灭了，他们的作品不是还存在吗？那些"金棍子"不是一根一根都变成了麻秆儿了吗？三十年的文艺评论有几篇不加修改今天还能印发给我们一读的呢？这还不能说明问题吗？当然，这是错综复杂的历史原因造成的，谁也不会去追究个人的责任。但必须正视这个历史的大曲折。

　　今天，党中央和人民给了文艺家一个基本的权利——陈述自己观点的权利。全国人民都参加了同人民生活息息相关的文艺问题的争论。有人民群众的声音就能保证真理愈辩愈明。最近关于"歌德与缺德"的讨论，对于文艺界的同志，对于全国人民都是有益的。如果我们不首先把"德"的概念搞清楚是无法进行讨论的。有些同志至今都分不清"四人帮"和党的界限，分不清马列主义与冒牌的马列主义的界限，分不清人民的利益和特权的界限。他们把"四人帮"极"左"路线的一切祸国殃民的毒瘤当做马列主义固有的肌体来维护，不许碰，一碰就是反党、缺德。张志新同志看出了我们党的肌体上的毒瘤，被认为是谋杀革命的罪犯而被处死了。正因为张志新同志对党、对马列主义、对人民爱得至深、坚定忠诚,才能做到至死不变!今年年初,我在全国诗歌座谈会上讲过一句话:"诗人同志们!我们千万不要再去歌颂什么救世主。"今天我重申,我仍然这样看。理由很简单:"从来就没有什么救世主!"这句《国际歌》里的歌词是无数先烈临刑前唱的,先烈们告诫我们"从来就没有什么救世主"。从来就没有的东西为什么还要去歌颂呢?有些装着虔诚之极的信徒们,非要说世界上有救世主这种东西,并且把救世主和革命领袖的概念联系起来,甚至等同起来,用以吓人!当张志新作为一个人、一个革命者已经在越来越多的中国人心灵中复活了的时候,那种造神杀人的残酷游戏可以收场了!

所谓"安全"问题

很多好心的同志和读者来信经常提醒我:"你很不安全!"我很感激这些同志的关心。同志们这样想是非常合情合理的。我们中华民族有许多优秀品质,诚恳就是其中之一,在某些时期,不少诚恳的人失去职务,失去自由,失去最低的生活条件,以至失去脑袋。而不少虚伪的人,不劳动可以靠吓唬人而得名、得利、得官;当然,也有翻船落水的,像姚文元,但毕竟是少数。前些年生活中说谎而飞黄腾达的生动故事年年月月教育着中国的老人、青年和儿童,形成了一种普遍的社会心理:虚伪者安全,诚恳者危险。我常听一些有儿女的同志忧心忡忡地感叹说:"我的儿子将来准坐牢,因为他不会说谎!"也有些同志乐滋滋地说:"我的儿子准有出息,因为他是个小两面派!"多么可悲!当我只有十几岁的时候,从特务暗探横行的白区走出来,参了军。在战火纷飞的战场上我觉得生活在一个温暖的家里,安全极了!行军打仗我天天记日记,剖析自己的思想,记载我所感兴趣的一切。到了50年代后期,一切文字都变成解释不清的罪状,最天真无邪的话都变成最阴险的反党言论。从此之后我再也没有日记本、笔记本之类的东西了。在"文化大革命"时期,文字固然可怕,语言尤其容易招祸,如临深渊,如履薄冰。"打倒一切,全面内战"变为口号之后,人人自危,正常人的语言都转入地下成为窃窃私议。

"四人帮"被粉碎之后,特别是党中央召开了十一届三中全会,进行了大量的拨乱反正工作,由言论而获罪者渐渐少了,但并不是说已经完全解除警报了。大多数知识分子根据切身体会得到的教训是:当允许你放的时候,就潜伏着收的危机;当你放的时候就为自己挨打、挣一顶帽子、坐牢准备了条件。今年春天的一阵反三中全会的冷风不是很说明问题吗?张志新同志的事迹一见诸报端,大多数同志义愤填膺,增强了战斗的勇气和信心。也有不少人情不自禁地摸摸自己的气管,暗暗为能寡言而气管幸存感到后怕。但是共产党员在党的会议上不敢说真话,父子、兄弟、姐妹、朋友之间不能知心,作家不敢记笔记,公民不敢记日记,这算什么社会主义国家呢?我们的人民是有高度责任感的人民,我们的作家也是有高度责任感的作家,我们勇气的来源正是这种神圣的责任感!全国人民都相信,党中央绝不会失信于民!文艺界的同志们经历了这么长的曲折历史,大家的思考能力大大地增强了,在学术问题上废黜百家的可能已经不存在了,对某种独家之言可以听而不闻,可以听而议论,可以退出会场。在学术问题上是不能求助于组织纪律性的。除非来一个"四人帮"卷土重来,重新法西斯化。但到那一天就不只是少数人遭灾的问题了!

现在仍然不能说文艺家已经到了比较安全的时候了,不是还有人著文、投书、讲话,要把某人关起来,给某人重新戴上帽子吗!既然做文艺工作就得发言,就得对生活表态,就有"歌德"与"缺德"的问题,就有安全与不安全的问题,就有得罪人的问题,除非你不干这一行,怎么办?刘宾雁同志在《人妖之间》中有句名言,原话是斥责那些丧失立场的干部的:

"这也怕得罪,那也怕得罪,唯独不怕得罪人民共和国的'主人'——人民!"

我们应该把它翻过来讲并加以实行:"这也不怕得罪,那也不怕得罪,唯独不应该得罪人民共和国的'主人'——人民!"

我们的安全固然要依靠社会主义民主和法制,但最主要的还是依靠人民群众。谁最不安全,"四人帮"最不安全,他们现在整天战战兢兢,监狱成了他们活在世界上最安全的所在。还有个别人,即使进了八宝山也不安全,迟早会被人民扔出来,这是毫无疑义的!从这个意义上来看,我们只要为我们的母亲——人民说真话,对历史负责,我们可以充满信心地说:人民会保护我们,历史会做出公正的裁判。

要真正贯彻"双百"方针

近三年来创作很活跃,思想也很活跃,说明我们大有希望,我相信,如果能长此以往,不出三五年就会有很好的作品出现。今天,各种不同的意见都可以摆出来争论。当然,也有些同志很激动,语气不大温和,甚至骂街,这些都不能影响总的逐渐好转的形势。这种局面是三十年来所未有的,经历了林彪、"四人帮"制造的十年浩劫,出现这样的局面,我们的确应当非常珍惜,应当努力巩固和发展这个好形势。首先是出现了很多引人注目的好作品。三年来,作家队伍中的老、中、青十分勇敢和勤奋,拿出了大量的作品,这些作品涉及的生活的广度和深度都是空前的。我们的文学有了起死回生的转机,而这棵灵芝草就是现实主义。我们三年来文艺创作的主流是健康的,绝大多数作者充满对祖国人民的苦苦的恋情，为时代的损失痛心疾首，大胆触及时弊，把一颗鲜血淋淋的赤心掏出来交给读者，和人民群众心心相印。作家和人民从来没有像今天这样靠得那么近。但在我们队伍中间还有些紧张空气，大胆肯定，明确否定，有棱角的评论很少。不争是搞不清真伪的，对《歌德与缺德》的讨论，对《乔厂长上任记》的讨论就非常好。有意见摆在桌面上，领导同志也可以写文章参加讨论，但不要禁止或取缔，也不要动不动勒令检讨。允许发表和领导相反的意见，在学术问题上要允许在平等的地位上展开讨论。领导同志要宽宏大量，气量狭窄的领导于党的事业不利。邓小平同志代表党中央做的祝辞是何等的好啊！"衙门作风必须抛弃。在文艺创作、文艺批评领域的行政命令必须废止。如果把这类东西看作是坚持党的领导，其结果，只能走向事情的反面。"但是有些人是不会因为党中央这么讲了就坚决执行的。因为他们除了"横加干涉"之外，一无所能，他们不那么做就要失业。"横加干涉"比平等交换意见省事得多。发挥了文艺家的聪明才智好像就会显得他们没有聪明才智一样。有人质问："作家艺术家创作、生活要什么条件？有了条件只会导致修正主义化！""领导与被领导怎么可以待遇相等或接近呢，那样不成了平均主义吗？"请看，落实一项政策是多么困难啊！何况党中央关于文艺领导的问题只是提出了一些正确的原则。从来没听说过对知识分子搞极"左"迫害的人罢过官、降过职、减过薪，更谈不到受法律制裁和承担罪责。因而，争取文艺创作的基本条件，必须进行长期不懈的斗争才可能得到改善！

这些年来，许多作家都老死不相往来，不是不愿往来，而是不敢往来。从1957年开始，"过从甚密"就可以论罪，谁还敢"过从"呢？动不动就抓出一个反党集团，加上我们"飘零各自远"，许多同志"见面不识如路人"。中外古今搞学问的人都有文友、学友、诗友。学而不问是无法长进的。近三年来比较好些了，心有余悸的同志仍然不敢知识分子成堆，一成堆就怕。若干年以来我们之间不能互通生死。1957年时青年作家的遭遇，今天谁都看成为一个严重的教训，只不过有人从正面看，有人还从反面看罢了！至今还有人对我们另眼看待。我有一个经验，就是：蔑视他们！因为毁誉、荣辱的标准的制定者从来就是历史和人民！亚热带的植物由于形成天然群落才格外茂密，竞相生长。不同类型的植物生长在一起，各有各的空间，又互相调节、互相荫蔽。让老、中、青作家也能形成天然群落吧！

希望和期待

我呼吁民主！文联、作协是文艺家自己的组织，是党领导下的群众性团体。

我希望不是某一个部的一个变相的司、局。作家、艺术家的团体如果还不能实行民主,还有什么行政部门和组织能够实行民主呢?我们的领导人不是决心来做官,而应该是决心来做作家的良师和益友,党通过你们来团结和关心作家、艺术家的创作劳动、学术研究和生活。党通过协会向作家艺术家宣传党的方针政策,向党反映作家、艺术家的愿望和呼声;不是借党的名义压制作家、艺术家的积极性。

我呼吁团结!但这种团结必须是在"百花齐放、百家争鸣"的原则基础上的团结,有不同意见就打击、报复、排斥、冷遇的现象一定要消除。法官和被告绝无团结可言,坚决抵制那种已经出现过的,在某些人棍子下面的"团结"。他们认为谁要是用手护着自己的脑袋,谁就是不讲团结,夺棍子的人更是犯上作乱、大逆不道的狂徒了。

我呼吁给作家、艺术家提供起码的工作条件!《歌德与缺德》的作者想象有些作家是在红地毯上干"缺德"的事。我到过中国最著名的作家的家里,还没见过谁家里铺着地毯。不少作家住房狭窄。有些国内外知名的作家一到晚上就不得不跟妻子、儿女谈判,达成合理使用那张唯一的桌子的协议。这就是多年来被称为"精神贵族"的人们的现状。

我呼吁关心青年作家的培养!近些年出现了不少有才能的年轻人,他们的作品大部分没有发表的园地,或只能在自发刊物上发表。他们的思想和作品尽管还存在着这样或那样的问题,但已经显示出了他们的才华。文学界很少有人去接近他们,认为他们的思想"可怕"。他们的思想不是生下来就可怕的,而是可怕的历史造成的。可以预见,他们之中会出现很好的作家,因为他们大多在基层生活,有勇气,善于思考。不能忽视他们,要了解他们,引导他们!现在活跃在文坛上的青年作家至少都在三十五岁以上,为了中国文学的前途,必须预见未来!不管我们愿意不愿意,未来是青年人的。不要对青年作家的优点和长处视而不见,看到的尽是弱点。那些把青年作家培养成没有独立思考、没有独特语言的做法是绝对错误的。创作这个事业,越是放手些,越会使青年作家早熟。

我们是劳动者,是靠我们的创作劳动为人民服务的。我呼吁保护、支持和奖励勤奋的劳动者!谴责文坛窃贼和把头!谴责怠工者!谴责谣言制造者!

最后我呼吁:拿出勇气来吧!没有勇气就没有突破,没有突破就没有文学!

这是作者在中国作家协会第三次会员代表大会上的发言,本报有删节
原载《人民日报》1979年11月13日

文学在思想解放运动中的作用

白　桦

　　三十年来，从来没有像今天这样，我们的文学空前广泛地和深刻地反映我们的生活；从来没有像今天这样，我们的文学作品在人民中间得到那么强烈的积极的反响；从来没有像今天这样，我们的作家和广大人民群众的关系，这么密切，并得到人民的信赖；从来没有像今天这样，我们的文艺理论家和作家的目的如此一致，如此亲近。三年来文艺工作所取得的优异成绩，今天能在庐山召开如此盛大的文艺理论讨论会，就是明证。

　　我想谈以下五个问题：

文学是思想解放运动的锋芒

　　文艺在思想解放运动中起了锋芒的作用，现在要继续肃清封建主义思想的影响和消除"四人帮"愚民政策的恶果。过去我们对于在我国统治了几千年的封建主义缺乏深入的研究和彻底的批判，没有向从三座大山下解放出来的人民指出共产主义和封建主义的区别以及资本主义和封建主义的关系。实际上，我们也都变成了精神的奴隶。"文艺为政治服务"代替文艺自身的规律束缚了我们好多年，使文艺堕落到可以为任何反动的政治服务的地步，起了很恶劣的作用。比如，由于"血统论"而造成的无数悲剧，我们文艺难道不负一点责任吗？长期以来，用阶级分析来代替人物个性，文学中所有的地富和他们的子女必然要复辟，所有的富裕中农必然损公肥私，所有的中农必然动摇，党的支部书记必然是没有个性，只有阶级性、党性的抽象的人，生活却完全不是这样。有些农村，进村之前就能猜到哪一座房子是干部的，农民称为"三官庙"的是支书、大队长、会计居住的全村最高大的住宅。人只有阶级性这种形而上学的认识使我们在我国的历史大倒退已经完成之后还没有觉悟。因为人的阶级属性不以个人意志为转移，而人的人性却是可以因环境变化而变化的，不管他属于哪个阶级，革命多少年，甚至拥有多少"马列主义"。人性无例外地要受到金钱、美色，尤其是权力的诱惑和腐蚀。由于我们不承认人有人性，只有阶级性，所以从主、客观两个方面都没有有效的措施,特别是人民没有行使最有效的权力——人民民主。有人把十年浩劫称为民主的结果,因而民主十恶不赦。真是有意颠倒黑白!十年浩劫是法西斯蒂!我们能把希特勒操纵下的冲锋队的暴行叫做民主吗?显然不能!十年浩劫中的各派群众组织的背后,哪一个不是林彪、江青及其追随者们操纵的呢?他们戏弄群众挑动内战,残害人民,我们能把"四人帮"这种"三K党"式的疯狂称之为群众意志吗?显然不能!十年浩劫中的一切暴力行动都是"四人帮"一伙为他们实行法西斯专政扫清道路为目的的。那十年,是最残酷的专制!最血腥的独裁!我们坚决不同意把十年浩劫解释为民主泛滥的结果。我们仅仅认识了我国的历史大倒退是远远不够的,把这艘倒退而缺乏足够动力的航船开动起来,使之前进,是很不容易的。这场灾难遗留给我们民族的负担将在前进的途中随着速度的加快越来越沉重。因此,中国文学任重而道远。

作家的精神地位

在思想解放运动中,作家的精神地位已由精神奴隶提高到历史的良心的高度,作家肩负了伟大的历史使命。作家有权利描写严酷的现实生活,当然包括政治、经济,甚至自然变化对人民生活的影响,也包括党的路线、国家制度对人民生活的影响,也包括领袖和各级干部对人民生活的影响。通过作家的观察、思考,通过生动、典型的人物形象,把具有深刻社会意义和历史意义的生活反映出来。作品所以感人,主要是写了真实的生活,写了人性和阶级性统一于一体的活人。据我了解,严肃的作家在"四人帮"垮台之后奋笔疾书的动机绝非个人各种名利和私愤。就说我自己吧,"四人帮"垮台后的第二天我就想到要立即拿起笔来,但要写的东西很多,写什么呢?我首先思考的是我们国家在现阶段的迫切问题是什么?我要向全国人民高喊一句最重要的话,喊什么?我认为我国现阶段最迫切的问题是立即制止"左"倾机会主义的错误!我要向全国人民高喊一声:"左"倾机会主义害死人!"左"倾机会主义路线误党误国!这一切怎样通过文学作品反映出来呢?我要写的东西很多,多年来的目睹身受,可以写的东西俯拾皆是。有些高喊作家要"深入生活"的人恰恰是希望作家像"四人帮"时期那样,按某种意志去随心所欲地图解生活,否则就不真实,因为不合他们的心意。那样的办法早就证明是失败的。而作家——一切严肃的作家都明白生活对于文学创作的意义,目睹身受的生活是忘不掉的!为什么在"四人帮"垮台之后一个星期我写出了话剧《曙光》,我正是想用《曙光》提出我国现阶段的一个最迫切的问题,我并没想到要为什么样的政治服务,只是想喊一句全国人民要高喊的最重要的话。给予我勇气的主要是我国人民长期的悲惨遭遇。《曙光》反映的那一段历史，最初是贺龙同志在1952年向我谈到的。但当时22岁的我还认识不到那样严峻的问题，而且在党史里找不到任何具体的叙述，所以并没有引起我的注意。我以为那只是历史上一场偶然的噩梦。十年浩劫中，贺龙同志本身的遭遇和30年代初洪湖的悲壮故事不断交替地冲击着我，我多么盼望在60年代能出现段德昌那样正面抵制"左"倾机会主义路线的英雄啊！我怎么也忘不掉他死前的三句话：不要离开洪湖的人民；不要开除我的党籍；不要用枪弹打死我，留一颗子弹打敌人。"四人帮"当道的后期，我又回了洪湖湘鄂西二十余县，我没有一天不是以泪洗面的，历史和今天，今天和历史，不断交替地摇撼着我，迫使我思考！如果没有十年浩劫的自身遭遇，如果没有贺龙同志在60年代的悲剧，如果没有洪湖湘鄂西二十余县人民对我的哭诉，我仅仅靠贺龙同志给我讲的故事，是无法进入创作的，我首先无法理解"左"倾机会主义这个现象的本质及其历史的、现实的意义。生活对于作家是重要的，人民的巨大情感对于作家更为重要。作家写的是人，是人的心灵，不是抽象的人，也不是生理的人，谁给了我们自信，谁使我们恢复了作家的精神地位？是人民。记得打倒"四人帮"之初，并没有提出反"左"，还在反右。如果不敢打破文艺从属于政治的桎梏，就根本不可能触及反"左"的题材。当时《曙光》的出现无异于"怪物"的出现。一些别有用心的人和守旧的同志好像找到了一个靶子，有人故意歪曲说："这是一个共产党杀共产党的戏！"有人说："白桦是赫鲁晓夫第二！"许多亲人、同志给我做工作要我立即撤回剧本，承认《曙光》是有错误的作品。我没有动摇，我当时的社会地位很卑微，没有恢复名誉，一个没有正式职务的22级干部，面对着许多地位很高的人，我没有撤回，没有动摇。因为人民的眼泪，人民的声音使我的精神地位提高了。后来还是人民群众和一部分领导同志热情支持了这个作品，使这个作品经过某些修改，实际上是做了某些让步，损失了艺术的完整性，但最终还是和广大观众见了面，同时也让全国人民看到党要彻底制止"左"倾机会主义的历史危机的决心。

创作界和评论界也要拨乱反正

我们现在拨乱反正的首要任务就是正视现实生活。这一任务相当艰巨，可能还要进行反复的斗争。在我们的社会生活中长期的"指鹿为马"的现象已习以为常，如果真的马一旦出现，反而使一些人看不习惯，甚至大发雷霆。德国作家君特·格拉斯问我："你认为中国文学近年来最重要的收获是什么？"我说：

"是重新明白了文学创作应当反映严峻的生活。"他说:"当然,难道还有别的吗?"但我们的作品不是在很长时期内和严峻的生活绝缘吗?从所谓深入生活开始就带有极大的欺骗性。我们很不觉悟,文艺为政治服务使我们忘掉了政治的最终目的是为人民,误认为倾向就是真实性或倾向性决定着真实性,在文艺创作中实行"唯意志论"。按照抽象概念去解释生活,捏造虚假的形象为现行政治或某一项政策所用,千篇一律。党的路线错了,文艺为政治服务实际上是为错误路线服务;正确的政治路线在实验的过程中也难免会有偏差,同时文艺从属于政治的现象很容易导致作家首先从政治概念着眼,写出一些公式化、概念化的文艺作品,这种例子很多。

生活是丰富多彩的,而且文学的任务不是体现某种政治概念,即使是完美的政治概念。今天,作家、评论家都面临着一觉醒来之后,如何迈步的问题。很多同志这个问题解决得很好,写出了大量的成功的作品和文章来,但还有些同志这个问题没有得到很好的解决。有识才有胆,对生活、对历史没有透彻的认识,就总是犹疑不决,徘徊反侧,刺探行情,打听气候。我认为,我们的总行情是党中央三中全会"解放思想"的路线,我们的总气候是十亿人民要前进,要生活得更好一些。中央一位领导同志说:"风是客观存在,但党中央要尽一切努力不使它形成一种气候!"这种努力我认为也包括我们的努力在内。这种努力有时是要付出代价的。为这样一个伟大的民族、这样优秀的人民付出代价,不也是一种幸福吗?我们今后相当长一个时期,文艺创作和批评仍将围绕着文学的真与伪而争论不休。一个作品的出现像"真假老包"一样,有人把伪当作真,他们习惯了那种作品;只叙述事件,只有称职的语言而没有个性的干部,只有英勇行动而无思维活动的士兵。他们说这就是真。而真正地展示了严峻的生活场景,揭示了生活中不能掩饰的矛盾,有着频频跳动心灵的人物,他们硬说这是假的。他们自己也毫无例外经历过如火如荼的生活,他们也参加过战争,知道战争的胜利是人民付出高昂的代价所换取的。一旦作品里写到死了人,流了血,他们就觉得不能接受,认为今天的观众会因此而害怕战争。当年哪一个冲锋的战士没有从自己战友未寒的尸骨上跨过呢?正直的人谁会因此而怯战?正相反,只能使战士对敌人更仇恨,变得更加无畏。

作为一个作家,非常感激评论家和观众、读者能理解我的心灵,没有比心灵相通更令人感到幸福的了。人们对一个作品的评价,总是对艺术形象进行具体的分析;总是对作家为之激动的崇高情感给予热烈地同情、肯定和赞许;并且开始以美学原则而不只是以政治原则来评价文艺作品。这些经常的鼓励,使我更有力量,更坚定。

也有人闭着眼睛不去看作家的内心和作品的社会意义,而挑选几个细节,问几个"是这样的吗",来否定一个作品的全部。这种评论我们又熟悉而又生疏,熟悉的是前些年屡见不鲜,生疏的是近几年很少见过。不少同志希望我谈谈《今夜星光灿烂》,我只想举一个例子。有人说:淮海战场都是根据地或根据地的边沿,一个贫农的女儿怎么会听见"同志"两个字感到稀奇?并对她做了一个凤冠霞帔的婚礼的梦感到难以理解。根据地边沿的贫农女儿不懂"同志"的含义这有什么奇怪呢?这难道就不够革命了吗?生活告诉我们,有些人革命了几十年都不懂得"同志"的含义,十年浩劫中不是有许许多多自命为老革命的人并不懂得"同志"的含义吗?康生、张春桥、马天水……他们懂得什么叫"同志"呢?至于凤冠霞帔的婚礼那一段,我不敢掠美,那是导演同志的再创造,但我完全赞同这一处理,我认为这正是当时的一个贫农女儿的心灵的真实体现。一位军队领导同志在1952年向我讲过一个抗日战争的故事:一位身经百战的红军团长找了一个未婚妻,是陕北米脂的贫农姑娘(请注意"米脂"正是革命老根据地),姑娘对于结婚只有一个要求,就是新娘要坐花轿,新郎要骑马披红。这位团长为难一阵答应了。当婚礼的行列行进的时候,一位领导同志看见了,指着团长喊着:"你给我下来!"那个新郎在马上拱了拱手说:"多包涵一点,一辈子就这一回嘛!"你能说这个团长不革命?二十多年我都忘不掉这位个性鲜明的团长。我觉得他很可爱,同时我也并不会因此而想到要仿效他在结婚时骑马披红。

文艺作品的真假标准,就是严酷的生活在观众、读者的心灵里是否产生共鸣。当然,一部作品让百分之百的人都喜爱和赞同是不可能的,只要大多数人欢迎就行了。

倾向性和真实性

作家的倾向性在几年以前是很好解释的,那就是紧跟当权的人。今天不同了,一个和人民息息相通的作家不可能没有倾向性,他的倾向性不是抽象的,而是首先使作家为之动情的人民的疾苦、人民的悲哀和欢乐,和使作家为之深沉思索的人民充满激情的希望。但这种倾向性无论多么神圣,多么高尚,多么革命,都不能超出现实生活的历史具体性,否则这个作品就假了。没有真就没有美,比如说如果让影片《今夜星光灿烂》里的杨玉香梦见自己参加了北京劳动人民文化宫里的集团结婚,试想影院效果将会是怎么样呢?《曙光》的结尾原来是一个大悲剧的结束:岳明华被处死,贺龙同志也无能为力,那是符合30年代初的历史具体性的。有一位当时是下级干部的将军说得好:"如果贺龙同志能够解救岳明华师长，'左'倾机会主义路线还有什么可怕呢？"这同贺龙同志被囚禁在北京西山，周总理也无能为力一样。这正是"左"倾机会主义路线的残酷性。如果贺龙同志解救了岳明华师长，这就削弱了作品的思想力量，因为它是不真实的。《曙光》一剧的最后结局，就是倾向性超越了生活的历史具体性的一例。我当时并不是不懂得这个道理，但我无法说服一些怀着善良愿望的领导人和观众。他们还不习惯承受这样巨大的震撼，他们愿意得到廉价的安慰。再说我的另一部正在拍摄的影片《苦恋》，主人公是一个华侨画家，他苦苦地爱恋着自己的祖国，在国内流浪过，在国外漂泊过，但他不愿离开这块土地。十年浩劫受迫害，他逃亡在芦苇荡里，"四人帮"打倒了，人们去找他，他误认为是来抓他，就从芦苇荡里往外爬，在雪地上用生命的最后力量爬出个"？"后死去了，成为一个永远的遗憾。这个结尾也是导演出的主意，但我以为是具有典型意义的，很有力量。它能发人深省，告诫我们要爱惜人才！十年浩劫中不是有许多人才都这样被戕害了吗？谁都会理解这主要是"四人帮"之罪，我们今天有魄力揭露出来，正说明我们有决心要避免类似的民族悲剧重演。但有关单位提意见，认为这样处理，影响我们做华侨的工作，而改为大团圆结束。可以预见，这部作品由于结尾的修改，将会大大削弱它的感染力。《曙光》演出后，有些观众写信问我：你为什么让那样好的同志死掉呢？我写文章回答说："亲爱的同志，冯大坚不是按作者的意愿去生或去死的，严峻的生活本身的结论就是那样，我们的同情、痛惜都是无法改变的。戏在这个意义上来说，绝不是编出来的。"但现在的戏剧和电影正是面临着这样的危机：那些脱离现实生活斗争的赝品即使不那么健康，却很容易通过；敢于正视严酷的生活，接触重大问题，有个性、有独特风格的作品很难出世。冲破重重阻力问世之后，也要不断受到责难。对于有些人来说，真实的形象和具有现实意义的问题非常可怕，被视为洪水猛兽。各剧团、各电影制片厂出于经济、审查等原因，避难就易，使电影和戏剧创作每况愈下。评论界在这一方面应该有自己的态度，促使我国戏剧、电影创作的健康发展，培养广大观众和读者的审美能力。最近安徽有一家小刊物叫《戏剧界》，登有三篇文章，一篇是对曹禺同志的历史剧《王昭君》提出了异议，这个戏的确值得讨论，它本身存在着倾向性和真实性的问题。一篇是对陈白尘同志的历史剧《大风歌》提出了异议，这个戏也有一个倾向性的问题，同时还存在一个主题意义的问题，不管作者主观愿望如何，这一段历史的再现，观众的同情是在正统的刘氏的一边。另一篇文章是谈重新认识话剧《槐树庄》的问题，这是一部有定评的文艺为政治服务的作品，对于这一作品的讨论有助于认识文艺与政治的关系。小刊物敢于探讨大问题，很值得欢迎。许多理论问题只有通过创作实践和实事求是的讨论，才能弄清。从概念到概念，永远也扯不清。别林斯基正是热情评价了果戈理、普希金等艺术巨匠的作品才成为别林斯基的！

我们思考问题和进行创作的前提

  我们思考问题和进行创作的前提是我国处于十年浩劫之后，痛定思痛！面对现实和未来，我们的民族要生存！人民急需从长期愚民政策的状态里苏醒过来！我们必须首先从多年"左"倾思潮影响下的蒙昧状态中醒悟过来！我们讨论问题不是比赛革命性，不需要为了保险而偏执！也不要怕放弃多年来曾经借以著书讲学的假学识，更不要意气用事。我们要从中国的实际出发，从民族利益的实际出发，尊重科学，认真吸取教训，把我们付出过高昂代价的教训化为财富。我们近年来在文艺创作和评论方面所取得的成绩，不正是解放思想的胜利吗？不正是文艺家把目光和笔触从政治概念转向丰富多彩的生活的胜利吗？不正是文艺家真正和广大人民甘苦与共的胜利吗？不正是文艺家追求真、善、美的胜利吗？不正是文艺家终于承认了人还有人性的胜利吗？

  人民将永不忘怀了解自己疾苦并有着共同爱憎的代言人的。我们宁愿被某些人误解、冷遇、放逐一百次，一百次最终都会还其历史的本来面目；但是千万不要被人民哪怕抛弃一次，被人民所抛弃将永生永世无法恢复名誉！

原载《文艺理论研究》1980 年 6 月第 3 期

作家的使命感与文学的未来

白　桦

　　大家都在议论上海近年来的文艺创作现状,并探讨繁荣创作的途径。我以为,创作的不够令人满意,只是"果"。"因"是多种多样的。"因",尽人皆知,过去上海受"左"的迫害和"左"的影响较深,使得上海的文艺创作受到更多的扼制。但客观上的"因"往往是作家、艺术家无法解决的,就像任何一棵树一样,不能改变气候,只有森林才能改变气候。而形成一座森林的群体又需要一定的气候。据植物学家们分析,热带雨林是某一个历史阶段气候变化造成的。由于宇宙间某种巧合,热带地区出现了一段温和期,空气和土壤变得潮湿起来,许多植物趁机往上猛长,形成植物群落,互相掩映。等气温再度回升,炽热的热带阳光再也无法使这些植物枯焦了。相反,由于光合作用,受热蒸发的水蒸气升空结成雨云,降雨,空气里终年充满了水的微粒——雾,使热带雨林更加茂盛。近一时期南亚和我国一些热带雨林遭到破坏,结果是绝难再生。因为土壤的高度干燥就会沙化,沙化之后就是死亡之海。现代科学技术如此昌明也无能为力。我的意思并不是说我们上海的文学土壤已经沙化了。我是说,我们上海的文艺创作不幸错过了一个宝贵的"温和期"。这个"温和期"开始于党的十一届三中全会,这是一个相当长的时期,现在并未过去。因此,亡羊补牢,未为晚也。

　　我们还可以从客观上找到更多原因,但我们主要还应当从我们的主观上去寻求。文学艺术创作也像热带雨林一样,不管你愿意不愿意,在同一块土地上会生长出各种形状的植物来,它们必然要受到大气候、小气候、日照、水分的影响;但都在以自己的方式寻找自己的生存空间。各种形式、各种题材的作品都应当有,都会有。在我们寻找自己的生存发展的空间的时候,我们应该有一个积极的态度。

　　在中外文学史上,我还没见到过一个是由于对生活、对时代采取冷漠或回避态度而成为大作家的。选材的角度可以因人而异,但都应该有高度的历史责任感、使命感,真诚坦率地对待观众和读者,让千千万万人都能直接看到你的心灵。巴金同志是久居上海的老作家,他通过他的生活和他创造的世界,热情洋溢地给下一代人以时代的启迪,成为一位划时代的作家,留下了许多不朽之作。他的作品描写的是昨天存在过、今天仍然有、明天还不会绝迹的形形色色的灵魂。巴金用自己的青春、生命投入文学。鲁迅先生把自己绑在自己的投枪上掷向黑暗。文艺作品既是时代的轨迹,也是作家心灵的轨迹。

现在上海正在纪念莎士比亚。莎士比亚是一位生于16世纪,死于17世纪,一直跨越到20世纪并继续向未来跨越的戏剧家。他的剧本大多取材于历史,但他思考并为之激动、愤懑、悲哀和欢欣鼓舞的正是他所身受的时代生活中最为尖锐、最为重大的人性中的美质和劣根。那时,同一个题材《罗密欧与朱丽叶》,由许多作家写成剧本,唯独他的那一部成为杰作。其区别就在于他给他的作品注入了时代的良心、诚挚的思考、莎士比亚式的智慧和激情,以及美妙的诗的语言。如果他回避那些使他至为动情的一切,去迎合低级庸俗的时尚,如果他另外去巧妙地编织一些精致然而虚伪的作品,昨天、今天和明天的世界谁也不会知道有一个如此光辉灿烂的莎士比亚。莎士比亚之所以是莎士比亚,是因为他有莎士比亚的追求。他生活的时代,大部分观众的美学欣赏趣味还很低,那时的"土壤"最适于生长低级的滑稽剧和粉饰生活的歌颂剧。然而却出了个莎士比亚,他用他的作品改良了"土壤"。毫不夸张地说,莎士比亚大大提高了自他以后的观众的美学欣赏水平。从莎士比亚开始,观众不再满足于杂耍和浅薄的滑稽戏了。从这个意义上来说,优秀的作家是可以反过来提高观众的,是可以改变气候的,像森林一样。莎士比亚本身就是一座森林。鲁迅先生也是这样。自鲁迅之后,中国广大的读者和作者懂得了在中国怎样做文学与欣赏文学。近年来,武侠小说、武打片、言情小说出现热潮,方兴未艾。这是一种历史的文化现象。在我小时候,书店里卖的大部分是剑侠、言情小说,宣扬封建迷信的传奇,就像洪水泛滥一样,但这种洪水并没淹没鲁迅、茅盾和巴金。

上海人才济济,而且已经出现了一批有个性、有勇气、有才能的青年作家。我相信,大家都不会满足自己已经取得的成就,上海的作家队伍一定会成为一支劲旅,敢于接受全国作家的挑战。上海作家的特点和长处很多,尤其是非常灵活机敏。但灵活、机敏不能只用于迂回和细部的精细,必须用以争取文学的未来。文艺不从属于政治,但不等于说应该和可能离开政治,离开现实生活。

许多中国作家喜欢拉丁美洲作家加西亚·马尔克斯的《百年孤独》。但马尔克斯所以在全世界产生了爆炸性的影响,并不只是他成功地运用了魔幻现实主义的方法,而是因为他把拉丁美洲血淋淋的现实,借助丰富的想象力,调动一切手段,"像新闻报道一样准确地再现出来"。足见,他的魔幻现实主义方法不是为了远离现实生活,正相反,是靠近——逼近。按照他自己的说法,他的作品是拉丁美洲面对压迫、掠夺和歧视的回答。如果我们只敢欣赏马尔克斯作品的形式和机智,而看不见他的魄力和深刻的思想,以及他对拉丁美洲炽烈的爱,我们其实并没有读懂。我承认,形式具有自身的力量,形式的力量主要在于充分完美地表达了内涵。唐代以后的许多画家模仿过吴道子，但他们大多数人都不具有吴道子的人生体验，看不到他的风骨。即使把他的线条临摹得一丝不差，结果仍然是贫弱的、平庸的。唐代以后的许多画中人都是披着盛唐袍服和飘带的侏儒。因为这些画，只有小的真实、小的精美，却没有大的真实、大的壮丽。只有细节真实而忽略了大图景的存在的作品必然缺乏力度。我们完全可以描写上海某一个小菜场，但这个小菜场是处于大变革的中国上海这个大图景中的一个小菜场。每一棵青菜都是在几经变革的土地上生长出来的。

　　历史是公正的，历史曾经公正地对待过屈原、李白、鲁迅、巴金，尽管他们都经历了过多的苦难、坎坷、误解。历史也会公正地对待我们。至于能否创作出震撼人心、有长久生命力的作品，除了愿望、热情和态度之外，还需要才能，需要坚韧不拔的毅力、自甘寂寞的耐心，经过极其艰巨的长途跋涉之后才能到达一个新岸。

　　　　本文是作者在上海市文艺创作座谈会上的发言摘要，题目是编者所加
　　　　　　　　　　　　　　　原载《人民日报》1986 年 5 月 12 日

我们的自信

白　桦

　　在中国文学的历史上,没有任何一个十年像最近十年这样,涌现出过这么多的年轻作家,出现过这么多的刊物、作品。形式的纷繁,题材的广泛,都是空前的。特别是,文学在中国思想大潮的不断冲刺中一直是最美丽、最鲜明的浪花。我曾经向一切关心中国的外国朋友建议,希望他们重视中国当代文学的发展。因为中国当代文学从千百种视角反映了中国正在变革中的思考和奋斗,逐渐在接近中国人的文化的深层结构和心灵的轨迹。当然,由于中国文学曾经有一个相当长时期的迷失,这十年又是一个文学复归的苦难的历程。我们只要稍稍回顾一下我们这短短而又长长的十年就会更加珍惜我们已经确切得到的东西,主要是那些已经被我们的苦难历程所确认的思索。我们扬弃了许多曾经像大山一样沉重而实则轻如灰尘的重负。每一个作家都找到了应该属于自己的翅膀,这就是创作自由。自由是和作家这个使命同时诞生并与之共存亡的。没有一个创作过有鲜明个性作品的作家不是自由的作家。作家的自由是一切攻击、污蔑、陷害、监押和死亡都无法禁锢的。在我参观了陀思妥耶夫斯基列宁格勒的故居和他那立于亚历山大·涅夫斯基教堂墓地的墓碑以后,这种信念更加坚定。陀思妥耶夫斯基的许多重要作品都是在他经历了长期监禁和一次死刑处决之后写出来的。《死屋日记》也可以说是描写了他自己在特定的环境里的精神历程。之后,他又写出了《卡拉玛卓夫兄弟》等巨著。他对于人类的阴暗的洞察更深了,同时,对于人类的光明也更加敏感。这就是陀思妥耶夫斯基式的坚定,也应该是一切有抱负的作家的坚定,还可以说是炼狱之后的坚定。我们短短十年的文学不也可如是说么!

　　许多人都在议论,中国文学如何走向世界,这是个时髦的话题。前几天参加了在上海金山举行的国际汉学家对中国现代文学的讨论会。听到了许多外国汉学家的发言,我进行了一些思考。有人说:中国新时期文学有不少有价值的作品,但它们更多的只具有文献价值。这反映了一个历史的真实。这是中国作家长期以来所处的压抑环境造成的,这个环境对十亿人来说是共同的。作家的愤怒的忧虑,作家的欢乐和快慰集中反映了中国大多数人的普遍情绪。我并不认为这是一个缺陷。他们说:西方作家没有这种创作动机。但并不能说明东方、拉美、非洲的作家也像他们一样,更不能说明我们可以放弃真实反映我们自己民族的生存环境去追随他们。如果那样,一定会像鲁迅笔下的假洋鬼子一样可笑。有的外国朋友说:西方现在几乎没有诗。我相信。这也反映了一个历史的真实。但西方没有诗的原因很复杂,因为他们的诗人失去了诗的读者,诗的读者也失去了诗人。西方何止是失去了诗?失去的东西还很多。有些丢失不能不是他们的时代的悲哀。但我不相信,诗在西方已经绝迹。即使从被称为大众媒介的电影、电视中也可以感受到诗。有的外国朋友说:中国所有介绍到国外的作品和作家都带有偶然性。而且翻译不但不能给中国作品增色,反而使西方读者大败胃口。这也是事实,恐怕这一现状一时还很难解决。因为文学现象总是这样,在国内也具有某种偶然性。但我相信最终不会埋没杰作,这只是时间问题,除非作品无法问世。肖洛霍夫的《静静的顿河》能够生存下来就具有很大的偶然性。只是有不少人没有肖洛霍夫的耐心和自信罢了。还有的外国朋友说:中国当代文学反映生活的程度还很有限,比如你们很赞扬西藏出现的文学作品,只是接触到西藏的局部真实,而还没有触及西藏这个民族的整体的真实。他的这种看法又说明了一个历史事实。作家本人的心境和人境变化之后又有了新的局限,像旧的局限一样,使我们的目光变得不那么真切了。我有一个假想,如果曹雪芹想到《红楼梦》会印成今天的铅字,会有那么多人研究他和他的祖先,会得到八千到一万元奖金。同时又想到会不会得到外国人的承认?会不会选进主席团?我相信,他和中国绝对不会有一部如此辉煌的《红楼梦》。还有一位外国朋友说:我看到有些中国作家在为外国人制造作品,我担心会成为像北京饭店小卖部出售的绣花荷包那样的东西,是些专门向外国人兜售的旅游纪念品。当然,这只是他的担心,这些担心有没有根据呢?我不知道,因为我看的作品很少。

  外国朋友的看法也是相互矛盾的,都仅供参考。文学从本质上说只能向本民族靠近,向自己同胞的心灵靠近。没有现在,也就没有未来。没有坐标,也就没有全方位。有些西方现代作品的怪诞形式,我以为实际上也许是他们的思想内涵空虚的补充,在物质文明高度发达之后精神迷失的表现。当然,也有许多新形式都是为了更充分地表现思想而出现的,但也不排斥有些是为了哗众取宠、争取生存空间而出现的,就像少数人为了引人注目去创造一个毫无意义的"世界之最"那样。诸如:在尽可能密集的目光下脱光自己的衣服,发出怪叫。西方现代美术的形式变化就是一个很好的例证。毕加索一生都在变,但他的变是为了不息形象的追求,为了更好地体现他自己的技巧和对生命、人生、宇宙、人性的思考、感觉和感情。他不是为了引人注目,他完全不需要引人注目。所以他成为一代大师,他的作品成为巨著永存下来。西方不少人尝试过用一切工具作画,包括在一个裸体女人身上涂上颜料在画布上滚出来的作品。历史只能像浪涛一样,淘去砂砾,而存留金子。一切有价值的文学艺术作品都会保留下来,而不会被淹没。我们当然需要时装表演,更重要的是时装里是有骨骼的肉体,肉体里又具有人的伟大精神!我坚信,世界上一切优秀民族都会重新把由于物质文明得到高度发展而迷失的精神找回来。我上个月在日本就听到一个年轻人说:我现在才明白,幸福和物质是没有关系的。这句有些绝对化的反省正说明他们新的精神渴求。我们中国的年轻人可能还听不懂这句话。因此,我认为,西方的读者当然会在更高一个层次重新找到诗人,诗人也会在更华彩的升华中找到失去的读者。我国的诗人从来没有失去过读者,读者也从没失去过诗人。除非我们的诗人背离了我们的读者。我们应该对我们生存着的空间有个清醒的认识,我国读者并不都具有很高的文化水平,除了精神的渴求,还有物质的渴求(吃饭穿衣的问题,社会公正的问题……),这在中国还是个压倒的问题。很少有人欣赏孤独的美,畸形的美,以及把丑认定为美。我们也有孤独和寂寞,而我们的孤独和寂寞几乎还是鲁迅式的。我们的愤怒和痛心疾首,我们的希望,是我们在这条漫长路上跋涉时的愤怒和痛心疾首,是我们在披荆斩棘中的希望。一切都是独特的!我们自己的!

如果让我来选择的话,我宁肯看独特而真切的斯坦贝克的美国,而不去看赛珍珠式的中国!

所以,我们有我们的自信!

原载《当代》1987 年 3 月第 1 期

历史的回顾与思考
——创作《曙光》所想到的

白 桦

一、我为什么要写这一段历史斗争

  毛主席教导我们说:"彻底了解我党历史经验,避免重犯错误。"我理解"彻底"二字不仅要从思想上、政治上彻底了解那一时期的错误原因、环境和改正此种错误的办法,也应该允许或必需在艺术上加以表现。1931—1935年,是王明"左"倾机会主义错误危害我党的全过程。毛主席这样说:"第三次是在1931年。红军打破了第三次'围剿',接着全国人民在日本进攻面前发动了轰轰烈烈的抗日运动,又有一些同志骄傲起来,自以为了不得。结果犯了更严重的路线错误,使辛苦地聚集起来的革命力量损失了百分之九十左右。"在军事上王明"左"倾机会主义路线大反所谓"游击主义",他们搞"以一当十,以十当百,勇猛果敢,乘胜直追","全线出击"、"夺取中心城市"、"两个拳头打人"、"御敌于国门之外"、"先发制人"、"不丧失寸土"等等。毛主席把这些叫做:"是丝毫也没有马克思主义气味的东西,是反马克思主义的东西。"毛主席在回忆那一时期的教训时说:"直到党中央1935年1月在贵州的遵义召开扩大的政治局会议的时候,才宣告这个错误路线的破产,重新承认过去路线的正确性。这是费了何等大的代价才得来的呵!"毛主席用了"何等大的代价"这样痛心的句子,是指由此苏区损失百分之九十五,白区损失了百分之百。在政治上,王明路线混淆了民主革命和社会主义革命的界线。把反资和反帝、反封建并列,否认中间营垒和第三派的存在,尤其强调反对富农。他们不认识由于抗战所发生的阶级关系的巨大变化,反而把中间派断定为"最危险的敌人",制定了许多错误政策。如过左的经济、劳动政策,一切剥削者均无参政权的政权政策,以共产主义为内容的国民教育政策,对知识分子的过左政策,过左的肃反政策和严重的关门主义等。在组织上,把一切因为错误路线行不通而对它采取怀疑、不同意、不满意、不积极拥护、不坚决执行的同志,不问其情况如何,一律戴上各种帽子,加以"残酷斗争"、"无情打击",甚至以对罪犯和敌人作斗争的方式来进行"党内斗争"。这是他们用以提高其威信,实现其要求和吓唬党员干部的一种经常办法。因而发展了党内盲目服从随声附和的倾向。另一方面是宗派主义的干部政策,不把老干部看作党的宝贵财富,大批地打击、处罚和撤换中央和地方一切同他们气味不相投的、不愿盲目服从随声附和的、有工作经验并联系群众的老干部。他们不给新干部以正确的教育,不严肃对待提拔新干部的工作,而是轻率地提拔一切同他们气味相投,只知盲目服从随声附和的、缺乏工作经验、不联系群众的新干部和外来干部,来代替中央和地方的老干部。很多地区,更由于错误的肃反政策和干部政策中的宗派主义纠缠在一起,使大批优秀的同志受到了错误的处理而被诬害,造成了党内极可痛心的损失。在思想根源上,他们乃是主观主义和形式主义,特别突出地表现为教条主义。他们否认马克思列宁主义的辩证唯物论和历史唯物论,他们不懂得在中国进行革命,马列主义要从中国的客观实际和中国人民的客观需要出发。毛主席从进入中国革命事业的第一天起,就着重于应用马列主义的普遍真理于中国的实际。王明连革命是在中国进行,对付的是中国人民的敌人,团结的是中国的劳动大众这些基本点都置之不顾。——以上这些结论是中共六届七中全会做的。听了这些,同志们可能已经明白了一大半。已经明白了作者截取这一段历史是具有历史和现实的意义的。

再来看看洪湖湘鄂西苏区当时的情况:洪湖的武装斗争开始于1927年的秋收两湖暴动,而有计划地组织工农武装则开始于1928年初贺龙、周逸群等同志初进洪湖的时候。1930年9月12日,李立三路线的中央代表到洪湖,20日就召开前委会议讨论配合红一、三军团打长沙的中央指示。周逸群同志坚决反对,但中央代表不予重视,决定攻岳阳而切断武长线,赤卫队编入红军,另组民军、红保队保卫苏区。周逸群同志离开军队任鄂西特委书记留守洪湖。后来由于红一、三军团撤退,攻长沙不成,红二军团同志们大部分要求回洪湖,不准,改攻常德,由于敌人援军赶到,12月撤至湖北松滋杨林市一线休整。鄂西特委请求主力回援洪湖,中央代表不允。六军军长段德昌同志力主回援洪湖却被撤调,离开主力,担任洪湖联县赤卫总队长。段德昌同志在鄂西特委领导下,以伤病员、赤卫队为基础组成新六军(后改为独立团),根据地迅速恢复。1931年1月王明路线的中央代表夏曦来洪湖,组成中央分局,全盘否定长期得来的成绩,把周逸群同志排斥在领导核心之外,5月,周逸群同志在洞庭湖检查工作,遭敌伏击牺牲。9月中央来信撤了李立三路线的中央代表,命令红军主力回师洪湖。12月,红三军(即红二军团)主力回到洪湖。1932年3月中央分局、省委有一个"为击破四次围剿的通知"强调说:"转变到大规模平地战、城市战,为夺取中心城市而斗争。"紧接着就在瓦庙集进行了七天七夜阵地战。也搞反"游击主义",不准补充俘虏,兵员奇缺。5月,敌正规军20个团在各县保安团配合下,施行焦土政策,群众死亡达五千人。张家场又来了个八天八夜阵地战,我军伤亡一千三百人。6月，蒋介石自任鄂豫皖三省剿共总司令，坐镇武汉，以十万之众进攻洪湖。在军事失败的同时，错误的肃反也正是高潮。整个夏天，由进攻失利到单纯防守，分兵把口，到了9月初，最后一个红军师西撤，在撤退的时候，夏曦还在处理所谓"改组派罪犯"。9月中洪湖全部落入敌人之手，电台丢失，与中央失去联系。但王明不断斥责湘鄂西苏区的肃反"还未开始有系统的大的破获"。开展所谓"火线肃反"，保卫局易人，自成系统，任意捕人。许多局级干部被错杀。红三军撤离洪湖之后的日子就是在敌人尾追下肃反、逃跑，经豫西伏牛山进陕南，渡汉水越大巴山入川，南渡长江抵湘鄂边，人员由撤退时的二万五千人锐减至一万五，又到九千。1933年初，夏曦又提出解散党团组织，创造所谓"新红军"，但在领导核心中未获通过。3月下旬夏曦悍然决定解散党团组织，取消军队的政治机关和苏维埃政权。他认为党和政权中十有九是"改组派"成员。他认为"改造党不能依靠旧干部"，军阀家长制取得合法地位。接着捕杀了段德昌同志等在红三军中享有很高威望的指挥员。红三军到1934年只剩了三千人。1934年6月，以贺龙为代表的坚持正确路线的同志反对无目的的游荡，要求建党、建立苏维埃政权，要求在军队里恢复政治工作。10月，红三军（红二军团）与湘赣苏区的红六军团会师，才初步结束了夏曦一手制造的盲目混乱的局面。红三军由于夏曦坚决执行王明错误路线，把一个地处江汉平原、敌人无法除掉的心腹之患的洪湖苏区丢得精光，军队也搞得溃不成军。错误路线干了敌人无法干的事情。立三路线仅仅是几个月，主要是在军事方面。而王明路线却是4年之久，从各方面破坏了党、红军和苏区的建设……一个由于错误路线而失败的典型。洪湖苏区的大起大落说明离开毛泽东思想就失败，有了毛泽东思想就胜利的真理。毛泽东思想是中国革命的"曙光"，王明路线是曙光出现后的阴暗的早晨。有人认为这一段是党的不光辉时期，为什么要写那一段呢？我认为这种看法是错误的。党在那个时期的确是错误路线占统治地位，是革命的低潮时期，但不能说党失去了光辉，党的主流是以毛主席为代表的坚持正确路线的广大指战员。前仆后继、英勇奋斗的是他们，而不是错误路线的制定者和推行者们。尤其是在双重困难的重压之下去夺取胜利、争取生存，更显得艰苦卓绝，更显得需要特殊的素质和顽强的精神，正像黑暗过后出现的曙光那样，特别显得光明灿烂。在这个戏里的"曙光"指的是什么呢？是毛泽东思想，前边已经说了，毛泽东思想本来（在苏区）是占领导地位的，中断了，而后又恢复了。正像毛主席所说："直到党中央1935年1月在贵州的遵义召开扩大的政治局会议的时候，才宣告这个错误路线的破产，重新承认过去路线的正确性。这是费了何等大的代价才得来的呵！"

二、关于主题

  这个戏的主题显然不是一句很简单的话可以概括得了的,我认为这个戏的主题着力于毛主席那段话的最后一句:"这是费了何等大的代价才得来的呵!"着重在"何等大"这个意义上。中国共产党的斗争历史,迄今为止,经历了11次路线斗争。错误路线所造成的损失是巨大的,有时比阶级敌人给予我们的打击要大得多。他们做了阶级敌人所做不到的事情。阶级敌人利用我们的路线错误达到他们本来不可能达到的目的。就拿洪湖湘鄂西来讲,初期(1928—1930)由于没有毛主席建党、建军、建设苏维埃的经验,在对敌斗争上吃了些苦头。但一旦得到了井冈山斗争的经验,形势发展很快,在江汉平原上建立了一个湖区根据地,直接威胁武汉,敌人毫无办法,最后真正葬送苏区的是错误路线。1932年6月蒋介石之所以敢于坐镇武汉,以十万之众进攻洪湖,正由于他发觉了红军军事上的战略转换,政治上——特别是"左"倾机会主义分子的许多激烈行动恰恰是他们需要的。蒋介石那时是主动的,他们有可能组成一个较大的反共统一阵线。他们虽然也付出很大的代价——他们在军事进剿的整个过程都遇到装备落后而斗志昂扬的红军的坚决抵抗。我们损失兵员本来可以立即补充,但由于"左"倾机会主义路线,不信任俘虏中的贫苦士兵,也不信任工人、农民,所以伤亡一个就少一个。在洪湖苏区斗争的初期,群众有一种说法:"扩红一千,只要一天,扩红一万,只要一转。"很生动地说明了工农群众踊跃参军的热情。撤离洪湖之后,红三军不是缺枪,而是枪太多,带不动,砸烂之后扔在枯井里。因此,我认为,路线斗争的教训应该立即引起高度重视,到了应该正视路线教训的时候了。你不正视它,结果必然危害你!特别是"四人帮"祸国害民的教训。这次在北京公演时,军政大学和师大等单位的党史研究工作者都说:"过去我们讲课讲到三次'左'倾机会主义时期,愈简略愈好,怕讲。过去的顾虑是多余的,应该讲,而且应该结合现实斗争大讲。"我希望在这个戏里正面揭示路线斗争的实质,使真正达到:"一个路线,一种观点,要经常讲,反复讲。只给少数人讲不行,要使广大革命群众都知道。"过去在创作题材方面有很多禁忌,当然,生活中的确有一些不便接触和没有描写价值的题材,但任何题材都是客观历史的反映,如果它本身就已经具有深刻的教育意义,当然可以写。我同意这种观点:关键在于立场。苏联早期小说《毁灭》和《铁流》所描写的生活可以说既非"正确路线",又是悲剧结束,但作者以满腔热情讴歌了劳动人民的悲壮事业,我们从悲壮的失败中得到的是鼓舞而不是惊骇,得到的是有益的教训而不是颓唐。苏联还有过一部话剧《前线》,在卫国战争时演出,有些红军将领要求枪毙剧作家。而且希特勒也命令演出这部戏,纳粹在舞台体现上当然是极力丑化苏联红军。而斯大林肯定了这部戏,认为它所批判的消极现象在当前战争中有极其积极的作用。马克思主义是科学,不是愚昧。"四人帮"搞愚民政策,既不承认历史斗争的正确主流,又不承认有支流。他们这就叫不承认主义。伟大领袖毛主席的态度很清楚,让我们经常讲,只给少数人讲不行。他在政治上给错误路线做了结论,在思想上、理论上做了系统而清晰的论述。60年代初,红二方面军军史编辑部曾经有过一次争论,有些同志不主张把王明路线那一段斗争写进军史,理由是:写出来血淋淋的。请示到贺龙同志那里,贺龙同志说:"那本来就是血淋淋的事实嘛!为什么不写。"

关于这部戏的主题,还可以从岳明华在第五场那段话来看:"在胜利的道路上,要特别警惕那些以残酷的党内斗争来吓唬同志的人,靠搞阴谋诡计来提高自己威望的人,他们,不是敌人派来的,就一定是资产阶级野心家!"——这个戏以历史的教训来告诫未来!要正视路线斗争,要警惕那些王明、江青之流的再出现!要预防再一次错误路线酿成的大灾难!路线斗争还会有,但不是不可抗拒,不是不可知,不是不可战胜!要善于识别他们,揭露他们!

这个戏是歌颂还是暴露?我认为这个戏是歌颂,也是暴露,歌颂必须歌颂的,暴露必须暴露的!歌颂已经在中国大地闪现了的毛泽东思想的曙光,歌颂在毛泽东思想曙光照耀下的红军指战员和英雄的洪湖人民,歌颂头顶上的乌云散去后重新出现的、喷薄升起的太阳。暴露敌人的贪婪,暴露错误路线的愚昧无知和丑恶。有人说,这个戏既然是以警告并向人们说明路线斗争所付出的高昂代价为主题,是否就是以暴露为主,或一半对一半呢?不!我们检验一个作品不是从抽象的定义而是从效果来看。我们不能以形而上学的江青式的观点来看文艺作品。如果写错误路线或阶级敌人占统治地位的历史斗争就是暴露,我们革命斗争历史上的英雄都不能写,因为他们大都是处于"被动"的地位,"命运"由敌人"摆布"。江青等人有时候在哲学上把精神强调到极端荒谬的程度,可又在文学艺术上搞精神虚无主义,他们认为舞台上正压邪必须是在形式上正要占领主要表演区;正要亮,邪要暗;正要高,邪要低。他们连文学艺术的起码知识也不懂。文学艺术中人物的高大和渺小主要不是以人物的形体、外貌、服装、光线来决定的,而是以精神境界为分野。在舞台上即使用十个千瓦的灯光来照林寒,我们也不可能得到一个林寒很光辉的印象。这个戏主要是歌颂,通过这些我们革命前辈中的先驱者的形象——贺龙、岳明华、冯大坚、小高、赵安宝等等,用这些朴实的、忠诚党的事业的人们的命运来揭示主题,来说明革命历程中不仅在对敌斗争中要付出代价,在路线斗争中也要付出高昂的代价,那么多宝贵的人们啊!从而憎恨那些错误路线的头子,使人们警觉起来,感奋起来。

三、从冯大坚之死谈起

为什么专门把冯大坚之死提出来谈呢？因为冯大坚之死有不少观众有意见，他们说冯大坚这么优秀的一个人，这么能干的一个人，这么有能耐的一个人，为什么在戏里这么快就死了？很可惜；死得太早，是不是叫他死得晚一点，或者不要死。我认为这些惋惜是正常的，因为现实生活本身就是这样，很多优秀的同志在敌人眼里简直是无法征服的英雄，但是恰恰死在错误路线之下。这就是历史悲剧性所在，这又是必须认识路线问题而让大家警觉起来的深刻意义所在。比如说，贺龙同志参加革命斗争已经半个世纪了，这半个世纪来，想要打死他的人千千万万，他经历了很多枪林弹雨。我们知道，在第二次国内革命战争时期，包括北伐战争、长征，一直到抗日战争，他并不是像后来地位那么高，虽然第二次国内革命战争时期是军长，他这个军长有时候只有几十个人，有时候只有一二十个人，但是他像神人一样，他的很多故事像神话一样，敌人对他没有办法，可是他最后死在错误路线之下，死于林彪和"四人帮"的诬陷。我可以向大家讲很多很多这样的故事，同志们都会说，他太可惜了，或者死得太早了。比如说，就是洪湖苏区死的那些同志，像段德昌同志、王炳南同志、彭国材同志、周逸群同志、柳直荀同志，这都应该说是死得很早的，他们死的时候大部分都是在三十岁以下，都是青年，和同学们的年龄差不多，并不都是四五十岁或者五六十岁的人，那时王炳南同志最大，也才三十多岁，不到四十岁，所以说冯大坚具有典型性，就是他的死这个艺术处理本身，不仅仅具有历史的真实性，也具有历史的典型性，他的死在剧本里是起到了揭示主题意义的作用。如果说这个人物敌人并不怕他，是一个无所作为的人，不是掌握保卫工作要害的人，他的死是达不到这样的艺术效果的。这个问题我们可以联系当前我们在揭批"四人帮"的第三战役当中碰到的一些问题，我们就会很清楚了。我们听到很多公安人员的控诉，上海就有一个很典型的例子，有位处长被江青弄到北京去害死了，这个例子就解决了我们这些怀疑。我们大家在无产阶级"文化大革命"初期，在江青提出来砸烂公检法的时候，大部分人是不怀疑的，应该说我们都是不怀疑的，认为既然是砸烂公检法，那么公检法很可能存在着严重的问题，因为他们的工作不是广大群众都能够具体了解的，所以我们无从知道是真是假，只有公检法的同志才能认识到江青首先砸烂公检法的目的。事后，我们和一些公安工作的同志谈到这个问题，他们说：你们是不了解的，我们在那个时候至少是怀疑到"四人帮"这样干是有他的卑鄙的目的的，肯定他们本身是害怕公检法的。所以有些公安工作的同志看了这个戏以后,是赞成这样处理的。他们认为如果不这样做才是不符合历史真实的,也不符合现实生活的真实的,当然也不符合艺术真实。他们也同意这样一个观点,这样处理是揭示主题、深化主题、加深其教育意义的必要的一笔。因此,我个人认为这既是生活本身决定的,也是美学原则所决定的。冯大坚在舞台上所表现出来的形象仅仅是他形象的局部,因为话剧本身,任何艺术本身不可能把一个人物形象全部表现出来。当时的形势,迫使敌人必须采取突然袭击的方式把他处死,在艺术上更加强这个人物形象的崇高和这个人物的重要性,对于革命的重要性。冯大坚突然被害,加深了观众对敌人的憎恨、对于党内军阀主义家长制的合法化的深恶痛绝,对于英雄人物的深刻的惋惜和怀念。我认为这是一个美学问题。如果同志们可以看到一些参考片的话,有些外国影片,比如说日本的《裸岛》,这个片子……当然是用他们的世界观来解释生活的,我们不去谈它。为什么这个片子会在国际上得大奖?又有些人看了以后说,一点意思也没有,越看越烦恼,越看越枯燥。我认为他那个片子得到成功就是让你越看越枯燥,观众深深感到那种生活非常枯燥,必须改变。他写的是日本海岛农民那种枯燥的生活,连说话的必要都没有的那样枯燥的生活,他在艺术上是达到了他的目的的。冯大坚和冯大坚的任务表面上好像是中断了,由于他的死中断了,但实质上并不是这样。一系列的客观后果仍然证明着他的崇高和光辉,他所为之奋斗的崇高事业不仅没有绝望,而是由于他的牺牲而接近胜利,同时增强了主流的力量。比如说,他的牺牲在促进岳明华、岳菱姑、岳老根对错误路线的认识上就要大大地前进一步,他虽然那么早就离开了我们,但是他并没有消失,他的形象仍然由于他的死而更加肯定地存在于他所献身的光辉事业中,这个事业,由于他的死增加了光辉,坚定了战友们的信念。江青他们一律反对悲,我们不这样,我们是有分析地承认有些悲是让观众绝望,消沉,这样的悲是有的;但是有些悲会使我们爱憎更加分明,使善和恶、美与丑的界限更加清晰,使我们更加有力量。我们对待这个问题要从社会效果来检验,而不是像江青那样用说文解字或者是看图识字的方法来解释文艺现象。我们在排练的时候,曾经有些演员一开始思想上很抵触,他认为这个戏观众是不能理解的,他说,我都不能理解,观众怎么能理解?可后来经过实践、社会效果,请这些演员同志在北京广泛参加了一些各方面的观众座谈会,结果恰恰相反,这些过去思想很抵触的同志,到后来特别积极,他从观众的反应当中证实了群众是真正的英雄。所以,我们对悲也要像对待喜一样,并不是一切产生喜的效果都是好的,有时喜的效果给了我们痛快,如讽刺"四人帮",讽刺敌人,很痛快,但也有些喜剧给我们的效果是痛苦和消沉的。甚至,不是一切歌颂都是善意的,我说的这个歌颂当然是加引号的"歌颂"。所以"四人帮"说:我们全部要歌颂,也不要悲，也不要喜，只要歌颂。我可以举一个大家都熟悉的例子，像江青和林彪那样，"语录不离手，万岁不离口"的歌颂，就是非常典型的包藏祸心的"歌颂"。这"歌颂"，我们肯定地不会承认它是歌颂。"四人帮"在文艺方面给我们造成的流毒很深远，那些无分析的一律论，最后就形成了他们的所谓"三突出"，把文艺理论推到僵化的顶端，所以后来就产生一种只许写这种东西，不许写那种东西，只许这样写，不许那样写，只许这样写这种人物，不许那样写那种人物，这种人一定是这样，那种人一定是那样，甚至包括服装道具都定型化了，完全违反了马克思列宁主义的美学原则，完全把文艺和生活绝缘，最后就跟生活背道而驰或毫不相干，完全使雷同化成为不可避免。比如说，我们把淮海路封死了，南京路封死了，华山路封死了，大家最后一起都走到延安路上去了，所以必然雷同。所以他只要依靠一批御用笔杆子，完全不需要到火热的生活中去，就可以按照他们的模式去编造，结果使人民反感这些作品，唾弃这些作品，最后他们就只好靠行政命令的手段来推销他们的作品，同时靠消灭其他的作品来保卫他们的作品，所以很多青年人没有机会看到其他的作品，包括过去的作品、十七年的好作品和外国的好作品。没有办法比较，他们一律封存，哪个地方稍微把过去的片子放出来了，他们就作为很重大的政治事件来对待，吓唬他们，结果有的地方就造成很不好的效果。比如说，我们武汉军区的片库全部烧掉了，为什么烧掉呢？因为那些片子他们不敢拿出来，但是有些人一定要看，这样闹了很多纠纷，做具体工作的人员不敢拿出来，说拿出来要犯错误，但是有些负责同志非要看，这个事情要是传到江青文化部，就吃不了兜着走。比如有个省就出现过这样一件事，这个省开过一个创作座谈会，主持这个会议的人好心地说，我们把样板戏和过去在黑线下面的那些作品对照起来学习、批判。真的把两部《红色娘子军》放在一起，还有其他的过去的戏和现在的片子对起来看，结果适得其反。看了老的《红色娘子军》影片和新的《红色娘子军》影片，年轻的演员和年轻的文艺工作者得到了相反的效果。主持会议的人赶快刹车。反过来说明一个什么问题呢？说明"四人帮"很害怕，必须封锁过去的作品，把十七年一律打倒，这完全是为了保卫他们的所谓"成果"，他们只能靠行政命令、靠打棍子、靠恐吓来维持他们的帮派体系。所以，现在有些搞评论、搞创作的同志，在"四人帮"时代写东西写得很快、很来劲，写批判文章也很容易，现在就比较困难了，为什么比较困难呢？因为他们借以写批判、搞创作的那些条条，"三突出"之类不能使用了，他们没有拐棍了，一开始看别的东西，也看不顺眼，往往使他们大惊失色。我记得我们那里有同志提出要把《豹子湾战斗》重新拿出来排练的时候，就有不少同志还心有余悸，甚至有个别人还给中央写信，控告说，这里十七年的黑线又复辟了。一点都不奇怪，《曙光》没有演出之前，剧本刚刚写出来的时候，也有人认为这是很严重的问题,甚至有人既没看剧本,又没看演出,就忙着定调子,写密告信,到处奔走呼号,好像发生了火警一样。有些人离开了"四人帮"那一套之后反而束手无策了。所以我们必须要重新地进行学习,要恢复毛主席的文艺路线,要恢复马列主义经典著作在我们文艺上所起的指导作用。生活本身是丰富多彩的,如果我们深入火热的斗争生活,以生活为创作的唯一源泉,绝对不可能是雷同的。我们同学将来可以进行这样的试验,我们选择同一个事件,大家一起下生活,如果按照马克思列宁主义的观点、辩证唯物主义的观点,按照毛主席文艺座谈会讲话的精神来进行创作的话,绝不会撞车,绝不会雷同,雷同的原因就是我们自己对生活没有自己的看法,我们是靠那些概念来进行创作的,在"四人帮"流毒影响下进行创作的。雷同化有很多原因,但最主要的是来自"四人帮"的流毒。我们今天不仅仅应该重视路线斗争,也应该说:到了重视马克思列宁主义的创作原则来进行批评和创作的时候了,不然的话,我们的作品就会停滞不前,人民就不会原谅我们。我跟演员同志讲:总导演是观众,因为最后对表演、节奏各方面的调整都靠观众,导演根据观众的"调整"再加以处理,最后这个戏可能比较准确一些。所以总导演还是观众,最后这个戏能不能通过,也还是观众。一个作品,最后能不能有生命力,也还是观众。任何大人物把它封诰下来都是不可能的,像江青对很多戏,都予以加封,说是她抓出来的经典,是世界文艺的最高峰。但是它们本身的夭亡就是最好的反证。现在在上海为什么袁雪芬同志他们那台戏那么轰动,观众这么要看《祥林嫂》,而且《祥林嫂》距离我们今天的生活很远,那完全是悲惨时代的一个悲惨的故事,为什么观众那么热衷于这样的戏?因为鲁迅先生这个典型形象具有生命力。所以最后来评价我们的作品还是群众,在这一点上群众是真正的英雄,群众在"四人帮"统治文艺时期,从反面得到了教训,所以现在群众水平很高。我们的演员常常担心群众能不能懂,结果从剧场效果来看,连一个很细微的地方观众都能理解,而且理解得很细腻,这点不仅出乎导演和演员的意料,甚至我自己也出乎意料,有些话我不知道会产生那样强烈的效果。

四、历史与现实

　　毛主席一再教导我们说"古为今用,洋为中用",就是你写过去的事情必须为了今天,读外国人的书也必须要为中国人使用。但是我们常常忽略这个问题,反正我们写一个东西,不管它有没有用。有的也有一点用,有的意义不大,有些意义比较大。毛主席从来不主张为写历史而写历史,这就是我们常常说的,作品要具有思想性,革命历史题材的作品的思想性主要是指能不能在今天有所作用的问题。思想性的问题其实也不是开始从无产阶级作家才有的,那些资产阶级作家也注意思想性,列夫·托尔斯泰说过一段话:"一篇文学作品对于读者最重要、最有价值而且最有说服力的是作者本人对生活的态度以及基于这个态度的作品所包含的全部内容。"所以他们也是要作者拿出态度、拿出思想来的。本来我们是天天谈思想性,常常是没有思想性。"四人帮"也强调思想性,但是他强调的是什么思想性?是篡党夺权,他们的反革命实用主义。不可想象,如果你的思想性十分正确,让人挑不出毛病,而且非常美妙,可就是和生活不对号,和观众不对号,那么你的思想性,那个正确完全是假的,不是生硬的说教,就是反动宣传。有些作品我们的确从理论上思想性上挑不出毛病,哪一点都可以在经典著作中找出来,结果观众就是不要看,观众说,这和我毫无关系,和生活一点关系都没有。"四人帮"的垮台是1976年10月初的事情,《曙光》写在11月初,就在他们垮台后一个月,所以我当时就没有隐讳自己的观点,我记得我在北京给吴雪等同志读剧本之前谈了三个观点,其中之一就说我这个戏写出来是让大家和今天的生活联系起来,思考一些问题的。所以有个别同志当时就好心地警告我:你不要这样讲啊,你这样讲危险啊。我说:古为今用,洋为中用,这是毛主席的教导,不是我能隐讳得了的,你想隐讳是没有意义的,任何作品都是有感而发,我认为作品如果失去时代意义,和观众的切身利益不相干,不能长革命者的志气,不能灭敌人的威风,平平稳稳四不沾,很容易通过,没有争议,当然,其结果也就是很容易被淡忘。就是包括古典作品,很精彩的古典作品。我们回忆一下"文化大革命"前,北京演出《费加罗的婚礼》,总理去看这个戏,一点都没笑,从头至尾很多人眼巴巴地期待着。但总理没有笑,最后让总理谈意见,总理没有谈意见。当然,作为古典作品来讲,《费加罗的婚礼》在资本主义时代相当长的时期都是有它的社会意义,但是今天的中国演这个戏,相对地说,意义较少。"四人帮"反对写革命斗争历史,好像很重视现实意义,恰恰相反,因为"四人帮"当道的时候,革命斗争历史本身具有极其强烈的现实意义,任何一段革命斗争历史写出戏来,写出电影来,"四人帮"都触目惊心,都害怕,群众就高兴,就鼓掌。在"四人帮"当道时期,如果戏里边提一句老红军,提一句朱老总,提一句周总理,观众席就非常强烈。"四人帮"害怕,所以"四人帮"反对写历史题材,并不是他强调现实意义,因为革命斗争历史本身在他们当道的时候太具有现实意义了。肖华同志看了《曙光》的演出之后说:观众一看就懂,因为"四人帮"做了我们的"反面教员"。秦基伟同志说:"这个戏写的是30年代的事,但比一些写70年代生活的戏还要亲切。"我觉得这些负责同志的话是很高的评价,他们指出了这个戏的现实意义。谈到这个作品的现实意义的时候,就有一个界线问题一定要说清楚,现实意义并不是用今天的人物和事件来假托历史故事可以达到的,不是!《曙光》不是那样的戏,不是用今天的人物、今天的思想、今年的事件来假托历史的故事,《曙光》是力求用严格的历史唯物主义观点来创作的一个文学作品,如果用今天的人物和事件来假托历史故事,会适得其反,因为任何时代的作品,任何一个阶级的作品,不可信就等于零。所以"四人帮"的作品等于零。"四人帮"和立三路线的时候不一样,和王明路线时代不一样,他们由于时代不同,有他们各自的特殊性,但是也有他们的共性,尤其是在根源上、在性质上、在某些手法上是有相同之处。所以观众看了戏之后,不仅知道一些事情,还会思考一些问题,得到一些有益的结论。比如说,我们在戏里看到一些人物,有些正面人物如岳明华、岳菱姑、岳老根父子、父女之间的那些话虽然说的是那个时代的事情,他们的忧虑,他们的希望和我们很相似。岳老根说:"难哪,不认错能悟出什么来呢?"我们可以想象得到,我们在林彪倒台以后,也有过这样的希望,总觉得林彪这么惨痛的教训也应该悟出点什么来,大家都能够悟出点什么来,像"四人帮"这些人,碰到墙上总应该有些回头的意思。结果没有,因为他们批林是假的,他们从来没有认真批过林,没有从根本上批过林,因为他们继承了林彪的衣钵,他们要用林彪这一套继续表演下去,所以没有认错。林彪垮台以后,"四人帮"从来没有认错,主席那么警告他们,他们不知悔改,阴一套阳一套。所以主席说:一个路线,一种观点,要经常讲。由于我们过去对失败的教训,对错误路线不敢讲,这种不敢讲是错误的,以后通过对"四人帮"的认真批判,就像30年代毛主席在延安做的那样,对王明路线从理论上进行了彻底的清算,以后才取得了后来两个阶段——抗日战争和解放战争的胜利。我们这一次经过对"四人帮"的批判,在意识形态上、在哲学上、在文学艺术上、各个方面进行了认真的批判,我们相信我们的国家会出现一个繁荣的时代,就像我们在1942年整风以后,批判了王明路线以后会出现抗日战争的胜利,会夺取全国政权一样,我们会出现一个光辉的胜利,这是完全可以肯定的。我们今后会对那些搞阴谋诡计的人、夸夸其谈的人、不务实际的人、对同志采取对敌人方式的人、满口马列主义政治而自己无半点马列主义政治的人,对于不和中国当前劳动人民的利益相结合的这些人,一定会提高警惕,因为我们提高了警惕,这些人的市场就会小得多了,就像现在"四人帮"那些余党,或者那些小兄弟那样,现在就不那么香了。文艺界那些个写小报告的和爱打小报告的人,谈起来就很可耻了。过去不是可耻,是光荣,搞这些事情可以得到官、得到利、得到地位。美术界有一件事,大家知道现在主席纪念堂的主席塑像背后有一幅大画,这幅大画的作者叫黄永玉,就是"参考消息"里外国人多次谈到的这个人,这个画家是个很有才能的画家,但是由于他的一幅画,引起了一场黑画展览,大家可以回忆起来,"四人帮"当道时有一次黑画展览,是从他的一幅画引起的,他的这幅画画的是什么呢?是个猫头鹰,这个猫头鹰睁一只眼闭一只眼,是很小的一幅画,为什么会引起"四人帮"这么重视呢?怎样引起的呢?他画这幅画的时候,到底他想到没想到他冷眼旁观啊,或者是嘲讽"四人帮"啊,他也许有,也许没有,但是这幅画并不是他的一幅认真的作品,而是一个即兴之作,给一个同行画的册页,结果被美术界一个人偷走装在自己的袖筒里,去密报了。"四人帮"非常重视,就开了一个黑画展览,上海也接着开了一个黑画展览。那时候对于一些卑鄙的人来说,是一种"风尚"。现在这种事情传说起来就很难听了,人们从道义上抵制这种东西,反感这种东西。有意见可以摆到桌面上来,可以写批判文章,我们可以来讨论。如果你是好心,你就可以提出来探讨,如果作者不听,你可以写文章到报纸上去批判。现在说明我们的风尚变了,也就是我们的批判起到了作用,我们的揭露起到了作用。这个戏将来会起个什么作用呢?我相信,对这些搞阴谋诡计的人、那种夸夸其谈的人、那种打小报告的人、那种对同志用对敌人的态度的那种人、不务实际满口马列主义自己实际上一点马列主义都没有的人,我们会提高警惕,那种人的市场就会小了,就是那种把人家的画扯下放在袖筒里打报告的人就会少得多,因为我们揭露了,批判了。

五、贺龙的历史作用

关于贺龙同志的历史作用问题,有些同学可能记得,"文化大革命"当中林彪伙同"四人帮"对贺龙同志进行了一系列的诽谤和攻击。当时有很多印刷品流毒全国,可能很多同学都见过,也许有的同学没见过。主要的对贺龙同志的攻击有三条,一条说贺龙同志投机革命,第二条是接受过蒋介石的收编,动摇过,第三个问题是说他杀害了段德昌同志和大批的革命干部。这三种攻击,后来都在1974年的二十五号中央文件里平反了,这个文件毕竟是文件,而且文件很简略,没有谈这么详细,而且大部分人不一定都记得或者都读过。但是现在这种流毒还有。关于贺龙同志,将来我还要详细地讲。现在我可以说一说毛主席对贺龙同志有三点评价,这三点评价是毛主席在延安时说的。第一点:贺龙同志对党忠诚,对革命事业忠诚;第二点,贺龙同志对敌斗争坚决;第三点,贺龙同志有群众。这三点已经完全足够反驳林彪和"四人帮"对于贺龙同志的攻击。可是他们采取了种种卑鄙的阴谋手法,比如说,在诬陷贺龙投敌、动摇、接受蒋介石收编这个问题上,他们把中央档案馆关于那个时候的历史文献封起来,有些抢掉,所以造成这种耸人听闻的事件。其实在1934年贺龙同志就枪毙了胆敢来策反的国民党代表熊贡卿，而且开了群众大会。事后中央分局有电报报中央，中央档案馆存有这份电报。不仅中央档案馆有这份电报，而且敌人的档案里边也有材料，敌人那边记录了熊贡卿被我们杀了之后，蒋介石对他的家属进行了抚恤，用了很多钱把他的尸首买走，然后给他少将军衔，作为将军的葬礼来埋葬这个人。这都有史可查。但是也就像杀害冯大坚一样，"四人帮"和林彪就搞突然袭击，全部接管了公安机关和档案，现在第三战役在清理这些问题，尤其是抢档案，他们的目的就是这个。当然，档案是毁不完的，尤其是档案馆那份电报，他们还没有敢毁，因为档案馆里毕竟有坚持正确路线的同志，有党中央毛主席订的一系列制度，他们还没有破坏掉。关于投机革命，当然是造谣。关于杀害段德昌同志的问题，他们采取了逼供信的手法，把当时了解内情的同志进行拷打审问，受他严重拷打的老红军很多，有过去红二方面军的谷志标、樊哲祥等同志，有些残废了，像樊哲祥同志这次就没有请他看戏，因为他的耳朵全部聋了，戴助听器都听不见，为什么拷打他，因为当时的见证人就是他。他在总部工作，他了解贺龙为了段德昌同志和夏曦进行过坚决的斗争，贺龙同志非常为难、非常痛苦，他都知道。但是林彪就让这个活见证承认段德昌是贺龙杀害的。他一直不屈服，所以把他耳朵打聋了。关于贺龙同志在路线斗争中所处的地位问题，除了毛主席的评价以外，军史和党史都有定论。最近大家已经读到王震同志在"八一"发表的文章，指出贺龙同志在王明"左"倾机会主义路线的时候站在毛主席革命路线一边，保护了大批优秀干部。因此戏当中这样写是符合大的历史背景的。当然，我们这个戏由于不是写真人真事，所以也不能说这个人就是段德昌，那个人就是彭国材，这个人就是王炳南，等等，不是，艺术作品是典型化了的人物，他是在典型的环境中再现的典型人物，但是我们也不能要求贺龙同志在那个历史时期做他不能够做到的事情。比如，有些人看了戏以后就说，贺龙应该把林寒也抓起来。这是违反历史唯物主义的，这是不可能的。路线问题不是某一个人可以解决的问题，也不是任何时候都能解决的。贺龙同志的地位和他的历史条件决定了他不能解决全党的路线问题，也不可能在一个局部地区、一支军队里解决路线问题。只能抵制、削弱它的影响，不可能根本地解决它。例如说上海是"四人帮"造成的重灾区，和有些省比较起来，它可能比较重，别的省可能比较轻，但是不管轻也好，重也好，都必须要到 1976 年 10 月 6 日这天晚上才能最后最根本地结束"四人帮"的祸害。王明路线的时候也是一样，贺龙同志也好，任弼时同志也好，都不能根本地解决路线问题。有一种说法，说红六军团和红二军团会师以后，路线问题就解决了。这种说法是错误的，红二、六军团会师的时候，并没有解决路线问题，红六军团任弼时同志在主席身边，接受主席的教导多一些，更直接一些，相对来说，受害轻些，时间短些。但是并不能说他们没有执行王明"左"倾机会主义路线。比如说红三军在 1934 年 4 月 14

日的时候,在利川县十字路开了个十字路会议,6月19日在贵州的沿河枫香溪开过一个很有名的枫香溪会议,这两次会议都对夏曦的错误作过一定的批判,但是没有结束这条错误路线,而且没有把王明路线的性质搞清楚,仍然在这些会议上把王明路线作为右倾机会主义错误对待,认为还是右,只有在遵义扩大的中央政治局会议上,才正确地、全面地从根本性质上否定了王明路线。这是毛主席对中国人民和中国共产党的不朽功绩。只有这时候错误路线才认账,才承认他们错了,只有这时候毛主席才能团结足以击败错误路线的力量。如果说我们在戏里写了贺龙同志处于极为困难的地位而又尽可能地抵制了错误路线,保护了大批优秀干部,而且有些干部没有保住,也是历史的真实,保护了大批优秀干部也是历史的真实。贺龙同志的作用,我认为如果写成这样,他的作用也就达到了,他的形象也就可亲了。如果说我们没有把他极其困难的处境和地位写出来,那是不可信的,因为没有把当时的历史条件写出来,那是作者的缺点,如果写出了复杂的条件,我们仍然应该说他是可亲的,他是正确路线的代表,他是英雄。像封建时代写的英雄岳飞、关云长都是很英雄的,但是他们也有他们的历史局限性,关云长最后也要去走麦城,岳飞也要到风波亭。所以我们不能超越他们历史的局限去塑造所谓的英雄,像"四人帮"的英雄那样无所不能,那是不对的,那不是英雄,而是苍白无力的人物。有这么一个真实的笑话,某电影制片厂有一位导演拍一部影片,一再通不过,被"四人帮"的文化部打回来,认为人物不够突出、高大,最后他生气了,他说:那好吧,把影片里的主要英雄人物绑在我们电影厂的烟囱上,不就既突出又高大了吗?他为了这句话挨了好几个月的批斗。脱离实际地去要求正面人物要这样,要那样,超越历史的条件去做这样,做那样,正像现在有少数青年观众看戏的时候说:"为什么岳明华不把兰剑给毙了,把林寒给绑起来!"我们只能当作这是情感愿望的反映,如果贺龙同志能根本抵消林寒的力量和作用的话,这个戏根本不存在,这个戏的故事也是不存在的,兰剑、林寒为什么敢于为所欲为,兰剑是利用了林寒军阀主义家长制的领导、脱离实际的教条主义作风,而林寒是利用了党的领导的威信,利用了国际和中央的威信,实际上也是利用了毛主席领导中央工作的威信,也就像"四人帮"一样,利用了党的威信来为所欲为,所以才造成这样大的一场悲剧。对贺龙同志在历史上的作用应该这样有分析地去要求、去体现。当然,也许我在剧本当中没有把当时的错综复杂的局面、没有把当时的困难搞清楚、写清楚,所以造成一些观众的错觉,一些误解,那属于作者的问题,那是另外一个问题。这个问题我就谈到这里,和大家见面,第一次先谈几点和这个戏不完全有直接关系的事情,将来我们有机会再谈一谈这个戏本身的问题和谈我对每一个人物的看法。

原载《戏剧艺术》1978年2月第1期

《吴王金戈越王剑》创作断想

白 桦

作家的作品已经把作家的全部想法都表现出来了,一般不应再在作品之外饶舌。但有时却不得不这样做,也是件苦事。《吴王金戈越王剑》发表和演出后,听到一些议论,我没时间参加争论,这里只谈谈创作前的几点想法。

一、我这个写剧本的人可能不为戏剧界所承认,认为我总在舞台上写诗。不过,话又说回来了,古今中外,哪个戏剧家不是在舞台上写诗呢?从莎士比亚到关汉卿,从易卜生到曹禺,从王实甫到老舍,无一不是这样的啊。所以我也学着在舞台上写诗。

二、有人说现在写话剧的人是勇敢者,因为话剧的观众在减少,不大叫座。如果为了叫座,尽可以去写功夫片,可惜我又缺乏那方面的才能和兴趣。

三、既然是写诗,就要有作者的情感,有喜悦,有愤怒,也有忧虑。正如《李尔王》、《哈姆雷特》、《西厢记》、《雷雨》、《茶馆》的作者那样,是强烈的情感的抒发。这大约不是什么秘密。作品要不要作家的态度怕不是什么需要进行一场讨论的新问题。

四、我所以不避借古讽今之嫌,选择一段古代历史来写戏,首先是那一段历史的一些人物吸引了我,那一段历史的思想光辉超越了它的时代,而具有普遍意义。我们不能一看见具有普遍意义的东西就疑心它是现代才会有的。中国是个历史悠久的文明大国,它的精神财富至今都没有完全被发掘、被认识。

五、孟子说过:"春秋无义战。"孟子也是一家之言,他是从周天子的角度来认识历史的。即使真的是"春秋无义战",也不能说春秋纷争中一切人都无义。先秦的普通人最讲"义",伍子胥逃亡在郑国遇到的渔父和浣纱女都是普通的庶人,他们如果重利轻义,伍子胥的人头早就换了千金之赏了。吴越之争确非民族战争,但当越国败亡时,吴国以强凌弱,越国从国王到庶民沦为奴隶,有没有个义与不义的问题呢?"四人帮"时期流行一种理论,就是"党的错误路线时期有什么好歌颂的人和事呀",这才是"现代化"的荒谬观点哩!古时候,面临国破家亡的匹夫匹妇的"觉悟"都很高,并不是现代人才爱国。《越语》这样来描写越国出征复仇的情景:"父勉其子,兄勉其弟,妇勉其夫(并非只有现代人才有妻子送郎上战场),曰:'孰是君也,而可无死乎?'(意思是:'有这样的君主,能不为之去死吗?'——这样的'觉悟'简直高得可怕。)"1938年我只有8岁(比当时的西施小一半),经常为国难当头而号啕,乃至泣血。那时我还不够匹夫的资格。我们千万不能认为古人事事都比我们愚昧。如果以某些人的冷静、先进的分析,在我国历史上,岳飞、于谦、文天祥等等都是黑死白死了,秦桧的行为反而符合某些人的先进的"民族大团结"的观点。无怪有人认为"国共两党之争是一场误会",这大约是最先进的观点了。我既然是在写诗,怕很难冷静到如此"先进"的程度。

六、我将怎么写剧中人的语言呢?剧中人都是公元前四百多年前的人,我当然做不到像考古学家那样精确。如"泰山"、"鸿毛",始见于司马迁的《史记》。但并不等于说司马迁之前就没有泰山和鸿毛的存在,纯属司马迁发现的"新大陆"。所以我还是用了。又如:"前事不忘,后事之师。"出自《战国策》,并不等于说这句话是汉代蒯通创造的。再如"风驰电掣"这句话,王雍的《怀素歌》里出现过,再往前是《晋书》里有过;再往前呢?谁能说它没有出现过?我相信公元前五百年是有"风"和"电"的。又如"前车之鉴"出自《汉书》,《汉书》之前的春秋时代也有车。如果我让剧中人说"前机之鉴",当然是荒唐,因为春秋时代没有飞机。因此,如果我写历史剧之前把我要使用的语言全都找古籍验证过,春秋之前没有验证的话都不能说,怕只能写出个哑剧来。

七、我写这个戏,着力想写一个真实的勾践,历史上的勾践。他在复国之后的所作所为并不是"变",用"变"来看勾践是现代化的目光。勾践本来就是国君,国破之后,要么就是死,要么就是忍辱求生而徐图起复。"卑事夫差","其身亲为夫差前马",被释回国后,"非其身之所种则不食,非其夫人之所织则不衣"。这是他不得已而为之,他一直在克己的痛苦之中。灭吴之后,"宫女如花满春殿"是正常现象。范蠡率越军破吴,并未再回越国就轻舟一叶飘然而去了,因他知道勾践复国之后,君主的身份、权利也随之立即恢复,唯恐于他不利。他最后回答勾践的威胁说:"臣闻命矣!君行制,臣行意!"我写最后两场戏里的勾践那样快就恢复了君主的本来面目,并非江郎才尽,"粗制滥造",草草收场;这既是历史真实,又是命题使然。至于舞台实践后将会如何,因素很多,不是作者能够完全驾驭得了的。

八、范蠡在历史上确实属于很独特的一个士大夫,善于审时度势,知人自知,特别是能认识到自身存在的价值(又有现代思想的嫌疑),急流勇退,飘然遁去,可是太不容易了!恐怕他是千古一人!史书上说,范蠡劝阻过勾践公元前494年的出师伐吴,勾践不听,败于五湖。勾践命范蠡在越国留守,范蠡认为:"四封之内,百姓之事,蠡不如种。四封之外,敌国之制,立断之事,种亦不如蠡也。"所以让文种留守,他随勾践质于吴国。一切都如范蠡之所料,经过十年生聚,十年教训之后,果然灭了吴国。他的确"左右过吴越两国的兴亡"。当时的士要施展自己的才识胆略,这是风尚,越败亡后,人民沦为奴下奴,范蠡不能无动于衷。他打起仗来也是激情满怀的,"左提鼓,右援枪"。活人是很复杂的,古代的活人又不同于今天的活人。今天很可能有这样的活人,他会认为:"范蠡既然看得这么透,为什么还去玩儿命呀!陪着勾践去当罪犯住石室、养马,然后又打了那么多年仗,还要击鼓前师,万一一箭飞来,呜呼哀哉,多亏呀!最后也不捞点金银财宝,连个城市户口都扔了,白劳累一场,多不值当呀!"对于这种看法,我只好说:"人各有志呀!"

  九、戏剧当然是生活的反映,历史戏当然是特定历史生活的反映;同时,也是作家对生活、对历史、对历史人物的认识的反映,其中充满了作家的情感和幻想,是的,幻想!

原载《戏剧报》1983 年 5 月第 9 期

五点和诗有关的感想
——在诗歌创作座谈会上的发言

白　桦

　　我来参加这个盛会,很高兴,也有很多感慨。这是我们诗歌界空前的盛会。会见了很多老前辈和很多年龄相仿的同志。看起来,大家都"白了少年头"。有很多同志可以说是一身内伤与外伤。但是,诗人未老,老天爷也不能让我们老。借此机会,感谢同行们多年来对我的热情支持。我和同志们一样,没有死,没有倒,也没有老。这和同志们的支持是分不开的。我不太懂诗,又写得很少。今天只想谈五点和诗有关的感想。

第一,在漫长冬夜等待春天的故事

　　国家体委有一位田径教练,他曾经培养过两个世界跳高冠军。最近又培养了一个亚运会冠军。"四人帮"猖狂时,把这位教练打成"反动学术权威"和"特务"。他被关起来,每天只有半小时的自由放风时间,他在每天的这宝贵的半个小时干什么呢?他从第一秒钟开始就飞快地跑步,一直跑半个小时。看守的人都感到很奇怪,问他:"你为什么这样?"他说:"我还准备继续当教练。"看守他的人哈哈大笑,认为他是痴心妄想。但他并不气馁,每天如此。"四人帮"被粉碎之后,果然,他又当了教练,仍然是个很好的教练。这位教练同志当时就相信,"四人帮"长不了,最终会垮台,党和人民一定会胜利。这是我要讲的第一个故事。

　　第二个故事,我要讲的是一位大家熟悉的画家黄永玉。这个画家由于画了一个益鸟猫头鹰而被打成黑画家,闻名全国。他很长一个时期住在一个真正的斗室,没有窗户,也没有阳光。他养的一切花草都要死。因此,他就画了一个窗户,窗外是明媚的阳光,美丽的迎春花。在他最困难的时候,外省有个同志偷偷来看他。他们不敢在家里谈话,因为隔墙有耳,他带着这位客人到公园里散步。客人问他:"你到底怎么样?身体……各方面怎么样?"画家说:"我给你看一件东西。"客人以为是诊断书之类的东西,但一转眼,这位画家就倒立在这个朋友面前。这位朋友连忙说:"我明白了!回去一定告诉同志们,黄永玉身心健康。"黄永玉有一间世上最小的画室,墙壁当桌子,在缺氧的空气里,画了很多鲜艳的花朵。当他的作品被当作黑画批得最厉害的时候,有人说:"别看把他批得这么厉害,说不定晚上回去他还要画画哩!"他把还在自由时记得的祖国壮丽山河,美丽的花朵画在画上,用画家的术语来说,他能背出这些美好的形象,说明他对祖国的一草一木、一花一鸟爱得很深,说明他预见到春天一定会到来,所以他画了非常多的画。他面对着他画的那个窗户说:"我等得好苦啊!等了十几年!"在我们这个会议之前两天的下午,在《文艺报》召开的会上,我听了冰心同志的发言,深受感动。她说她从来没有丧失过信心,从来没有离开过她的青春。她说她的阅历告诉她,一切拉历史倒车的复辟者都是短命的。冰心同志虽然没有讲出来,但我们可以想象到,她也有一个在漫长的冬夜等待春天的故事。

因此,我想到,在座的诗人们都有一个在漫长的冬夜等待春天的故事。很多诗人,像那位田径教练那样,利用一切时间进行锻炼、积累,对党和国家的前途充满了信心。大家都相信,一定能回到自己的战斗岗位上去。也一定有很多老诗人像那位体育教练一样,培养出"世界冠军"来。很多诗人也会像黄永玉同志那样,从未间断过勤奋的劳动,擦拭自己手中的武器。这一两年来,我们看到了很多前辈诗人青春常在,比如说,像徐迟同志的诗一般的报告文学,艾青同志的仍然是号角一般的诗,保持着嘹亮的金石声(我指的是在朗诵会上朗诵的、在电视台转播时取消了的那一首——《在浪尖上》),还有其他一些老前辈的诗,说明诗人的青春不以年龄为标志,诗人的青春等于希望加战斗。"四人帮"当道十年,从某种意义上来说,大有好处,就好像冬天对于春天那样,万物都懂得了戒备,懂得了积蓄力量。在万木凋零的寂寞中,为百花盛开的春天忍耐着,战斗着,坚持着。历史常常是这样,思想在禁锢中成熟了。

第二,和狂轰滥炸比赛强度的歌手

听说有一个英国女歌手最近去世了,有千千万万英国人民自发地为她送葬。这个女歌手并不是一个革命的歌手,也并非是一个纯洁无瑕的完人,只是因为她曾经在第二次世界大战期间,当法西斯德国的飞机狂轰滥炸英国国土的时候,她放声歌唱,表现了大无畏的精神,长了人民的志气。从此人民尊敬她,一直到她逝世,她的歌声还在人民的记忆里。她的歌声压倒了狂轰滥炸。

我国1976年清明节前后出现了千千万万和狂轰滥炸比赛强度的歌手。他们用自己的血肉之躯和诗歌,同"四人帮"进行了肉搏战,天安门前的歌手们的声音,终于压倒了貌似强大的"四人帮",因为这声音最后不是百万人,而是亿万人的声音。作为诗人,如果不从"四五"运动中汲取战斗的力量,他的诗必然会被淘汰。他可能一年发表一万行,但谁也不会注意。

诗人不能反映人民的意志,不能歌颂人民的斗争,不能唱出真情,就不能叫诗人。如果我们不知道人民在想什么,为什么哭,为什么笑,只管自己埋头苦苦地吟诗,生造出来的诗当然没有人要看。历史上一切经得起时间考验的好诗,不是喊出来的,唱出来的,就是哭出来的,笑出来的。"长歌当哭",此之谓也。

第三,噩梦醒来之后

中国民间故事除了黄粱梦之类的故事以外,还有这样的故事,就是一觉醒来,世上已经几经变故,一切都改变了。只是这个梦中醒来的人没有变,按照前朝的方式生活、待人接物,闹出很多笑话来。现在我们的诗歌就面临着这样的情况。有些同志不知道我们经过这场噩梦之后,社会生活经历了深刻的变化。我们还在弹老调子。目前有不少的诗是在弹老调子。一类是和《国际歌》唱反调的老调子,《国际歌》所以成为划时代的不朽之作,因为它否定救世主,否定神仙皇帝,把这些东西看成一文不值的东西,看成历史前进的绊脚石。因为人类在这些东西面前吃够了苦头。我们一面在唱《国际歌》,一面在歌颂救世主,成为一种不可救药的习惯。"五四"运动费了那么大的劲,破除迷信,提倡科学;半个世纪后,又来了一个三百六十度的大转弯,回到原来地方,又要重新来破除迷信,提倡科学,看起来有点令人啼笑皆非,但客观实际又是那么严峻。各地区的同志都会有共同的感受。少数地区甚至倒退到辛亥革命以前去了。人民群众对人民自己还有权利这件事,茫茫然加惶惶然,使人感到非常痛心。

因此,我呼吁:同志们,不能再走这条路了!我们要对人民的未来负责,不能因为这样的作品容易通过、发表,就在我们的前进道路上不负责任而又非常安全地丢一块石头。过去很多人是不明白,今天,我们既然明白了,若还不改,那就是明知故犯了。新中国不是神缔造的,是人缔造的,尤其是那些先我们而倒在这块土地上的人缔造的!我们再那样做,就当真是为封建王朝复辟鸣锣开道了。

最近看到一些清官戏,不仅农民们感动,我也很感动,不仅农民盼清官,我也盼清官。除了感动之外,我认为是非常可悲的事情。最近,每当一个新的省委书记上任之后,就有各种各样的微服出访之类的故事。就有民谣,如"要吃粮,找紫阳;要吃米,找万里"之类。当然,这些领导同志的确是一心为人民。但我们搞了30年社会主义,在全国范围之内宣传了三十多年马克思列宁主义,还要出现微服出访,而且清官那么少,还要盼,还要哭。我想到这里,实在是很伤心的。即使每一位省委书记都是清官,这些清官至少都是六十开外的人,为官清正的时间也不会太多了,再说,微服出访也访不出所有的冤案。如果人民掌握不了自己的命运,个人的权力大于众人的权力,仍然要出"四人帮",要出"皇帝"。似乎说得那么严重,好像是"天方夜谭"一样,实际上一点也不夸张。在1973—1975年期间,我和少数同志经常担心忽然有那么一天,一觉醒来,江青宣布举行加冕大典,如果没有人民的斗争,这是完全可能的,甚至有些地位很高的人,会上表去祝贺,写颂诗,也有很多人自愿或被迫穿上"马蹄袖"。四川有这么一个真实而又辛酸的故事:有一个老干部,在1957年被戴上右派帽子,仅仅因为他反对了他们的支部书记,他想不通,就疯了。他既不打人,也不骂人,而是天天跟在这个支部书记的背后,人家问他为什么要这样?他说:"我要紧跟共产党,否则就要犯罪。"一个人就可以代表党,这是非常可怕的事情。三中全会,明了是非,分了黑白。这仍然是人民斗争的结果,并不是中央委员们坐在一起想出来的。他们代表了人民已经表现出来的感情、要求、愿望。我们不能忽视还有想当皇帝的人,中国现代封建主义比辛亥之前的封建主义还要厉害。我们有许多东西在客观上造成了人身依附。比如说,任何一个人都要有户口、粮食关系,这些关系集中在党政领导机关。有些党政机关就是某一个人说了算。各省市,甚至不很大的干部,都可以借个名义造行宫。像林彪、江青这些人,都可以在各省市造所谓的地下宫殿。社会不以逢迎为耻,官员不以逢迎为侫。江青仅仅是一个较明显的例子。有人自愿当面首,有人自愿为她写登基的诏书。一个小小的林立果,为什么那么多人为他选妃子。上行下效,林彪这样干,叶群、江青也这样干,还有些人也这么干。在有些人的灵魂里,撒谎、侫上、逢迎献媚,成了很难改的恶习。诗人同志们,我们宁愿去歌颂民主墙上的一块砖头,可千万不要再去歌颂什么救世主。革命领袖首先是我们队伍中间的一位亲密同志,诗人有权站在历史的高度来评价任何一个伟人对历史的作用。还有一类诗,长期以来重复着使人们失望了的辉煌的口号,这一类诗,仍然相当之多,一提起写诗,就想到要歌颂,——当然要歌颂;一想到歌颂,就想到抄口号。如果在"九一八"、"八一三",只喊一声"打倒日本帝国主义",就能使中国人热血沸腾,因为那句口号反映了中国人的愿望。前些年有许多口号,喊来喊去,喊的和做的,做的和结果完全不一样。人民失望了,成了空话,不如说些切合实际的话亲切一些。而诗的任务根本不是去重复口号。今天任何一个干部上任,如果发表就职演说,尽是豪言壮语,不着边际,大家一听就失望了,因而失去了群众,诗人恐怕也是一样。在大转折的新时期不了解人民的愿望,不了解人民的疾苦,又在抄口号,说空话,同样也会失去读者。还有一种为棒子助威,为镇压人民大声叫好的诗,"左"得出奇,"帮"气十足,披着大红袍吓人,现在当然是少了。

  诗当然要歌颂,但如果我们不烧掉荆棘,能开垦出沃土吗?我想,三中全会本来可能并不是首先要解决那么多复杂的历史遗留下来的问题,一开始可能是要讨论工作重点转移的问题,但不解决历史上遗留下来的一些复杂问题,工作重点的转移就是空话。我们如果闭上眼睛不看现状,张开嘴就唱行吗?那么,现状是什么呢?现状是中央和群众在靠近,并且已经那么靠近,然而,正像那天艾青同志在小组会上说的一个农业上的名词"中层板结",中层板结,使得上面的阳光雨露到不了下层,禾苗扎不了根,下层的水分又上不来。很多既得利益者和思想僵化的人,仍然是围绕着自己的利益思考问题、"执行"中央决定,他们把自己当成战国时代的诸侯,把中央当成周天子。我相信中央一定会找几个大小"诸侯"当当反面典型的。很多同志都谈到了,土政策多如牛毛,一个公社可以制定法律,成为一个公国。四个现代化怎么搞?谁来搞?用封建的办法来搞,显然是不行的。任人唯才,谈何容易!谁有才?官有才,当了官就上知天文,下知地理,无所不知,无所不晓。封建主义就是忌才主义,现代封建主义就是彻底的忌才主义。首先要解决的还是思想的解放,有些科学工作者私下跟我说:"我没有信心,因为我们研究所还是愚昧领导科学。"所以,诗人不看到现状,没有预见,不敢冲击,不敢突破,不敢呐喊,不敢歌唱,只能鹦鹉学舌,人民一定会忘掉我们。人民经历了这些年的斗争,思想比我们深刻得多。痛苦深,爱才会深。因此,我们的任务很艰巨。我们像群众那样深刻,是很困难的,需要学习,需要了解群众。今天我们的诗是思想多了吗?不,我们不能把口号等同思想。我认为我们今天的诗,思想是少了,废话多了,一首诗哪怕有一句是人民群众想要说的话,有一句剖析了现状,提出了问题,预见了未来,就是有思想的诗。读者并不排斥思想,尤其是形象化地表达出来的新鲜思想。李白、杜甫、白居易、辛弃疾、泰戈尔、惠特曼……任何一位大诗人,无不是由于他们的诗充满了思想的力量,才成为大师,没有任何一首只有美丽辞藻的空洞的诗歌能够流传下来。我们从他们的诗里,能感受到他们那个时代的脉搏,以及他们那个时代对今天仍然有着教育意义的思想结晶。

第四,诗和我

  每一个同志都谈诗言志。诗言志是有其时代的含义的,诗是通过诗人的自我来言志的。诗的个性是诗人的我,没有个性的文艺作品是不存在的。多少年以来,是不允许在诗里出现我的,很多诗人也不敢在诗里出现我。这里面有许多客观的原因,但作为诗人自己,经历了"四人帮"这场浩劫以后,我们大部分人在痛苦中播下的爱的种子,应该收获了。第一批收获应该是自信。相不相信我们的爱?相不相信我们的憎?相不相信我们爱和憎的方式?相不相信我们的爱和憎与人民是共通的?有没有这种自信?我想只有经历过深刻的痛苦的人才有衷心的欢乐。我相信我的爱,因为我的爱是在长期的痛苦之中播种的;我相信我的憎,因为我的憎是在长期横眉冷对中成熟的;我相信我的眼睛,因为我的眼睛看见过活埋我们同胞的日本宪兵,也看见过"宁可错杀三千,不能放过一人"的国民党特务,看见过汪精卫、江青、陈伯达、林彪的精彩表演,看见过30年前卖儿卖女到30年后又卖儿卖女的中国农民,而且看见过形形色色的带引号的"同志"和"朋友";我相信我的耳朵,因为我能分得出从哪个方向射出来的枪声,是三八式!还是水连珠!卡宾枪!听见过林彪抽饱了鸦片之后的叫嚣,江青经过化妆了的颤抖的声音。因此,我来瞄准,可能打不出好的成绩,但大方向不会太错。

　　过去,我走进一间大房子,像喇嘛寺之类的庙宇,我感到自己很渺小,经历了"四人帮"一场浩劫之后,我再走进庙堂的时候,觉得我比菩萨还要高一点,因为我懂得人的痛苦,懂得人的欢乐,菩萨是泥塑金装的。因此我在庙宇里并不比在茅屋里更矮小,我们完全应该对"我"有自信。我们不能天天去背十字架,去忏悔,去赎罪。曾经有一个时期,我也像同志们一样,真诚地赎罪,但总是赎不完。江青、张春桥说话经常出尔反尔,他们只要说一句"我收回"就算完了。我们即使说错了半句话,十年、二十年的劳动改造,也收不回来。我一直非常认真地劳动,在工厂里成了技术革新的能手。在"文化大革命"当中,我公开宣布,我不是为赎罪而劳动,是在尽社会义务,人民养我,我要劳动,因此我当时很愉快地生活,很愉快地去扛二百斤的大包,我认为我比以前成熟了。我说的这个成熟不是指艺术上,而是指思想上,并且是在我自己的水平上比较成熟了。

　　如果我们经常置身在社会前进的主流当中,我们诗里的"我"就不会是自我表现。如果诗里没有"我",诗歌哪能有个性?哪能有百花齐放?同时,我们要对新诗歌运动有自信。不要因为有人不喜欢就泄气,只要我和人民认为需要就要写。我们的生活起了很大的变化,语言也起了很大的变化,诗的形式必然要起变化。多年来没有一个固定的形式,因为我们的生活前进得太快了,形式比起内容来毕竟要次要得多。同志们,没有胆量就没有突破,没有突破就不能前进。二十多年的"阶级敌人"可以又回到党的队伍里来,彭德怀同志的沉冤都能够昭雪,还有什么可怕的事情?革命的道路上,有千千万万无名英雄没有烈士的头衔,也没有证明书,甚至至今还有些被看成敌人,我们算什么?所以杜甫说:"千秋万岁名,寂寞身后事。"有些人只想到生前保住自己的温饱利禄,当然也就不能去突破了。如果我们"不为生前身后名,一心一意为人民"的话,可能写得很拙劣,但会有用。有的同志说:"你写了不少的东西"。我说,同志呵,我应该比现在写更多的东西,写得多得多。因为我从十几岁就开始写东西了。后来十分之九点几的时间是在被运动之中,真正写作的时间不到十分之一。很多年不许读书,不许动笔。所以在那个时候,我很羡慕30年代的殷夫、柔石,他们坐牢,在监狱里还可以读书、学外语,我们不行。但我学会了很多手工活,比如打毛衣、毛裤之类的事情。损失的时间太多了,精力最充沛的时间白白地浪费掉了,所以今天应当捞回一点来。

第五,过高的奢望

第一点,我们国家的科学家,由于国计民生的迫切需要,落实政策比较好——我说的是比较好,也不是非常好——改善了工作、学习和生活条件。但作家艺术家的队伍,几乎大部分没有解决。尤其是下面,好像他们的工作与国计民生无关。我以为这样看是错误的。中国是一个人口最多的国家,但文化落后的状况是非常惊人的,思想停滞的状况也是很惊人的。我认为这是一个和国计民生同等重要的问题。还有一个怪现象,中央和一些省市的文联作协,认为几十年的惨痛教训之一是因为养了作家,作家影响了协会和协会的行政长官。文联作协不养作家、艺术家,就像工厂里没有车间主任、没有工人一样。靠外加工,手工业时代可以,现代化的大工业是不行的。没有这些作家、艺术家,恐怕将来运动重点就会落到作协文联行政长官们的身上了。因为过去可以把作家、艺术家抛出来,现在没有人抛了。

第二点,评论工作比较弱。评论工作不能旗帜鲜明地指出方向来,这个方向,包括政治思想的方向、艺术的方向、美学的方向。不能认真地分析作品,也不能尖锐地批评一些老调子。只有正确的对作品的分析和批评,才能够指导文艺创作。当然,这也和评论家的队伍问题很有关系,评论家尤其需要解放思想。这次在无锡碰到了王朝闻同志,他说现在的评论工作是研究的研究,而不是研究,完全是第三手、第四手的材料。而且批评家和作家不交朋友,不交谈、不接近,不愿意接近。

第三点,关于编辑部。"四人帮"垮台后两年,和编辑发生关系,我是很头疼的。因为几乎每一篇东西都要经过编辑部的修改。当然编辑部大部分同志比我们高明得多,但他们的顾虑也比我们多得多,胆小怕事,在思想上使作品平庸,在艺术上使作品失去完整。当然,每一次都是作家让步。即使这样,现在还有一种谣传,说我狂妄到一个字也不让改。其实,何止一个字啊!曾有一家报纸,登了我一首诗,每一节抽出两行,好像间苗一样,怕太密了不通风。事先没告诉我,弄得我啼笑皆非。当然,《诗刊》在这一点上是比较好的,有商量的余地。所以我希望真正做到文责自负,可以商量、研究,可以指导作家,可以辩论,可以改,可以保留意见。

向四个现代化前进的列车已经开动了,一面开动,一面还在铺路,除了唱列车进行曲,还要唱大路歌。社会科学研究工作的同志们在去年立了不朽的功绩,论证了实践是检验真理的唯一标准,可惜诗歌界没有很好地支持,有些还在唱反调。《诗刊》去年11月份举行了一次"为真理而斗争"的诗歌朗诵晚会,录了像,电视台的同志非常热情,但是最后像大家知道的那样,被腰斩了。有些好心的同志对我最近发表的一些作品和发言表示了关怀,说:"是不是等你的问题解决了以后再说、再写这些东西?"我认为,我是个党员,也可能做错,也可能做对;不是个党员,也可能做错,也可能做对。但是一个人如果靠"山呼万岁"才能给我党籍的话,那恢复它干什么呢?党当然不是那样。20年以后又恢复了我的党籍,说明党是马克思主义的党,是按照马列主义原则办事的。空气空前清新,我相信,不久会读到在座诗人同志们的更多优秀诗篇。请同志们批评指正。

原载《诗刊》1979年4月第3期

诗的逃避与被逃避

白　桦

　　古往今来,许许多多的诗人除了写诗以外,还要写诗话,阐述自己对诗与诗艺的观点。其实,诗如流水,无定规,因而也无定见。古人有一种影响比较大的传统观点是:诗言志。人各有志,也就有了各种各样的诗。我很少写诗话,因为我是个终其生受累于情感的人,言之很难成理。中国从来都没有像今天这样,每天都出现如此大量,如此纷繁,如此多样的诗歌。诗,永远都会层出不穷,这是可以肯定的。有诗的日子比没诗的日子要好得多,这也是可以肯定的。生活中如果真的没有诗,就好像大地上没有水一样,甚至比没有水还艰难。生活在干旱的黄土高原上的人,他们的心灵并没有干旱,他们能唱出世界上最美丽的、清泉一般的情歌!但今天所有的人都懂得渴望水,都懂得:人无水不可终日。却并非所有人都懂得渴望诗,并非所有人都懂得:人无诗不可终日。人们的心灵在日渐枯萎!日渐平庸!日渐浮躁!日渐麻木!日渐险恶!

　　今天大量的华文诗歌,在一个多元的诗歌世界里面临选择和被选择。有不少精品,但也有太多的陈腐,太多的猥亵,太多的文字游戏,太多的无意义,太多的媚俗,太多的卖弄,太多的虚伪和太多的复制品……尤其是有太多的逃避,逃避我们的生存空间,也逃避自己的心灵。往往不知道自己身在何处,心在何处。其实这是很可笑、也是办不到的。正如孙悟空一个跟头可以翻十万八千里,却逃不脱释迦牟尼的手掌心(佛即是心)。因而理所当然地被冷落,被疏远,被遗忘,被抛弃……读者同样也在逃避我们。为什么我们不能从被冷落,被疏远,被遗忘,被抛弃,被逃避的失落中得到一点启示呢?(当然,那些不需要读者的诗人可以例外。)今天的世界对诗人心灵的撞击还太轻吗?诗歌,特别是华文诗歌,是最善于直抒胸臆,而又含蓄深沉,并具有美妙的造型美和音韵美,最善于用简练至极的文字设墨着色,营造动情的氛围,蕴藏深邃的思想。我们常常忘记了自己是华文诗人,忘记了华文的美质。在当今世界上,最不能同日而语的就是不同民族语言的诗歌。最无法放在一起衡量和比较的也是不同民族语言的诗歌。优美的翻译实际上是重新的创造,生硬的翻译是对原文的践踏。我们常常舍近求远,丢掉了魅力无穷的母语(华文)的思索方式,去进行拙劣地模仿。所以会生出大量不伦不类的东西来,而又无自知之明。李白、杜甫绝对没有想到过,他们在为中国人写诗的同时,还要为其他民族写诗。他们一往情深地把自己的思索和才情放在自己民族语言文字的运用上,最热忱地关注自己民族的命运。李白在极端痛苦的时候也曾萌生过逃避的念头,甚至也有行动。他多次求仙问道,隐居遁世。但他从来都没有真的逃避过,包括他那些痛心疾首地宣告逃避的呐喊,都是最直接的面对。请听一听他的最后一个春天的吟唱。

> 蜀国曾闻子规鸟,
> 宣城还见杜鹃花,
> 一叫一回肠一断,
> 三春三月忆三巴。

这是他以强烈而又悲苦的乡思在表达他最后、最深情、最纯净的面对!至今我们在诵读这些诗句的时候,仍然能感觉得到他的心灵的颤抖。当然,古代的诗人对中国以外的世界并不了解。但他们从来也没想过"走向世界"。今天那些声称只为几百年、几千年后的读者写作的诗人,他们以及他们的诗于未来的人如同对于现代人一样是毫无意义的。不关心、不了解现代人,也不可能对未来人有任何了解。

真正的诗人是没有媚骨的!我们没有理由妄自菲薄。从古至今,人类使用华文写作的人最多,使用华文写诗的诗人也最多,成就也最大。试问!有哪种文字能够如此简练地写出如《登幽州台歌》这样优美、这样深刻的诗歌?

> 前不见古人,
> 后不见来者。
> 念天地之悠悠,
> 独怆然而涕下!

原载《诗探索》1995 年 8 月第 3 期

由衷的、有感而发的歌唱
——《今夜星光灿烂》拍摄前和谢铁骊同志的谈话

白 桦

在战争中活下来的战士们（今天出了大名）是英勇的、英勇的；
但是最英勇的却是冲到前线而倒了下去、无名的、谁也不知道的人。

——华尔特·惠特曼

一、引子

  这个剧本与其说是讲了一个故事，不如说是我在由衷地、有感而发地歌唱，因而它必然具有比较浓的抒情色彩。它完全不是一般戏剧的那种外在冲突比较鲜明的形式，它比较内在，它的强烈在于内心的震动。因为它的产生是来自作者内心的震动。人们的自身经历促使人们深思，因为昨天、前天和今天可以比较，可以从事物自身的关系找到联系，认识它的精神力量。

  我多年来都想写一些反映战争生活的作品，但怎么写，一直都在想。有些人提倡写战略思想的胜利，写战争的规模、写将领的才智，也有一个讨论了多年的问题，写革命的英雄主义，凡此等等，都不无道理。基于文学艺术的根本目的是通过典型人物的塑造，作用于人们的灵魂，简单地说是写战争中的人——主要是人的灵魂。我们这个时代，还有什么英雄主义能离开那些对生活热爱，而又勇于献身、纯洁敦厚、充满幻想的青年呢？中国青年在各个历史时期都涌现出大量这样的俊杰，使得中华民族能够光耀全球，并在苦难中前进。促使我写这个剧本的主要因素还是今天的生活。社会主义进行了三十年，遇到了很多坎坷，尤其是近十几年，"四人帮"在一代人的身上泼了一盆冷透了心的凉水，灰心失望的细菌在青年们心灵里蔓延。因为最直接影响人们的是生活的课本，特别是在愚民政策下的人们，生活的课本直接指导着他们的生活。"四人帮"最阴险和恶毒之处，在于割断中国现代人和人类几千年思想文化的结晶的联系，剥夺本民族历史、本党历史遗产的继承权，用极"左"鸦片毒害青少年，使他们堕落、野蛮、歇斯底里，许多人在麻醉中醒来之后也无所适从。许多人变成失望的人、物欲狂、盲目崇洋、玩世不恭的"好汉"……当然,青年的主流还是那些思考着、希望着、战斗着的年轻一代。我们的党遭到了严重的腐蚀,以致很多优良传统无从在党内全面恢复。有党性的共产党人忧心忡忡……

我经常扪心自问:我为什么至今都还保持着一点前进的热情、勤奋的态度和愤愤不平的痛苦。除了我自身的少量的文化理论素养之外,也主要是生活的课本对我的教育,特别是青年时代。抗战开始我只有几岁,整整八年看到的全是中国人民在侵略者的铁蹄下的悲惨遭遇,中原地区,水、旱、蝗、汤,这一段时代的痛苦和奋斗在我心灵中的烙印太深了,也太重要了。我至今都忘不掉蝗虫吃庄稼的声音,普通老百姓挨打呼叫的声音,用铁丝穿着手掌的壮丁队伍,成千成百个孩子在旷野上手拉手流浪,日本人活埋我们的同胞(包括我父亲),国民党特务折磨共产党人和有正义感的学生……因而我很自然地就在17岁的时候走上战场。但真正克服自身怯懦、私心、狭隘、虚荣这些弱点,主要是生活课本里的战争这一页对我的教育,印象最深的还是战争当中的人。我生活在军队的基层,我可以忘掉战争的规模和场景,那些战士和各级指挥员的形象却是永远也忘不了的。我写他们的时候没有费多大的劲,因为他们的形象栩栩如生,好像昨天才离开我那样。战争中的军队在我的心目中从来都是一个温暖的家,一个执行着严酷的历史使命的武装集团却是一个温暖的家,这两个概念好像不相干,但事实又的确如此,从这个意义上来说,我们的军队是举世无双的。

战争中每天都有牺牲,淮海战役第二阶段,我在一个连队里,全过程牺牲了五套干部。指导员是晋冀鲁豫边区有名的模范工作者王安国,后期他也负伤被送走了。但这个家庭有时候愤怒,却从来没有悲观情绪。我记得第二阶段开始不久,我们连伤亡很大,团党委决定把我们撤下去休整,全连同志坚决要求不下阵地,营长教导员来下达命令,同志们的悲愤情绪使他开不了口;团长政委来下达命令,也开不了口;指挥员们为所剩无几的战士们的一股悲愤的正气所震动;最后还是纵队主任来说服大家,才从阵地上撤下去。这个战役完了之后,我手里的连队成员名单中的绝大多数不在了;几十年来我都忘不了最后离开这个连队时我按照名单和同志们告别的情景,这些人指导着我的生活道路。最近我在一首诗里写着这样的句子:

"由于战友们的英勇我才能幸存,
三十多年以后我还能沐浴着阳光";
"生命的价值是爱的深与浅,
绝不是时间的短和长"。

我是个幸存者,多年来我都是这样想的。我并不是像有些人误解的那样是个现代派;不!我是个幸存者,幸存者不可能和许多战友为之付出过青春的事业割断,不可能把滋养过我的心灵的一切否定掉,特别那一切是劳动人民崇高的美好的品性。在这一点上我很保守,我相信这些品性是存在的,有过的,曾经闪烁过辉煌的光焰。各民族为正义而斗争的事业中都有这种美好的品性,没有这些,人类就没有前进的动力,也没有历史,没有文学艺术,什么也没有了……的确有些青年以虚无主义的态度来看待一切,认为人类的理想、信念是空的,甚至看成欺骗。我们不能怪他们,某一段某一方面的生活课本腐蚀了他们的心灵,他们陷入许多错觉之中,其实,即使像美国和日本那样的国家,物质文明发展到世界最高水平,人们仍然不能单靠物质来生活。

最让人痛心的是,许多同志今天所坚持的错误观点和行为正是过去他反对并为之可以献身的东西。无数战友毫不犹豫地去牺牲,难道我们今天对于真理都不敢表示个同意吗?

我们这个军队在战争中对于"前边"——也就是炮火最密集、死亡可能性最大的地方,都以争先恐后为荣。这样的军队怎么能不打胜仗,什么事干不成呢?今天这种早已形成的风尚没有了,或是相反!为什么有些人会走上反面去了呢?真让人痛心!回顾一下我党我军本来的精神面貌,这就是我把战争生活中的一段再现出来的目的。

有一个年轻同志看了这个本子,给我写信说:"很感人,但我不相信曾经有过那么一段精神上的黄金时代,也没有那么些纯洁的人。"后来他到了中越边境慰问,才又来信说:"中国的确存在着那么些纯洁的人,难道只有战争发生时才有吗?在和平生活中就注定要精神崩溃吗?"显然这是错误的,我们的50年代不也是精神上的黄金时代吗?只不过后来被一再地破坏了,但这是个很值得深思的问题。

我并不是企图通过这个作品就把某些人的精神状态改变过来,我没有那种奢望。文艺课本毕竟是文艺课本,人们更多的时间读的还是生活的课本——所谓存在决定意识。但文艺的课本也是有力量的,会启发一些愿意和正在思考的人去思考。我们能够做到的也就是这些。

虽然我只写了几个人,但实际上是一代人,他们都是英雄,又都是当时非常普通的人,正直、单纯、心地善良、勇于追求、勇于幻想。完全不是那种一般英雄的概念,他们没有英雄的自我意识,他们只是为了把阶级的(不是个人的)愿望变为行动,在各自的岗位上,本着各自的性格特色、尽各自的义务——直至献出生命。我希望观众也像我一样以亲切的柔情记住他们——把他们当做战友和兄弟。这就涉及造型、服装、场景、画面、表演——尤其是表演,如果看来不是在表演,而是在真诚地生活就好了。

二、一朵战火照耀下开放的花朵

杨玉香,一个平平常常的、千千万万个贫农的女儿中的一个,又是个独特的姑娘,绝不能想当然地去表演她。她好强,心强命不强,求遍旧中国的衙门而无处申冤,终于对人生彻底地失望了,她认为"即使有地狱也比这人间地狱亮堂得多,公平得多"。1948年底,一方面国民党处于全民包围之中,另一方面蒋管区和战火纷飞的中原广大农村人民处于水深火热之中。大多数农民并不知道再熬一熬天就亮了,天一亮就看见道路。杨玉香就是这些农民中的一个。而这场缔造新中国的决定性的一战就在她的门口打响了。她从弯弯树上被解下来,从地狱里回到可以看见黎明的微光的人间。真正的生命开始了! 这个影片里的杨玉香既给演员提供了戏剧性较强的动作,也给演员提出了一个极大的难题,那就是在短短的二十来天的时间里思想的飞跃,经受巨大锤炼的意志,像遇到温暖春天而迅速开放的花朵般的鲜明性格。她这廿多天的经历,一般农村妇女60年都无法经历到。演员比生活中的主人公难得多,生活中的主人公在那个急速变化的时代中的自然经历,就像溪水流出山谷一样,碰见石头响声就大些,遇到平坦的道路就安静,自然而然地形成自己的形象和性格。今天的年轻演员要去体验、想象,不是太冷漠,就是太夸张。必须对那个时代有较多的了解,否则是无法想象的。这个人物,我在生活中遇到过一个原型。1948年11月二十三四日,将要对国民党十二兵团形成合围的时候,我在一个村庄里见到一个姑娘,很明显地对一个为他们修房子的小战士脉脉含情,但很少有人发觉,包括那个小战士本人。二十多天以后我们撤出战场,傍晚又经过这个村庄,这个村庄已经被炮火毁了,只剩下像许多黑色船帆似的山墙,一个人在墙背后走出来,拦住我问:"小张回来了吗?"我感到很突然,仔细一看,认出了那个姑娘;我当时完全不知怎么回答,因为他问的小张已经牺牲了。我停了很久才回答她,而且只好说实话,我说:"小张五天前牺牲了……死了……"她没有哭,也没有叫,只是大睁着眼睛注视着我,我觉得她的眼睛太亮太大,有点怕人,我低下了头,当我再看她的时候,她已经不看我了,两只手无目的地抓着墙上的土,土屑落下来发出细碎的声音,她那大睁着的眼睛注视着寒冷的闪着繁星的夜空。我走了! 多年以来我都能记住她的样子,并且想象着她的隐秘的痛苦。我想象中的杨玉香是俊秀而小巧,超乎常人地聪慧,我一向认为,懂得绝望的人必然是聪慧的人,只有聪慧的人才能在绝望的深渊里又点亮自己的希望。一个经受过最大的冤枉、委屈而失望的人,又看见了生路,又有了生的欲望,又有了爱! 她的爱不是才子佳人花园订终生,不是一见钟情,她对小于的爱一开始就要广义得多,当她一个孤苦伶仃、无依无靠的死里逃生的人知道人间地狱里还有这么一些天神一样美好而强有力的人的时候,她知道这些人是可以寄托终生的。高度的真诚,高度的坦率,高度的信赖,绝无忸怩的小儿女态。所以她才能说得出口:"你……你就娶了俺吧!"在封建社会里的一个农村贫苦姑娘最宝贵的也只有自己的身体和灵魂了,她把最宝贵的一切交给这些强有力的好人,表示她的信赖和感激。这样的情感是高尚的,是民族的。她没有感到丝毫的难为情,当她得不到回答的时候才说得出:"俺不疯,也不丑吧!"小大姐在战士们面前出现,使战士们更看清了这场伟大决斗的必要性和紧迫性,以及它所包含的庄严意义。必须缔造一个人民的新中国,无论付出多么高的代价,这是人民的希望,这是历史的要求。杨玉香在战场上亲身目睹了这支人民军队的战斗过程,不!应该说目睹了这些人的透明心灵。在无畏的人们中间不会怯懦,她一开始就匍匐在炮火纷飞的开阔地上、战壕里。生活的课本向她唱了几支歌,第一支歌是小郭的死,第二支歌是小于的死,第三支歌是小孙的死,第四支歌是何战云的死。这四支歌是整个影片的中心篇章,四支歌首先打动着杨玉香,使杨玉香心灵更纯净、更坚强、更美好,进而应该打动我们——艺术创作人员的全体,最后应该深深地打动观众。

三、四支歌

我以为导、演、摄、录、美、音乐各部门通力合作来谱写好这四支歌,影片也就基本完成了。

第一支歌是小郭。这支歌是轻快的明朗的。他虽然也是 18 岁,从形象到性格和声音,比别的小战士还要显得小些,在影片中的生命的历程最短,但他很畅快,很满足,很幸福。可以说他是在一种强烈的幸福感中离开我们的。影片赋予他的动作并不多。他在激战中捕捉并养活了一只麻雀;他总是孩子气地逗着憨厚的小于;但他打心眼里爱着他们,同情他们;他最强烈的动作是他梦寐以求地希望从连部调到战斗班里去,他的意愿得到满足,消灭了一辆庞大的怪物——坦克,他可找到了完成宿愿的机会,他可抓住了一个好玩而又有些凶恶的对象,像有把握的小猎人逗一头猛狮那样,这一节戏要拍得痛快淋漓,坦克要真的像一头懂得发怒的狮子,它是可怕的,因为它压死了班长,它有钢铁的外貌和恐怖的声音。但小郭抓住了它的弱点,老在它的死角里转,老要抓吼叫着的狮子的尾巴。他终于抓住了!这场搏斗不只是说明一个战士英勇地消灭了一辆坦克,而是要充分体现小郭的性格,充分地表现他的痛快、满足,这支歌是一支痛快淋漓的欢歌!一直到小郭的牺牲,小郭是在麻雀飞去的声音中闭上眼睛的,他绝对没有痛苦,没有遗憾,麻雀在枪声停息的时候被放走了,自由地飞翔了!他是倾听着生命在飞翔中死去的。

第二支歌是小于。小于不善于用语言表达情感,却又恰恰在他那些结结巴巴断断续续的语言里暴露了自己全部情感。如果把这个角色当作一般概念里的情郎就错了,完完全全的不是,他是个憨厚的,一个心眼为了新中国早日出现,想尽一切办法去战斗的战士。他遇见了这么个可爱的、值得同情的姑娘,这个姑娘要嫁给他,他没有任何思想准备。当司令员想到应该用电话劝降的时候,他意外地发现自己还可以承担更加重要的任务,还可以起更加重要的作用。他在去敌军师部之前就准备好必要时和敌人同归于尽。他不可能看到、知道自己为了奋斗的新中国是什么样子,他只是从我们这个军队,这个党的身上看到了未来!这支歌是壮烈的,如果说这支歌有悲伤的旋律,那只是这支歌的余音,就是杨玉香在小于死后的幻想。从在案板上揉面的那场戏就开始了触人心酸的旋律,当老班长忍不住叹了一口气又捂不住的时候,玉香问她,他只好搪塞,说:"还不是觉得你怪可怜的。"杨玉香看见老班长抹泪弄了个白鼻子"扑哧"笑了,这是真正悲伤的旋律,玉香越说的天真无邪、充满爱、充满信心,就越感人,她说:"大爷!俺现在不可怜了,俺有了……同志了!"她并不知道同志的含义,但这是小于说的,他们是同志了,她给"同志"随心所欲地赋予了自己想象的内容,包含着她的爱。在小于牺牲后又展现了她的梦想,一起冲垮旧中国,一起去向人民政府告状。这时候越是如意、美满,对于观众来说越是悲伤。这支歌的余音一直延续到她知道小于的牺牲,扑向老班长的痛哭……只有到了这时候才哭出来,痛哭起来,非常伤心地、非常清醒地认识到这件事情的真实性和悲痛的意义。第二支歌给予杨玉香第二次思想上的飞跃和升华,她更深沉了。

第三支歌,可以说是一支无字的歌,一支有着不很引人注目又使人回味无穷的旋律的歌。小孙在影片中没有一句话,没有任何强烈的戏剧动作,没有任何强烈的感情迸发,默默地工作,任劳任怨地工作,即使是请求都是无言的、谦逊的、腼腆的,很能体贴和体谅别人,他严密地并不是故意地隐瞒着自己的高尚思想和行为,已经成为他的本色,就像一股浅草滩上的潜流,默默地使周围的一切受益而没有响声。他从内心深处把他往昔的日子和生活的环境与这个人民军队——这个大家庭作了比较,为了这样的事情和这样的人们一起共事,任什么东西都可以贡献出来。小孙最后用尽自己的力量把药箱推给杨玉香的时候,我想应该调动一切手段来体现他这微小动作的深刻意义,这个动作并不亚于小于的生命的最后的闪光,他意识到自己的生命就要结束了,但他还为了他不可能再继续看见的未来,这个未来还不是幸福,而是严肃、艰巨、踏实的工作。这一推,这一授受不仅完成了小孙这个具有伟大心灵而又默默无闻的人,而且推动了杨玉香,无穷的力量在推动着她,恐怕要推动她前进中的一生。杨玉香更明确了生活的意义和目的性,她要接替这些人,和这些伟大高尚的普通人一起,做同样的事……这支歌远比小于的牺牲给予她的更强烈,更直接,小于的死给予她的更多的是深沉的思索,而小孙的死把她奋斗的渴望推到一个顶点。因而杨玉香向连长揭开了小孙棉袄单薄之谜以后的请求必需真诚到、强烈到使任何人都不能拒绝的程度。小孙这个人物是我对我生活过的那个连队卫生员的默默的纪念,我当时和他同睡在一条三斤的被子里。那么多天只会对我微笑,没说过一句话,最后在一个早上,被敌人的冷枪打死了,他为了去背一个伤员。

第四支歌,是连长的牺牲。这是一支抒情的绝唱,尤其是对于杨玉香——一个非常富于人情味的指挥员,又是政治工作者,坦率而水平高,敢于正面回答问题,在战斗频繁时也有粗心疏忽的时候,像对小孙的误解;但当他明白了自己的误解后的懊恼痛苦却是何战云思想的升华,这样的缺陷成为照亮何战云心灵的光亮。和指导员亲密到大喊大叫的程度,为争着赴死而大喊大叫。他是那么具体地想到了新中国,但他看不到了,他很真诚地袒露了自己的内心,他羡慕能够看到国旗、听到国歌的人,甚至还有一点点妒忌,他是那么具有克己精神,连濒死前的痛苦都不让玉香看见,不让玉香为他痛苦而痛苦,他看见了一颗颗重新出现的星星,让玉香为他数星星,他的死既是极度痛苦的,也是幸福的,他思维中和视像中的星光在闪亮,生命的最后一瞬间是灿烂的星空。这一支歌将赋予杨玉香终生的诗意的自豪,新中国是这样得来的,是那么多具有高尚情操的人——比幸存的我们优秀得多的人——民族的精华用肉体和精神换来的,当我们的国家遇到了困难,党的正常生活遭到了破坏……我相信杨玉香都要想起连长来。这四支歌在她的脑际里永不消逝。她会有勇气免于同流合污,她会青春常在,她会战斗不止……当然会有些人把它看作久远年代的回声,引不起他们的任何激动,甚至厌烦并把这些事当做陈旧的东西,那有什么奇怪呢,任何一支伟大的歌曲都不可能让任何人得到一样多的反响。

四、军队政治工作

这是我们军队所特有的政治工作,并不单单体现在政治工作人员身上,而且体现在每一个同志身上,体现在我们相互之间。中国的劳动人民非常的善良诚恳,明事理、识大体,我们所需做的工作只是把他们的奋斗目标告诉他们,把榜样（包括自己）立在他们面前就行了。那个时候的政治工作很好做，从来没有把同志当敌人，而是当亲人。陶俊生没有任何说教，他只是用自己对待生活的态度和行动教育影响别人。没有居高临下、口是心非的说教。他是同志们的战友，大家庭中的一员，了解人的灵魂。他和崔有贵的一场戏，并不是故意去进行什么思想教育、阶级教育、军队本质的教育，而是他本身就体现着党的精神、党的政策，人们在他——每一个解放军指战员身上看到光明、希望和前途。这样的优良品质是多么让人留恋啊！联系到今天某些政治工作变成整人的工作，变成制造冤狱，有些政治工作人员成为一些不受人欢迎的阴险人物，实在叫人痛心。陶俊生不是板着政治指导员面孔的人，把他当作一个战斗员就行了，他也是个有血性的人，动情的人，也会发脾气，最后甚至会大喊大叫，几乎骂出粗话来；绝不能去演他们的职务（我们想当然的样子），而是去演一个人。他在这场战争的生生死死中，有他的快乐，也有他的痛苦——甚至比别人承受的还要多些，只不过心灵更坚强些。周围的同志都不是毫不相干的人，都是团结在共同事业中的亲人，否则就体现不出我们这个队伍的本质，他也就成为一个只有指导员职务而无个性的人了。他并不比同志们大多少，但同志们依靠他，依恋他。玉香向小于求婚，小于十分窘迫的时候老是扯他的棉衣。当崔有贵听到指导员说："穷孩子回到自己的队伍，就像回到了家，饿了就吃，渴了就喝，想说就说，想笑就笑，这不很好吗？"——多年以来我做梦都梦见战争年月的连队，同志之间的关系，这样的态度比滔滔不绝的训话力量大得多，这是渗透心灵的政治。崔有贵看到了两个世界、两个阶级的强烈对比，这就是阶级教育，这就是战斗动员。他和连长这一架，一定要吵得真实激烈、愤愤不已才行。

五、将军——革命家

这个司令员并不是某一个真人，但采用了陈赓同志的经历和身份，甚至和敌人接电话线正是他的真事。这个戏里根本没有写到他的指挥才能，只写到他的思索，我们的将军首先是革命家。三次出现在战场上都站在历史的高度发出感慨。他不应该仅仅是来为作者点题，而是历史和生活对于他的冲击必然引起他的思考。比如说：如果我们把小于牺牲的气氛拍得很充分，那必要的停顿、强烈的爆炸和绝对的静止，战友们的庄严、肃穆情绪，油然而生的感慨就会很自然而激动人心。又如：战争突然停歇下来，一个只剩下三分之一成员的连队站在空旷寂静的战场上，将要继续前进；这是留下的我们军队的精华——亲密的伙伴，战士们满身血污和尘土，这样的气氛，司令员来了，他当然会面向大地，面向战斗者们展望未来,发出富于哲理性的叹息。离开此情此景,离开环境的诗意烘托,当然是格格不入的。

六、老班长

我们在战争中有许多这样的老战士,他们身上总脱不了农村的泥土气,总是把连队看成一个农民的家,精神境界又比农民高得多,他有一部长长的自身经历的苦难回忆,他才能说出:"孩子,咱们这些穷人挨人家的打还少吗?还要自己打自己。"他有一部长长的自身的温暖的回忆,所以他才能说得出:"人家等的不是随便什么人,我那老伴就等我,谁也不等。"他有一部长长的自身的战斗的回忆,所以他才能用那样有力量的一篇话来安慰玉香,他用自己的语言阐述了战争的性质、伟大事业的意义,联系着同志们的高尚感情。甚至也暗示了对待爱情和失去爱着的人所应当持的态度……总之,他既是一个老班长,又是一个大爷。

七、小邱和小段

一部影片的容量不可能给予每个角色以充分的地位。小邱这样的人物是具有典型性的,他属于正义感很强、并勇于不断从劳动人民身上汲取精神营养的人。他还有一种特殊的敏感:能够发现正义战争生活中的诗情,并找到生活的哲理的美,能够永远赞美斗争生活并勇于投身到斗争生活中的人,当然是纯洁的人。小段也并不是一个毫无性格色彩的人,他对生活洋溢着热情,对崔有贵主动帮助和关心,他的号音就是他的心声。

八、从恐怖的黑夜意外跨进白昼来的人——小崔

战争历史中显然曾经有过千千万万个小崔。他是个很不起眼的士兵,被反动统治的大机器卷到战争中来,肉体和精神受尽凌辱,不知道人还有尊严。他的家和亲人没有条件给予他必要的温饱。在影片中只通过一个鲜明的对比,就是官兵关系——而且集中在饥饱这个问题上,使他看见了一个新的世界,新的

人与人的关系,一个人解决了对人生的认识,一切也就都迎刃而解了。从怯懦到勇敢,从自卑到自尊,从弱者变成强者,我党我军在人的平等关系、人的相互尊重这一点上是非常强大的精神武器。而"四人帮"把这一点破坏得干干净净,他们践踏了人的尊严,人的相互尊重变成相互仇视——使人灰心丧气。小崔在影片中受到生活课本的教训是极为强烈的,从一开始就真正震撼了他的灵魂,神一般大无畏的小于使他认识了人类自身的力量和高尚品质,渐渐从生活中得到了自重、自尊、自豪……

我写了一群好人,互相爱着,和星光那样互相照耀着,互相影响着,互相推动着,互相震撼着各自的心灵!

我希望和我们今天所有人的精神上某些消极的东西进行对照。我歌唱美好就是鞭挞丑恶。

九、关于敌人

我并不着力去描写他们,写他们是为了完成我们的战友们的形象,我认为是必要的,展现一下敌人的生活场景并不是不协调,不统一,艺术的统一体里也包含着变化。写了一个师长,一个副师长,他们之间的差别是在危机中扩大的。师长是个死硬分子,基于他的阶级利益和盲目无知;副师长只不过明智一些,清醒一些,牢骚满腹,他的知识稍微多一些。女记者是浮在上层的一个死硬分子,除了她的死硬之外,还由于她的轻浮和对战争的严酷性的无知。敌人的物景再现要力求真实,精练中求真实,美术摄影还得选择典型画面与细节。

结语:这是个战争片,我希望不仅在国内,在国外也能使外国人看到中国的这支独特军队,让他们知道中国这个民族的文化素养和丰富的感情、高尚的情操。尤其是请他们看看中国士兵的心灵,我相信全人类正直的人们都会很有兴趣。

原载《电影艺术》1980 年 7 月第 7 期

关于《苦恋》的通信
——致《解放军报》《文艺报》编辑部

白　桦

通过《解放军报》和《文艺报》，我读到许多关于《苦恋》的批评文章。这些文章充分体现了全国人民对党的文艺事业的负责态度和对我个人的爱护。我愿意在这里谈谈我自己的认识和感激之情。

春上《解放军报》首先对《苦恋》提出了批评，我自己曾经有过抵触情绪，说明我自己缺乏"闻过则喜"的虚心态度，而无视《解放军报》的原则立场。今天再回过头去看，显然就更感到《解放军报》的这个开始是应该的。《文艺报》署名文章发表后，又给了我启发和帮助。我之认识到《苦恋》剧本的错误"是当前一部分人中间的那种背离党的领导、背离社会主义道路的错误思潮在文艺创作中的突出表现"，是经过了一个很长的过程的。党对一个普通的党员作家，像面对面谈心那样语重心长地谆谆告诫，充分体现了党对文艺工作的重视和关怀。同时给我充分的时间，让我自觉地去认识、去思考。这股巨大的热流是温暖的，也是前所未有的。有些同志曾问我："你是不是感到压力很大呀？"我诚恳地回答说：正相反，我感到很温暖。

正如同志们都了解的，我在剧本中用了大量的篇幅描写了知识分子的所谓"苦苦地爱恋着自己的祖国"，而首先没有严格划分"四人帮"和社会主义祖国、党、人民的界线。因而愈是渲染这种爱恋，愈是歌颂赞美知识分子这种不健康的孤独感，其结果是"爱"都变成了对社会主义祖国的怨。只能使人得出这样的印象：共产党不好，社会主义制度不好。而生活的实际是，十年动乱期间，党、祖国和各族人民都在受难。我在剧本中却没有相应地描写党、国家和各族人民在共同灾难中对知识分子的爱。而这种同命运的爱恰恰是知识分子坚定信念而顽强奋斗的力量的源泉。在十年动乱中这种动人的事例很多，我本身就是得到党和军队以及广大群众的保护和不断鼓励，才得以生存下来，理想才得以不致泯灭。这说明我自己就不是对祖国的"单恋者"。剧中虽然写了一些群众，但都是软弱无力的形象，只会叹息和逆来顺受，没有表现出人民群众的信念，而坚定的信念正是党和人民最终粉碎"四人帮"的原动力。正因为我离开了真实生活积极方面的体验，沉溺于一些知识分子在十年动乱的悲惨故事之中，因而忽视了党和人民的强大力量,夸大了"四人帮"的罪恶力量。事实上"文革"十年,"我们党没有被摧毁并且还能维持统一",这是团结广大群众战胜"四人帮"的基础。"我国社会主义制度的根基仍然保存着","党、人民政权、人民军队和整个社会的性质都没有改变",才能出现粉碎"四人帮"以后,尤其是党的十一届三中全会以后日渐生动活泼、健康向上的政治局面。剧本在漫长的跨度上,突出表现了灾难和迫害,在光明与黑暗的比重上造成一个混乱的印象:社会面貌黑暗可怖和无望。为了渲染主人公的"爱",夸大了国外生活的幸运和回国后的不幸及不公正之间的对比,只能使那些对党和社会主义事业产生怀疑的人更加失望。

另外,在剧本中,以偶像崇拜的隐喻,错误地把十年动乱的根源归结为对毛泽东同志的个人崇拜。艺术的力量在于形象,往往一个艺术上的否定形象的力量远远超出它本身的逻辑含意,成为一个错误的概括,产生的效果只是嘲讽和对毛泽东同志的简单否定。这显然是伤害了广大群众对革命领袖的深厚情感,对毛泽东同志的历史功过也缺乏严肃的科学态度。同时,把个人崇拜归过于群众的愚昧,这也是非常不应该的。

正如《解放军报》和《文艺报》所指出,《苦恋》对当前尚待克服的错误社会思潮起了助长传播作用,这是有负于文艺家职责的。

《解放军报》和《文艺报》的文章,对《苦恋》从思想到艺术进行了全面的分析,给予了诚恳的批评和帮助,我就不在这里赘述了。请允许我就我自己的世界观的矛盾和迷乱所思考的问题,谈谈《苦恋》创作上的教训。

在历史的大转折时期,任何一个严肃的作家都会为总结历史教训思考一些问题,并反映在作品里,这原本是无可厚非的。但由于我的立足点不对,就创作出像《苦恋》这样不利于人民、不利于社会主义的作品。

一方面我因为有了党中央十一届三中全会的路线和众望所归的中央领导核心,而对党和社会主义事业充满信心,由衷地欢欣鼓舞,人民群众在历史曲折中所表现的坚定勇敢给了我巨大的希望。另一方面我又对十年动乱和十年动乱遗留下来的后遗症缺乏正确的观察、判断,时时浮起某种迷惘和孤傲情绪。在《苦恋》中把某些精神状态不够坚强的知识分子当作典型来描写,赞美而无批判,正是我自己这种情绪的流露。

一方面我衷心感激党的十一届三中全会以来,党在落实知识分子政策方面的努力,使十年、数十年不公正事件都得到了澄清和平反,知识分子在革命事业中的地位得到了重视,知识分子的聪明才智得到了发挥。我自己的情况就是很好的有说服力的例证,没有任何一个历史阶段像近几年这样激动,创作情绪这么旺盛。另一方面我又把从屈原开始的封建社会知识分子的命运,和由于党的政策上"左"倾失误所受到的不公正待遇联系起来,甚至等同起来。《苦恋》结尾的剧终而悲剧未终的怅惘情绪也正是我的这种矛盾的反映。

一方面,我也曾和所有在党和毛泽东旗帜下走了很长一段胜利道路的同志一样,从内心深处体会到毛泽东同志对于我们民族的解放和缔造新中国的伟大功绩。另一方面我又对毛泽东同志晚年的错误,以及包括我自己在内的盲目崇拜感到迷乱。《苦恋》中把革命领袖喻为佛像,当作封建迷信的象征,也正是我自己内心迷乱以及情感淡薄的表现。

我认识到自己以往容易盲从,容易轻信;这本来应当从加强党性、加强马列主义理论修养来解决。我却从一个极端走向另一个极端,从没有自信变成盲目自信,时时流露出世界观深处唯我独醒的情绪。

我从事文学劳动断断续续已经三十余年了,深感精神生产的复杂,但精神产品总是精神劳动者精神状态的反映。前一时期对来自各方面的批评感到委屈,听不得批评,不能从世界观的矛盾中探寻错误的原因,也是我党性不纯和骄傲自满的反映。当一个作家的世界观产生矛盾、创作思想产生迷乱的时候,党及时提醒并进行教育批评,这对犯错误的作者本人和作家队伍来讲,都是极大的爱护和关怀,而且这也是党的一贯做法。抗战时期,党中央召开了延安文艺座谈会,毛泽东同志的讲话,至今都有着普遍的指导意义。对《苦恋》批评的全过程,表明我们正在努力把文艺批评和自我批评纳入正常的轨道,表明党和广大群众很重视一个作家的道路,不是打击我,而是满腔热情地扶持我继续前进。

现在还不能说我已经认识得很深刻了,我的认识还有待于随着社会生活的前进而逐步加深,进一步接受社会实践,深刻记取教训,求得在新的创作中改正错误。前一时期,我更多地把视野放在历史的错误教训方面,对当前的火热的拨乱反正的生活生疏了,以致失去了平衡。今后我将深入到沸腾的生活中去,认真观察研究大转折时期的社会生活,熟悉一切人。同时也还要提高马列主义理论水平,加强党性锻炼,坚持党的四项基本原则,讴歌为共产主义理想、为振兴中华而奋斗的生活主流,讴歌中国人民军队在战争和社会主义建设中的丰功伟绩,真正做到对历史、对人民、对党负责。

向《解放军报》、《文艺报》编辑部和所有关注着我进步的同志致深深的谢意!让我们在为实现四化宏伟目标的道路上携手前进!

1981年11月25日

原载《解放军报》1981年12月23日,《文艺报》1982年1月号

关于《孔雀公主》

白　桦

　　读了《电影艺术》六月号两篇有关电影《孔雀公主》的文章，我认为有必要写这篇短文说明一下情况和我的观点。电影《孔雀公主》存在着许多问题，但它的问题并不像这两篇文章所说，它的故事中反映的生活是现代生活。有些人一看到神话传说反映的生活具有普遍的意义的时候就怀疑是今人生造的。《孔雀公主》是本于我自己的长诗《孔雀》，长诗《孔雀》主要本于傣历1293年(公元1931年)召·比召翁的手抄本《召·树屯和喃·穆鲁娜的故事》。这个故事像汉族的《董永与七仙女》一样，为人们所熟知，也正像一切民间传说那样，是社会生活的反映。而《召·树屯和喃·穆鲁娜的故事》是傣族哪个时代的反映呢？据张维同志的意见是大约产生于一千余年前的部落联盟到奴隶社会的过渡时期，而不是近几百年间傣族封建领主制度时期。这种意见仅仅是一种"猜想"。我以为这个故事的成形肯定是在封建领主制度时期，这是《故事》中反映的生活所说明的。我当时(50年代)接触这个故事并有冲动把它写为长诗的原因也在于它反映了解放前西双版纳傣族的社会生活。它的一切样本和说唱都是以佛经故事的形式出现的，但这些佛教的说教和因果公式并没淹没它所反映的社会生活的光辉。它对忠贞爱情的歌颂，尤其是反映出封建割据时期，一个版纳(地方)和另一个版纳之间的人民互相交往的强烈愿望。(传说中想象人们可以插上翅膀，越过封建割据的藩篱而和睦相亲。)特别是它鲜明而强烈的反对封建迷信的思想。(《故事》的核心就是由于喃·穆鲁娜被诬为鬼而酿成的悲剧。)但它的结束却是召·树屯和喃·穆鲁娜双双成佛升天。这当然是民间作者的一种"包装"，否则不可能为封建领主制度所接受。神话和民间传说是社会生活的反映，不能神秘化，也不能犯疑心病，这不是研究问题的态度。

　　"琵琶"是傣语魔鬼的音译，并不是一种什么具有特别含意的东西。这并不是现代化的产物，上古人就有，云南处于各种社会形态的瓦族都有"鬼"，同时也都有诬人为鬼的残酷压迫的形式。《故事》中公主就是被诬为鬼而"飞"回故国的(当时的"国"，实际上就是有一个封建领主的版纳——地方。西双版纳者，十二纳版也。历史上时时有变化，时而十七版纳，时而八版纳。十二版纳是解放前连成一片，为一个领主所统治的十二块地方之谓也)。诬人为鬼是封建阶段利用封建迷信(注意：不是张文强加给影片的所谓个人迷信)压迫人的一种形式,古亦有之。解放初期西双版纳还有所谓"琵琶村"(鬼村),把被诬为鬼的人,驱赶到一个村里群居。正因为《故事》反映了傣族整个封建领主制时期的社会生活(包括阶级压迫、封建迷信)和人民的愿望,它才具有生命。否则它有何可取之处呢?从质的意义上来说,我并没有用今天的生活来修改"古代"的生活。我只是去掉了它的佛教色彩的"包装"。因为《故事》非常清楚地告诉我们,它远远不是什么上古时期的原始生活的神话,它是在西双版纳停滞了很久的封建领主制社会生活的反映!这是张文所没有确认的一个根本问题。

原载《电影艺术》1983 年 10 月第 10 期

给电影提供坚实的文学基础

白　桦

　　文学是电影的基础,否定文学这个基础的同时也就否定了电影的特性本身。这是电影艺术用它自己的过去和现在一再说明了的。1982年国产的、成功的影片和不够成功的影片都说明:电影工作者到了认真研究一下文学和电影的关系的时候了。所有的优秀影片都首先是因为它们有过一个坚实的文学基础。《城南旧事》、《都市里的村庄》、《如意》、《逆光》、《人到中年》、《张铁匠的罗曼史》……无一不是因为它们首先具有一个坚实的文学基础。而有些不够成功或不成功的影片,大多是因为它们没有首先具有一个坚实的文学基础(我所指的文学基础是广义的)。当然,也有些影片虽然有过坚实的文学基础,在电影摄制的再创作中没能得到很好的体现。

　　文学是人学,电影艺术的核心是人物形象。全世界范围的电影都在向文学要形象、要场景、要意境、要思想、要美、要真实,把文学语言转换为电影语言。有什么样式的文学,就有什么样式的电影,这是很正常的。我国不再提文艺"为政治服务"。文艺为人民服务,为社会主义服务,这是党中央提出来的口号。我国文学正在绕过曾经走过的弯路,在这条弯路上我们已经走得很远了,那就是:回避真实的社会冲突,粉饰或远离丰富多彩的生活。经过了70年代末的冷静思考,随着政治上的拨乱反正,文艺开始从弯路上绕回来了。文艺工作者认识到自己的使命,加强了对历史、对人民的责任感。而电影在绕过这条弯路时的步伐比较迟缓,除了一些非创作因素以外,从不少影片的成品来看,创作思想还在旧的里程上踌躇徘徊。首先是还有不少同行没认识到文学是电影的基础这个一再被实践证实了的、具有普遍意义的规律。而认为电影只需要一个"正确"的主题思想,一个想当然的"有趣"的故事,三五个不同类型的人物,一支轻松愉快的流行歌曲就够了。我们自己把电影艺术降低为杂耍,降低为活动宣传画,降低为化装的政策说教。我们花费那样多的钱摄制一部影片,难道仅仅是为了让观众熟悉我们这些电影工作者的名字和美丽的形象吗?电影的容量可以说是很小的,也可以说是很大的。很小,是指定的篇幅;很大,是指它展现出的历史的、思想的深度。电影是文学作品的精练,而不是文学作品的简单化。在电影里出现过一瞬间的人物都应该是鲜明的、难以忘怀的。从这个意义上来说,电影的能量是很大的。使我们常常感到惋惜和遗憾的是:我们常常浪费掉很多胶片上的时间,本来应该给予观众更多的美、更多的启示,我们却轻易地放过了。我们应该特别珍惜影片上的每一幅片格。最近,我感到兴奋的是,有些影片以短促的篇幅给予了我们长久的思索。我们的影片能够正视生活了,能够真实地把镜头对准我们的同时代人了,能够向生活的深度和广度开掘了,能够比较准确地把小说、散文、诗歌的意境转换为新颖的电影语言了。如《城南旧事》这部影片,它虽然描写的是二三十年代之交的"旧事",却在准确地把原作者叙述的往事体现在银幕上的同时,也把一个垂暮之年的海外游子对祖国的深沉的爱和思念体现在每一个画幅里了。深沉的爱、深沉的思念、深沉的悲哀,怅惘和希望使影片《城南旧事》成为一部新颖的抒情长诗,成为一幅成熟艺术家用纯洁的童心绘制的动人心魄的历史画卷。一个作品思想的新颖和陈旧并不是以它所反映的年代、时期来划分的。深刻的思想往往是长久的、甚至是永恒的。有些同志常常以作品所表现的思想"高度"(划分这种高度的,不是美学的,而是政治教科书上的标准),来评价一个艺术作品的高低,这显然是把作品的思想和艺术割裂开来的错误观念。《城南旧事》不仅仅向我们叙说了北京旧时代的三个小故事,它还向我们叙说了一个应该衰亡并已经衰亡了的时代,以及那个时代处于深渊和正在向新岸挣扎的我们伟大的中华民族,我们这个伟大而又愚昧的民族所具有的强大的凝聚性和向心力量。同时揭示出社会环境对人性的扭曲和凌辱,往日与今日祖国、故土和我们情感上难以割断的联系。有多少苦难就会留给我们多少爱恋,岁月使往事更加鲜明、更加动情。连北京旧日胡同口、井窝子旁边那些小推车唱的歌,都能使我们为之啜泣。由于电影语言的准确和美,我们从那一段"旧事"里不是能得到很新很美的启示么?我们感到它是那样真实而震撼人心,因为它充满了思想的和美的光辉……别林斯基说:"没有真实就没有美。"说得多么好,多么无情!一切追求美的文艺家,如果不首先追求真实,他就永远也追求不到美。我们所有的不成功的影片不都是首先因为它失真吗?电影对于生活是万能的,能够使生活本身所包含的思想更深刻,能够使生活本身所具有的色彩更绚丽。它可以用各种角度来反映丰富多彩的生活,但它的前提必须是尊重生活自身的发展规律。电影对于生活又是无能的,它不能在生活真实之上增加一分一厘,因为凡是在艺术和生活真实之外增加任何一点一滴都没有生命力。没有生命力的东西当然就没有美。不少影片都轻率地运用偶然的巧合,因为有人认为:戏剧允许偶然的巧合,电影只是不在舞台上表演的戏剧,时时给它加上一个无形的舞台的框架。显然,这种观念都是谬误的,电影不是戏剧,无形的舞台的框架应当冲破。而且戏剧也最忌讳偶然的巧合。优秀的戏剧经常表现生活中的偶然性,但从不以偶然性来破坏生活的必然的发展规律。《城南旧事》中的妞和秀贞的相认,看起来是偶然的,是英子的童稚心理的联想，其实，并不具有偶然性，在这里妞是不是秀贞的亲生女儿已经不重要了，齐化门城根下被抛弃的私生子和无力抚养的穷孩子何止数十、数百！戏剧从本质上来说，是诗。没有诗的戏剧是没有价值的，电影尤其是这样。

有些影片已经不是可以用一句政治术语能够概括的单一的所谓主题思想了。如《都市里的村庄》，难道它仅仅是描写一个先进工作者和一个曾经失足过的年轻人的孤独吗？显然不是！这部影片的编导者把镜头伸向了我们社会生活的深部和基础部，揭示了生活本身带有根本性质的社会冲突，虽然我们和影片中的人生活在同一个环境中，我们并没思索过这么多、这么深的问题。影片中的一切都是动的态势，充满了求变、求真、求善、求美、求实的渴望。一颗颗活泼泼的心灵，生活的河流在阳光中闪烁，雨水补充着它，挟带着被雨水冲刷下来的泥沙，艰难地、而又是不可阻挡地向更宽阔的道路冲击，时而喧哗，时而平静，时而跳跃；都是自自然然的，平平易易的，亲切的，可触摸的，值得拥抱并为之奋斗的……创造性的劳动和尚待改善的物质生活，高耸的船头和局促的油毛毡小屋，兄弟之间以崇高的牺牲换来的、由于文化教养的差别而造成的距离，失足者为了恢复他在人们心目中应有的人格地位进行的主观努力，人们顽固地排斥过而终于有了允许失足者站起来的勇气。这就是我们今天的中国社会。和维克多·雨果在《悲惨世界》里描写的社会完全不同。那时候，如果没有上帝，冉·阿让经过毕生的努力，至死都不可能在社会中恢复他应有的人格地位。即使在我国，在前些年也是不可能的。一个人哪怕有过一点点轻微的过失，永生都无法赎罪补过。丁小亚是一个普通工人中间的先进者，在她以勤奋的劳动赢得荣誉的同时也得到了孤独，这不能说不是我们今天这个大转折时期的社会性局限。但丁小亚并没在寂寞中枯萎，因为她还不是制造出来的假先进工作者，她经历了严峻的考验之后，仍然屹立着，因为她始终都在同伴们中间，在棚户区里，她袒露着自己的心灵。影片的编导者并没欺骗观众，无论是先进工作者还是失足者，除了党和社会的帮助之外，还必须有主观的努力和奋斗。影片的编导者如果采取粉饰生活的办法，这部影片能够说服广大观众，并给予观众这么多、这么深刻、触及人们心灵的信息吗？的确，这部作品不能用一个浅显的概念来说明它的主题，甚至说出一个传统的戏剧性的故事。影片既是明朗的，又是含蓄的，把很多任务交给了观众，让观众自己去感悟、去思考、让观众参与创作。影片《逆光》可以说是《都市里的村庄》的姊妹篇，但不同的导演做了不同的处理。应该承认，表现当代生活非常困难，我们和生活的距离很近，近年来人们对生活在认识上有很大的差异（这是正常的），使我们反映当代生活有很多顾虑。但我们应该允许编导者按照自己的生活积累和认识水平寻找自己认为更理想的感知方式和表现方式。从导演、摄影、声光的角度来看，影片《逆光》具有很鲜明的立体感,它很直率地反映了人们的不同的价值观念,而且有自己的态度。人们的价值观念既受社会意识形态的影响,也无可避免地受着物质生活的左右。影片的编导者以一种迫切的播种希望的心情,对生活热爱的态度,把今天基层群众,尤其是青年人的生活、思想现状如实地、交响式地展现出来。在这部影片里显示了电影镜头的强大的能量。这两部影片进行了最可贵的探索,勇敢地把镜头推向复杂的、多层次的生活,而不是戏剧性地把它要表现的人物从真实的生活场面和生活的交错的思想冲突中分离出来。正因为是探索,可能还不够完美;可能会不被某些观众所接受;可能有缺点,而且确实还有缺点;可能会有争议;可能会被误解……这完全不奇怪。我们长期以来以远离生活为艺术,以庸俗为美,以编造为技巧,对虚假习以为常。要求文艺家闭着眼睛不去熟悉生活,只依靠政治和政策的概念去虚构人物、演义生活。要求作品的主人公一定是与活人毫不相干的"高大全"的英雄(对于那样的作品,人们当然不会有什么争议)。当我们的作品和生活靠近一些的时候,反而觉得很奇怪了,反而会怀疑:这是电影吗?这是电影的结构吗?这些内容可以在电影里出现吗?丁小亚、杜海、廖星明是英雄吗?等等。有些当代题材的作品被误解,认识有分歧,也有一部分是属于普遍的文化素养和欣赏水平的原因。有少数人甚至怀疑某些不适合他自己的欣赏习惯的作品有倾向性问题。只有不断出现高水平的艺术品才能逐渐提高普遍的高水平的欣赏力。问题首先是我们自己有没有高水平的鉴别能力?我们已经不是刚刚从战场上走进城市的那个年月了!社会主义建设进行了三十多年。我读了吴贻弓同志的导演阐述,他可以拍出一部有独特风格的影片,首先是他具有高水平的鉴赏和鉴别能力,充满激情的同时又保持着艺术家的冷静,然后他才会有深刻的理解。他看了原著以后的认识是什么呢?他写道:"我在这里'看见'了一颗赤子之心,'听见'了一声思念祖国的轻轻的叹息——这是发自一位与祖国隔绝的爱国者心田肺腑的叹息,这一缕淡淡的哀愁,更是一抹深沉的相思。"仅仅这几句话,我认为他找到了这部影片的情绪、意念、节奏、色彩和外在形式的基调等等一切的内核。他进一步说:"作者在回顾她心灵中的童年的时候,北京的冬天、骆驼队的铃铛,'我们看海去'的课文以及所有那些人物——井边的小伴侣,胡同里的疯女人,藏在草丛里的小偷,骑着毛驴回老家的宋妈和长眠地下的慈父等等,不就都成为她心目中的祖国的象征了么?"导演并没有首先在原作和文学剧本中去找最富于戏剧性的部分和最有思想性的部分,并试图去加强、夸大和自作聪明地加以修改提高。他所做的工作只是使之比原作更精练,甚至没有给它加进任何可谓更高明的东西。他的技巧在于精练得合理,精练得和原作的思想、风格相一致,在一致这个前提之下,并使之更加丰富,丰富在这个意义上讲是什么呢?是形象的立体化,时代气息的浓郁,声、光、色彩的和谐,节奏的清晰,心理细节的准确和充分……我特别欣赏那场北京盛夏的豪雨,乌云那样低沉,压得人透不过气来。从英子在善良的理念中把秀贞和妞连在一起开始,继而,英子拉着妞去找亲妈、认亲妈,秀贞带着妞冒雨去找她幻觉中还活着的亲爹,一声火车无情的长鸣,到报贩叫卖声报道了秀贞母女的横死(这是必然的),英子在病床上醒来为止,都处理在滂沱大雨之中,悲愤的雨声成为这段影片的节奏,让人久久不能忘怀。又如宋妈的悲剧,可以说是旧时代洪水泛滥般的农村悲剧中的一滴水珠。在影片的前半部,并没有完整地展现出宋妈的内心和她的人物关系,好像无意中一点一滴地引出一些琐事,她的男人和一个从未提到过的侄子的到来,几乎是一些无足轻重的过场,宋妈的男人甚至只有几句台词。后来,当宋妈的男人再次拉着毛驴进城而没能把宋妈的小拴子、小丫头子带来,他再也掩饰不住了:拴子早已死了,小丫头子根本没抱出哈德门就卖掉了。这时,我们回头来才感到前半部的宋妈和宋妈有关的那些点点滴滴都变成了珍珠。吴贻弓同志是那样吝惜每一格胶片!既符合生活和艺术的规律,又是高超的技巧。在这里也应当提到这部影片的一些演员,他们很理解他们"生活"的时代和社会环境,他们很理解他们的导演,在极为有限的时间、空间里给予了我们很多很多……他们并没有拼命地表现自己的表演才能,只是把自己摆在那个"时代"生活的准确的位置上。宋妈只是喊喊英子、给弟弟洗脚、唱儿歌、哄弟弟吃药、口授家信。郑振瑶同志并没把自己的形象化妆得更年轻些、更漂亮些,也没有使观众更多地注意自己一些,更没有多争得一些近景和特写。宋妈的男人甚至没有什么特写,人们看不清他脸上的细部表情,他只是拉毛驴,抓枣给英子,抽烟。在全片的尾声中,他只存在一个越来越远的远景之中,导演让他和赶马车的人蹲在墓地外抽烟闲话。多么准确啊!什么是大手笔?忠实于历史的真相就是大手笔!演员们在导演的总体结构中,也是那样吝惜每一格胶片!全片充满了诗意的、思想的光辉。作品的大小既不在于它的篇幅,也不在于是多么有趣,而在于它包含有多少诗意、思想的光辉。卓别林的影片如果仅仅是幽默,仅仅给人以笑料,也可能赢得很多观众,但他的艺术生命绝不会如此长久。当然《城南旧事》这部影片也还存在着缺陷,而它的缺陷仍然是浪费了胶片,浪费了影片中的时间和空间。这里我要谈的是英子的父母这两个人物,现在在影片里他们只是英子的陪衬,观众也不会对他们有什么要求。但在艺术创作上不应该无可奈何地把他们当作一对陪衬人物,因为他们已经在影片中占有着较多的时间、空间。编导者没有像塑造宋妈夫妇那样把每一点滴都变成珍珠。非不能也,是不为也。英子爸爸的墓地给了影片一个极为精彩的尾声,但英子爸爸的悲剧是模糊的,其社会意义比较空洞。英子爸爸的原型是当时北京邮政局"日本课"课长林焕文,原作者林海音女士的父亲,他经常和在北京的台湾同乡中的学生来往。后来,林焕文的小弟弟,因抗日活动在大连被日本人严刑拷打,横死在狱中,他去大连收尸,受到很大刺激而一病不起,年方 44 岁。林焕文之死本身就具有重大的社会的、思想的、时代的意义,在影片中却让他含混地病死了。如果能本着作者的传记所提供的线索去思考,在时间的跨度上做些调整,影片中的英子像看到和听到宋妈的家庭悲剧那样,看到和听到父亲和叔叔的悲剧,这部作品将会更深刻、更丰富,将不是三个悲剧,而是四个时代感很强的悲剧了。我说这些,是爱的苛求,同时也是为了研究问题才提出来的,近乎吹毛求疵。

　　电影毕竟是导演的艺术,我对导演很尊敬,因为他们把文学剧本搬上银幕的过程要付出艰巨的劳动。契诃夫在话剧《海鸥》第一幕里写下了一句舞台说明:"太阳刚刚落山。"导演斯坦尼斯拉夫斯基眼前和耳边的"路灯发出昏暗的光线,远处传来一个醉汉唱歌的声音,可以听到犬吠、蛙鸣,还有秧鸡的啼叫和远处教堂里徐缓疏落的钟声……天空中偶尔闪现远处闪电的微光,传来隐约的雷声"。如果是电影导演,他还要用镜头的眼睛加以分切,划出蒙太奇的段落来,把音响、乐声、气氛、光线、色彩的感觉具体化到技巧和技术措施上。如果电影导演面对文学剧本对未来的影片没有视像,他就不可能用视象的力量征服观众。《城南旧事》的结尾,原作是没有的,文学剧本——导演分场剧本和剪辑完成的影片也不完全一样。尤其是对节奏的处理,电影导演比交响乐团的指挥的权力大得多。节奏的混乱既可以破坏一部交响乐,也可以破坏一部影片。有人认为一部影片的成功有极大的偶然性,这是从综合艺术难以和谐地达到统一这一点发出的慨叹!但从创作者的角度来讲,是毫无偶然性的!导演发挥了多么大的才华,付出了多么多的艰辛,就会得到多么大的成功。吴贻弓同志在事先就设想到未来影片的样式、气氛、色调和节奏。他在导演阐述中说:"我设想未来的影片应该是一条缓缓的小溪,潺潺细流,怨而不怒。有一片叶子飘落到水面上,随着流水慢慢往下淌,碰到突出的树桩或堆积的水草,叶子被挡住了,但水流又把它带向前去,又碰到了一个小小的漩涡,叶子在水面上打起转来,终于淌了下去,顺水淌了下去……"今天我们看到的影片的节奏不正如他事先设想的那样么?!他的设想从哪里来?当然绝不仅仅是艺术家自己的主观因素决定的,如果认为艺术家自己用主观因素就可以决定自己艺术品的样式、风格和节奏等等,那是一种误解。客观因素是很重要的,如果林海音女士没有提供这样一部充满诗情、故国之思的原作,如果原作不是这样的叙述方式,如果原作没有提出一些可以触摸,可以看得到他们的心灵的鲜明人物,影片《城南旧事》将会是另外一个样子。我们也看到个别有才华的导演,极力想把自己的影片按照自己的意念拍一部自认为将会有特色的影片,其结果却适得其反:因客观因素的影响而失败了。如果没有试图以新的感知方式反映当代生活的文学剧本《都市里的村庄》和《逆光》,就不可能有滕文骥、丁荫楠同志展示才华的、成功的充满现代感、现实感的探索。因此,作为电影编剧,我感到对文学剧本的要求越来越高了。我在想:我能写出一部充满思想和美的光辉并能首先使导演感到激动不已,进而升华出丰富的艺术想象的剧本吗?我能够在一个文学剧本里写出一些首先让导演真切地看到的人物吗?我的每一句文学语言都是准确的吗?准确得毫无随意性!准确得使有才识的导演只能丰富它而不能够改变它吗?——这是非常困难的!一大批有才华的中青年导演的出现,对于编剧是一个严峻的挑战!他们对高水平文学基础的渴望,使我们的任务更加艰巨了。没有大量的坚实的基础,这些导演就没法修建高耸入云的大厦!——这就是我对有些把电影文学剧本当做一种有趣的、简单的、技术性劳动的同行们的一个提醒,被提醒者中间当然也包括我自己在内。

1983 年 1 月,上海
原载《电影通讯》1983 年 2 月第 3 期

我和胡风短暂而又长久的因缘

白 桦

1979年11月中旬,我在北京参加第四次文艺工作者代表大会。《解放军文艺》编辑部转给了我一封从成都寄来的信。信比较厚,信封却很小。字迹流利,但很陌生。地址下面写着"张寄",在"张寄"之后又加了一个括弧,括弧里是"即胡寄"三个字。我在记忆里搜索了很久都不得要领,我在成都生活过,可从来都没有姓张或姓胡的熟人。也许是一位读者的来信? 我从左侧小心翼翼地把信拆开。第一页开头出现的是:"白桦老弟"四个字,落款是"胡风 11 月,14日,1979 年。在成都。"啊! 原来是他! 一时间,百感交集。他怎么会在成都呢? 这四分之一世纪,他是怎么挨过来的呢? 一切都恍若隔世! 这么多年,只听说他在押,除此之外,几乎没听到过关于他的任何消息。在我们这个国度,一个人的消失或死亡真的会那么容易吗! 今天,这封信用一行行整齐的钢笔行书小字回答了我:胡风还活着,而且他对往事的记忆依然清晰,甚至还不乏锋利和幽默感。提到一些在文化领域里担任过领导职务的作家们,丝毫都不掩饰他的挖苦和讥讽。他在信上告诉我,"文革"结束以后的短短两年间一直都在"不停地写",已经写了"百来万字"。信只有一页,注释比正文长出了一倍。看来,胡风是在1979 年 11 月 13 日的《人民日报》上看到我在文代大会上的发言《没有突破就没有文学》的次日给我写的。他在信中说"你为你的、也是我(们)的母亲做了一件……庄严而真诚的事"。随信给我寄来1961 年他"在公安部独身房(看守所)"写给我的九首五言旧体诗。注释的最后一条是:"不必想到不回信不合常情。辞不达意,不如完全省事。如有'相逢一笑泯恩仇'的一天,咱们也乘机重见罢,也许还不止一笑而已咧!"可以看得出,他的身体虽然还没有完全地获得自由,心灵已经自我解放了。——我以为,这对于一个有个性的作家和理论家特别可贵。

胡风的信使我既意外、又感动,虽然胡风暗示我不必复信,我还是想给他回一封信。当即向冯牧讲了(因为多年来,许多重大问题我都要问问他)。冯牧心有余悸地劝说我:"胡风的问题是毛主席定的,翻不了案。现在给他回信不仅给你找麻烦,也会给他找麻烦。何必呢? 再说你的信他未必能够收得到。"历经坎坷的我完全能够体会得到:胡风此时的心情既敏感而又复杂,尽管他说不要回信,而他在心底里未尝不是热切地盼着我的复信。我如果真的不回信,他会很失望。但我还是被"何必"和"未必"四个字说服了。我从不保留信件,但他的这封信和九首诗,却一直珍藏至今。

他竟能在冷酷、寂寞的单身牢房里写出诗来,真让我佩服不已。因此我想到他在狱中,一定有很多时间是沉浸在对往事的美好回忆之中,回顾美好的往事当然比痴痴地面对铁窗要好受得多。从信上看,和26年前初次见到的胡风相比较,他的年龄似乎并没有增长。好像比当年的胡风还要热情、天真些。大约他以为:今天思想界、文艺界的大部分人对中国历史进程中过去、现在和未来的看法和他一样。看来,一个人——一个有思想的人的肉体或精神的死灭,特别是精神的死灭,并不那么容易! 当我忽然意识到这一点的时候,甚至为多年运交"华盖"的中国知识分子感到自豪。

我和胡风的相识,是在1953年5月。一天,我接到通知,解放军总政治部副主任甘泗淇和傅钟召见。那时的总政治部办公楼设在前门,我赶到主任办公室的时候,看见有几位地方和军队的作家已经到了,其中老作家有罗烽、胡风、王西彦等。中年作家有菡子、海默、胡奇、刘大为等。他们每一个人都是我的前辈,我当时刚刚进入23岁,在他们面前简直就是一个顽童。两位副主任讲话以后我才知道,我们到会的人就是一个由中国作家协会和解放军总政治部联合组织的作家访问团,"到东北和朝鲜访问从38线那一面交换回来的中国战俘,然后写文章向全世界揭露美帝国主义、南韩和台湾蒋介石集团相勾结,残酷迫害战俘的罪行"。可能是我太年轻的缘故,第一眼就觉得胡风是一个老人,一个三分沉闷、三分无奈、三分忧郁的老人,不可捉摸的那一分当然装不下城府,好像是愤懑。

出发以后,只在沈阳稍事停留就到了黑龙江边的大赉县,到大赉的时候,田野里的积雪还没有融化。那里原有的一个野战医院改为一个战俘集中营地,被交换回来的战俘将在这个营地里接受政审和体检。当时的大赉城像是一座寂寞的大村庄。全城最大的工业是一座罐头厂,入夜的大赉闪烁着点点微弱的电石灯,一朵灯光下是一个卖猪杂碎的小贩,那些猪杂碎都是从罐头厂批发出来的边角料。当地人很少有闲钱来享用这些美食,所以非常便宜。作家访问团的到来,使得这一行业的营业额大增。每晚,我都要和这些老前辈们在一起,咬着猪尾巴饮酒。在作家访问团里,年龄最大的是胡风先生,我隐隐约约地觉察到他头脑里装着许许多多说不出的心思。正因为这样,我反而特别喜欢拉着海默、刘大为和胡风在一起喝一杯。我发现胡风也有鲜为人知的一面,例如,我们曾给一位身材修长的女记者偷偷起了一个绰号,叫鹭鸶。胡风先生微微笑着说:"在鹭鸶中间加了一个'依'字,鹭依鸶,这么一改,不是很像一个外国女士的名字了吗?"事后想起来,我才意识到,他和我们在一起除了说笑,什么正经话

(譬如文学)都没有交谈过。而那一短暂相处,对于他,几乎是最后的轻松而快乐时光了。当时,我无论如何也不知道他内心的痛苦有多么深重!一个刚刚进入文学界的新兵,来自还在进行局部战争的云南边境。在边境上,能读到一个月前的报刊,算是很快的了,而且经常读不到报刊。那时候可以携带的半导体收音机还没出世。不仅对历史上文艺论争中的是是非非和人际关系一概不知,也不知道1952年5月25日《长江日报》发表过一篇舒芜的文章《从头学习〈在延安文艺座谈会上的讲话〉》,检讨他自己1944年写的《论主观》一文的错误。至于《论主观》的内容和它的前因后果,我更不清楚,后来经《人民日报》转载并加编者按也没读过。甚至半年前(1952年12月)全国文协召开"胡风文艺思想讨论会"这样的大事我都不知道。1953年的《文艺报》在第二和第三号分别发表的林默涵、何其芳的批判文章《胡风反马克思主义的文艺思想》、《现实主义的路,还是反现实主义的路》,我既没读过,也不知道其中埋藏的杀机,可见当时顶着一团"边防战士"光环的我,实实在在是一个懵懂人。我因为要给北京电影剧本创作所修改剧本,在大赛的时间很短,提前就匆匆返京了。到了夏天,听说胡风终于在北京地安门有了一个住处,平房,单门独院。我约了空军的刘大为一起去看望过胡风一次。为此,在1955年夏天的"肃反运动"中,交待了几十次都没法交待清楚。加上1954年春天,我访问滇西北,途经大理,给胡风、罗烽等几位老作家每人寄了一块天然大理石砚台,大理石砚台没有实用价值,只是一个纪念品而已。没想到这块砚台在"反胡风运动"中成了压在我身心上的一座大山。1997年春天,在四川见到梅志大姐,才知道:那块砚台居然还完整无缺地留在他们的家里。它从纪念品变成阴谋勾结的可疑物证以后,走过漫长岁月的黑暗隧道,终于又恢复了它本来的属性。胡风在1979年的信里写道:"相处太短,我感觉迟钝,吟时竟然觉得是真在怀念你。第九首也就等于委屈了你。你当记得鲁迅说过:听到我认识的人去革命,我是高兴的;但听到我熟识的人去革命,我是有点耽心的。真的,我没想到过是你。但也请你原谅我,我在想到你的时候写下了'梅放三冬后,菊开十月前'的。现在我只希望我应的'景'是前一句而不是后一句。"他说的"梅放"、"菊开"是第八首的最后两句。第九首里有"路有前车迹,怀君善入时"的担心和劝告。在单身牢房里,胡风当然不可能知道,早在1957年,我就因为未曾顾及前车之鉴,不"善入时",头顶上被扣上了其重千钧的右派帽子。1961年胡风在单身牢房里给我写诗的时候,我已经在工厂里劳动改造了三年。在1979年看到这组诗,有点隐隐地后怕,不知道胡风在狱中是用什么方法把这些诗保存下来的?如果在"文化大革命"中被发现,仅仅为了这组诗(即使是无标题),也能把我当做漏网的胡风分子打死勿论。也许是当时连狱警们都没想到胡风能活着重见天日,写的东西再多、再"恶毒",也毫无意

义而没有搜查。为了叙事的方便,将他寄给我的诗抄录如下:

怀白桦

胡 风

——原为《怀春曲》中"协奏曲"(后集)第九曲,无标题。吟成于1961年间,在公安部独身房(看守所),时已独"乐"天年矣。

1

惯惜初青果,难忘战士衣。
倦鸿归故泽,伤马返边陲;
同业如同道,共行不共归;
年轻能善感,握别意依依。

2

善感方多感,从文更重情。
乡园能变化,道路应清明;
为爱旌旗美,当求铁火诚;
伸腰张笑眼,含语进兵管。

3

求诚求入众,边地见山民。
土吐荆榛色,衣沾血火痕;
善颜流汗泪,疑眼看风云;
见义胸如醉,惊尝手足情。

4

千年承迫害,边地久凄凉。
石草荒山瘦,刀锄热汗忙。
辛劳虽智短,朴实又情长;
信义心无隔,声诚意不藏。

5

情苏催意得,新笔发新声。
路醒门窗醒,人亲口眼亲;
欢舞群脚转,铃响马蹄奔;
苦也终春到,花红叶叶青。

6

花红人更好,合步结同心。
待测高天阔,休疑广土深;

门窗憎黑夜,口眼乐青春;
举首朝阳下,光明色色新。

7
文市如花市,花开手定忙。
柳枝辞沃土,入室别温阳;
水涸莲难赤,尘蒙菊不黄;
色香三日尽,懒眼竟如忘。

8
南疆游子路,北国故人颜。
白石方方整,红粮拉拉圆;①
怀诚能有笑,解惑竟无言。
梅放三冬后,菊开十月前。

9
年轻心向上,夜里脚朝低。
见伪心难服,逢诚意不疑;
求诚定合掌,嫉伪枉凝眉。
路有前车迹,怀君善入时。

回想1955年,别人看到毛泽东《〈关于胡风反革命集团〉三批材料的编者按》的感觉如何,我不知道;但它对我的震撼,空前强烈。我对照那些"材料",一遍又一遍地学习毛泽东的按语,不知不觉周身冷汗淋淋。明眼人一看便知,那些信件和日记都是指令胡风和他的朋友们交出来,或是从他们的家里查抄出来的。"编者按"里的文字,是按照对假想敌的怀疑、猜测和仇恨,虚构了一个遍及党内外、军内外、各行各业的、庞大的反革命阴谋集团。同时也虚构了它的纲领、组织、计划、信号、行动、情节等等。再用至高无上的权威加以肯定。接着动用全国的舆论工具,掀起排山倒海式的大批判。这些出自许多著名大作家之手的批判文章,只有武断的谴责,没有理性的思辨。而且似乎个个都和胡风有着不共戴天的深仇大恨,使我百思而不可解。从那时起,中国的人文环境就被彻底地破坏了。把本来应该有的、必要的、刑事案件的诉讼程序:立案、调查、取证、起诉、法庭辩论、宣判、上诉、复查、再次法庭辩论、再审判等等全部省略。成百上千人的生死、荣辱,只凭一个人一时的"浮想联翩"就一锤定音了。各地的

---

① 白石指的就是那块砚台。红粮是指我在他家吃过一餐红米饭。我到底在胡家吃过饭没有,胡在注释里不敢肯定。但我记得,我在胡家吃过一餐中饭,也的确是红米饭。而且路翎也在座。

监狱和劳改队只凭"胡风分子"四个字就照单全受。今天,我坦白交待:在当时我就对事实的真实性,处理这一事件的方式的合法性(虽然无法可依),以及在道义上能否站得住脚等等都产生过怀疑。但对我自己的怀疑,即使在梦中我都会咬紧牙关,守口如瓶,没向任何人透露过,所以怀疑得十分痛苦。因为,在五六十年代的中国,谁怀疑毛泽东就等于怀疑自己和宇宙的存在。我暗暗庆幸自己只给胡风写过一封信,而且没有涉及任何人与事,仅仅是问候而已。如果我在信中把"鹭依鸳"的戏言再重复一遍,纵然浑身是口,也无法说得清楚。弄不好,那位身材修长的女记者和我都成了胡风分子。于是,我不仅下狠心毁掉了从战争年代就开始记的日记本和所有采访记录本。而且再也不记日记、不记笔记、不保留信件了。非写不可的信件也都像电报一样简练。一个作家,不记笔记,不记日记……意味着什么?但,文字太危险了!自己的一支笔,比任何自杀工具和剧毒药物都要危险。非常不幸!后来几十年的生活证实,我的决定是正确的。试想,几十年的日记,给审查你的人能提供多少个人物关系,多少个可疑的线索,晦涩的词句和连自己也记不清的"反动隐语"啊!仅一本记录贺龙口述材料的笔记本,在"文革"中,就能够置我于死地了!多年以后,我还在庆幸:我的一生竟然还有过一次先见之明。

就在1955年春季、一个星期天的上午,我在总政治部电影处的放映室看到贺龙元帅。他带着儿女来看美国旧电影《翠堤春晓》,电影处长虞棘坐在他的旁边。电影放完以后,我送贺龙元帅和他的儿女们出门的时候,贺龙小声以严峻的语气问我:"你是什么时候认识胡风的?"我大吃一惊。他这一问,非同小可!说明中共高层已经在内部公布了一个相当大的可疑分子名单,我的大名赫然在焉。否则,一个元帅怎么会问我这样的问题呢!我回答说:"前年在一起参加过一个总政和作家协会联合组织的访问团。""啊!这么说是工作关系?""是的。""啊!"他脸上的紧张表情有了缓解。"来玩啊!""好的,老总!"从那时起,我再也没有机会和他见过面了。因为不久在京的军内作家、画家和一部分编辑就被集中在广安门外六里桥莲花池,开始了"反胡风"运动。若干年后,我们这些过来人都把莲花池戏称为"莲大"。当时集中在那里的作家、艺术家很多,有那沙、寒风、黄宗江、林予、公刘、黄胄、魏钢焰、王宗元、李瑛、沈默君、胡奇、柯岗等等。军队诗人胡征因为一开始就被铁定为胡风分子,已经无须"审查",而被关进另外的地方去了。开始的时候,一些年轻作家还不知厉害,自以为少小投军、纯洁无瑕而有恃无恐。参加过延安整风"抢救运动"的中年作家,已经预感到山洪即将爆发的恐怖了,显得忧心忡忡,食欲不振。担任"学习班"领导的虞棘在作动员报告的时候,首先要求"所有人的日记、信件和武器都要主动上交"。我当时还不知厉害,甚至有些得意地回答说:"我已经不记日记,也不保留信件了。武器,只有一挺'水机关枪'。"为此,虞棘找我非常严肃地批评了我一顿,他说:"如果组织上一定要你交出一挺'水机关枪'来,你怎么办?"这个"学习班"雇用了一个相当高明的厨师,姓郎。就是这位郎师傅,给"学习班"的初期带来了不少轻松,每一个人都可以预先点自己喜欢的菜肴。他的麻辣肚块、鸡丝拉皮、东坡肉、摊黄菜、酸辣汤……都很精彩。日复一日,郎师傅发现,点菜的人渐渐少了,到了秋天,就没人点菜了。给啥吃啥,有人甚至啥都吃不进了。据我知道,有人只见过胡风一面,或写过一封信就定为胡风分子。我何止见过胡风一面,还千里迢迢寄给胡风一方砚台!实在是有口难辩。诸如:为什么要送给胡风砚台?砚台暗示什么?为什么去看胡风,在他家里见过什么人?有什么密谋?吃过饭没有?吃过,为什么?没吃,为什么?见到过路翎吗?见到过。路翎对你说了什么话?就像在集体创作一部《一千零一夜》那样的书一样,一个故事引发出十个故事,一个悬念引发出十个悬念,一个问题引发出十个问题……后来莲花池的运动从"反胡风"渐渐过渡为全国性的"肃清反革命运动"。试想:把一群知识分子集中在一个人人自危的空间,不同的阶段,给予不同人以不同程度的信任和充分的时间,让你们大胆怀疑,相互揭发,立功自保。大部分人,既是审判员、看守,同时不知道哪一天又会变成囚犯。今天是审判员、看守,明天可能就是囚犯。于是,就有了互相撕咬,轮番逼供。众人在被审查者主动上交的日记里,按照毛泽东关于"胡风反革命集团"三批材料所加按语的方法,挖空心思去寻找破绽,罗织罪名。每天除了吃饭,就是"围猎"。有一位年轻编辑,东北人,记有大量日记。从日军占领的满洲国时期到光复,从光复到解放战争,从解放战争至今,洋洋大观。而且他精通日文,他所阅读的《托尔斯泰全集》就是日文版。这么一个人,他自己昨天的一言一行都成了他自己今天难以逾越的关隘。好像他就是满洲国唯一的继承人,满洲国的一切罪孽都要由他来承担似的,被整得死去活来。诗人公刘因为童年时期流亡赣南,被当时的国民党赣南行署专员蒋经国的一位部下视为神童,带他到新兵团作过演讲。随着"围猎"者丰富的想象,他就成了这一官员的干儿子,进而又"提升"为蒋经国的干儿子。日夜轮番突审,逼得他两次自杀未遂。当他上天无路、入地无门的时候,只好顺应某些人急切的立功愿望,编造了一个以他自己为主角的美蒋特工从香港潜入大陆的故事。无独有偶,一位"围猎"的参加者(小说家)很快根据公刘的"原作"写了一篇小说,迅速在刊物上发表了。黄胄在抗战时期师从画家赵望云,赵望云为了一分粮饷,依附国军,挂了个校官的头衔。也给为自己抱孩子、洗尿片的弟子黄胄补了个勤务兵的"空名字"。通过黄胄的"交代",我才知道黄胄走向大师之路的起点是"勤务兵"。所幸他只挂了个"勤务兵"的名字,"审查"的时间不长。到了秋天,在我们被严密禁闭的时日里,他已经被允许租赁一头毛驴,拴在我们的窗外,进行水墨毛驴的基础练习了。而宿命的结局是:几年后,从黄胄笔下奔出数千头生动活泼的水墨毛驴,遍及全国乃至全世界。又过了几年,在"文革"中,黄胄戴着一顶"驴贩子"的帽子,被送往他熟悉的大西北,迫令他跪在流放地的水泥操场上画驴。——那是悲剧的下集。和我关在一间房子里的有诗人李瑛、小说家林予等。李瑛的罪状是:40年代下半期,在从事学生运动时,与胡风集团中的诗人绿原"关系密切"。由于严禁被审查对象交谈,不知道李瑛在想什么,只看见他每天花很多时间默默注视着一株盆花。我猜想他总也没法想通的一个问题一定是:盆花的叶、茎、花的轮廓、色彩都是那么清晰,为什么自己高唱着革命的赞歌走过的画卷一般美好的风景,会从本来的正片变成了负片——也就是黑白颠倒了呢?林予的罪状仅仅是:他曾经在日记里写过这样八个字:"难忘的1952年!"因为在1952年,他那出任过国民党县长的父亲死于狱中,小时候在生活中和他用英语会话的母亲也死于癌症。林予极为善良,也极为怯弱,日记是他自己上交的,从进入莲花池的第一天开始,他就像一只被火烧光了羽毛的小鸟那样,只知道颤栗。我相信他在日记里写的那句话,仅仅是出于亲情。因为他从不讳言父母对他的挚爱。即使是招认了自己是"国民党的孝子贤孙"、"有仇恨心理",也还是被隔离了十个月之久。近年,林予与黄胄已先后去世。我们这一代人,本来就没有青春,童年紧接着暮年,所以对死神的不期而至,一点也不感到惊奇。

由于鼓励大胆怀疑,一位革命了不少年头的作家竟然会神秘地提出:南京金陵女大在解放前就是一个为国民党代训女特务的学校,许多金陵女大的学生都在50年代初下嫁解放军,打入解放军。而且列了一个长长的嫌疑人名单,名单中还有不少战功显赫的将军。由于这个检举涉及的大人物太多,逐级上报以后没有下文。这位大胆怀疑者的收获就是自己不再被怀疑,而且一直作为有权怀疑和审查别人的积极分子。

开始审查我是从我和胡风的关系入手的,渐渐转入对我短暂而有过太多"进步"活动的历史的审查,对我开始了长达八个月的"隔离"。那时的所谓"隔离",比起今天刑法意义上的监禁要严酷得多,不许往外写信,不许往外打电话,甚至没有放风的时间。外地有人写材料揭发:在我的家乡,当年和我发生关系的中共地下支部是"红旗支部",所谓"红旗支部"就是敌特打着红旗反红旗的假共产党支部。我当时就想到:全国各地肯定到处都有和莲花池同样的地方,同样的逼供信……这是我第一次"怀质抱情,独无匹兮"①的体验,感到特别委屈而难以接受。因此,近在咫尺的一片芦苇荡时时刻刻都诱惑着我,我设计过

---

① 屈原:《怀沙》。

一个一了百了的归宿:打算在去饭厅或上厕所的路上,突然逃脱,溜进苇荡,切开手腕上的动脉,让鲜血静静地还给泥土,结束 25 岁的生命。每当想到我已经有了一块永远回避人寰、了结此身的乐土的时候,就欣喜不已。这个想法我只悄悄告诉过林予……谁知道,我写好的遗书被胡奇发现,一场更加无情的羞辱和残酷的批斗之后,"业余看守"们对我的看管更加严厉了。一转眼,苇丛茂密的夏天就匆匆过去了,万木凋零的秋天接踵而至,苇荡里一览无余,使得我因错过机会而惆怅不已。1956 年春节到来之前才宣布对我的"审查"告一段落,终于离开大雪纷飞的莲花池。

两年后的反右运动就是以"反胡风"运动为样板进行的,只要一句话,一行文字(在上海按柯庆施的标准:一个眼神,一声冷笑……)就够了。而且,定案的权力从"反胡风运动时期"的毛泽东,下放到每一个基层的党委书记。1957 年 6 月 6 日至 9 月 16 日,中国作家协会召开了一个马拉松式的党组扩大会议,批判"丁玲、陈企霞反党集团"。我记得我的座位在蓝翎的旁边,我们这些年轻作家只是看着、听着这场在一个更大的范围内的"围猎"。一批又一批大师级的作家争先恐后地上台声讨"丁、陈"和被指定的同党(其中包括冯雪峰、艾青等),态度之粗暴,言辞之激烈,实在是出人意料。有人甚至语无伦次,摩拳擦掌,几至动武。他们是出于"义愤"?"私愤"?还是在恐惧威胁下神经质地"表演"?他们曾经是读者心中的偶像,社会的良心,此时竟然会扭曲变形得不敢相认! 为此,我感到深深的羞愧。在那个热闹而恐怖的会上,脑海中时时会闪现岭南人吃猴的故事:传说岭南某地有猴餐馆,每当顾客光临,店主都要先带顾客到猴笼选猴,群猴见客来,立即因恐惧而惊恐起来,个个都把"别人"向外推搡,自己尽量往后退缩,直到顾客用手指指定一个为止。再对照生活,常常使我混淆了人和猴的界线。是人性中有猴性?还是猴性中有人性呢?怪不得科学家咬定人是猴子变的。胡风就是猴笼里第一只被指定要吃掉的猴。胡风被指定为第一只该吃掉的猴,在文艺界并不感到特别奇怪,因为早在鲁迅先生还健在的时候,胡风就被左翼文化界目为异己分子,甚至是"奸细"了。胡风自己也在意料之中,因为他经常以比干和屈原自勉。去过根据地,特别是去过延安、听过毛泽东在延安文艺座谈会上讲话的文艺家们,在 1957 年以前,做梦都想不到他们也会步胡风的后尘。所以,丁玲、陈企霞、冯雪峰、艾青……在批斗会上都很不服帖。丁玲总想在"坦白交代"的时候,向众人说说她在延安时受到过毛泽东如何如何的重视和信任。每当她说到"那天傍晚,毛主席和我在延河边散步的时候……"立即遭到会议主持人的呵斥,斥责她亵渎领袖,斥责她混淆视听。那时的丁玲显得非常可怜,为了表白自己,她一次一次地泪流满面,每一次都被斥之为"鳄鱼的眼泪"。其实,她想说是实情,毛泽东对她真可谓宠命优渥。1936 年丁玲到达陕北,毛泽东、周恩来、张闻天、博古等中共高层领导人全部出迎。欢迎会上毛泽东填词《临江仙》相赠,每一次分配工作都要征求她本人的意见。但,此一时也,彼一时也。她应该明白,毛泽东不可能不知道北京此时此刻正在开一个批斗丁玲的大会。我们这些暂时还在充当"积极分子"的人,经常都能通过周扬、林默涵、邵荃麟、刘白羽的传达,知道他们随时都要向中央反右领导小组汇报会议战况,毛泽东的指示是什么,邓小平的指示是什么,包括他们说话时的语气,都惟妙惟肖。例如,在高层听取汇报的会上,当吉林省汇报到长春电影制片厂的主要创作人员沙蒙、吕班、郭维均被定为反党反社会主义右派分子,有人担心今后的电影任务很难完成。领导小组立即批驳说:"八年抗战没有电影看,照样打败日本鬼子。"当时,很多作家艺术家都觉得这条指示很有力量、很豪迈、很坚决、很革命,而且符合实际。大会要丁玲反复交代的问题有:被捕入狱,人物关系,"反党"言行(听来听去都是对周扬等人的不满),个人情感上的隐私,以及"一本书主义"。关于"一本书主义",我特别难以理解,丁玲只不过要青年作家写一本有影响的书,怎么成了一桩滔天大罪了呢?我曾经和丁玲有过接触,但值得庆幸的是:我没进过文学讲习所,还不算是她的学生。我觉得她比周扬等文艺界的领导人好接近些,也多了一些人情味。见面除了谈党性以外,还谈文学。她的确问过我们这些当过兵、打过仗的年轻作家"你手里的枪打死过人吗"这一类的问题。作为一个作家,我完全理解她的意思,并不觉得有什么不对。在会上被一位作家揭发出来,竟然成了"她在教唆年轻作家杀人"!我当时为了自保,也写过一首批判丁玲的诗,把她形容为一棵有毒的菌子,这棵菌子荫护着一些被她招募来的年轻人。但我在心灵深处仍然同情她、喜欢她。在不能免于恐怖的日子里,我也是一个愚昧的懦夫,毫无例外地戴着面具,尽可能严密地关闭着心扉。

冯雪峰每一次的交代都是简短的,看得出他始终都不服气。对他的揭发,却让我们这些后生小子知道了他的传奇经历,他参加过二万五千里长征,作为中共中央特派员从陕北到上海联络鲁迅和茅盾,建立上海文艺界统一战线。鲁迅先生病重之际,有些重要文章都是由他笔录的。1941年皖南事变,被捕囚于上饶集中营里⋯⋯这样一位历经浩劫而幸存的老共产党员,即使会上揭发出来的事实都是真的,也只不过是:由于他对党内斗争的残酷性的了解比较多,说过一些伤感、悲凉和愤懑的话。30年代在地下和丁玲的短暂恋情,以及新中国成立后某一天对周扬座驾扬起的烟尘吐过唾沫。这一切和他经历的艰险和功绩对照起来看,算得上是在"疯狂地反党"么?

陈企霞的态度开始的时候最为强硬,每次让他坦白交代,他都大声抗议在此之前中国作家协会对他的非法拘禁。一天,陈企霞正在声色俱厉地反驳对他的批判，突然一辆连夜从天津开来的警车将一位女作家押送到会场上，出现了一个极具戏剧性的变化。这位女作家在会上作了彻底的交代，让人大感意外的是：她交代的并非政治阴谋，而是她和陈企霞的婚外情。歪打正着，使得陈企霞的心理防线全面崩溃，不得不"低头认罪"。虽然从方法到性质都有点荒诞，却实实在在地"轰垮了丁、陈反党集团顽固堡垒的一半"！

而艾青却采取了另一种"对抗"形式，这位大诗人，习惯了诗的思维方式，时间、地点、数字的观念极为薄弱，一遍又一遍地写检讨，都因为连自己都念不顺溜而难以通过。有一次正在照本宣科，竟然念出这样的话来："在我生孩子的那年……"使得全场哗然，几乎哄堂大笑。很显然，这是夫人为他捉刀而没来得及改变人称的结果。艾青后来戴着右派的"桂冠"，先后下放北大荒和新疆生产建设兵团，长期劳动改造，由于受到农垦部长王震的特别关照，没有挨饿，也很少参加强体力劳动，"文革"后回到北京。重返文坛的艾青很可爱，又有了诗。我不会忘记，1979年在北京诗歌座谈会上，当我发言以后，他走过来递给我几只桔子，表示了他对我的愤慨的赞同。我不会忘记1981年春天，全国报纸、电视台、电台都在批判我写的一个电影剧本，艾青邀我到他临时居住的旅店，把海外作家们支持我而发表的一些文章（剪报）交给我。他问到我的处境，我为了简练，只向他讲了一个故事：一位华中工学院的大学生执意要到我在武汉的住处来看我，我怕连累一个素不相识的青年，一再婉言谢绝。但他在电话上保证："只求一见，保证一语不发。"我只好答应他。那位青年，热泪盈眶地走进我的屋子，信守诺言，只握了握我的手，默默地在我的桌子上留下一块用红绸裹着的东西，转身就走。我打开一看，原来是一块白色的岩石……说到这里，诗人艾青情不自禁地老泪横流。不几天，在一个有高层领导人参加的批判大会上，同一个诗人艾青，对我的那部电影进行了义愤填膺地声讨。不久，同一个艾青，见到我，用一个小学生对小学生的语气小声说："我骂了你，在大会上……"我笑笑说："我听说了。"我打心眼儿里没有怪他，只是觉得他的喜、怒、哀、乐，包括他的激动、恐惧都像孩子一样随意。舒婷却把一切都归结为"艾青老了！他真的老了！"这大概就是返老还童吧！可据我所知，也并非所有的老人遇事都那么随意，已故的陈寅恪和健在的巴金没有这种"返老还童"现象。

丁玲发配北大荒以后就没有联系了，大约是1979年，她在"文革"后回北京，举家临时栖身在北京平安里文化部招待所一个大房间里的第三天，我和冯牧去看望她，她和她的家人从神情到打扮，完全像是一户逃荒的农民。1980年在庐山开会，她的观点都还是可以接受的。到了1982年，在云南锡城个旧，我对她的观点就不能理解了。当沈从文题写的"文学林"碑石揭幕的时候，她避开了。她向文学爱好者演讲说："你们应该知道，沈从文是不革命的，我们是革命的……"依然套用毛泽东在抗战时划定的"延安、西安"的政治界线来界定文学。轮到我演讲的时候,她一定要坐下来听。她说:"我倒要听听,为什么有那么多人喜欢你。"我一再请她回去休息,她坚持要留下来。听完以后,她对我说:"你讲得也没有什么特别嘛!"她大约以为我会放出什么骇人听闻的"异端邪说"来,显得有些失望。1984年,丁玲和舒群要创办一个文学刊物《中国》,为此,她给我写过一封信。她写道:"白桦同志:你现在在哪里?我们还是云南别后就没有见到了。现寄上不久前出版的一本小书①,请批评。在云南我以为我们很可以交交心深谈的。但你没找我。我相信我们之间是没有隔阂的,但都由于种种传言,可能对我有些误会,我想将来总会消释的。我希望你能寄一篇文章、小说、诗、散文、剧本、通信给我们刊物,我一定发表,你会慢慢理解这个必要。我对真正的作家,都是敞开胸怀,都是当着姊妹兄弟的。希望中国的作家们真正地团结在一起。为建设祖国而努力。祝你好!丁玲 9月9日。"我认为,她是诚恳的,我给《中国》寄了一篇小说。我对她的确没有"误会",这显然是她的误会。所以我从来没有和她深谈过,是因为她是一个很有主见的人。人各有志,我对她很理解,但不能苟同。人,砸碎别人强加的精神桎梏,比较容易;砸碎自己给自己套上的桎梏,却很难,因为自认为那是闪光的项链,而不觉得沉重。罗曼·罗兰曾经说过:"我恨那怯懦的理想主义,它只教人不去注视人生的苦难和心灵的弱点。我们当和太容易被梦想与甜言蜜语所欺骗的民众说:英雄的谎言只是怯懦的表现。世界上只有一种英雄主义:便是注视世界的真面目——并且爱世界。"作为后辈对前辈,我和她没有任何隔阂,一如50年代,我同情她,喜欢她。但我没有向她表达过,因为我不善于表达。她很好强,也的确是一位强者。她很强,所以吃了很多苦,受了很多委屈。对于她,委屈比苦难对她的伤害要大得多。在晚年很想办好《中国》,团结老、中、青年作家。可惜,由于时代和她自身的局限,在她还没有把中国人的劫难以及文学的劫难的深层原因梳理清楚之前,就与世长辞了。

我的悲剧在于:每一次都在劫难逃。1957年9月中,我就不能继续参加反丁陈的那个大会了。云南省委书记、军区司令兼政委谢富治指令我立即到昆明接受批判。因为春天我在途经昆明的时候,参加过省委宣传部的一次会议上,讲过一次人话。当时的总政治部副主任萧华试图保护我,不让我去昆明,也不同意把我划为右派。而比他职位更高的一位领导人坚持要把我划为右派,我和那位领导人并不相识,只是因为分工领导军队文化工作的副主任是萧华,总政创作室的右派多,正好说明萧华不称职。我不得不在深秋季节,千里迢迢,远赴

---

① 丁玲:《丁玲短篇小说选》,人民文学出版社,1981年。

昆明,接受批斗。总政创作室,在我之前,已经有公刘、徐光耀、樊斌、何孔德等定为右派。我的问题由于上层意见的不统一,拖到1958年的春天还没定案。创作室主任虞棘在创作室的会议上,吞吞吐吐地希望不要把白桦划为右派,并透露了萧华的态度,同时,也把周扬在某次讲话中的意见说了出来。进入深秋以后,周扬感到在全国打成右派的作家太多了,有过"是不是可以宽大一些"的表示。虞棘的发言,立即遭到创作室副主任魏巍等人的义愤填膺的反对,他们反驳虞棘说:"让萧华、周扬到我们会上来,听听我们的意见。""徐光耀已经划成了右派,白桦也应当划成右派。"可见在政治运动中,无论多么"左"都不会错。而且,即使像萧华、周扬那样的高级干部,如果在飞速左转的战车背后助一臂之力,他们的确力大无穷;如果试图去阻挡一下,不仅无能为力,一不当心,自己也会被卷入车轮之下。因为向左转的战车,从来都不会装上刹车装置。创作室的积极分子们突然把矛头指向虞棘,指责他"一贯右倾,姑息养奸,使创作室的年轻作家都堕落为右派"。天啊!总政创作室刚刚成立一年多,虞棘哪有那样大的能量呢!他的革命资历很长,抗战时期在胶东地区是一位权威的剧作家,几乎当地所有的秧歌剧都是出自他的手笔。但在政治斗争面前,他是一个很胆小的人,因为他太了解其中的利害了。虞棘当场昏倒,并立即送进北京医院,才没有继续对他施加压力。这些关于我的会议,我都没有资格参加。好心的小秘书经常向我透露一些内情,所以,我一直都在惴惴不安地等待着角色的转换。1958年春天,由军事法庭宣判开除军籍,定为反党反社会主义右派分子,从此被逐出文学界,逐出公开的社会生活。

1957年以后,作为右派分子,我常常想到云南西双版纳傣族一种愚昧而古老的陋习:当你一旦被一个有权威的人指称为"琵琶"(鬼)的时候,你的亲朋好友和近邻就信以为真,对你群起而攻之,把你当成祸害一切活人的鬼。焚烧你的房屋,有理。打你,也有理。把你驱逐到"琵琶"(鬼)寨,所有的亲人都和你断绝关系,你立即成为一个行动在阳光下的幽灵。1957年的反右斗争,和傣族这种愚昧而古老的陋习多么的相似啊!我再也没有莲花池时期那种对客观世界的过高希望和自尊了,所以也就没有在莲花池时期那样深重的痛苦和困惑。

此后的一连串政治思想迫害运动,可以说,无一不是"反胡风运动"的翻版和继续。"文化大革命"实际上并非史无前例,从内容到形式,和"反胡风"、"反右派"一脉相承,都是在极端权力的控制之下,以文艺批判为先声,先行定罪,挑动群众,施行残酷批斗,抄家封门,私刑逼供;叛卖自保,告密有功,腹诽立案,任意株连。污蔑、羞辱、囚禁,甚至处决人,都不需要任何程序。不同的只是:这种任意践踏公民的行为,在神州大地上无所不在地肆虐,受害人从知识分子扩大到党政干部和普通居民罢了。历次迫害运动严重挫伤了中国知识分子的人格尊严与独创精神,思想的翅膀被残酷地剪断了。到了这种时候,我已经不单单是逆来顺受、也不单单是委屈和激愤了。而是像越冬的落叶乔木那样,有了默默的思索。在暴风雪中形容枯槁的思索,比在春光里枝叶茂密的宣泄要有力量得多!

在1979年收到胡风的来信和赠诗之前,我一直都以为胡风不可能活着从双重牢狱(一重是客观上造成的冤狱,一重是自己的心狱)里走出来,因为有许许多多优秀知识分子没能活着走出来。结果胡风活着走出来了,除了极少的几个人,绝大多数人都热情地迎接了他。他的复出虽然有很大的偶然性,却雄辩地说明:中华民族良知未泯!一直到1984年,我才在北京他的寓所和他见了一面——也是最后一面。我特别奇怪并为之黯然的是:他在1979年11月14日给我写信时的自由心态和热情竟会荡然无存!他在信里不是曾经答应过我吗?"也许还不止一笑而已咧!"可当我和他见面时,他不仅没能一笑,可以说是一言未发。是因为他对和我同去的那位风派"朋友"有戒心?还是因为醒来时反而失去了梦中的天真?他复出以后写的那几篇短文能说明他吗?他不是有了人身自由吗?看来,人身的自由和人心的自由并不是一回事……总之,很费了我一番猜测。

我在国外经常遇到一些朋友提出这样的问题:半个世纪以来,中国这样一个文明大国的作家们都在干什么?即使是从数量上来说,作品为什么如此之少?我很难用简单的语言回答他们,这篇文章权当一个比较能够说明问题的回答吧。

1998年7月16日于上海
原载《华夏记忆》1998年3月第3期

我相信守望底线

白 桦

1938年,日本侵略军的铁蹄正在从华北向中原袭来,8岁的我跟着父母客居在武汉。音乐家冼星海正在江上发动救亡歌咏运动,大江两岸人山人海,齐声高唱同一首歌《中国不会亡》。——我相信!

秋天,故乡沦陷,父亲被日本侵略军活埋,这就宿命地决定了我后来的去路。悲情人生,激情澎湃,舍生忘死,苦苦追寻,认定"革命"是唯一高尚的追求,"革命理想"成为我的全部,成为我的未来。于是,千方百计,义无反顾,舍生忘死,投奔沙场。1948年初冬的一天,在进军淮海平原的路上,络绎不绝的小车和我军大队人马并行。我问一位推车的农民大嫂:"你们小车上推的是什么?""白面。""你们家还有存粮吗?""有,不在窖里。""在哪儿?""在地里。""地里?什么庄稼?""麦子。"我环顾白雪覆盖的中原大地,麦苗还没出芽呢!我情不自禁地哭了。我想起一个战国时代越王勾践讨伐吴国的故事:在十年生聚,十年教训以后,越国复仇之师在河边誓师出征,越国一位老者把存了十年的一坛美酒献给国王勾践,勾践没有独自享用,当即倾入河中,下令全军迎流而饮。无论古今,这样的军队必胜。——我相信!

20世纪50年代初,士兵们的枪膛渐渐冷却下来,战争的硝烟在绝大部分领土上消失,全中国各族人民正在欢欣鼓舞地走向"理想的天堂"。——我相信!

对于我来说,1957年春天那场猛烈的反右派运动,如同晴天霹雳一般。结果是数以万计的知识分子被划为右派。因言获罪,因忠言获罪。在客观上,摧毁了大多数中国人心中的诚信。做梦也没想到,我这个"自己人"也被戴上了一顶"资产阶级右派分子"桂冠。在那个年月,右派桂冠可不是化装舞会的戏谑。一个理想主义者被"理想"抛弃。同时,被社会抛弃,被人群抛弃,思想库存里立刻一贫如洗,安身立命之本顿时塌陷。此情何堪?仅仅是带给亲人们的屈辱就能把人压死。由于难以忍受这种巨大的奇耻大辱,愤而自尽者、夫妻离异者大有人在。即便是往日生死之交的战友狭路相逢,也唯恐避之不及。就像傣族历史上的一种陋习,某人如果一旦被巫师或众人指认为"琵琶鬼",他随即就变成了一头活在人群中的猪狗,直至死。

我们家是一个新婚燕尔的二人世界,妻子王蓓是年轻的电影演员,她会怎样看待我们所面临的奇耻大辱呢?她曾经是那样自珍自爱。从今以后她还能挽着"反革命"丈夫的臂膀上街吗？等我回到家，她的第一道目光，仍然是往日的温情。当有些人为了羞辱我，组织一些小学生在我的窗前齐唱"社会主义好，社会主义好，右派分子夹着尾巴逃跑了"的时候，她竟敢冒险走出去劝说小朋友们离开。更有甚者，她还多次到我劳动改造的场所陪我去加班干活。

那时我发现，我是多么低估了她。不仅低估了她，也低估了我的老母亲。母亲在八年抗战期间，曾经靠拾麦穗、剥树皮把我们五个年幼的兄弟姐妹拉扯大。一个字不识的山里女人，善良、软弱，却不得不在日军宪兵队审讯室里面对凶神恶煞。1958年夏天，她千里迢迢来看望我。刚从轮船上下来的母亲，当即在我脸上发现了我的极度沮丧，她小声在我耳边说："对娘说句真话，真的是你错了吗？"我摇摇头。停顿了好一会儿，她老人家才再问了一句："……还给你发粮票不？""给。""给粮票就行，叫媳妇生个儿子。"两年后，癌症手术后的妻子，无视医生的劝阻，冒险为我们生下一个儿子。我最亲近的两位女性，在大难临头的时候，没有讲过一句抱怨或开导我的话。——我相信！

一个年轻当红电影明星，突然因为丈夫的原因，列入"限制使用"的另册，她竟然那样自然地就接受了下来，心安理得，毫无怨尤。我在工厂里劳动改造，每两个星期才能回家一次。一个周末，妻子在摄影棚做夜班还没有回家，疲惫不堪的我，回来之后倒头便睡，黎明时分醒来，发现妻子通宵未归，走到窗前才发现，她正坐在门廊台阶上打盹，丁香花正在她头顶上纷纷扬扬地飘落。一问才知道，她在子夜时分就回来了，怕开门惊醒我，才坐在门外等待晨光的。又有很多年了，没有机会重访往日的居所，那里的门廊下依旧是丁香似雪么？——我相信！

1964年，为了活得体面些，重新回到军队，心里又点燃起"理想"之光。心甘情愿地与妻儿两地分开，一年一次鹊桥相会，又把他们放进次要和被忽视的境地了。"文革"开始，造反派从我宿舍里搜出一封家书，妻子仅仅在信中为我的处境说了两句委屈和焦虑的话。他们竟然对她实行残酷的武斗，几次悬空踢倒在地，几乎丧命。接着就是整整七年不能与妻儿见面。"文革"后，我又为一些与"理想"相关的物事奔忙起来，妻儿仍然被放在次要和被忽视的境地。儿子是怎样活下来的，是怎样长大的，是怎样考取大学的，为人父的我，竟然一概不知。可想而知，她付出过多么大的艰辛。——我相信！

一位法国作家曾经这样问过我：

"您还在守望着您的理想吗？"

我回答说：

"我守望的只剩下了一条底线。"

"那是一条什么样的底线呢？"

"善良的民众不再蒙冤，不再蒙羞，不再蒙骗。"

"这条底线可不算很高啊!"

"可我以为,这条底线在有些地方仍然高不可攀。"——我相信!

如今,一双耄耋老人,相依为命,总应该平静下来了吧?不!五年前,妻子又罹患阿茨海默症,暮年的天空,立即一片阴霾。我原以为罹患阿茨海默症,就意味着在患者的意识里失去了过去,也失去了现在和未来。不会有欢乐,当然也就不会有痛苦。不久,我发现,并非那样简单。她似乎又回到了童年,重新开始认识这个"陌生"的世界。"什么是洗手间?""什么是橙汁?""什么是遥控器?"电视屏幕里在下雨,她会喊:"收衣服!下雨了!下完雨,才会下太阳呢!"偶尔,她也会灵光一闪,小声责备自己:"是我的错,一定是我的错。"

许多朋友都知道,她是一个少见的淡泊名利的演员。以往的影戏剧照早已散失殆尽。近来她竟会反常地把一些从书报上剪下来的图片,摆进玻璃书橱里,虽然有时候甚至她连图片中的自己都不认识。现在她对所有年轻人都叫大哥大姐,有时会把我误认为是她早年仙逝的父亲,准确地说,是父亲和丈夫的重合,管我叫"老爸",或者"老爷子"。据我所知,她自幼缺少父爱,父亲是个无暇顾家的人,生前总是在他那小小的钱庄里忙忙碌碌。自她17岁从父亲手里接过一只小皮箱,随着电影导演孙瑜离家去上海以后,就再也没见到父亲了,在父亲辞世的时候,战乱阻隔了回乡之路,未能和父亲诀别。

可以说,现在她已经生活在另一个陌生的空间了,几乎一无所有,但她依然保留着一个贫困年代的"习惯",但我不知道应不应该把它称为"习惯"。那就是牙膏皮都可以换钱的年代,从地上拾起来的每一张破纸片,她都要抹平珍藏起来,她的"保险柜"就是自己的床。要是不帮她清理,她的床很快就成了垃圾堆。

我发现,如果说她已经完全失智,是不对的。她有一根弦始终没有被割断,那就是我和她之间的那根弦。我是她唯一认识的人,顿顿服药、吃饭、喝水,都要让我首肯。"老爸!这能吃吗?这能喝吗?"每当我要外出的时候,问她:"你在家休息吧。"她总是像孩子那样回答我:"我不总是跟着你的吗?"我只好带着她,即使是开会,她静静地坐在一旁,微笑颔首,一言不发,谁都不会把她当作病人。当我一定要独自外出的时候,她会大喊:"你想想,我能单独留下吗!"她隐隐约约地能意识到自己独处时没有安全感。是的,万一我不得不从她身边离去,那将不是我一个人的灾难。——我相信!

最近,我的8岁的小孙女聪慧,无意中听到爷爷在碟片里朗诵诗歌的声音。她立刻就安静下来了,坐在一张小板凳上,低着头,一动也不动了。等到她抬起头来的时候,我才发现她的脸上全都是泪水。她还那么小,就懂得爷爷了。——我相信!

原载《南方周末》2013年5月9日

对　话
——巨著、探索与传统

白　桦　潘志兴

　　在新时期艺术发展的进程中,白桦的经历是颇有几分戏剧性的。这位集诗人、小说家、剧作家于一身的优秀艺术家,携着他那支又秀又豪的健笔,纵横驰骋在艺术的天地里,从来不知道疲倦。他的笔触几乎涉猎了所有的艺术领域。话剧《曙光》、《吴王金戈越王剑》,拉开了两道沉沉的帷幕,向我们展示了对动荡时代的人的思考;电影《今夜星光灿烂》,在枪炮轰鸣声中汇聚了一群年轻的生命,凸现出残酷战争中纯净的人性;而他那些意境幽远、文笔优美的诗歌、小说,则更是被人们所广为吟诵。白桦总是把他热切的目光投注于这片他深深眷恋着的国土和生活在这片土地上的人们。即使是在遥远的异国他乡,当他穿行在俄罗斯茂密的白桦林,漫步在美丽的涅瓦河畔时,占据着他全部心身的依然是这份深切的爱。最近,从不改编别人作品的他,却把白先勇的《谪仙记》改编成电影文学剧本《失落天堂的安琪儿》,因为原作中透出的强烈的民族忧患意识和浓浓的乡思撼动了他。在他的心灵深处,揣着对我们民族那剪不断、理还乱的情感,所以在他的笔下,常常是饱含着血和泪的。

　　他寓所的书房兼会客室,温暖而明亮,我见到了这位早生华发,一派学者风度的艺术家。他倚坐在沙发上,一边慢慢地啜着香茗,一边畅抒胸臆。一任思绪如脱缰之马在思想的原野上恣肆飞扬。

对戏剧本身的思考比较少

　　潘志兴:近几年来,我们的戏剧发生了很大变化,出现了一些较有新意和开拓精神的作品。然而,我们至今还没有看到一出堪称大作力作的优秀戏剧。对于大作的呼唤由来已久,而关于创作大作品的讨论又是观点不一,众说纷纭。

　　白桦:什么是大作品?契诃夫的作品算不算大作品?奥尼尔的算不算?在我们的观念中,好像大作品就非得是重大题材,其实,所谓作品的大小之分,关键是看作品所表现的生活深度。妨碍我们出现大作品的原因很多,重要的一条就是戏剧工作者对戏剧本身的思考比较少。剧作者在创作时,不是考虑如何发掘生活内涵,往往考虑能否被观众接受,考虑能否被通过。大多数作品只是在形式上寻找方法和出路,用来一时吸引观众。可是真正的大作品绝不仅仅是形式;真正深刻的作品也绝不会没有观众。或许一开始并不为所有的观众所接受,但最终是能够赢得观众的。优秀的作品能够不断地引导观众。

现在大部分的戏剧作品还是以煽情见长,人物的喜怒哀乐都表现得过分强烈,夸张到变形的程度。就像戏曲中一开场必定是长时间的锣鼓点,让那些懒散的、寻找刺激的人们逐渐兴奋起来。这样做,实际上把观众的审美意识给破坏了。它是中国的戏剧传统走向极端后产生的恶果。

话剧不如 50 年代那样兴旺,那时候剧场里座无虚席,买票很不容易,而现在,剧场却无法吸引观众,这是不正常的。话剧没有培养出一批新的观众。这里也有话剧创作本身的问题。人们是到剧场去寻找美和思考的,却无法在演出中感受到高尚的审美趣味,剧本很糟糕,要么是一览无余,要么就是谎话连篇,观众看戏就像在受罪一样,很痛苦;有的演员不是为了艺术而创造,只是为自己赚钱。演得不精致,很粗糙。不能给观众以美感享受;还有导演的问题,有些导演艺术修养比较"左",又缺少独立认真的思考,创造不出具有个性魅力的作品。为什么失去一个焦菊隐会让我们失去那么多东西,失去了独特的形式风格和创造?这是值得深思的。艺术创作中的懒惰是最不可容忍的。

还有一个不容忽视的问题,就是剧院和作家之间如何进行融洽的合作。一个剧院要很用心地对待作家的作品,要把作品中不能立体化的东西立体化地表现在舞台上。高尔基、契诃夫,在他们创作话剧的最初阶段,都遭到了失败。他们曾一度想放弃话剧创作,但是,莫斯科艺术剧院的真诚合作让他们的作品重新获得了生命力。在一定程度上说,没有莫斯科艺术剧院,便没有戏剧家的契诃夫、高尔基。《海鸥》也不可能成为莫斯科艺术剧院的标志。剧院如果不能和一批剧作家长期合作,是形成不了自己的风格的,是出不了真正优秀的作品的。

潘志兴:现在有这样一种说法,好像出不了优秀作品是因为政策上的原因。当然政策上的过分限制的确给创作带来了麻烦,但是,纯粹把这些归咎于政治和政策上的原因是不完全的,许多剧作家不正常的创作心态、心理机制和自身障碍,同样阻碍着戏剧的创作。

白桦:剧作家持怎样的戏剧观念进行创作,确实很重要。这也有两方面的因素。一方面,剧作家的观念意识受到传统的制约,特别是年纪较大的剧作家受传统的影响更深;另一方面则是作家自身的素养问题。

世界上有两类作家:一类是用自己的笔来创作的;另一类则是用笔蘸着自己的血来写作的。只有用血写成的作品,才有真正的生命力,才会有珍贵的东西。古人铸剑,只有把自己或者最爱的人投入炉中,融入了血肉之躯制成的宝剑,才是绝世佳品。艺术创作也只有熔铸入自己的血肉,才会有传世佳作。莎翁的作品中闪烁的真知灼见,正是他生命的结晶。不愿去追求,不愿意投注最大的心血,是不可能创作出具有生命力的作品。当然,一出好戏的诞生,也有一定的偶然性,也不是剧作家一个人能够最终完成的。

写一出戏的内容往往是浓缩了一部长篇小说的题材,剧作家需要有自甘寂寞和自我牺牲的精神,话剧不聚合一批有志之士就会瓦解。

探索戏剧所面临的问题

潘志兴:这些年来,随着我们国家的不断开放和对外文化交流的加强,整个艺术界发生了许多变化,观念的更新,使创造力得到了进一步地发挥。

白桦:过去我们在艺术创作中只强调统一和主流,所以作品只能表现共性的东西,到"文革"时期,则演变成为"共性的灾难",制造出共同的"经典",不仅排斥个性,也不允许有"经典"以外的创造。现在,个性创造得到了提倡。这种变化是划时代的。

长期以来,我们一直处于封闭状态,从很早以前就闭关锁国,故步自封。解放后也有过一段封闭时期。开放扫除了我们多年来由封闭而产生的拘谨感,开拓了眼界。我们一方面要让开放的口子更大些,一方面还要经受得起开放所带来的冲击。苏联也提倡开放,但苏联的学术界、文化界比较镇静,西方的风并没有吹倒俄罗斯的传统。在苏联的戏剧舞台上,也有许多西方现代流的作品,但它们都和实在的生活相联系,表现的是现代苏联人的心态。像艾克玛托夫的作品,突破了对爱情、家庭、婚姻描写的局限和制约,站在比较高的视点上,刻画出了人性的卑劣与美好、人的多层次情感,具有强烈的现代观念。但这一切都是建立在对现实生活深刻体验基础上的。他继承的依然是由肖洛霍夫传下来的俄罗斯文学传统,同时又吸引了西方的一些东西,他的作品深受人们的欢迎,他的每一部新作,几乎是苏联与西方同时出版。相比之下,我们的有些戏剧作品,却缺少对现实生活的体验,舞台上所反映的是外国人的心态。

潘志兴:对西方文化的借鉴,必然会带来观念的变异和形式技巧上的更新。在中国的舞台上,陆续出现了一些被称为"探索剧"的先锋戏剧,它们刻意打破旧的戏剧传统,强化作品的哲学意识,甚至是纯粹地诉诸理性,形式作为内容的一部分在最大的程度上得以发挥,令人眼花缭乱。对于这种创新,戏剧界和评论界对之褒贬不一。您是怎样看的?

白桦:现在,各个领域都在探索,不仅是探索剧,还有探索小说、探索诗等。有的人对它们评价很高。探索剧的确对传统戏剧产生了巨大的冲击,对变革旧的观念也起到了积极的推动作用,我不仅接受,而且非常赞同。但探索剧也面临着潜在的危机：一是过于模仿西方的一些戏剧模式。西方的戏剧流派和内容是基于西方人的思想产生创造出来的，因而，不仅在形式上，而且在内容上的纯粹模仿会使探索误入歧途；二是有些探索作品的真正内涵、实际所能告诉观众的东西并没有多少。我不反对一个戏中写一些无法猜透的谜，写一点隐含着的东西，但作品中不能没有闪光的金子，或者发掘出来的意义毫无价值。有些探索剧，看的时候让人很费劲，但真正从中得到有价值的东西却少得可怜。不是让我们看不懂，就是一股脑儿把什么都塞给我们。像《一个死者对生者的访问》，它想写出人的惰性、懦弱，但它表达的思索却很肤浅。只是跨出了一步，没有真正地介入社会的深层，更不用说探寻人性的实质了，远不如《马门教授》中对人性的揭示那样富有层次感和深度。

寻根也好，探索也好，都要站在较高的视点上，即使是作品让人猜谜，虽然猜不透，但作品很有趣，很有朦胧的美感，诱使人们不断地想去猜，这样的作品也是有魅力的。

传统的力量为什么这样强

潘志兴：在新时期第十个年头的夏天，中国的文化界受到了两次冲击。一次是几个年轻人发起的对"谢晋模式"的诘难，一次是刘晓波对新时期文学持否定态度的发言，引起了人们极大的反响和关注。究竟如何来评价这两次讨论的本身，那是无关紧要的，但可以肯定，它对我们新时期的艺术发展将会产生巨大的作用。

白桦：我很赞同这样的讨论。"谢晋模式"的讨论对谢晋本人是有冲击的，不管他自己是否承认，他必须超越自己。为什么他会选白先勇的作品《谪仙记》来拍电影，就是想改变自己。当然，我对"谢晋模式"讨论中有些比较绝对的意见不太赞成。在谢晋的作品中，有着根深蒂固的传统戏剧观念，更倾向于中国的戏曲，这是"谢晋模式"的根本点。抓住了这一点，那么对谢晋作品中的煽情，对《高山下的花环》的"哭坟"这一场所展示得淋漓尽致的情感，我们就不难理解了。这种场面在中国的古典戏曲中是很多的。

刘晓波的发言很使有些人暴跳如雷。他的确触及了中国文学的薄弱之处。在当代中国，还没有出现过一部像《愤怒的葡萄》这样的作品。曾经有人说，美国是经济的大国，文学的小国，这未免太狂言了。我们的短篇小说还没有像白先勇那样有完整个性的作品，而有些人却在盲目乐观。在这个时候泼一泼冷水，很彻底、很有好处。在1986年的金山国际研讨会议上，有人指责诺贝尔文学奖无视中国的存在。其实，真正的《红楼梦》是淹没不了的。知识界要保持足够的清醒。愚昧状态才是最可怕的。

潘志兴：反传统在今天已成为一切艺术发展的必由之路，而在中国，反传统则显得更为迫切。但是传统的力量却是非常强大，它无时不在，对我们的生活发生着影响。

白桦：为什么中国文化传统的力量会这样强大？为什么出现狂一点的作品就会受到指责甚至毁灭？因为多少年来，传统文化往往和政治上的禁锢很紧密地结合起来，变得异常的凝固，很难撼动它。在中国传统文化中，有着极好的精华，然而唯其如此，我们所承受的枷锁也愈加沉重。对传统文化的反抗也愈加困难。鲁迅先生对中国传统文化也是既珍爱，又痛恨。现在我们要做的，就是用自己的大脑、眼睛来辨别，吸收民族文化中个性的精彩的成分。有些人一头钻进中国的传统文化中，就像进了山洞，迷失了方向，只能在古书堆里找出路。中国的许多老人都这样。我们应当对中国传统文化既崇拜，又看到天空。必须立足时代，另起高峰。

为什么写作

潘志兴：在戏剧创作方面您有何打算？

白桦：我对话剧创作一直怀有浓烈的兴趣，想从社会政治意识中走出来，走得远一点，写一些人类共同的东西。

去年我到四川去，对大自然进行了考察。在四川我访问了熊猫、麋鹿、丹顶鹤的故乡，我发现在人与野生动物之间，潜伏着很大的危机，我想以此为题材写一部戏。对于人与自然、人与野生动物之间的关系，是一个世界性的问题，许多国家都对此保持着警觉，都耗费巨资进行保护，使大自然不再受侵食。可我们国家的许多地方还处在蒙昧状态，还没有意识到对自然的破坏所产生的恶果。人类变得越来越残酷了，却不知道这是在不断地缩小自己的生存空间。人类是否最终能与那些野生动物、大自然和平相处，还是个谜。至少现在还没有看到希望。这是很有悲剧色彩的主题。

潘志兴：您为什么写作？

白桦：我写作是由于愤怒。由于愤怒而思考，由于愤怒而下笔。50年代时创作过一些适应性文学。现在我依然是因愤怒而写作。我国古代不是有"愤怒出诗人"之说吗？

潘志兴：好，谢谢您的合作，再见。

白桦：再见。

原载《上海戏剧》1986年3月第2期

花丛中的礼炮

朱竞 白桦

朱竞：20世纪已经过去了,您的人生经历了大半个世纪,那么您对中国20世纪的印象是怎样的?

白桦：我的大部分时间几乎都是在20世纪生活过来的。少年时代投身于激情时代以理想为目的的集体,并为之而勇敢斗争。甚至经历过20世纪兵员最集中、伤亡最惨重的战役之一——淮海战役。在20世纪终结的时候,捧着全球激情时代的果实,既空虚而又困惑。今天,再看到地球上某些恐怖行为,更加不寒而栗。作为一个文学工作者,尤其悲哀的是：中国有一句古话"邦家不幸诗家幸"。本来可以在文学领域里留下一些很深刻痕迹,也随着意识形态的异化而流产了。20世纪留下来的问题,还有待于回答。而且这些答案对于今天很迫切,对于未来至关重要。

朱竞：您认为知识分子精神存在吗? 如果答案是肯定的,您怎样理解? 在您看来,中国20世纪知识分子所承担的最大责任是什么?

白桦：知识分子精神当然存在。知识分子精神颓靡的民族一定是一个浅薄的民族。我们民族在悠久历史中遗留的精神遗产比物质财富宝贵亿万倍,却无人继承。很多时髦的中国知识分子或醉心于闪闪发光的金箔、银箔,或屈从于压力。今天,精神上的放弃是很容易的,没有主观的愧疚,也没有客观的顾忌。他们甚至显得轻松愉快,洋洋得意。

20世纪中国知识分子应当承担的最大责任是没能充分运用思想的权力,而懒惰地把这个权利交给了别人。给历史留下了精神的空白。

朱竞：您最心仪哪一种类型的知识分子? 您认为中国20世纪最优秀的知识分子是哪些人?

白桦：我所心仪的是那些因清醒并洞察世事而痛苦的知识分子。

我仍然认为第一位还是鲁迅先生,他不屈从而且竭尽全力高声呐喊。秋瑾,她临终的那声叹息是20世纪最美、最动听、最深刻的诗句,——"秋风秋雨愁煞人"。陈寅恪,在最严峻的时期,他是唯一一个：是,就是是;非,就是非的学者。在刀刃下也不指鹿为马。

朱竞：在您的人生经历中,一定有过各种各样的经历,那么,您最痛苦和耻辱的体验是什么? 能讲一件苦恼的事吗?

白桦：在我的故乡谁都知道，西门外和北京的菜市口一样，是官府行刑的屠场。日军占领以后，也不例外。一个深秋的傍晚，一小队日本宪兵，打着"宣抚班"的小旗，牵着一个浑身血污的青年，经过我们家门口，向西门外走去。那青年穿着撕碎变黑了的白衬衣，青色的西装裤只剩了一条裤腿。因为脚镣已经磨破了他的脚踝，所以每走一步，他的嘴都要咧一下。蓦然，一个孩子，从自己的门前拖着破鞋"哒哒哒哒……"追向行刑的队伍。立刻，一群无知的顽童跟着那个"带头羊"，呼啸着奔过去，尾随在刽子手们的背后看热闹。我被这股愚昧、无聊和癫狂的冲动所吸引，背后像是有一股狂风推着似的，我卷入孩子们盲动的行列。当我刚刚奔到西邻豆腐坊大娘的门前，忽然觉得，我的左胳膊突然被一只非常强有力的手牢牢抓住，一把就将我从那群孩子中间拉了出来，差一点被摔倒在臭水沟里。我抬头一看，是王大娘。她怒不可遏地问我："你去哪儿？……你起什么哄？你爹被他们活埋才几天？……你！你咋能这样……"她的话如同当顶霹雳，使我在一阵战栗之后失去了知觉。在王大娘的一推、一拉之后的很长一段时间，我都不敢在街坊邻居们的面前抬头。人，知炎凉、知利害，易；知耻，却难；知耻而后洁身至死，更难。从那时起，我知耻了，一下就成长了许多。每当我在多乖命运的途中走近污秽泥潭的时候，王大娘那双星光一般的眼睛就出现在我的面前，并且伸出她有力的手把我牢牢地抓住。

朱竞：您最挚爱的对象是什么？（国家、事业、朋友、孩子、爱人、大自然、文艺、科学还有别的什么？）

白桦：国家，多灾多难的故国，为此我一百次可以离她而去，而我遍体鳞伤之后更加没有离去。这爱也包括对事业、朋友、孩子、爱人、大自然、文艺、科学和在一个冬日的战场上、在我冻僵的手里塞了一个热馒头的大嫂。

朱竞：您对两性感情领域的自由和责任是怎样理解的？

白桦：爱情中的自由与责任，这是人类历史中诸多难题之一。我在长篇小说《远方有个女儿国》里，用现实生活论证过这个问题。这部小说有很多版本，在美国有一个英文译本，影响较大。当然，无论何时，两情相悦都是男女感情的准则。在母系时代，以女性为轴心。在男性时代，以男性为轴心。母系时代，情感的悲剧很少，爱是最自由的，爱的结束就是男人女人关系的结束。他们、她们和他们的子女，在观念上压根儿就没有谁依赖谁的问题，甚至血缘关系都可以忽略，没有谁为谁负责的问题。男性时代，依赖性很强，责任很重，悲剧性也就很强。我们无法回到过去，也很难预测将来。

朱竞：对您影响最大的书和人是什么？能说说您和它（他或她）的故事么？

白桦：对我影响最大的是《史记》，我是在油灯下读完它的，那时我只有11岁。其实，那是一本百科全书。它奠定了我的人生态度和对于我们的生存环境与人际关系的认识。

朱竟：您是否有成功感和成就感了。

白桦：没有，一点都没有。我的对立面认为我很强大，完完全全是个误会。我太善良，也可以说是太懦弱，因为懦弱而自卑。叹息也有回声，我只是有时会止不住要发出一声叹息，而且是轻轻的一声叹息，却往往会引起风暴般的回声。为此，我羡慕那些看起来懦弱，实际上却是非常强大的人，像肖邦和他的音乐——《花丛中的礼炮》一样。

原载《文学自由谈》2002年3月第2期

白桦,真正的诗人

鲁 豫 白 桦

开场白:几天以前我的一个朋友给我发了一封 E-mail,他讲到了他在 20 世纪 80 年代初的一段经历。当时他非常想考北大中文系,他的父亲坚决反对,理由就是,如果你上了北大中文系,有一天你的下场有可能跟白桦一样。而我对白桦的印象始终固定在 20 年前的一张照片上,他身穿高领毛衣、深色的西装,不系扣子,一条牛仔裤,还有满头的白发。我没有想到事隔 20 年,见到白桦,他仍和当年照片上一模一样。

现年 78 岁的白桦是河南信阳人,1947 年参军的时候,他只有 17 岁。那时,气势磅礴的淮海战役鏖战尤酣,那段难忘的记忆后来构筑成 20 世纪 80 年代初家喻户晓的军旅电影《今夜星光灿烂》。不过,更多的人记得白桦,是因为他写下了《苦恋》,这部剧本后来拍成了一部当年中国人耳熟能详、但却从未看过的电影《太阳与人》。

鲁豫:白桦老师,在我的印象里,20 年来你的形象一直就是这样头发全白的。

白桦:是的,是的。我的头发白得很早,其实就是在"文革"当中,从三十几岁就开始白了。

鲁豫:是不是因为那种环境逼得一夜之间……

白桦:一夜之间就白了头发。你不知道,因为我经历的事情太多了。

早在 1955 年,文学理论家胡风因为对文学理论提出一些善意合理的建议,竟招致歪曲批判。舒芜更是发表《关于胡风反革命集团的一些材料》,使胡风问题急转直下,突然从"人民内部矛盾"戏剧性上升为"反革命集团"。既然是"集团",当然就该有一大批成员,于是 25 岁的白桦也在被怀疑之列,莫名其妙地失去了人身自由。那个时候,他曾经想到过死。

白桦:其实我和胡风不过是工作上的关系,我们一起参加过一个访问团到东北访问抗美援朝战争交换回来的俘虏,就这样一件事情而已,相处了才几天。1955 年的时候就为这个事情搞得很大,我差不多有八个月没有自由。我那个时候才 25 岁,是代表团中最年轻的,而胡风当时是年纪最大的,我们就是在一起说笑话。我当时觉得这老头也挨过批,蛮有意思,也不谈正经事,就谈一些笑话,就这些罢了。1955年,当时经受这样的事情:批斗、关起来、没有自由,上厕所都要跟着人。当时那个时候年轻气盛,受不了,我曾经都想过自杀什么的。

鲁豫: 那后来你的想法怎么改变了呢?

白桦: 我当时很奇怪,现在八一电影制片厂旁边的莲花池,当时是一个荒凉的地方,那旁边有一个芦苇荡。当时我就想突然之间跑进苇荡中去,然后就在里边自杀,可是一直被看得很紧。有一天,突然之间,我的遗书被他们发现了,这样的话我就被看得更紧,一直到秋天以后,芦苇落了叶子,就更没有办法逃进去了,逃进去也没有用。后来我写了《苦恋》,书中主人公在"文化大革命"时期逃到芦苇荡去生活,就是源自我的那个想象,实际上当时也确实有这样的人。为什么要选择芦苇荡呢? 那个时候在那儿没人能够阻挠我去自杀,我可以从从容容地在那儿结束自己,当时我是这样想的。

鲁豫: 遗书里面写了一些什么,你现在还记得吗?

白桦: 总的内容就是申辩我自己不是反革命,叙述我自己的家庭。虽然我的家庭按当时说来是一个剥削阶级家庭,但是我的父亲是被日本人活埋了的,那个时候我八九岁,已经要承受成人所经受的东西了,所以我是觉得很冤屈,而且我是17岁就走向战场去了,所以我说所有的都是我自愿的,不是投机来的。年轻嘛,没有经历过挫折,所以你想想一个十几岁的人,到了军队,穿着军装就走了这么多路,参加过这么多战争,一旦把你当作敌人对待,那在精神上是接受不了的。

鲁豫: 你当时有没有每天想,我怎么突然在自己人面前就成了一个对立分子了?

白桦: 是啊,我思考了很长时间,为什么我老是被别人作为异己分子? 其实很多了解我的朋友,他们都说"你完全是一个剃头挑子一头热"。

鲁豫: 你的意思是说,你把自己当成自己人,别人没有把你当成自己人?

白桦: 特别是到了1981年的时候,那个时候甚至怀疑我对爱国主义的肯定,我觉得这是十分奇怪的事情。后来我才知道过去历史上很多很多人都是由爱国变叛国的,包括南宋岳飞。为此我写过一个话剧,人家写岳飞是写他的壮烈征战、胜利功勋,我是一幕写监狱,一幕写他的回忆,写他被关到监狱里头的回忆。我觉得这种思考一直贯穿在我的脑子里。

经历过反胡风运动,又经历过肃反运动中8个月的"隔离审查",白桦身心憔悴,第一次想到结婚,想拥有一个安定的家。仅一年后,白桦与电影演员王蓓结为连理,在上海构筑起自己的避风港,在白桦家附近的街心花园,还有一座俄国大诗人普希金的雕像。事实上,白桦的生活并没有像他想象的那样从此安定下来。

鲁豫: 好像你在不同的时期遭受不同的坎坷时,总是有很长一段时间跟家人天各一方?

白桦: 我的妻子是一位电影演员,结婚以后我们仅仅共同生活了一年我就被打成了右派,当时她得了癌症要动手术,她的癌症手术都不是我签的字,是上海电影制片厂厂长签的字。所以那个时候她是身体上的痛苦,我是精神上的痛苦。后来所幸当时解放军总政治部副主任肖华,他为了照顾我的家庭,就把我送到上海去劳动改造。

重获自由之后,白桦曾经扔掉了所有钢笔,决心永远不再写作。随后,人们又听到白桦朗诵自己的新诗《春夜的歌》。而在此之前,当他听闻江青集团倒台时,仅用了一个星期便一蹴而就,写出了十分令人担忧的著名话剧《曙光》。

白桦:为什么要写这部戏?因为我特别受感动。我在"文革"前后到过一次湘鄂西,就是湖南湖北交界的地方,也就是过去贺龙活动的洪湖地区。当时洪湖有个领导人叫段德昌,他的名声在那里仅次于贺龙。段德昌是黄埔四期的学生,非常非常勇敢,也是非常有能力的一个将领,但是就在30年代被自己人给枪毙了。为什么?就是对他的怀疑,就是因为他不听党的话。所谓"党的话"就是当时党代表的话,那个党代表就是夏曦,非要怀疑他是国民党的奸细。他临死之前留了三个"不要"。这三个"不要"使我很震动。他说第一个"不要"是"不要开除他的党籍",他认为他很珍惜对党的忠诚;第二个就是"红军不要离开洪湖",他认为离开了老百姓就要遭殃,洪湖就会被血洗;第三个特别让我震撼,他说"不要用枪弹打死他",为什么?为了留一颗子弹打敌人。当时我到那个地方去,人们给我讲了这件事以后,可能我那一二十年的所有思索都被翻起了,我才明白,一个理想主义者被理想所抛弃的时候,他还苦苦地留恋着这个理想,因此我就写了这样一个很大的悲剧。

话剧《曙光》尽管描述了"左"倾思想带给红军的灾害,但歌颂的是贺龙,因而如期上演,获得轰动。但白桦没有就此收笔,而是又写了《今夜星光灿烂》,被评论为"刻意渲染革命战争的残酷"。在这部战争电影中,片中几位可爱的小战士,全部在淮海战役中阵亡。

鲁豫:我不明白,为什么"文革"刚刚过去,在那种惨痛的经历尚且记忆犹新的时候开始写东西,为什么不选择一个相对比较安全的题材?

白桦:我总是想把最迫切想说的话说出来,不能好了伤痕忘了疼呀!

鲁豫:是,我总觉得人们应该变聪明一些吧,但是你没有。

白桦:我没有,别人也没有。我现在回顾起过去,许多像说笑话,尤其回忆过去的作品为什么受批判时就好像在讲笑话一样。比如说《今夜星光灿烂》,当时批判了几条,现在翻开来看看,简直觉得可笑之极。其中有一条说,里面有一个农村姑娘幻想和一个战士结婚,结果这个战士已经牺牲了,别人不敢告诉她,但是她做梦,梦见还是和他结婚了,结婚时的衣服就是那种凤冠霞帔,还有新郎戴着礼帽围着红纱。结果人们对此就批判说:"即使'文化大革命'结束了,为什么一个贫农的女儿她做梦都想当地主啊?!"所以你想想,有的人连一个人美好的希望、美好的幻想都不允许有。

正是为了写好《今夜星光灿烂》，白桦专程赶到江苏徐州，那一回他没有去拜访任何一位活着的过来人，而是徘徊在淮海战役纪念馆。扑面而来的往事，唤起了他对阵亡战士的记忆。他相信那一群只有18岁的少年人为理想而牺牲就足以感动后来人。

白桦：这种感受今天可能不止一个人这样说，但是我说得比较早。记得我作为一个中国代表团成员，1988年夏天在法国蓬皮杜中心和法国公众见面的时候，每个人要介绍自己，我就介绍说我是一只公鸡，结果全场哄堂大笑。为什么是一只公鸡？我说我不仅是一只公鸡而且是一个不合时宜的公鸡，别的公鸡大概到了五点钟开始叫，我可能三点钟已经就叫了，这样的话主人很不高兴的。

1979年早春，白桦再次提前鸣叫，在《十月》杂志上，发表电影文学剧本《苦恋》。1980年长春电影制片厂把《苦恋》搬上银幕，更名为《太阳与人》。不过，对于这部电影人们只是看过电影海报，却无缘欣赏它的悲情与喜悦。1981年，白桦和《苦恋》遭到上纲上线的大规模批判，《太阳与人》被打入冷宫。

白桦：我开始要写这个作品实际上是因为我本人就是一个知识分子，而当时我们这一代知识分子经历的这个事情，我耳濡目染了很多很多，不用采访，因而我就觉得写下来很容易。这个戏实际上不是写某一个人或者某一个事，而是写这一代知识分子共同的东西，甚至是一个带有共性的事情，就是写在"文化大革命"当中知识分子回顾自己的一生，也是一个关于理想的问题，一个理想者的道路问题，一个爱国者的道路问题。所以最后怎么能够得出那样一个不爱国的结论呢？我觉得这里面有很多误会。当时激烈反对的包括几个受人尊敬的著名作家、剧作家。

鲁豫：你认为他们是发自内心地反对吗？

白桦：不知道。当然这个会上也有一些朋友是非常非常仗义执言的。比如说吴祖光先生，他就说"我看了这部电影，我认为这部影片就是温柔敦厚"，他说了四个字，他说"温柔敦厚"。你想想一个"温柔敦厚"和一个"恶毒地攻击社会主义"差多远？这两种观点是截然不同的。

鲁豫：可是这种声音太小了吧？

白桦：是的，当时这种声音也有，但是很小很小。

鲁豫：为什么每一次你有一些发自内心的作品总是要被拿出来打一打，而且你总是不断地给人运送炮弹？

白桦：实际上我并不认为我是被人家讲了但还是不接受教训，我觉得人从根本上来讲是不能改变的。因为如果我认识到这样一个问题，你叫我去改变或者是伪装，特别是对一个作家而言，太难了，而且他倘若用作品来伪装自己那就太可怕了。我在朋友面前可以说说笑话，但是在读者面前我去说百分之百的假话很难的。

鲁豫：可你是一个作家，你应该是最敏感的，而且你又经历过那么多坎坷。你在写这些东西的时候，你不觉得这一点可能会给你带来一些什么遭遇吗？你都没有这种感觉吗？

白桦：过去古人说地球是圆的时候，他也知道可能的后果，但是他觉得，这是非常真实的事，是非常有意义的事情。就像是要告诉人们地球是圆的，地球在转一样，我就觉得我是非常想告诉大家，不仅仅是告诉普通人，我想告诉所有的人。

的确，《苦恋》带给白桦很多的磨难，但是眉宇之间他仍然能够让人感觉到那是他最珍爱的一部作品。这部电影他看过七遍，至今还珍藏着这部影片唯一的一张电影海报。他去国外访问的时候也曾经尝试着去寻找冷梅，也就是《苦恋》当年两位女演员中的一位。白桦至今还能够大段大段声情并茂地背诵《苦恋》当中的台词……

1981年年底，白桦告诉所有的人，从对《苦恋》的批评中他渐渐体会到"这股巨大的热流是温暖的"，他已由最初的抵触变为心悦诚服，涌起由衷感激。白桦的这封公开信，发表在《解放军报》上，至此，《苦恋》批判运动彻底结束。

鲁豫：你现在觉得你是自己人吗？

白桦：我从来不把自己当做异己。别人怎么看我，我不管，最终证明我不是异己，而且特别是对这个民族、这个国家，我是没有办法离开她的，特别是我的职业。我儿子可以，他学工科，他到哪儿都可以，我不可能离开，（否则）我就没办法写作了。我出去以后，碰到一些到国外去的作家，他们都有一个共同的感觉，就觉得在国外好像失重了一样，如同在宇宙间漂浮一样，失重了。我的感觉也是这样，哪怕经历坎坷，我觉得这对作家而言也是一个财富。

鲁豫：你跟儿子之间有没有那些类似于《苦恋》的对话？

白桦：他有过这样的一些话，我曾经在座谈会上都讲过。我儿子说："爸爸，你不能改一个方式生活吗？"我说不能。我不能的理由就是我自己的经历是这样过来的，我是为理想而生的，我没办法。

鲁豫：他理解你了吗？

白桦：我觉得他一直到现在都不完全理解我。

白桦后来又写了话剧《吴王金戈越王剑》，人们为他捏了一把汗，怕他再次招致"影射攻击"之嫌，但出乎所有人的意料，这一次，所有人都对白桦和他的作品保持了宽容。人们不再认为针砭时弊是对国家的冒犯。再后来，白桦退休后，他静静地遁入上海南京路附近的一栋普通楼房，虽说那是繁华街市，但白桦夫妇的晚年生活却比常人想象得安宁。他依然写作，时常会给在海外谋生的儿子打个越洋电话，互报一个平安。

原载《贵阳日报》2009年5月10日

白桦珠海说孤独

朱健国

"早叫的公鸡"与孤独

1985年10月,我在《人民日报》副刊发表了一篇杂文《早叫的公鸡》,希望社会能善待提前预警的思想者。不久,楼适夷先生为我的书房题匾《早叫庐》,程思远先生为我题写了条幅"早叫的公鸡",从此我以"早叫的公鸡"为人生追求。而今18年过去,我才发现这一追求带给我的只是孤独,孤独,再孤独。我不禁困惑:孤独到底是好事还是坏事?

也许,人性是不应该孤独的,但为了多数人不孤独,需要少数人去孤独地思想。没有孤独就没有新思想、新发现。马克思说最先进的思想永远只有少数攀登在山顶的先进人物才可能接受,马克思是赞成思想者孤独的。也许,人性并不生来喜欢孤独,孤独者都是先追求热闹,后由于特定的时空对独特的个性的压迫,逼上梁山成为孤独者。孤独者是人类中的珍珠,是一种病态美。

是的,我感到孤独将近二十年了。但是我的孤独与一些大思想家的孤独相比,还有天壤之差。值此"五十而知天命"之年,当我有怨无悔,准备更加孤独,一直孤独下去时,我想请教一位孤独大师:如何应对孤独?

2002年3月25日,香港凤凰电视台在《鲁豫有约》专栏节目中播出了《白桦:性格决定命运》的访谈。白桦先生说:"1988年夏天在法国,我参加一个中国代表团,在蓬皮杜中心和法国公众见面的时候,每个人要自己介绍自己,我就介绍了我自己,我说我是一只公鸡,结果全场哄堂大笑。为什么是一只公鸡,我说我而且是一只不合时宜的公鸡,就是别的公鸡大概到了五点钟开始叫,我可能三点钟已经就叫了,这样的话主人很不高兴。"

"不合时宜的公鸡",不也就是"早叫的鸡"么?

我决计向孤独大师白桦先生请教。

孤独代表

曾几何时,金怡酒店是珠海市达官贵人的灯红酒绿之地,但从某一年开始,它门前冷落车马稀,日渐孤独。于是"物以类聚",一些孤独文人常常被"门当户对"地礼遇其中。

2002年4月13日下午,阳光古怪,海风冷漠,珠海金怡酒店614房充满忧患——白桦先生在对我讲述他的孤独观。

72岁的白桦虽然白发凛然,无限忧患,两眼却依然青春焕发,声若浪潮——香港凤凰电视台在《白桦:性格决定命运》中这样介绍他:"白桦今年72岁,河南信阳人。1947年参军的时候,他只有17岁。那时,气势磅礴的淮海战役鏖战犹酣,那段难忘的记忆后来构筑成20世纪80年代初家喻户晓的军旅电影《今夜星光灿烂》。不过,更多的人记得白桦,是因为他写了《苦恋》这部剧本后来拍成了一部当年中国人耳熟能详、但却从未看过的电影《太阳与人》。"

相比而言,我更喜欢关于白桦的评介:"中国文化界的焦点代表之一","'苦难一代'的突出代表",但我还要加上一条:白桦是20世纪下半叶中国作家的孤独代表——他是五十余年历次"文字狱"唯一的"全陪"(全程受难者),一次也未漏网,一次也不逃避!尽管他"本质上是唯美、唯艺术、唯爱的",但是,"这些年来,白桦先生的人比他的书更多地引起人们的关注,而他也更多地承受着我们无法想象的重负。一个群体对一个个体的疏远孤立是可怕的,它让人丧失正常的认知力和判断力;它让人没有起码的耐心去了解事实的真相而人云亦云;它甚至让人变得匪夷所思,看到个体在群体力量的压抑之下的无助显得冷漠。也许人都惯于依附和顺从在一个群体的意志中,这使得人们感到安全和省心。很多的时候,在这种依附和顺从中,我们丢失了个人的情感、立场、意志,甚至没有爱和真诚"!

朱建国:白桦老师,您既然同意让我写一写您,我就想选取一个好角度。可以有几个角度:一个是找个文学上的话题,比如说谈电影、谈生活;或者谈感情、谈家庭……但我想,最能体现您的命运、个性的角度,莫如谈孤独感,怎么样?这既可以有思想,又可以有新闻性,也便于淡化某些东西,适合现代读者口味。您觉得呢?3月25日香港凤凰电视台《鲁豫有约》中播出对您的采访《白桦:性格决定命运》反响热烈,说明新世纪的思想者和老百姓还在惦记您。我想与您从新的角度再谈一些人生体验。

白桦:从孤独感说开去这一角度比较好。

朱建国:说孤独感,文学和人生都可以贯穿其中。

白桦:你看莫言和王安忆(最近)在上海作了一个演讲,谈文学是一种对抗。

朱建国:我看您的文集,长江文艺出版社周百义策划的《白桦文集》四卷,书里都透着那么一种强烈的孤独感。我想您就谈谈您的孤独感——可以由近及远，从最近的事情说起。给《白桦文集》作序的那个 EIIenan Dong 是个什么人？

白桦：我是不要找名家的，我找一个年轻的作家写的。

朱建国：EIIenan Dong 那是一个中国的年轻人啊？

白桦：对，年轻人，但他自己又不愿意披露自己的名字，就用了一个化名。你觉得写得还可以？

朱建国：写得不错，他把您的影响概括得很到位，比如说您是 20 世纪下半叶"中国文化的焦点之一"，这个提法是很有意思的。

白桦：孤独——其实文学本身它是一个矛盾体，它既要求作者是孤独的，但是文学作品又要广泛接触读者，我常常体会到一种矛盾的东西。

朱建国：这就是说，优秀作家的写作状态应当是孤独的，否则就会在各种干扰下无法独立思想，自由写作；但其作品又应该是广泛共鸣的。作家不怕自己的生活处于孤独之中，但要避免作品"门可罗雀"。写作时孤独，作品问世热闹；先孤独后家喻户晓：生前寂寞，身后著名，这是正常的思想者生态。而常常在电视、会议露面，作品未发就先轰动热闹者，大抵三流或伪作家。而今不惜出卖灵魂谄媚官场与市场求热闹者，甚至制造官司炒作自己者，不过是"文化口红"的批发商，不过是聪明反被聪明误的文化泡沫而已。

朱建国：您的这种孤独感是否来自于从事文学艺术创造这一独特的职业？有良知的作家原本是一个"孤独感反应堆"。

白桦：文学是一种孤独的事业，但是它又要被读者所认同，所以它本身就是一个矛盾体，又不能是一个孤芳自赏的工作。中国文学史所留下来的有价值的东西，常常是作家孤独无依留下来的。从屈原的《离骚》开始就是，他当初并没有想去发表。到了《红楼梦》如果曹雪芹考虑到后来这么多人爱看这本书，他可能不敢写，写不了《红楼梦》。实际上他是自己写给自己读的，发泄自己的一些想法，抒发自己的情感，顶多给二三知己好友传阅，他根本就没有想到会成为中国四大古典名著之一，人手一册地读，他要知道这样，肯定吓坏了，因为包括作家内心很隐秘的一些思考都在这本书里。

到了鲁迅先生，这个孤独感跟他们又不一样了，鲁迅是希望把他在孤独当中思考的问题尽快地告诉别人。所以凤凰台鲁豫问我的时候，她说那你为什么要自己输送"炮弹"让别人打你？我说，其实当时没有想到这么多，我只是想把我思索的问题，最想说的话告诉别人，就是这样一个想法。鲁迅先生一生都希望能把他的孤独感、思索告诉更多的人。他的小说、杂文，都是他在孤独中的感受，而他又希望被读者所认同，即使现在不能认同，将来认同也好。

朱建国：这就是说，古今优秀文化人的孤独是不同的，鲁迅的孤独和屈原、曹雪芹的孤独是不同的。古人——屈原、曹雪芹——的孤独只想几个知音理解,像俞伯牙只要有一个钟子期听他的"高山流水"就心满意足了。但现代中国人不同,大多数文化人始终毫无孤独感,他们往往是在与上级、与大众高度一致的情形下生活写作;极少数具有孤独感的作家学者,虽有孤独,却是希望"从孤独走向共鸣"——也就是鲁迅说的"寄意寒星荃不察,我以我血荐轩辕"。古人是出世的孤独,今人是入世的孤独。

白桦：古今文化人的孤独完全不同,因为时代不同。

朱建国：也许古人是"封闭的孤独",现代人是"开放的孤独",如何表述古今这两种不同的文人孤独？

白桦：这个一时很难说准确。孤独的形态,古今文人作家,他们的孤独差别,只是一种愿望不同。鲁迅先生的愿望就是希望通过他自己的孤独和思考能够影响中国人,这一点他是很明确的;像曹雪芹这样的清代文人,他却从来没有想到去影响别人。而鲁迅先生他向往"于无声处听惊雷",他虽然当时把中国看作是无声的中国,但是他又希望在无声的中国,大家能够听到惊雷。而他的孤独就是要导致这个"惊雷"的到来。他的文学作品,总是希望中国有一个巨变。

朱建国：可否说鲁迅的孤独是一种"积极孤独",就像有洛克的"消极自由主义"和卢梭的"积极自由主义"一样？或许,有"出世的孤独"与"入世的孤独"之分？古人爱以孤独出世,现代人愿以孤独入世？而今蓬勃兴起的大众传媒、电脑、网络日益有利于现代人及时表达孤独,把孤独迅速转化为共鸣而入世;"积极孤独"、"入世的孤独"将更加主导新世纪,"消极孤独"、"出世的孤独"似乎不可能再还乡？而您的"积极孤独",除了来自文学的特性之外,还有没有其他的孤独来源？比方说社会形态的变化,它可能使一个有独立思想的作家产生更多孤独感……

白桦：你要记住,往往,历史的发展、时代的变化,总会有一种新孤独,一个作家的孤独当然是和客观环境有关系的,要受这个客观因素的影响。这时的孤独也可以说是寂寞。一个思想者能不能耐得住寂寞？耐得住寂寞才可能最终走向共鸣。比如说"文革",我就长期没办法写作,这是一种前所未有的孤独,这种孤独是完全和文学绝缘的,但是我忍耐下来了,思想没有封闭。在1947年以前那一段时间我是孤独的,等我进了部队以后,我觉得自己又找到了一个家,找到了一个团体,找到了一个自己理想的群体,所以我就没有孤独了,我的思想也变得单纯起来了,非常之单纯。那个时候比小的时候还单纯,小的时候是老处在日本占领区的环境,是衣食无着的一个地位,那必然是思想不是那么简单的,一个人跟我谈话,我就要考虑这个人到底是什么意思,我会考虑的,我可以揣测他:这个人是特务还是什么,他是不是职业学生？总之那时候我一下子能分辨出来他是否是革命的,或者是同情革命的,或者他本身就是一个特务、职业学生……那个时候我还小,就能看得出来,十几岁以前都能看得出来。但是我 17 岁参军以后,我的思想变得单纯了,就不需要思考这些了。那时候我的作品全部都是这样的一些简单作品,包括《山间铃响马帮来》、《骑车保边疆》……我把边疆生活看得很简单化、诗意化。其实现在回想起来,边疆从我们第一天去就是极为复杂的,非常残酷的,生活本身的那种残酷的一面我没有看到,它这个残酷不仅仅包括对敌斗争的残酷,也包括我们自身的一些糊涂认识,包括我们自身政策的失误。所以我觉得这种单纯的作品并不好,对我的写作并不好,它不可能是真正的写作。

朱建国:孤独的反义词是什么?

白桦:孤独的反义词也可以说是热闹,热闹是一种,还有可能是平庸。

朱建国:您真正感到孤独,是不是到 1958 年划您为右派开始?

白桦:不是。其实新中国成立后我第一次受到挫折是 1955 年"反胡风运动"的时候。当时我们军队作家集中起来在北京搞运动,集中了很多作家,我们集中的那个地方就叫做"莲花池",所以我们现在见了面就说笑话,说我们是"莲大同学"。我们当时就集中在莲花池旁那些平房里,作家很多,包括公刘、李瑛……

朱建国:批胡风运动怎么结束了您的热闹、简单、单纯的时光?

白桦:这一次孤独特别痛苦。我第一次想到自杀,而且我想得很细致、很浪漫——旁边莲花池都长了芦苇,也很深,好像很好自杀。但其实,我们这些被审查的作家都有专人看着,上厕所都有人看着,看得非常紧,结果没有办法自杀。我当时就想了一个点子,我要趁他们不备的时候,一下子跑到芦苇荡里面去,他们就来不及了,然后我在里面从从容容地失踪了,自杀了。结果我这个想法还没有实行,我们的组长,把我的一封绝命书抄出来了。这样对我的防范更严了。而且这封绝命书就变成批判的材料了。

朱建国:这封绝命书你是怎么写的?

白桦:我已经记得不太清楚了,大约有两个内容:一个内容就是申辩我自己:我绝对不是异己,不是胡风分子,我不是来投机革命的。我觉得我跟胡风是个人之间的一般关系;第二个内容就是说我很遗憾,有很多东西都没有写出来……我很遗憾,但是这也是没有办法的事情。我现在能记起来的也就是这两个内容。

结果就猛批我,对我看得很严。但是,当时实行自杀的人很多,公刘还自杀过两次,也是在莲花池。

朱建国:公刘比您大吧?

白桦:大两三岁,他自杀过两次,都失败了。他有一次在厕所,好像准备要在树上挂一根绳之类的,当然是不可能的事情;还有一次,是在床上,自己用毛巾勒脖子,也没有勒死,那是勒不死的啊。

朱建国:人孤独到极点就想自杀,想结束孤独?

白桦:对。那个时候思想虽然是孤独的,仍然是比较简单。

朱建国:怎么还是比较简单?

白桦:觉得这是一个误会,是群众运动的一个误会。没有从深层次去考虑这个问题,也没有考虑这个胡风问题本身是一个什么样的问题,没深想。

朱建国:没有想到批胡风是不对的,胡风是无罪的,只觉得我是无辜的,我受了冤枉?

白桦:对。但是我对胡风的问题想到了一点,觉得很可怕——很可怕在哪里呢?我觉得将私人的通信、日记这样批判,太可怕了!日记有的时候可以这样解释,可以那样解释,这种解释是非常可怕的。所以我从那个时候起,我就不记日记了。

朱建国:原来您记日记的?当你发现日记的解释权不在日记的本人,您害怕记日记了?

白桦:对,当时关在我们莲花池的还有一位《解放军文艺》的编辑,他是东北人,在伪满时期读过日语,所以他的日记记得很详细,当时两个连都来看,那里边毛病挑起来很多啦。他写了他第一次见到解放军的情况,因为他在此之前没有见过解放军,解放军当时穿着灰色的衣服,他说是一抹灰色的人群。所以我就感到很可怕,这文字的东西实在太可怕了。这是第一次感觉到这么严峻。

朱建国:但您最终未划入"胡风分子",我估计当时是不是还有这么一种情况,军队有意识保护自己的人,说我们军队里不能够划那么多,否则领导的责任也是在所难逃啊。

白桦:也不一定。反胡风运动一开始,我就知道我自己被怀疑了。我在有一篇文章里写到过,当时总政创作室和电影处在一起,电影处有一个放映厅,经常有一些领导人来看电影。贺龙有一天来看电影,他让我坐在他背后,后来看完电影我送他出门,他便问我:"你怎么跟胡风都认识啊?"他问了我这一句话,我当时很惊讶,我这个小人物,怎么元帅都知道我和胡风认识?我说我跟他是工作关系,我们参加过一个代表团,一起到东北去。他说,哦,原来是这么回事。然后说有空到我那里去玩。

这件事情,我想肯定有人内部通报,说白桦也卷入了胡风问题,贺龙看到了。但是军队里面它不能划很多胡风分子,当时解放军文艺社里面就划了一个,叫胡征,写诗的,现在还健在,在西安。他一开始就被抓走了,他是"胡风分子",因为他确实是崇拜胡风的,他也见过胡风本人。他本来不姓胡,后来他自己也改了名字叫胡征,那就是他自认为是胡门人氏。虽然是虚惊一场,仍然让我陷入一次孤独,那是绝对孤独啊。那种封闭,谁也不肯说话。批了 8 个月。

朱建国:8 个月? 8 个月的孤独。

白桦:这一次没有对孤独的本身做深层的思考,教训很快就到了,就在 1957 年。1955 年至 1957 年,两年时间,孤独又来了。1957 年又面临着思想斗争,又太单纯了。反右的时候,我在总政工作,本来我是在北京,我没有发言,没有参加任何座谈会。那个时候我是到云南体验生活去了,到高丽公社写一部长诗,这本书现在已经没有了。

朱建国:您自己都没有保存?

白桦:不是,我那个时候刚刚写出来,没有出版,现在稿子也没有了。高丽公社是一个很落后、艰苦的地方,没有床就睡在石头上,房子也是建的石头房,是这样的一个民族。你看它在这么冷的雪山下面,他们就睡在石头上。这个故事是清代的历史人物故事,它最后传说的结尾很美,一个英雄最后被清兵追得没地方逃,就进到一个山洞里去,之后从山洞里飞出来一只鹰,再也找不到人了,所以当地老百姓就说他变成鹰飞走了,这些清兵也没有办法交差。这本来是一首很好的长诗,结果我去到那里的时候,不巧那一年(1957 年)他们叛乱了。当时不止是西藏叛乱了。那个时候我在傈人那个地方,那个县的县政府都搬家了,县政府都搬了,你说我怎么办? 所以我就离开了,搭军车回昆明,正赶上昆明反右……当时我人已经不在昆明工作了,但是我从高丽公社下来到了昆明。昆明非常热闹啊,报纸尽是各党各派发表的批评言论,简直热闹得不得了。最后他们省委宣传部召开文艺座谈会,就是要请我去,说你虽然是调北京了,但是你熟悉这边的情况,结果我就发表了意见。其实,我发表的意见很简单,就是说对作家要宽容一点。当时作家协会刚刚成立,我就提出一些建议,说作协应该是文化人自己的一个协会,这有利于从事文化研究和促进创作,而不应该是一个党政机关。当时就说了这样的一个建议,然后我就走了。回到北京,正赶上对丁陈(丁玲、陈企霞)反党集团的批判,那时候总政对我很信任,我当时是积极分子,传达什么都要告诉我。

朱建国:您那时候入党没有呢?

白桦:我是在淮海战场上入党的。所以后来这个事情到了反右,一直拖了一年啊,没有定我的性,一直拖到 1958 年,最后才被定为右派。总政也有一部分领导不同意,但是也没有办法,当时就是这样被打成右派。打成右派以后,独立思考的时间很长,这一次孤独的时间就很长了,从 1958 年开始,一直到 1964 年,严格说来应该是一直到"文革"结束。

朱建国:这一次整整孤独了 20 年。

白桦:你想一想,我在被打成右派以后是什么情景?1958年4月我离京去上海,没有人送我,我自己坐火车走。我记得最清楚的是,我在火车上碰到了一位电影导演,他跟我是再熟悉不过的人,但是两个人在窄窄的通道上狭路相逢,他马上把头一扭,不认识我。他很紧张啊,见到我,就像见到一个鬼魂一样,马上头一扭挤过去了。

朱建国:您没想到他会这样?

白桦:从没有这样的经验。我从这一点就知道,我与世隔绝了!就从他这么熟悉的朋友对我这样的态度,我就知道了我的处境。

朱建国:您去上海那一天的准确日期还记得吗?

白桦:是1958年的4月中旬。从那时候我明白了一个道理,就是不要指望任何人的同情、帮助,一切只能靠自己。我当时并没有考虑到这种孤独反而有利于文学,那个时候这真是一种被迫的孤独。所以我离开北京,什么人都没有见,什么人也没有告别。

朱建国:您知道没有必要跟人家去告别,人家也不需要您去告别,人家害怕。这种孤独才是真正的孤独啊!

白桦:真正的孤独!你看我回到上海去以后,每隔两个礼拜可以回一次家,就在工厂里,工人都不跟你交往,不能跟工人交往。

朱建国:您3年之后重新回来,那是叫摘帽了还是叫什么?

白桦:叫"摘帽右派"。这个好时光只有半年,很快张春桥和柯庆施两个人就发现了问题,就批评厂里,说你们这些共产党人的头脑里有没有阶级斗争,一个右派分子到你们厂,简直是所有的大导演都来抢他,不像话……

朱建国:又把您重新扔回孤独去?

白桦:就是说要我继续劳动改造。今天回想起来,这也不是一个很坏的事情。当时如果柯庆施和张春桥不阻挠,我也许会是一个很浅薄的人。正是因为他们的继续迫害,我才写出了《李白与杜甫》,剧本就是那个时候写的。

朱建国:没有他们进一步的压迫,您还不会体会到真正的孤独。真是"文章憎命达"。

白桦:这之前我还是没有意识到真正的孤独,以前孤独不到家啊!思考的还是个人,是个人的得失问题。后来就又处罚我,他们征求我的意见——你愿意到哪去劳动?我说我到云南去。一报上去,市里面很惊讶,怀疑我是不是要里通外国,否则跑到云南去干什么?

朱建国:怀疑您想叛国投敌?

白桦:我去到云南边疆,是因为我过去在那里工作过一段时间,熟悉那里。他们想的是另外一回事。结果不让我去。那我最后决定就到绍兴去,我想到鲁迅的家乡去体验体验鲁迅的生活。他们同意了,我就到绍兴去了,在孤独当中思考很多很多的问题。

朱建国:是哪一年去的绍兴?什么地方?

白桦:1962年的春天。绍兴东湖公社。

朱建国:东湖公社离鲁迅的故居有多远?

白桦:很近,鲁迅的故乡在城里啊,他外婆家在乡下,他在城里。在鲁迅先生的故乡,我思考了很多,对越王勾践的思考就是在那个时候形成的。我就思考这一段历史,在复国斗争中,帝王恢复的是他的王位,老百姓是恢复他不做亡国奴的国民的尊严,所以本身目的是不一样的;在争取复国的目的相同的早期阶段,容易同心同德,而一旦复国,就必然上下不一了。我从古代开始思考,后来思考到知识分子的问题,因为那里有一个徐文长。徐文长就是一个明代的知识分子。徐文长也是孤独了一辈子的知识分子,可以说也是在不断地思考。他有一副对联,我忘了它的全文了,还记得有一句就是"屡跌",就是每一次,跌倒都不接受教训,他自己深有这样的感慨。我觉得知识分子应该这样。

徐文长一辈子颠沛流离,到最后死的时候,他的床上铺的不是棉絮,而是他的文稿。那些文稿如果有一张留在现在,那便是无价之宝,但都没有留下来。我去的时候,绍兴当时有很多他的字,都是假的啦。我那个时候去,已经全是假的啦,现在更没有了,他现在任何一个字都是国宝级的。

知识分子的问题,从那个时代就是值得思考的一个问题。毛泽东也看得很清楚,中国知识分子和政治就是皮与毛的关系,这个说法是很准确的。

朱建国:知识分子在中国,你只能依附,不依附这一派,就依附那一帮。

白桦:只能依附,这是毛泽东的名言。在绍兴除了思考知识分子的问题以外,我还思考了鲁迅先生所关注的国民性问题。我觉得鲁迅先生的分析很深刻,特别是我在那里生活以后,我发现鲁迅故乡的人还生活在鲁迅时代的那种沉重的精神压力下,特别是精神压力。像祥林嫂这些人,死都不安宁,灵魂都不能安宁,这是很沉重的。我觉得我这一段的思考是相当相当有成效的。

朱建国:绍兴这一段是你真正认识孤独、体验孤独,而且把孤独变成思想财富的时期。

白桦:那时候绍兴的农民,比工厂的工人宽厚得多。我在那里的时候,我自己倒是不敢隐瞒自己的身份,走到哪一级,都说我是右派,我曾经是右派。我拿那个介绍信从省里到地区然后到公社,但公社的基层干部对我很好,当然他们也没有把我当名人看待,他们也不知道我是作家什么的,因为那个时候他们的文化水平也有限。他们对我很好,而且屡屡表扬我,因为我跟农民是一样地劳动,而且我还可以给他们修理什么农业机器,他们都很高兴。于是我至少明白一点,为什么鲁迅会成为鲁迅,和他身处的那个生活状态很有关系。这样的生活状态,我感觉我们这一代的作家就少有,包括我自己在内。在我们自己的生活环境当中,我们常常把很好的养料都浪费掉了。鲁迅先生,包括后来的很崇拜鲁迅先生而鲁迅先生也很喜欢的萧红,萧红在她的故乡,也是这样,她那个生活环境也是培养人的。萧红那么小的年纪就写出了《生死场》啊。她能够认识到农民就是在生生死死,农村仅仅是一个生死场。这个认识是非常之深刻的。你看她那个《呼兰河传》那里头写的也是她对国民性的剖析,她就是很年轻的时候写的,二十几岁,又是个女孩子。

朱建国:萧红的思想深度,我看要超过许广平!

白桦:绝对的,她超过那一代的女作家,她是那一代女作家中最杰出的。鲁迅先生很喜欢萧红。我后来还到了萧红的故乡住了一段时间。

很快"文革"开始了,我又进入绝对孤独期。"文革"开始以后我的思索与以往不同了:在绍兴孤独时,我思考的是历史、国民性、文学和知识分子的问题;在"文革"绝对孤独期,我所考虑的是我们民族文化的负面惯性。在"文革"的时候,虽然我已经放弃了文学,但是我仍然还在思考文学,为什么在30年代的时候,也就是鲁迅那一代,他们的作品至少留下了一些时代的氛围。像鲁迅先生的文章,其时代精神和对国民性、社会的剖析是那样深刻。"文革"这一段历史,我除了思考民族、国家、政治,也思考了文学。

朱建国:这一时期的孤独,是你感觉到你所理想、所需要的文学没有了?

白桦:深感没有真正的中国现代文学了。

朱建国:这是一种失去了文学的孤独?

白桦:文学失落掉了。为什么1987年我第一次到香港作演讲,就讲《文学的失落和复归》?就是我在"文革"的孤独中想透了这个问题。我在香港中文大学讲了3个小时,没有一个人走。开始香港中文大学教授大吃一惊,他们说你准备讲多少时间,我们的演讲都规定为40分钟。我说40分钟我讲不完,他说那这样,只要有人不走,你就讲下去,结果我讲了3个小时,没有人走,他们都很惊讶。因为香港大学生是不会听超时演讲的,在我去之前,一位李姓朋友就告诉我,他去演讲的时候,有人鼓掌就不错了,听讲的只有十来人。他遇到的就是这种情况。

朱建国:为什么?

白桦:他讲的问题很浅显,他没法讲,他讲一句话就讲完了。单纯解释政治的演讲,一下就完了。但我将"文革"与中国文化的负面惯性整个思考起来,就会有许多新的感受。虽然"文革"时将中国文学,包括所有的古典文学都批得体无完肤,但我还是按自己的体验感觉:真正的文学是什么东西?特别是到了八个样板戏,文学都是赤裸裸的政治对白,我就在物极必反中体会到真正的文学需要什么。所以"文革"之后,我就想要把真实生活、我真实的体验、真实的思索写出来,尽管这样引起一些人瞠目结舌。所以我"文革"以后最早的作品,从《曙光》到《今夜星光灿烂》,再到《苦恋》、《吴王金戈越王剑》……这都是我在"文革"孤独当中思索的问题,实际上都是那个时候的产物。所以我说痛苦也好,欢乐也好,都是我的财富。我在"文革"后跑到湘鄂西、洪湖走了一圈以后,从民众的情绪里提炼出来的《曙光》,我一听那个段德昌的"三个不要",我眼泪马上哗地就流出来了。段德昌说:第一,不要开除我的党籍;第二,红军不要离开洪湖,他认为离开了老百姓就要遭殃,就要血洗洪湖;第三个特别让我震撼,他说不要用枪弹打死我,为什么?留一颗子弹打敌人……

朱建国:《曙光》最重要的一个贡献,就是让人明白"文革"之类的窝里斗,早在三十多年前就发生过了。

白桦:更重要的是自己人摧残自己人。这是最可怕的,而且是最严峻的问题。你想想,我就常常产生这样一个问题:这些人,他的情感到哪里去了?我发现人的情感很奇怪,你想象当时我如果是夏曦,我要听到段德昌提出"三个条件",我死的时候,不要浪费子弹……我一定会下不了刀……

朱建国:段德昌创建了以洪湖为中心的湘鄂西苏区,提出"敌来我飞,敌去我归,人多则跑,人少则搞"的游击战术,比著名的"敌进我退"十六字游击战术更早更生动。

朱建国:您关注的是人性为什么在许多人中消失?!

白桦:我的生活中碰到很多这样的事情。比如说我和你说的"北京莲花池运动"(反右),公刘被逼得两次自杀,但没有人同情他,反而痛恨他,认为他是自绝于党、自绝于人民!我想这样一个人,他能够两次自杀,说明的确是冤枉他。就说明他太冤枉了,但是没人同情他。你说每一次运动吧,很多人拖家带小,家破人亡啊,发配到青海,发配到新疆,都是诚惶诚恐地去,没有人同情,没有人考虑他的客观情况。

朱建国:等于"夏曦杀段德昌"事件在不断地重演?

白桦:是,不断地重演。所以我在萧华去世的时候,写过一篇文章给《羊城晚报》,他们家属认为是最好的一篇……

朱建国:我看您文集中那个代自序的诗写得真好——"我所有的枝丫都在断裂、坠落,我只能倾听自己被肢解的声音。……"

白桦:这个思考也不被人理解,我很奇怪,我都不明白,我非常非常纯洁的一个想法,但是人们怎么会认为它有毒呢?我很奇怪。

朱建国:就说"文革"后你遇到的孤独,是你的一些新思考不被人理解?

白桦：对，不被人理解。

朱建国：你从虚伪回到真实中来，大家反而疏远你了。

白桦：对。

朱建国：把你当洪水猛兽。

白桦：洪水猛兽，这简直是很奇怪。

朱建国：很奇怪，他们常常高喊要真实不要虚伪，但当你真正真实的时候，他们又疏远真实，很害怕真实。从上世纪90年代到现在，你怎么概括？是否有孤独时期？

白桦：进入市场经济以后，社会的兴奋点也有些多元化了，读者群分化了，思想者当然就更孤独。

朱建国：进入90年代以来，除了原来有一些跟您很好的人，后来疏远您了，还有什么孤独感？

白桦：我想这个孤独的含义它应该广泛一点，它严格说来不是人际关系，它主要的是思想观念。

朱建国：您现在感觉，您的自由思想（作品）被人接受的面，比原来是大了还是小了？

白桦：我觉得现在有新的隔膜，新的隔膜是两种因素造成的：一种就是政治生态，一种是经济生态，是这两种因素造成的。你比如说在文学观上，我并不能同意，我并不能接受现在有些人，但他们却得到许多好评。而这许多评论，我觉得是金钱买来的，是一些昧着良心的理论家去写的。所以文坛现在搞乱了，包括外国人的评介都被它搞乱了。

朱建国：现在的评论大都有背后的交易。您所说的"经济生态"则是金钱文艺。经济上您不媚俗不买评论，就只有孤独寂寞。

白桦：这就是背后的交易。我有一个朋友在香港，最近大陆某报有两大版关于他的"研究"，都是一些老评论家写的。

朱建国：一些很有声望的评论家如今也被"逼良为娼"了。

白桦：人家都很奇怪，打电话问我是怎么回事。他是一个在香港做生意的人，他就需要这种东西，你看大陆的大报登两大版对他的弘扬。他拿到香港去，那就可以了嘛。他有时候花几千美金买一个什么名人的奖状，英国的什么，他们经常来封信让他花点钱买些鬼东西。所以现在有的人是很奇怪的。但是理论家也这样，就让人费解。

朱建国：现在理论家变了？

白桦：我觉得现在的文学理论跟我疏远了，文学也有一部分跟我疏远了，这也是我孤独的一个原因。特别是文学的疏远，让我感到很困惑。我那本文集的

《散文卷》里边不是写了一篇《困惑的年代》,我就是谈文学,是困惑的。当然文学现在进入多元化,什么文学形式都可以。我从来是很宽容的。你比如说上海出现一些所谓的"美女作家",包括"先锋作家",我都能接受,我完全能够接受。可是我发现现在的评论界,不是认真去读作品,只要有某种利益就去吹捧。过去不是这样。我举一个例子你就知道了。茹志鹃的出现,就是茅盾一篇无私的评论。她在20世纪50年代写了一篇小说,就是那篇《百合花》,结果到处寄,没有人用,还通过我的手寄出去过一次,也没有用。她说你帮我推荐介绍一下,我就给她介绍了一下,结果照样退稿。后来在一个小小的刊物上发表了。茅盾那个时候觉得写小说、报告文学不安全,他就写《夜读偶记》。茅盾就在他的《夜读偶记》里,提到《百合花》,这一下火了,茹志鹃就出来了,这个作家就出来了。

朱建国: 茅盾评价这篇小说是"我最近读过的几十个短篇中间最使我满意,也最使我感动的一篇"。茹志鹃的出来就是因为茅盾的那篇文章。

白桦: 对,如果没有茅盾那篇文章,她出来很难。现在中国没有了公正的文学评论,所以中国大量的好作品湮没了,自生自灭,被压死掉了。所以我觉得我们现在的评论家没有尽到自己的责任。

朱建国: 这也是您孤独的一个原因。一方面是有思想的好作品不能出版,一方面是侥幸问世的好作品得不到应有的评价与传播。现在是世有英雄,偏让竖子成名!三流歌星、无稽小品占据舞台中心。

白桦: 现在没有人帮助读者去鉴别优秀文学作品,优秀作家与大众越来越疏远了。

原载《文学自由谈》2003年5月第3期

白桦：文学创作必须自由

香港《文汇报》记者

敦煌壁画上的飞天，美轮美奂，象征着自由和美。作家白桦问："这些飞天是什么人创造出来的呢？答案会让人大吃一惊。"

那些绘画大师，多是半生坎坷、镣铐加身的囚犯。地方官员要求这些发配到此的囚犯在墙壁上画出神佛、画出供养人，甚至还要画出飞天。实在是为难了这些罪人们了：带着镣铐的手脚，怎么去画翱翔九天的飞天呢？他们跪倒在自己建立的佛祖面前请求启示。佛祖说：你们的手脚是被拘束住了，但你们的心灵呢？囚徒们霎时如醍醐灌顶。原来心是自由的，只要不为名利所累，心灵就是自由的。他们终究画出了"飞天"。

今年秋天，香港城市大学邀请白桦做访问学者；到港后，作家联会又邀他参加座谈会。席间，白桦用上述故事向香港作家总结自己的写作生涯。

在此之前，本报记者有幸在城市大学独家访问了他。

1980 年，白桦的小说《苦恋》被改编成剧本《太阳与人》。里面那句对白"你爱国家，国家爱你吗？"让他背负了说不出的压力。今年 75 岁的白桦说起二十多年前的那件事，有种自己被断章取义、被窜改的无奈。他说，那句台词，本是故事主人公的小女儿要出国时对父亲说的，并不是主人公的话。而且，他的原文是"国家"，而非"祖国"，它们涵义不同。这句台词传到邓小平那里，已经变成了"我爱祖国，祖国爱我吗？"

两字之差，意思完全变了。

卷入"文革"的风雨

其实，在 20 世纪 80 年代以前，白桦就已经尝到了生活被扭曲的滋味。他早年参加解放军，1950 年 1 月，云南昆明解放时，他们前卫部队最先入城。后来驻防蒙自，在中越边境的红河和国民党军队打了最后一仗。但共产党地方政策出现失误，组织征粮队——包括昆明的大学生和中学生——到少数民族地区征粮，引发不满。国民党军队利用矛盾，重新占据了若干市镇。白桦所在的部队再次把国民党军队赶跑后,知道了要巩固政权,军民关系必须做好。白桦被只身派到村寨里去组织村民联防,从那时起,他开始写作。

军事冲突仍在持续,他被独自派驻在一个地区工作,善良纯朴的村民自发地保护着他。后来他写了我们父辈非常喜欢的《山间铃响马帮来》,就源于那段时间、他跟着马帮往来驻地与师部之间的生活体验。

数十年后,他说到云南时,有一句是:"那里的人民是可以托付生死的。"

外面的世界却险恶。1955年白桦被调回北京,两年后被打成右派。1964年被军队收回,被调往武汉军区。两年后"文革"开始,从那时起他就没有自由了。

"文革"中,武汉是武斗最激烈的地方,就算是军人,他也没少吃苦头。

但为自由故

大概因为有这种生活经历的比对,所以白桦说,他反对虚假的现实主义和虚假的浪漫主义。具体所指是什么呢？白桦说:"过去我们有过革命现实主义和革命浪漫主义。革命现实主义,把一切纳入阶级斗争;革命浪漫主义,则是随意改变生活本质。这些东西直到现在还影响着人们,有些作品不符合巴金先生'要说真话'的名言,粉饰、扭曲了一些东西。虽然不能说黑就是黑,白就是白,但那些确实不是作家真实的个人感受。"

什么是虚假的革命现实主义或浪漫主义呢？白桦举了革命样板戏的例子。"当年的样板戏,对我们这代人是很恐怖的,那是恐怖生活的伴奏音乐。"八套样板戏中,白桦印象最恐怖的是《红灯记》,里面只有阶级腔调,没有亲情。贯穿下来,"文革"很多批斗大会上,多是放映《红灯记》。

白桦很奇怪,这些样板戏的作者,有的是原本个性鲜活、情感丰富的人,例如汪曾祺。或许,自由——哪怕是最小范围里的自由——对人太重要,人愿意为它牺牲或妥协原则。样板戏编写组简称"板儿团",进入板儿团,就可以享受特别待遇,不受阶级斗争影响,有肉吃,有日常供应,还有津贴,走到哪里都很受尊重,因为他们代表了阶级立场的绝对正确。

"我们生活在一个空间里,半个世纪来,几乎每年有一个新的框框。对作家来说,不自由中的自由不行;不自由中的不自由,更不行。"

谈到高行健时,他作了一个比较。"高行健离开国家后,心里的阴影很少,内心自由的。在法国,他从思想到语言都是自由的,文学必须是自由的。"

"高行健的作品也有变化,《车站》和《野人》,已经开始接触荒诞,但还未超出西方既有的。他的作品中,西方文学形式介入到东方,特别是中国的生活中,他对中国进行过深刻的思考。"但白桦也说,现在海外一些作家很眷恋自己的国家,他们对自己的土地有一份眷恋。

除了自由,白桦认为文学还要有一种"重复"和"改变"之间的互动。在一个阶段中,作家总在重复自己,当自己不能满足自己时,可能就会有所改变。走出以前的生活,作者就会更成熟、站得更高。

他举了巴金的例子:"巴金到了法国才成为巴金。就像《家》,那是他离开了,到了法国,才能看清的。年轻人视野宽阔后就会改变。"

一首情歌的来历

白桦原名陈佑华,1930年生于河南信阳,白桦是他在40年代取的笔名。那时的文艺青年几乎都是左翼,从俄罗斯文学里吸取营养。很多歌曲里都有白桦树。白桦树也生长在中国的高寒山区,本身是很漂亮的。

除了早年的小说和剧本外,白桦近年也写了一些电视剧本,比方说20世纪90年代中国家庭最喜欢的《宰相刘罗锅》,还有《滇池上的月亮》。现在,他拒绝再写电视剧,因为太累了。"我准备慢慢写我迫切想写的东西,写一点能够比较真实的生活。20世纪50年代到现在,我的人生历程和国家是同步的,国家历次灾难都没离开过。我们国家从清末到现在,作了这么多牺牲,但文学上的收获与我们的经历和灾难不相称。"

华发满头的白桦,想默默地去做这一点事,希望能作为历史的见证。"有时文学比编年史要深刻具体得多,因为她能留下每一个时代的特征和伤痛。"他最新的一部长篇小说,就叫《一首情歌的来历》。

原载香港《文汇报》2005年11月7日

"没有思想就没有文学"
——专访作家白桦

夏 榆

  三十年来中国文学经历了三次冲击,三次挑战:20世纪80年代的政治文化浪潮、20世纪90年代的商品经济大潮、2000年以来的传媒信息热潮。
  社会生活从"人民"到"人",文学从"我们"到"我",由外部走向自我,"人"与"文"经历双向解放,双重彰显。文学回归文学,文学不仅是"人学",甚至是人的"个性学"和"性格学"。

——白烨(文学评论家)

  "由于怯懦和患得患失而浪掷了最美好的青春年华——这是我最大的遗憾。"白桦对南方周末记者说。

  1980年底,白桦写出电影剧作《苦恋》。开始白桦只是应邀写一部名为《路在他的脚下延伸》的纪录片(1979年发表在香港《文汇报》)。计划由画家黄永玉自己出镜,后来夏衍先生考虑到拍摄的困难,建议撇开真人真事,写一部故事片,写一些典型人物。"《苦恋》的本意是呼唤人性的复归,是表达祖国的苦恋者们的苦难历程与真诚心迹。"白桦回忆他的创作初衷时说。

  不久,《苦恋》以《太阳和人》为题拍成电影。片子在审查时没获通过,还引起了轩然大波。

  4月17日,《解放军报》发表了批判《苦恋》的文章。

  1981年1月10日晚,在审片时引起批评之后不久,白桦求见胡耀邦,请他看看这部片子。胡耀邦表示,这部片子在没有通过审查之前,他不准备看。白桦一再请求,他还是坚持不看。经过一段时间的批判之后,9月25日,胡耀邦对文化部部长陈荒煤说:"《苦恋》的事情应该了结。"

  1981年10月13日,时任中共中央总书记的胡耀邦在中南海勤政殿会见前来北京主持中国作协主席团会议的巴金。巴金在面见胡耀邦时说:"文艺家受了多年的磨难,应该多鼓励、少批评。特别是对中青年作家,例如对白桦。"其时正在用电影摄影机采访的新闻记者祁鸣眼前的取景框模糊了,他发现自己在流泪。在回忆此情此景时,白桦再度流泪。那是他在上海华东医院面对巴金遗容的时候。

白桦把自己的早年经历描述为"因重创而敏感的孩子"。

似乎是某种应验,童年被迫面对战争,面对法西斯军队的侵略。1947年参军,历经血与火的战争岁月,1950年开始写作,又经历政治风暴,1958年因与胡风的交往而被划为"右派"。1978年改正复出,旋即又在随后到来的思想风潮中受到批判。

晚年的白桦生活恬淡,儿孙都不在身边,老两口相濡以沫。住在上海这个超级大都市,闭上门窗就是乡村。间或和一些好友见面,见面时言不及义,轻松闲话。有时也应邀到韩国、新加坡、泰国、日本、香港等地访问并演讲。近几年白桦一直在力所能及地写作,发表了一些关于云南的小说,他把它们称之为边地传奇系列。长诗《从秋瑾到林昭》的发表是白桦看重的事情,因为这首诗他花费了十年的心血。其余的时间,白桦在慢慢地写他对于往日的回忆。他对这部回忆录的态度是,不急于出版,出版也许是寂寞身后事。

9月20日,《南方周末》记者专访了白桦。

"接受历史教训绝非易事"

《南方周末》:1978年,对于中国是个很重要的时刻,政治解冻、文化复苏。在1978年的时候,您是什么样的状态,那时候在你的视野中,中国政治和社会是什么样的?文学和思想是什么样的?有记忆深刻的故事和细节留下来吗?

白桦:是的,1978年是一个很重要的时刻。那年我新创作的、关于20世纪30年代发生在洪湖地区的大悲剧的话剧《曙光》,正在北京由中国话剧团和武汉军区话剧团合作演出,那是一部经过一再修改才搬上舞台的话剧。剧中主角的原型是一个理想主义者段德昌,他是一位与贺龙齐名的洪湖苏区创始人,黄埔四期的高材生。20世纪30年代初在肃反运动中遭到"钦差大臣"、洪湖苏区的头号人物、党代表夏曦的排挤与怀疑,处死。行刑前段德昌留下了三句话,第一句是:红军不要离开洪湖。第二句是:不要开除我的党籍。第三句是:不要用子弹打死我,留下一颗子弹打敌人。我在贺龙口里第一次听到段德昌的遗言时,异常震撼。在"文革"中我会经常联想到那个时期的悲剧,使我更加深切地认识到,在中国接受一个历史教训绝非易事,即使是极为惨重的历史教训。30年后的"文革"几乎就是当年苏区肃反悲剧的重演。

就是这部戏,从夏到冬没人点头通过,只能内部演出。来看戏的都是失去职务的人,如轮椅上的罗瑞卿和一大批脱了军装的将军们。他们第一次意识到自己身上的伤痕和一般干部群众差不多,而且发现舞台上反映的往昔生活和

"文革"十分相似,而且有某种联系。但他们只有感动流泪的份,却无权批准这部使他们动容的话剧。我还记得当时发生过一段小小的插曲,当我们把坐着轮椅的夏衍请到剧院来看戏的时候,一个锅炉工暴跳如雷,抗议剧组竟然把毛主席钦定的文艺黑线头子夏衍请来看戏。我们费了很多时间才把他的激动情绪勉强安抚下去。在职而且支持这部戏演出的领导人除了武汉军区的两位上将杨得志、王平外,就再也无人了。有关部门的领导人,如中宣部部长张平化等全都避而不见。一位画家朋友从杭州给我发来一封长篇电报,劝告我"放弃演出,深刻检讨,别为妻儿再添灾难,你们家的灾难已经够多的了","有些政治上特别敏锐的人们已经写好了批判文章,并在《解放军报》拼好了版面","他们认为这是一部解冻戏剧,绝好的靶子"。他们在文章里呼吁观众"批判这部暴露共产党杀共产党的反动作品",我没有听从这位画家的劝告。

有一天傍晚,杨得志司令员、王平政委突然再次到剧场观剧,演出结束,他们走到台上大声宣布:明日登报在北京公演。许多演职员都哭了。这是一个非常的决定,两位军区领导人在北京作出这样的决定,是不是有些僭越呢?事后,当我们知道他们刚从中共中央三中全会的会场上走过来的时候,才恍然大悟。

《南方周末》:第四次文代会是在中共中央十一届三中全会之后召开的,那次会议被看成是中国新时期思想和文化复兴的开始,这次会议留给您什么样的记忆?

白桦:第四次文代会是一个思想解放的大会,特别是作家们的会,出现了多年未曾出现过的、接近真实的声音。许多画家、剧作家、音乐家都到作家们的会上来旁听。只有与会者才能体会到那种春潮澎湃的兴奋。我在会上做了一个题为《没有突破就没有文学》的发言。第二天《人民日报》用一个整版发表了我的讲话。我记得,在我讲到反右运动对青年作家艺术家的戕害时,有一位在文艺界领导过历次运动的人物拂袖退场。我并不以为这有什么不正常,在他的眼里,我走上讲坛发言就是"右派翻天"。但巴金、严文井、冯牧、陈荒煤等许多前辈作家当即都给予了首肯。胡耀邦事后曾让人转告我:他对我的大部分观点都表示认可,只是觉得至今仍然谈到知识分子的安全感问题,好像不够恰当,他认为"大可不必忧心忡忡"。我当然理解他的善良用心,后来的事实证明,并非我的多虑,而是他过于大意了。

《苦恋》的温故而知新

《南方周末》:在 20 世纪 80 年代,作为作家您一直被争议。《苦恋》(电影剧本《太阳和人》)是争议的焦点,当初为什么会写这部电影?现在您怎么看这部电影？哪些是经得住历史和时代检验的？有哪些是需要修正的？

白桦：我创作《苦恋》的本意是呼唤人性的复归，是把"人"字写在天上，是表达祖国的苦恋者们的苦难历程与真诚心迹。我记得，"文革"中有一位大批判的能手，指着一位三代产业工人的嫡亲后裔说：我可以在一个小时之内把你批成反革命！你信不信？那年轻人连忙说：信！信！旁边有人问他，你回答得真快！他说：慢不得的，慢了，我不就成了反革命了？

今天，我可以明确表示：20世纪80年代关于电影剧本《苦恋》的争论，不应该问我当时有什么问题，而应该请当时提出问题的人来回答有什么问题。《苦恋》的出现只是一个在特定历史时期里的正常文学创作活动。它和一切文艺作品一样，当然带有历史的烙印和作家的生命体验。但它是一个真诚的作品，正像吴祖光先生当时说的那样，它"温柔敦厚"。在北京内部放映的时候已经证明，绝大多数观众和学术界、艺术界的同仁都是肯定的。物理学家杨振宁博士在经过特许之后，观看了《太阳和人》，他落泪了。他表示文学作品要经过时间的验证，也许需要几年、几十年，乃至一百年。我以为它既是历史的产物，就让它历史地存在吧。它如果真的有生命力，它就会存活下去。它的魅力除了它的内涵，也应该包括它的局限和它出生时的如晦风雨。

《南方周末》：在当时，您的个人处境如何？

白桦：我并未感到惊恐，因为1981年4月20日《解放军报》评论员文章《四项基本原则不容违反》发表的当天清晨，在CCTV播出的时候，开始时我还不太相信，听了一会才确认这是真的。几乎是文章刚刚播出，我就接到雪片般的电报，百分之百都是支持我的，反响之快，出人意料。他们个个直言不讳，真名实姓、地址电话全都写在信上。这表现了他们毫不畏惧，理直气壮。我相信，他们绝大多数人都没有看到过剧本，他们除了关心我，同时也在关心着国运，反对倒退。特别是对那篇批评文字所采取的笔法十分反感，人们太熟悉了！有人竟然怀疑这是姚文元在狱中的大作。接踵而来的数以千计的信件使我激动不已。我以为，对于我，仅此就够了，还需要什么呢！而且当时我所属的单位武汉军区的政委李成芳特别镇静，他下令，有关《苦恋》，事无巨细都要由他自己来处理。

时至今日，我时常还会把那篇完成于1981年的批判文字，《解放军报》评论员文章《四项基本原则不容违反》拿出来重读，"温故而知新"，实在是良有益焉。

《南方周末》：您接触过邓小平和胡耀邦么？对他们有什么样的印象？在批判《苦恋》的风潮中，他们对待你个人的态度是怎样的？我知道是胡耀邦先生阻止了当时的批判风潮。

白桦：我从20世纪40年代就是中原野战军（即第二野战军）的普通一兵，那时候只是在战场上见到过邓小平，他是我们的政委。战争年代，领导人都很朴素,很容易接触。20世纪50年代初我在四川贺龙元帅身边工作过一段时间,和邓有过多次接触,但他并不知道我是何许人,可能以为我是一个勤务员。和胡耀邦的接触是从1978年开始,在中宣部长任上,他曾召集过一些作家到他家座谈,听取作家们的意见。态度诚恳,才思敏捷,既虚心而又耐心,对于中国的现状了如指掌,且有极强的洞察力。第二次是1979年秋天,曾请求面见胡耀邦,当我刚刚在他客厅里坐下,宋任穷来了!我只好告辞。1981年1月10日晚,我求见胡耀邦,唯一的要求是请他看看影片《太阳和人》。他可能考虑到方方面面的情况,拒绝了我的请求。当着他的秘书告诉我:"这部影片在没有审查通过之前,我不看。昨天晚上在中南海放了这部片子,我没有去。听说有人反对,有人支持。我们家看过电影的就是两派。我的儿子是赞同你们的,我的秘书就不赞同。希望你们的电影能够通过,然后也能在电视上放,我会坐在这张藤椅上看。"他是一个胸襟坦白的人。此后,我知道他一直都在竭力拖住从"左"面驶来的一乘烈火战车,这是"文革"后最危险的一乘战车。因而这一事件才没有扩大为一场政治运动。后来终于以正常的文艺批评的形式平安结束,一切全都是他的努力。

"知识分子的表态"

《南方周末》:据说曹禺、艾青对《苦恋》是持批判态度的,他们的态度令您意外吗?

白桦:我一点都不意外。那是发生在1981年8月在京召开的一个叫做"首都部分文艺家学习邓小平、耀邦关于思想战线重要指示座谈会"上的事情。曹禺先生在大会发言的前夕,曾向记者表示他再也不会为这样那样的事表态了。可见经常为这样那样的事"表态",是他必须的,也是必要的(历来对于头面人物都有这种要求)。但是到了会场,也许是条件反射的作用,他本可以沉默,却说了很激烈的话。艾青更是如此,他在会议之前问到我在武汉的处境的时候,我给他讲一位大学生执意要面见我的故事。我考虑到怕伤害到年轻人,请他不要来,那位同学非来不可,在门卫那里保证不说话。他在见到我时,果真一言未发,在我桌上丢下一块岩石,转身就走。艾青听罢,感动得老泪横流。会后,艾青像孩子似的告诉我,他在会上狠狠地骂了我一顿。我只笑了笑。但我始终深情地记住那位泪流满面的艾青。至于我的老乡姚雪垠,他的批判是最严厉的,处处演讲,但他也是"表态",他的发言连胡乔木都表示不能接受。应该说这些现象都是悲剧——知识分子多年来被扭曲、被异化的悲剧。

《南方周末》：在那次批判风潮中，吴祖光和巴金是支持您的。您怎么看吴祖光和巴金？

白桦：我和吴祖光、新凤霞是多年的朋友，从 20 世纪 50 年代初开始就有交往。在批《苦恋》时，他以一个看过剧本的人的身份，说了几句公正的话。我想即使我是一个和他不相识的人，他也会站出来这样说话。在他的经历中，这样的例子很多。巴金先生是从爱护中青年作家的角度挺身而出的，这也是他的"表态"，但他的"表态"却不是迎合，而是反对，这已经很不容易了。

《南方周末》：您跟巴金有过交往么？怎么看巴金在晚年的表现？

白桦：在巴金面前，我是后辈，高山仰止。他的晚年是在身体和思想的困厄中度过的。我们当然希望他能给我们更多，但我们无权要求他给我们更多。他已经尽到了生命的极限。还有许多他来不及说的话，来不及做的事，唉！谁都有措手不及的时候，不是吗？留给我们活着的人吧！我们不也是有血肉、有思想的人吗？鲁迅先生为我们在荆棘中开辟了道路，巴金这一辈作家经历了和我们同等的苦难，他们已经把他最最重要的思想结晶留给了我们。对我们自己要求多些吧！他最爱护的是中青年作家，他把希望寄托在中青年作家的身上，因为中青年作家有的是时间。（遗憾的是，连我都老了！）我们想做而没能做完的事还少吗？依然要留给后人，我当然知道，这是落叶的哀叹。我希望青年才俊们能多一些严肃的思考，少一些浮浪虚名。

《南方周末》：您的处境最艰难的时候是什么样的境况？什么时候开始好转起来？

白桦：批《苦恋》之后，我就成为一个"敏感人物"了，无论换多少领导，这个透明的帽子都存在，就有了很多不成文的限制，诸如：哪些报刊不能发表你的作品，哪些报刊不能出现你的名字，哪些场合不能见到你这个人，忽然你又不能出境了等等之类。好在我一点都不在乎这些。

《南方周末》：后来您写过话剧《吴王金戈越王剑》，这部剧似乎也在很短的时间被禁演，为什么？

白桦：《吴王金戈越王剑》是一个历史故事，禁演过。我只是在这部戏里告诉观众：越王勾践和他的子民都很爱国，但国王和臣民的爱国主义却不尽相同。这部戏是在 1983 年由北京人艺首演，副总理习仲勋审查的时候我在场，他肯定了这部戏。而且那一次他还在私下里对我说，他很欣赏武汉军区政委李成芳在批《苦恋》时的镇静态度，可惜李成芳倏然去世。后来，因为胡乔木对这部戏做了一个很长的批示，才遭到禁演。

在新人身上的可能更大些

《南方周末》：对20世纪80年代、90年代和新的世纪，您能说出它们给你的直觉印象么？就文学表现而言。

白桦：就文学而言，没有思想，就没有文学。上世纪80年代争论激烈，说明思想活跃。给中国的文学后来的多元局面做了铺垫。90年代比较沉寂，并非因为没有思想，可能更加深沉些、含蓄些。当然也有人放弃思想，甚至放弃文学，人各有志嘛！我感觉到，到了新世纪，严肃的思考又活跃起来，比以前更加成熟、更加坚定、更加鲜明了些。因而一定会有相应的文学表现，在新人身上的可能更大些。

《南方周末》：您的写作始于20世纪50年代，经历七八十年代、90年代直到现在，您感觉其间最大变化是什么？近半生的文学生涯带给您最大的收获是什么？有没有什么遗憾？

白桦：可以说变化是巨大的，30年，全民族观念的变化是巨大的。但作家自身的努力还远远不够。一位法国作家告诉我：中国作家一定会有丰硕的收获，因为中国人经历了深重的苦难。可是苦难和收获有必然的因果关系吗？我想：对于维克多·雨果，对于陀思妥耶夫斯基，是！如果中国作家患了健忘症就未必了。回顾我半生的文学生涯，最大的收获是我终于明白：有识见容易，有胆量很难，耐得住长夜的寂寞更难。由于怯懦和患得患失而浪掷了最美好的青春年华——这是我最大的遗憾。

原载《南方周末》2008年12月11日

白桦与王妍丁的 QQ 访谈

白　桦　王妍丁

王妍丁：据我所知，您是在 60 年前吟诵着诗歌进入文坛的，不少读者通过您的诗歌，认识了美丽神奇的边陲——云南和您。"文革"后，当诗歌的海洋被大众的风暴掀起连天波涛的时候，您是一朵鲜明的浪花。而近些年却很少看到您的诗作，能告诉我为什么吗？

白桦：近年来，虽然诗歌的轰动效应已经减弱，而流派纷呈，形式纷繁，优秀诗人反而多了起来，他们的起点比我们那一代要高得多。历来我都认为一个作家应该从事各种文学形式的写作，所以我在写诗的同时，也写小说、散文、舞台剧本、电影、甚至电视剧本。用哪种文学形式写作适合我选中的题材，我就用哪种文学形式写作。生活反馈给我的诗兴相对地减弱了，是老了的缘故？还是别的原因？不知道。但是说真的，优雅的花前月下已经很难成为我的灵感来源了。但我不是不写诗，偶尔也会写，而且往往写长诗。

王妍丁：是的，我也注意到了。1998 年您发表过一首近两百行的长诗《雪原落日》，您通过对一位司号员的深沉怀念，回忆了 50 年前那个决定中国去向的淮海战役，我至今还记得其中一些忧伤的诗句："你生命交响乐中的华彩乐章/不就是那一瞬间美丽轻盈的飘落么/用自身最鲜艳的色彩濡染着的那一瞬/用自身最炽热的激情燃烧着的那一瞬/所幸一切喜宴都摆在你寂寞的身后/听不见了！幸存者们争抢果实的喧哗。"接着您又发出一个理想主义者伤感的叹息："芬芳的花朵确实在我们的幻想中盛开过/果实的滋味就不那么重要了！"

白桦：是的，历史的激情仍然会把我推进诗境，在 1999 年我又发表了一首百行长诗，后来收集在一本书里的时候，改名为《我为什么没有在十九岁的时候死去》。可以说是《雪原落日》的姐妹篇。

王妍丁：记得，仍然是您对战争的回忆。当战争从北国雪原推向南海之滨的时候，您为"一个欢呼雀跃着赴死的士兵竟然没有倒下"而懊恼不已，"从而没能如愿以偿地在十九岁的时候死去/没能把祖国留在我幼稚、但十分虔诚的祝福中/没能把亲人的笑容定格在我冷却了的角膜上/而我/……/……/却活着，耳聪目明地、清醒地活着……"您总是把悲壮的画面濡染得如此美丽。

白桦：今年青海之行我又写了一首长诗《夏嘎巴·措周仁卓之歌》。这是青海湖的馈赠。8 月 9 日在青海湖边参加签署青海湖国际诗歌节宣言的时候，电视记者发现一个年迈的诗人一直都坐在自己的位置上流泪,他们不知道这个老人为什么这么伤心,访问他,他结结巴巴没有说清楚,只是不清不白地说:"我有感于这辽阔的青海湖,悠久的历史,不断来而复去的过客……我无法抑制我的泪水。"这个人就是我。会后我就开始写这首《夏嘎巴·措周仁卓之歌》,写这位高僧长长一生中的一个片段。我写的只是对于生命和大自然无可挽回的弱势的一种无奈。

王妍丁:这算是您的一首新作了。

白桦:这也是我非写不可的一首诗。

王妍丁:我很赞同"天国的阶梯基于现世的悲欣",诗人不能总是游离于现世之上,即使是活佛和僧人也不例外。"对于你,没有比这更容易完满的功德了/无需苦行,无需诵经,也无需戒持/青海湖会因为你的弃恶而美丽如画/青海湖会因为你的从善而优雅如诗。"您这些劝告可以说是对所有贪得无厌者的劝告。对于黑雕或一切称王逞强的生物,你说出了这样的至善至美的语言:"你放弃的仅仅是一个虚妄的'王'的意念/本来就不应该以强暴和占有为赏心乐事","而你,为了一己肆无忌惮的生/却要迫使众生悲惨凄苦地去死。"但最后悲天悯人的夏嘎巴大师终于明白"生灵的贪婪,使世间每一方水土都可能豢养出一个暴君"。这就是您的主旨吗?

白桦:是的,这也是我很多作品的主旨。

王妍丁:您从20世纪50年代就有长诗问世,比如长逾数千行的《鹰群》、《孔雀》等,您能说说创作长诗的体会吗?

白桦:在我国叙事诗的杰作很多,以唐代诗人白居易的《长恨歌》最为完美,它是一部巨著,面对历史上无数战乱与政争的悲剧,即使是帝王和宠妃能够幸免吗?不!诗歌本来就是抒情的产物,《长恨歌》几乎每一行诗句都是在以情叙事,这需要极为精湛的功力。人物因情感的跌宕而鲜明如昔。

王妍丁:您考虑过用长诗的形式来塑造我国历史中的人物吗?

白桦:其实我还有一首写了足足写了十年的长诗。

王妍丁:真的,为什么写了这么长的时间?

白桦:因为我在诗中描写的是我心中最为崇敬的两位中国女性。

王妍丁:她们是谁?

白桦:秋瑾和林昭。诗的名字就叫《从秋瑾到林昭》。

王妍丁:啊!是她们!当然。有人读过吗?

白桦:没有,我怕写不好,会亵渎了她们,她们在我心里具有顶端的神圣地位。

王妍丁:能给我看看吗?

白桦：截至今日我还没有给任何人看过，你是第一位读到它的人。我把你当作最理解我的小友，能给我一些指导吗？

王妍丁：您如此看重的一部作品，我哪里敢妄加议论呢？我建议您把它发表出来，让我和更多的诗歌爱好者一起欣赏，从而听取更多人的意见，因为对于这两位女性，许多人都很熟悉，而且她们都是诗人。

白桦：好的！但是我说出这两个字以后心情十分忐忑。就算一部不成熟的草稿吧。

王妍丁：我很高兴您能认同我的建议。

原载《诗歌月刊》2008 年 3 月第 3 期

白桦座谈创作与人生

白　桦　张　鸿

时间:2010年6月18日
地点:深圳书城中心城南区多功能厅

主持人:朋友们,让我们以热烈的掌声欢迎今天的嘉宾白桦老先生,欢迎我们的嘉宾主持张鸿,欢迎两位的到来。

张鸿:今天我们很荣幸地请到著名作家白桦先生来和我们做一个讲座,非常感谢深圳书城能给我们提供一个这么好的机会。我也非常荣幸能接受深圳书城的邀请来和白桦老师展开一个对话,并且和白桦老师的粉丝、读者有这么一个面对面的交流,非常高兴,也谢谢大家,谢谢书城。

白桦:朋友们,我还没有参加过这种讲座,就是没有准备,跟大家很轻松地随便谈一谈。以前我都是要写好稿子,在那里正儿八经地念。我想这样更好一些。事先我和主持人没有交流,但是这样可能会有偶然的效果。有时候这种偶然性带点神秘,就是下面讲什么我也不知道,她也不知道,大家都不知道,所以可能更有趣一点。今天的主题是当时随意定的,叫做"艺术和人生、文学和人生"。文学从来就和人生是分不开的,就是说大家看我的作品,往往可能是在看我,看我的人生经历。我们看很多古典大师的作品都是这样,所以托尔斯泰就说,你们看《战争与和平》的时候,实际上也在看我,他把他自己的内心都写在他的人物和场景里面了。

我想分三个问题来谈。

张鸿:打断一下白桦老师,在座的一些朋友、年轻的朋友可能不太了解白桦老师的一些情况,我给大家先做一个介绍:

白桦,原名陈佑华,剧作家、电影剧作家、诗人、小说家,1930年出生于河南信阳,因战乱辍学,在信阳师范艺术科毕业,1947年参军,1950年开始写作,1958年被划为右派,搁笔多年,1964年重新入伍,在武汉军区任创作员,"文革"以后重新开始写作,1985年转业到上海,这是一个大致的生活经历。他的创作情况有一些长诗,比如《孔雀》、《从秋瑾到林昭》等,还有长篇小说《妈妈呀!妈妈》等,中短篇小说若干。而我们比较熟悉的,对文学史比较了解的一些朋友知道的是白桦先生的一些影响广泛的剧本。白桦先生曾经写过《苦恋》、《曙光》、

《山间铃响马帮来》、《孔雀公主》等,是写云南那边的,还有《今夜星光灿烂》,大概20世纪六七十年代的人都看过这些电影。最近又出了小说集、随笔集、诗集和四卷本文集。作品曾以英、法、德、韩等国文字在国外发表和出版,现居上海,从事专业著书。

白桦:我今天先讲这么三方面,这也是主持人提醒我、规定我的。第一点我想谈一谈我的少年时代,我把它定为一个题目叫"迎接新世界";第二个问题我想谈一谈"生活在纠正我";第三个问题是"我企图纠正生活"。这三个方面实际上是三个阶段,我生活的三个阶段和我文学生活的三个阶段。

第一个阶段是迎接新世界。为什么我这样来讲呢?在我们那个时代,像我生活的那个时代那一批年轻人,从很年轻的时候就开始有一种理想主义的东西,——就是要迎接新世界。我小的时候,八九岁的时候,我就遭遇到日本侵略中国的战争,那个时候我的家庭就粉碎了,我的父亲被日本宪兵活埋。所以我是一个很早熟的人,家破人亡的结果促使我思索了很多问题,促使我学习,促使我接近文学。后来很小的时候就开始参加革命。从15岁开始参加学生运动,到了17岁就参军了,参军就打仗。战争当然是很残酷的,但是在年纪很小的时候,不觉得有什么可怕,觉得很有意思,因为自己认为是在为理想而战斗。结果是我认为我是如愿以偿了,到了20岁的时候全国就解放了。我认为我们经过了一百年的奋斗牺牲之后,真的到了一个天下太平、人心向善的时代了。所以我说我当时叫做少年不知愁滋味,一直没有防备生活还有磨难,还有坎坷。

人生的梦幻场景一幕一幕的在我眼前,我最早的作品和我的人一样——全都是无忧无虑的。1950年我随军到了云南,20岁。在边疆虽然生活得很苦,但是在我眼中看到的都是快乐、都是幸福。那时候的作品今天回顾起来是一些单方面的幻想,是我自己的一种幻想。比如说刚才介绍的我的第一部影片叫《山间铃响马帮来》,这是20世纪50年代初我写的小说改编成电影的,这部电影里有歌唱、有胜利、有战斗,跟生活本身对照起来要轻松得多。那时候还有一些其他的作品,都是轻松愉快的。所以很多人后来到了云南去参加工作,有些年轻人就跟我说:你把我骗来了。因为我写的全都色彩非常鲜艳,但是实际上当时的生活不全是这样。我记得我到了云南,我们的部队驻在滇南,就是靠近红河的一个地区,中越、中缅边界的地方。开始的时候,那个地区各民族对我们是非常欢迎的,因为他们觉得我们会改变他们的生活。但是我们当时像前苏联一样,在政策上出现了很多问题,特别出过的大问题就是组织了很多城市里的学生、年轻人组成工作队,进行一个盲目的征粮的活动。可是当时少数民族是非常困苦的,还是刀耕火种的时代,他们家里基本上没什么存粮,这一征粮征得他们非常害怕,就产生了一个被敌人利用的叛乱,那时边境的很多县都被他们重新占领了,把我们当时的一些干部都杀掉了。非常血腥、非常残酷。我们又进行了第二次解放,第二次重新把这些丢掉的城市和村庄夺回来。极其残酷的斗争,自己本身亲身经历过,我都视而不见。当然,我们当时是遵从党的教导,要歌颂,不要暴露缺点。但如果当时能忠实地对待生活的话,这个作品就会深刻得多。但是没有这样做。

张鸿:白桦老师问您个问题,我非常想知道,你的笔名白桦是从什么时候开始用,并且在什么文章上开始用的?

白桦:这个名字也跟刚才我说的题目有关系。因为年轻的时候读书读到一些前苏联的作品,唱过前苏联的歌曲——我们那个年代都把前苏联作为一个新世界,作为我们向往的新世界、所追求的新世界。前苏联歌曲里面常出现白桦树,小说里面也出现白桦树,我觉得它非常美,有一首前苏联歌曲叫《田野白桦静悄悄》。没有别的意思,我觉得它是一个理想的象征。在我参加革命的路上,带我去参加革命的一个老大哥他就问我,你参加革命以后打算干什么?当时我根本不知道是战争在等待我,我说我要写诗,他问写诗那么你用什么笔名?我临时想到我就说用白桦,就是这么来的。

张鸿:再问你一句,我知道你的孪生兄弟,他的笔名就叫叶楠是吗?

白桦:是的,我们是同年同月同日生的兄弟,可是我们参军的时候我在一个战场,他在另外一个战场,并不在一个战场上,所以后来他为什么叫这个名字我都不知道。

张鸿:非常巧,我觉得,当时他是在海军。

白桦:全国解放以后,他们部队把他送到海军去了。当时我们中国还没有潜艇,在前苏联的潜艇部队,到他们那里去学习。

张鸿:对,很多读者都觉得非常巧,你们俩的笔名非常一致。

白桦:是,都想到树,可能都想挺拔一点,坚强一点。但是我们两个人后来的遭遇并不一样。他一直在潜艇上过着海上的生活,一直没有做文艺工作。直到1958年我变成右派以后,他才开始投入文学工作。他的第一部作品就是《甲午风云》,后来就是"四人帮"垮台之后,他写了一些电影,包括《巴山夜雨》这些片子。我们两个人基本上是殊途同归,最后都走向文学道路。

谈到文学和人生,我觉得如果不正视生活,和生活没有太大的关联,尽管作品有一些影响,却不可能深刻。所以现在我的文集基本上没有选我在20世纪50年代的那些作品,除了《孔雀》。《孔雀》是一个很偶然留下来的作品,因为那时候我去写一个恋爱故事,那是很不时髦的,那时候写一个恋爱故事要受批评,但是我写了,恰恰这部作品今天看来可能被大家所共识,可能会有共鸣。包括《山间铃响马帮来》,大家也只能当作一个时代的古董来看——那时候的作品原来这么简单、这么可爱、这么有趣,就是这样。很显然,我们回避了生活复杂的地方,深刻的部分我们把它简略了。

第二个阶段是生活在纠正我,为什么叫生活在纠正我?确实我觉得当时所有的历史、所有的年份都在参加政治运动,就是老在纠正我,我老是作为一个错误的对象摆在那里,我自己也不明白,为什么生活老在纠正我,自己错在哪里?永远在承认错误,永远还不够。1955年的时候,反胡风运动就开始了,生活就开始非常严厉地在纠正我:你为什么会认识胡风?为什么会跟他有一面之识?为什么跟他说话?这些为什么都是在纠正我,但是我不明白我错在哪里,而当时又必须要承认自己的错。所以在这场运动当中,我第一次感到绝望,因为觉得不可思议。所以当时有过自杀的念头。当时有一位作家跟我在一起参加这个运动,他就是黄宗江,黄宗江比我年纪大一点,他发现了我的遗书,戳穿了我的打算,今天看来可能他是救了我一条命,他把我的遗书交上去了以后,经过了严厉的批判、严厉的管制、严厉的看管,我的计划没有实现,所以活到今天,活下来了。

接着就是反右了,反右时期应该说是我创作精力非常旺盛的时候,一天要写300行诗,一天要写万字的小说,在这个时候我没有想到我会成为国家的敌人,成为共产党的敌人。但是最终还是成为敌人。我至今几乎没有作品写反右时期的我自己,为什么呢?我觉得现在很多作品在写反右当中的个人遭遇,很多个人的苦难,但是它造成的后果包括对你个人的后果,帮助你自己思索的是什么?我们不能仅仅来诉一诉自己所受到的苦,还有什么?还给我们些什么?我知道它所造成的后果是很严重的,对民族、对我们这个国家,但是我不知道怎么去总结这个问题。作为文学工作者,我只想到我的作品会从负面的生活当中得到些什么教训。

然后,我又经历了"文革"。这个历史阶段之后,我就产生了一种很可笑的想法,就是我企图纠正生活,我反过来想纠正生活。比如说我觉得从1950年全国解放以后,一直是人民公仆在审查他的主人,但是从来没有主人来监督他的公仆,所以我觉得中国人应该明白这一点,应该来纠正生活。当然这样就出现了一系列的问题。

从"文革"以后、"四人帮"被抓起来以后我的第一个作品开始,就产生了种种轰动性的效应,比如说《曙光》。当时,在我听到"四人帮"被抓起来以后,我就开始写一个剧本,这个剧本是写1930年的故事,我刚刚出生的那个年代,那个时候中国共产党自己在消灭自己。那一段历史,我觉得跟"文革"很相像。这部作品写出来以后,为了宣传我的主张,宣传我的作品,我可以一对一地跟很多领导人、很多当时的经历者读这个剧本,一直读到北京、读到各地,结果我把这些人给感动了,感动了这些上帝,他们来支持我来演出这个戏。包括那些红军的将领。按道理他们是很难接受的,但是我用感情把他们征服了,我读剧本把他给征服了,然后就在北京内部上映,但是很长一个阶段是不能正式公演的,不能登报,就是内部上演,没有一个人敢点头。而且当时《解放军报》已排版批判这个戏,批判的副标题叫做《这是一部共产党杀共产党的戏》,有些人怒不可遏地、简单地解释了这一部戏。幸运的是,恰恰我当时所在的军区的领导杨得志和王平,这两位上将肯定了这部戏,他们主张登报公演这个戏,《解放军报》就没有办法把这个批判文章发表出来了。所以这件事情也没有造成轩然大波,批判也就无疾而终了。

接着下面就有另外一部作品,叫做《今夜星光灿烂》。《今夜星光灿烂》我试图改正一下大家对战争的看法,我们很多影片的战争都是要解释伟大的战略方针,伟大的毛泽东战略思想,所有的在影片里面的镜头都是我们的胜利和敌人的失败,而且这种胜利和失败又是非常轻易、非常简单的。但是我想写一部戏反映那一代年轻人为了奠基这个国家、这个政权所付出的牺牲。我写了一批18岁的年轻人,1948年淮海大战时我就是18岁,和我同年代的这些年轻人,抱着这样一种理想主义的热情奔向战场,结果牺牲了。但是我们今天对待这样一个战争,对待这样一个胜利,以后我们又做一些什么呢?本来我是想用这个戏来提出一个问题,结果这部戏很快就有人又提出批判,这些批判很可笑,比如他提出的理由就是说这里边牺牲的人太多。战争是残酷的,反映战争的残酷就是前苏联的《晴朗的天空》、《士兵的颂歌》那样的作品。他们竟然提高到这样的高度,说这部电影是解冻文学的开始。甚至于提出这样幼稚的观点,其中有一个农村姑娘,爱一个战士,她做梦想到和这个战士结婚,穿着新婚的嫁衣——写批判文章的是一位高级干部,稿件发给《人民日报》,总编辑是个明白人,说登你的批评是可以的,你也要准备反批评。后来果然有人写文章:贫农的女儿为什么不能梦想穿美丽的嫁衣?淮海大战应该死几个人?但是这种批判在那个时候很有一点市场,最后总政治部主任勒令剪去很多镜头。后来虽然放映了这个影片,但大家看到的是一部不完整的影片,包括我都没有看懂它的结尾是怎么回事。这个时候就是我想改变大家对战争的错误看法,真实地再现战争,结果也碰了钉子。其实战争是很残酷的,我有一次在一篇文章中写到,每一次打仗,要做的第一件事情不是去俘虏敌人、去缴获敌人的枪支、大炮,第一件事情是什么呢?是挖坑,给自己将要牺牲的同志挖坑,给自己挖坑。战争就是这样残酷,但没人这样来写过,因为觉得这样写很残酷。我认为这应该讲清楚,不然大家对战争很热衷。其实和平主义有什么坏处?我们现在不是讲究和谐吗?这部戏也受到公开的批判,但也是不了了之,因为当时人们已经开始抵制这种批评。

认为应该纠正生活,认为作家在纠正应该纠正的东西。

任何一个人,最先想到纠正生活的时候,显得很可笑,直面人生是很可怕的,对战争的反思、对人性的反思在那个时代都是要碰钉子的。我特别记得,鲁豫曾经在凤凰台的采访中问我,说为什么你老往枪口上撞呢?我说我不是往枪口上撞,我是觉得我已经认识到这些问题,我不能再回避这些问题,已经认识到的就不能回避。以致后来到了1981年出现了全年大规模的、全国性的批判《苦恋》,也就是影片《太阳和人》。这部影片我是希望更进一步来纠正生活,纠正我们的观念,纠正我们的思维,纠正我们对人性的一种看法、对人的尊严一种看法。这个影片的主题歌里面有一句话,叫做"我们歌唱着把人字写在天上",影片里经常出现一个空镜头,这个空镜头就是大雁在天空飞,大雁是呈人字形的,所以这个歌其中的一句就叫做"我们歌唱着把人字写在天上"。我觉得要总结一个教训,就是对人、对人的尊严的尊重,我们自己要尊重我们自己。可惜这个片子到现在还没有放,还没有公映,而在那个时代我表达了这样一点意思就触动了很多人的神经。在国家主席都被折磨死之后,为什么还不能维护个人的尊严?但所幸是人们——中国的广大观众和读者已经不是那样了。我记得第一天《解放军报》评论员的文章在清晨全国新闻联播节目上播报的时候,不到5分钟我就收到了像雪片般飞来的电报,这些电报马上就来了——那时候最快的是电报,长途电话还没有现在这么普及。那些电报都是一些普通的读者、观众发来的,他们抗议对这样的一个作品展开铺天盖地的批判,他们都是公开的用自己的名字、用自己的班组、车间署名,毫不隐讳。这个时候我就感到比较放心了,我说不管怎么样对待我,而今天的读者是不同了。但是这部影片到现在也没有放。

我觉得人应该有尊严地活下去,作家也应该有尊严地活下去。所以有生之年我会一如既往地,说得大言不惭一点,我还是想直面人生,面对真实。我的最大的奖项就是读者的理解。

最近我又发表了一首长诗,总结了这100年来我们中国人的情感、中国人的思索,这首长诗的题目叫《从秋瑾到林昭》,这是我认为中国100年来两位最值得尊敬的女性。这首诗得到很多读者的肯定,我很高兴,目前还没有遇到有人来说一个不字。当然会不会再有人说不,我不知道。但是我觉得时代真是有了进步。我最近的作品没有得到批判好像是不大习惯,所以去年年底在江苏开了一个座谈会,关于我的三本新书的研讨会,一本书是诗集,一本书是小说集,还有一本是随笔。我在这个会上听到大家居然敢肯定白桦,我都很不好意思,我觉得我从来没有得到过肯定,现在居然有人来肯定我,而且大家非常善意、诚恳地来肯定我,真是一个很大的奇迹,真的不习惯。所以我觉得真是进步了,真是有很大的进步。我希望中国作家在经受这样大的坎坷、这样多的痛苦以后,能像俄国19世纪的那些经典作家一样结出丰硕的果实来。很可惜,我们的灾难不比俄国人少,但是我们的果实结得很少,甚至还有一些恶果。按道理来讲,一棵果树它经历了最寒冷的冬天以后,到了春天它会开出很美丽的花朵,到了夏天它会结出很甜蜜的果实,但是我们的果实和我们的苦难相比,分量远远不够。有一个美国作家说,文学是和它的民族的苦难紧紧连接在一起的,我觉得它有一定的道理。我们经历了这么多苦难,突破却似乎很困难。但是文学总是这样的,文学之路就是突破之路,没有突破读者会失望的。

我先讲这一点引子,有什么问题我再来说。

张鸿:白桦老师真诚而有力地给我们讲述了他一生的经历和他大致的创作过程,非常感谢他。在中国作家中,白桦先生应该是苦难一代的突出代表人物,人们知道,他是一位有着卓越成绩的诗人、小说家,也是有着丰厚成绩的剧作家。早年,人们因为读到他的长诗《孔雀》和他十四行诗而认识到他诗歌的成就,后来又因为他的屡屡挨批的剧作而使他有了更广泛的知名度,他是一个文学创作、个人生活以及社会效应紧密相关的作家。生活中的白桦其实是一个非常天真、非常率真的人,有着诗人的激情,秉持着知识分子的良知。经历了这么多,他始终不卑不亢,宠辱不惊,像他的名字白桦一样坚韧、挺拔。从本质上来说,他是唯美、唯爱、唯艺术的,他曾说,"我并不想做一个胜利者,只愿做一个爱和被爱的人"。回看历史,他屡屡因为听从自己内心的召唤写作,而使自己招致大祸,这真是历史的误会,正像他说的:"一个误会!像海峡那么深!"

我们曾经戏称白桦先生是80后,因为他今年已经80岁了。我们开玩笑地说他:80后的白桦同样有着20世纪80年代生的年轻人的天真烂漫的性格,一直没有改变。这么多年的磨难下来,他仍然一直在写作,把自己的独特的个性揉碎在自己的作品中,更可贵的是,他还一直在思考,以他80年的人生经历,更清晰透彻地通过作品剖析着政治社会和人生。这是他的社会责任心的表现,很值得我们青年一代作家学习。

白桦老师,刚刚听完你讲的大致的经历,我们下面有一些比较轻松的话题,可能有些也会涉及你过往的经历的细节,好吗?咱们放松一点。

白桦老师的声音非常好听,当然他的诗可能都会有一种比较沉重的感觉,我们能不能辛苦白桦老师给咱们朗诵一首诗?这首诗的题目叫《叹息也有回声》。

白桦:这首诗可以说是我的自白,因为有些人,包括我儿子就说,他说:"爸爸你到底想干什么,你不能改变一下你的生活态度吗?"我说不能,因为你没有我的经历,因为是我的父亲,是你的爷爷被日本人杀害,你没有这种亲身的感受,你没有看到中国到处是饿殍,你没看到战争的残酷,你没看到我们建立这一个国家的不易,武装斗争四个字要流多少血。但是我到底是为什么才这样的呢?这首诗也可能是一个回答,这首诗题目叫做《叹息也有回声》:

> 我从来都不想做一个胜利者,
> 只愿做一个爱和被爱的人;
> 我不是,也从不想成为谁的劲敌,
> 因为我不攫取什么而只想给予。
> 我竟然成为别人眼中的强者,
> 一个误会!有海峡那么深!
> 我只不过总是和众多的沉默者站在一起,
> 身不由己地哼几句歌。
> 有时,还会吐出一声长叹。
> 没想到,叹息也有风暴般的回声!
> 可我按捺不住因痛苦而流泻的呻吟,
> 因爱和被爱而如同山雀一般的欢唱;
> 痛苦莫过如此了。
> 必须用自己的手去掐断自己的歌喉。

张鸿:我总是想话题能力图轻松一些。您刚刚说到你的儿子,我还知道你的婚姻是被称作才子佳人的结合。我知道王蓓老师当时和白桦老师结婚的时候在上海是很红的女演员,她当时主演过《武训传》、《乌鸦与麻雀》等。

白桦:在你们广东拍过一个戏叫做《大浪淘沙》。

张鸿:非常漂亮。

白桦:其实如果说是我们两个人是什么才子佳人的话,不如按照崔永元的说法,他说你们家就有一部电影史。为什么呢?更准确地说叫做电影批判史。他说王蓓拍的第一部影片叫做《武训传》,这是1950年最早受到全国性批判的一部电影,你的《苦恋》在20世纪80年代也是受到全国性批判的一个影片。所以他还说你们家有两个冤案。

张鸿:刚刚说到比较轻松的话题,这似乎又回到一个过往比较沉重的经历,王蓓老师好像是因为您的状况给她造成了非常大的影响,甚至接受批斗以及更可怕的一些事情。

白桦:是的,是这样的。

张鸿:其实确实是不太想去回想这些事情。说说一个今天发生的细节。我们一直称白桦老师为80后,我们所说的80后是指他今年已经80岁了,但还非常有活力。但今天我才知道,他的记忆力也非常的惊人。我们刚才吃饭的时候,一个作家提起 8 年前曾见过白桦老师,他说一开始把白桦当成叶楠了。他想白桦老师当然不记得了。没想到白桦老师慢慢地、很平静地说:对,我们是在丽江见的,是在车站,你拉着行李箱,还带着个孩子,当时你还跟我约稿。我们全桌的人都震住了。8 年前在丽江——细节非常清楚,这个作家他自己也没有描绘他拉着箱子,还有一个什么状态。我当时听了很感动。我一直觉得,想象中的上了年纪的老人总是步履蹒跚的,但是我们今天看到白桦老师气质那么优雅,着装那么得体,我们刚才还在说你呢,看还戴了个多好看的帽子。

有激情的作家是永远不会老的,国外有个作家曾说:"我不是因为老了而不恋爱了,而是因为不恋爱了才老了。"我觉得这种心态非常好。我不是在为难你,但我想就这个话题你能跟我们说说什么吗?全是年轻人在这,恋爱这种感觉,您刚才讲唯美、唯爱、唯艺术,这是您对艺术和人生的态度吧?

白桦: 我想这个话题不能回避的,爱范围很大,如果说我没有爱可能我会升官,我会当很大的官,我的生活会过得很优越,会去逢迎,是这样的。因为我恰恰觉得我有爱,我爱我们这个民族,爱我这些读者,爱这些可爱的人,所以我会碰到这样那样的问题。作家、艺术家如果失掉了爱,真的,他的作品会干巴巴。你想想大家熟悉的经典作家,雨果在 80 岁以后还在恋爱,他还在奔忙,去很远的地方去会见他的情人。

张鸿: 咱们刚刚说完轻松的话题,我还想从你的生活细节中抽取一些,说说有关《苦恋》的事情,可能在座的很多读者都知道。虽然至今没有看到这个片子,但我印象中我很小的时候看过一个海报,就是《太阳和人》,印象最深是里面一个非常漂亮的女演员叫做冷眉,据说这个女演员现在出国了,咱们也没有她的任何消息。它的主演除了冷眉之外还有黄梅莹,现在没有她任何的消息,就这样消失了。

白桦: 冷眉是一个很好的演员,"四人帮"垮台以后,有一部影片叫《生活的颤音》,是冷眉主演。冷眉当时演了《苦恋》中相当主要的一个角色。黄梅莹是第一女主角,这两个人都被埋没了,包括一个男演员许还山也被埋没了。许还山至今都认为,他说我在《苦恋》当中只有 8 个镜头,他说我一生中最好的戏就是这 8 个镜头。但被埋没了。还有一个作曲家施万春,他写的音乐,把他全身心的东西都投入在影片里了,结果也被埋没了;还有一个女歌手也被埋没了。这个戏埋没了很多人。剧组里的人都自称为"苦恋者"。冷眉是一位下放知青,很小就下放到西双版纳,她有一次病到别人以为她没有希望了,把她扔在瓜棚里,大家就把她遗忘了。一个礼拜之后她却出现了,原来在瓜棚里雨水又把她救活了。所以她对生活有了比较深刻的认识。那个时候我就跟她讲,我说像你这样思考问题的演员很少。她是对生活有过深思的一个演员,她在拍《苦恋》的时候,休息时她拍一场戏下来大哭不止,坐在台阶上没人敢去碰她,她几乎是半天缓不过来。所以当时北京在酝酿批判这个戏的时候,她正在东北,在长春,每天等电话,焦急万分地等电话,最后这部戏还是被枪毙了。她很失望,就到澳洲悉尼去了,而且什么人也都不见,我去到悉尼,几乎我认识的人都找到我了,她没有出现,她竟然没出现我也没有勉强去找她,她已经万念俱灰了,——我想。

张鸿:这个《苦恋》好像是以黄永玉的故事为原型的。

白桦:我认为不是这样的,但是跟他有关系。因为在"文革"的末尾,我和这个电影的导演,和黄永玉都有来往,友谊很深。黄永玉当时住的房子只有一间半,他那半间房子做他的画室,我们经常在他那里跟他见面。所以"四人帮"垮台以后,当时这个导演找到我,他说黄永玉想拍一个纪录片,我想让他自己来演自己,他自己也愿意自己来演。要我写一个纪录片的本子,找到我,我很快写了一个纪录片的本子,我给他们全家来朗诵这个本子,他们自己也赞同,他也愿意自己来演。这个队伍已经开到广州来了,结果夏衍先生听了剧本以后就跟我讲,他说黄先生来演这个戏,自己来演自己会显得很滑稽,他说不如写一个故事片,可以写一个典型知识分子,不一定是画家或者是别的什么人。这样,我们就把这个纪录片重新推翻写了一个故事片。这个故事片有他的影子,不完全是他。所以在纪念电影百年的时候,凤凰台访问他,黄永玉只说了一句话,大意是"回忆往事往往让人无奈和悲凉",他只说了一句话。这是这个戏跟黄永玉的关系,应该说本来是有他的影子,后来离开了他另外结构为这样一个戏剧,正像夏衍先生说的那样,这个结果可能比纪录片要强烈得多。

张鸿:因他而起。

白桦:对。

张鸿:我们都知道《苦恋》之所以当时被批判,最主要是因为里面有一句话,后来据一些相关的资料说,其实是一种语境不同,被断章取义了,就是一句:"你爱这个国家,这个国家爱你吗?"因为这句话这个影片被定性为卖国主义影片,是有这么一个说法吗?

白桦:实际上当时的领导人不一定读剧本的,更不一定认真地读剧本,很多人都没有认真地读剧本。这一段情节是这样的,就是说主人公,这个画家,他的女儿要离开他,离开这个国家到另外一个国家去,她来和父亲告别,结果她父亲听说她有了男朋友,他很高兴,他觉得女儿大了应该有男朋友,但是等他女儿说我要结婚了,他们夫妻两个人都感到很惊诧,因为既然结婚了那么下边要怎么样呢?她说我们要出国了,而且接着就拿出护照和机票来,她的父亲就很生气,就觉得你现在这个时候离开自己的国家,我不同意(故事发生在"文革"后期)。然后他的妻子说我们不是出去又回来了吗?最后他女儿有一篇独白,她说:"我了解您,我太了解您了,爸爸!苦苦地留恋这个国家,这个国家爱您吗?"她爸爸没办法回答这个问题,这就是原来的一段文字,电影也是按照这样的剧本来拍的。结果在批判文章当中,用大字、黑体字来印的是:"你爱祖国,祖国爱你吗?"这实际上是偷换一个概念。当时法国人马下很敏感地看出了这个问题,有一张报纸在一篇文章里谈到:在任何一个国家的文字里,国家和祖国都是两个概念。

张鸿:还听说一些说法,说其实这个片子拍出来之后跟原著有很大的不同,加入了导演自己很多思想性的东西。

白桦:不是这样,这个片子是非常忠实的,因为这个影片是作为诗电影来写的,不是讲故事,是一行一行的诗,就用镜头来拍出这一行一行的诗来,比较忠实。

张鸿:他们说有三个细节,因为这三个镜头造成了很多的歧义,以至于产生这场轰轰烈烈的斗争。第一个,是一个孩子在庙里,看到佛像的脸是黑的,就问为什么,有的人回答说是因为被香火给熏黑了,大家说这有影射意义;第二个,就是咱们刚刚说的这个话;第三个,在这个影片的结尾处,主人公在雪地上很艰难地爬行,摆出一个问号的姿势之后就死去了,大家都认为你这里头有很多别的意思。

白桦:这两个情节都有的,剧本本身都有的。第一个情节是这个画家在回顾他的童年时代,在庙宇里方丈带他参观佛像,他提出一个很天真的问题来,他说为什么这些佛像的脸都是黑的?这个方丈说他们都是被香火、被善男信女的香火给熏黑的。这点我不否认是影射。为什么不能影射呢?文学有一个重要的手段就是影射,不影射,说一件古代的故事有什么意思呢?我希望来纠正这个观念,为什么不能影射? 上古时代的作家就可以当着皇帝的面说故事影射现实,作家有权利影射、有权利讽刺、有权利驳斥、有权利反驳、有权利批评、有权利反批评,为什么不能呢? 所以我承认是影射,也是普遍的哲理。作家提醒大家:善男信女太多了,香火太多了,佛也会被熏黑的,这是真理。

张鸿:那个问号呢?

白桦:第二个就是问号,这个片子最后没有按照剧本拍,什么原因呢? 这个戏在外景地拍摄的时候,王任重派人到外景地,说你这个剧本我看了,别的我不敢把握有什么问题,最后一个结尾必须不能拍,结尾是什么? 结尾是主人公在雪地上爬出一个问号,最后他自己的尸体冻结在雪地上,就是问号的那个点,就是用他的生命提出一个问题,让观众、让整个的民族都要认真思考。王任重下命令说别的可以拍,这个不能拍,这是王任重下命令讲的。我也不隐讳。我是要提出问题,中国现在不是一个问题,有很多问题,不是吗? 所以我觉得提问题是我们的权利,是主人的权利。

张鸿:你看从《曙光》到《今夜星光灿烂》再到《苦恋》,以及到后来的《吴王金戈越王剑》,全部都是命运不济,我想问您一个问题,这么多的经历之后,你有没有反省一下,反思一下,是不是你自己性格有什么问题呢?

白桦:没有。我觉得我还是一贯的,非常天真的。我认为我都已经认识到了,我学问不高,学识不高,地位很低的一个人都能认识到这些问题,为什么地位比我高的人,学识比我多的人他们都看不出来呢?只不过是我常常说的一句话,就是有胆还要有识,有识还要有胆。我们现在可以说有识的人已经很多了,但是有识而有胆的人可能不多。

张鸿:您后来还是一直在坚持写作,我手头有三本书是新出的,一本是去年新出的小说集《蓝铃姑娘》——云南边地传奇,是您前几十年前在云南的一些素材,还有一本是诗集《长歌和短歌》,另一本是随笔集《不再重现的图画》。其实从公开发表来说,国内的读者读到的不是很多,除了最近《蓝铃姑娘》转载比较多,影响比较大之外,在此之前我们读到的不是很多,但听说你在国外发的比较多一些是吗?

白桦:我20世纪90年代在外面出过一些书,后来我觉得在外面出书读者还是有局限的,因为那些书反而进不来,所以我觉得还是应该在自己大陆出版还好一些。

张鸿:非常感谢白桦老师,您跟我们所说的,其实对我个人来说是有很多事情不太了解的,一些简单的情况是也从报刊、媒体上零星得到的。所以今天很感谢你让我们了解到有关《苦恋》,有关你创作的情况。我记得我在今年给您做过一个散文点评,我说了这么一个话,我说白桦先生活得不太聪明,就像您刚刚说的你的性格,这只是我个人的理解,可能我说的活得不太聪明,像您在《羊城晚报》说的三个"唯美、唯爱、唯艺术"的说法,是我们这些年轻的20世纪60年代70年代生的人对您的解读,我们是不是误读?

白桦:我想我现在考虑的更多的问题是能不能写一点真实的东西,当然我想写得再多一些,再好一些,我认识到这些问题的时候已经时间太晚了,我精力最旺盛的时候在养猪、在盖房子、在杀猪,在做这种事情,在工厂劳动这一项,我就做了很多,做钳工、车工、磨工、铣工都做过,而且做得很好,但是把创作的时间都挤掉了。我觉得我现在考虑的主要是能够再写一点东西,哪怕写得不好,但是我希望再写一点东西。

张鸿:再问您最后一个问题,有关当下的,您的写作开始于20世纪50年代,经历过70、80年代,一直到90年代,到现在,您对当下的文学现象、文学状况有什么自己的看法吗?

白桦:这个问题是很大的,一方面是我眼睛不好,所以读书读得很少,特别是年轻作家的书读得不多,但是我相信他们比我们条件好。当时有人说你们那一代是裹小脚的一代作家,裹得紧紧的,我们一开始就是天足,我觉得他们应该是天足作家,走得比我们挺直,走得比我们快,写得比我们好。我相信是这样。

张鸿:时间都已经过了15分钟,可能我个人想了解的比较多,所以一直打不住,下面是听众互动环节。

听众:白桦老师,听了您的经历,觉得你就是与苦难一起成长起来的作家,已经非常少了。关于文学的真实性,我想提两个问题,第一个,您对现在的文学主流是怎么一个看法,第二就是现在我们的祖国是更加强大富有了,现在有很多民族性的东西出来了,渲染战争文学,渲染动不动就去打的概念,你开始时说希望和谐,爱好和平,我提这么两个问题您怎么看?

白桦:我认为现在文学是多元的文学,不能够说你是主流他不是主流,要在什么时候才来认识这个问题呢?我觉得要历史来认识,经过历史来承认它是不是主流的作品,能不能留得下来,这是个很严峻的问题。今天不能说我的作品就很好,但是时间的考验是很重要的。关于第二个问题,我觉得,现在中国政府采取的不是打出去的方针。有些人的叫嚣,我想是因为他们知道的事情太少,对自己的力量估计过于狂妄了一点,其实人类不需要靠武力来讲话。我们经历的战争太多了,我们经历的国内动乱也太多了,我们有很多账都没算清楚。

张鸿:您一个人就提了两个问题了。

听众:白桦老师您好,记得你曾经说过一句话,叫做恐惧和患失耽误了年轻的岁月。我想请问你谈到的这个恐惧和患失,你发出这个感叹是因为你刚才谈到为杀猪花的时间太多了,还是你感到你年轻的时候还不够胆大,还不够毅然决然?因为在我们读者的角度看,你为了爱,为了正义说了很多真话,已经是一个很强大的男子汉了,你为什么还有这样的感叹?谢谢。

白桦:大概是有这样一句话:恐惧和患得患失。是的,有很多人不承认,认为他现在没有任何恐惧,一直是无畏的。其实我当这么多年兵,我上战场应该还是有恐惧的,在运动当中我不了解的时候——从"文革"以前我就基本上不了解这些运动到底是干什么,对不了解的东西是恐惧的。我不知道命运会把中国拉到什么地方去,这是恐惧的,我承认我有过恐惧。患得患失也是这样,比如说打成右派,你的儿子就没有学上,会随时有人围着你的家庭指责你,会在你窗户前面唱歌,唱右派夹着尾巴逃跑了,这是非常实际的事情,我说到我的儿子不理解也是这个原因。所以不患得患失是不行的,必要的还是应该有患得患失。比如在"文革"当中我起来喊反对"文革"的口号,喊打倒"文革"那行吗?我承认很多人都有这样的患得患失,所以我觉得应该承认,我不是一个勇敢的人,我只不过是打倒再起来而已。

张鸿:还有最后一位。

听众：白桦老师您好,您的作品我读过很多,我就想提出一个问题,从几十年的生活观察还有文学实践,从这些经验上来看,您认为在中国一个好的作家的标准是什么,能不能举两个人做例子?

白桦：我觉得这个问题很难解答,我想作家的标准是没有的,另外好作家就是好作品,用作品来说话,我也希望中国多出好的作品,得到时间的考验,最后能够存留下来,作为人类文化宝藏的一部分。谢谢大家。

张鸿：下面我们邀请书城的小董为大家朗诵一首诗,白桦先生文集里面的一个自序。

主持人：这首诗叫《越冬的白桦——代自序》。

昨天我还在秋风中抛撒着黄金的叶片,
今天就被寒潮封闭在结冰的土地上了。
漫天的雪花一层又一层地覆盖着大地,
沉重的天空板着难以揣摩的老脸。
我所有的枝杈都在断裂、坠落,
我只能倾听着自己被肢解的声音。
一个无比庞大、无声而又无情的军团,
把我紧紧地围困着,风声如同悲哀的楚歌。
我只能紧闭双眼,引身向下向无限延伸,
我不知道又过了多久,在深深的地层下,
一条非常纤细、非常敏感的根游向我:
——请您睁开眼睛看看,看看吧!
看什么呢?看堆积如山的冬云吗?
看斜插在僵死河流中的桅杆吗?
请您睁开眼睛看看吧,看看吧!
我在她一再地央求下才慢慢地睁开了眼睛:
一棵噙着喜泪的小树站立在我的面前,
含情脉脉而又手足无措地凝望着我的惊奇;
让我蓦然看见了往昔的自己,酷似此刻的她,
捧着满怀数不清的绿叶和数不清的憧憬……

1999年7月　上海

原载《诗歌月刊》2009年9月第9期

白桦：文学对人性的解剖最深刻

白　桦　郑丽虹

6月18日晚，著名作家白桦应邀做客深圳中心书城"深圳晚8点"活动，并在此前接受了本报记者的独家专访。年届80岁，从文65载，白桦生于忧患，历经坎坷。他自称经历了新时期中国文学回归的全过程，而自己一直在砧上承受锻打。回顾漫长的文学生涯，白桦说自己最大的收获是"读者终于理解了我"。

谈文艺批评

应当旗帜鲜明，也许看法不对但应真诚

记者：在您的作品每一面世便引来争议的上世纪80年代，这种争议至少还是一种全民对文学的关注，而新世纪以来，文学已被边缘化，极少受到关注，您对此怎么看？

白桦：事实上，现在人们对作家的要求更高了，抗日战争时期舞台剧很好写，只要上台喊口号"打倒日本帝国主义"，台下便一片热血沸腾，而如今一部剧要写得又深刻又好看才能被接受，光有口号不行。现在大量作品是不好看的，浪费了很多文字。但是，文学边缘化的情况下反倒可能出现好的作品，好作品不是在很容易点燃的时候出现的，就如不少诺贝尔文学奖获得者曾说过的：我每本书只要2000个读者就很满足了。我们有些作家喜欢轻易成为拥有成千上万读者的作家。

记者：的确，时代在变化，就如您在一封写给儿子的信中谈到，现在的世界不知不觉滑入了"实际"的时代，理想主义、英雄主义的时代已过去了。

白桦：现在社会很多毛病有部分原因和理想的缺失、破灭有关，其实理想主义不一定完全是坏的东西，如果理想主义变成盲从，是坏事情，可是没有理想主义就变成盲目了。

记者：您对当下的文艺批评又如何看？

白桦：不客气地说，现在大部分批评文章都是用钱买来的或通过私人渠道请人写的，这种文艺批评文章说作品坏也没人注意，说作品好也没人注意。真正的文艺批评应当旗帜鲜明、真诚，也许你看法不对但你应该真诚，表达的是自己真实的认识。

谈文学生涯

有收获有遗憾,没能写出生活的复杂性深刻性

记者:今年您已是 80 高寿,您的创作生涯也长达 65 年,在这漫长的文学之路上,您有哪些收获和遗憾?

白桦:我的文学生涯给我带来的最大收获主要有两点,一是让我知道了真正的人是什么,二是读者终于理解了我。

说到遗憾,今天回顾起来,是当我意识到很多问题时已经比较晚了,例如"文学到底是什么"?我最初的文学生活也自动从属于那个时代的要求。早年的散文、诗歌都比较表面化,没有认真地把笔触转向人们的内心、人性的本来面目。回顾起来过去的作品很幼稚,接触生活很浅。例如我在 1951 年创作的《山间铃响马帮来》,1954 年拍成了电影。我当时写的和生活比较起来是失真的,把消极面掩盖了起来。作为边防军人体验得更为复杂些,在执行重大任务时也有偏差,但我写时不敢触及,否则人性可表现得淋漓尽致。如苏联著名作家肖洛霍夫的《静静的顿河》把国内战争写得很复杂,敢揭示人性阴暗的一面。但我写得很平面,生活是多维的,不是平面的。生活本来就是深刻的,不需要拔高,那时我观察生活没有站在很高的历史的角度,而是进行了平面化的处理,没有把生活的复杂性、深刻性写出来,我感到遗憾。当我认识到这点时,精力最充沛的时候已过去了,希望年轻作家不要重复我们这代作家的道路。

记者:说到年轻作家,您是如何评价新生代作家的呢?

白桦:他们当中有很好的,比如说韩寒,虽然他还没写出很好的作品,但我欣赏他的锐利,我经常上网看看他发表的观点,我上网有十几年了,用过了 5 台电脑。但是我发现,现在有部分年轻作家还在重复我们这代人的路了,没吸取我们的教训。文学要有突破,不是由别人告诉你该走什么路了,要"主观突破,客观认同",自己要主动寻求文学的突破,而这种突破最后能得到认同,不然的话就永远在框框里跟着别人走。现在的文学环境比我们那时要好得多,那时我们突破了,未必能得到承认,或敢于认同。现在已经有了突破被认同的可能,新生代作家要珍惜现在的文学环境。

记者:能谈谈您当年寻求文学突破的情况吗?

白桦:我的突破最明显的阶段是新时期文学时期,我认识到很多问题,比如写战争时该怎么对待战争,我写《今夜星光灿烂》时感到应该写点人性的东西、写人的心灵。我写了年轻的士兵为缔造一个新的国家、为他们的理想付出生命的代价,写他们真诚的心灵,也包括一些伤感,这种对未来结局的伤感仅写了一种诗意的氛围。但这部作品出来后被认为宣扬人道主义、把战争写得残酷、付出牺牲,而当年许多有理想的年轻人牺牲掉是历史的存在。

记者:你想过放弃文学吗?

白桦:我没想过,我跟儿子曾有过一段对话,他说:"您能换一种方式来生活吗?"我说:"不能。"社会就是在坚持中发展的,没有坚持,文学不可能打动人心,它会平庸,没有思想的光芒。现在很多作品没有思想,其实生活是很深刻的。我希望我们一起来突破,这些年来文学环境比过去好很多,文学突破的可能性也更大些。

谈胞兄叶楠

文学主张开始差别很大,但最终走到了一起

记者:您和您的孪生兄弟叶楠先生被誉为"中国文坛两棵长得一样的树",您觉得你们兄弟的文学创作主张一致吗?

白桦:不一样,叶楠的文学主张在开始和后来也不一样。叶楠是比较谨慎的人,开始他认为文学不必要深入地干涉生活,采取尽量回避的态度,我的看法则相反。开始我们的差别很大,有段时间我和他的来往很少,在他得癌症后的最后两年,我们走到一起了,在他快去世时我们的文学主张和观点已经很接近。我的文学主张是:生活是什么样,我们至少要把它还原,然后才能达到有深刻的认识。

记者:您和叶楠先生之间有过合作吗?

白桦:只有一次合作,就是他编剧的电影《巴山夜雨》的插曲《但愿人生常聚少离分》是我作词。

记者:您两兄弟都选择了一种树作为笔名,是商量过的还是巧合?

白桦:叶楠原名陈佐华,我原名陈佑华,他是哥哥。我们的笔名没有商量过,当时我们各自参军,在两个战场,没有在一起。当年参军我先走,那是1947年,我17岁,他问我将来要干什么,我说要写诗,他又问我会起什么名,我就临时起了个白桦的笔名。之所以起这个名,是因为当时地下流传了很多苏联歌曲,我受这些歌曲的影响很大,其中有一首《田野白桦静悄悄》,那是一种生活在高寒山区的树,它的形象很高洁。从此在部队里我就用这个名字至今,没再用过原名。1959年,叶楠创作了他的首部文学作品、电影文学剧本《甲午风云》,他也是在参军的第一天就使用叶楠这个笔名的。

谈创作近况

写回忆录,用主观热情和客观冷静回顾 80 年生涯

记者:您心目中最好的文学是什么样的?

白桦:真正的文学是对人性的解剖最深刻的。我认为俄国作家陀思妥耶夫斯基的作品是好的文学,中国现代作家鲁迅的作品在文学和做人上对我都有很直接的影响,他也是个很能坚持的人。此外蒲松龄的《聊斋》也用最精练的文字写出了最深刻的生活。

记者:您的创作形式非常广,包括诗歌、散文、小说、戏剧、电影等,其中您最喜欢哪种文学样式的创作?

白桦:生活非常丰富,有的题材可以写戏,有的可以写电影,有的可以写小说或诗歌,有的则可以同时写好几种文学样式,我基本尝试了所有的文学形式,而我最喜欢的是舞台戏、话剧的创作。话剧可以直接用我的语言、激情面对面地感染观众,直抒胸臆,很容易被观众接受。我曾在上世纪 80 年代为北京人艺创作了三部话剧,但都历经波折。我已有二十余年没有再创作话剧了,现在创作话剧更难办,既要能有观众认可,还要有足够的资金,过去每个话剧演员非常用心,工资却很少。但安贫乐道,拿着剧本扇着煤球炉做饭也能坚持搞艺术,《茶馆》就这么出来的,而现在艺术进入市场了,没钱就没人干,而且钱挣得越多越好。

记者:虽已高龄,但您一直笔耕不辍,能介绍一下目前的创作情况吗?

白桦:我正在写一部回忆录,我不是从小写起,人们未必对一个婴儿怎样吃奶感兴趣,我是拣每个历史时期的重要阶段来写,写的时候也不是按照时间顺序,想写哪就写哪。这部回忆录什么时候能问世还不好说,我写写停停,有时还写点诗歌和散文。

记者:您希望人们从您的回忆录中读到些什么?

白桦:我这样一个人所经历的历史阶段,从上世纪 30 年代到新的历史时期,很有代表性。而随着年龄的增长,我现在并没有那样的激动,要冷静得多,这时回顾这段漫长的生活已经会客观得多,我要用主观的热情和客观的冷静来回顾这段生活,让人们了解我们这一代人是怎么走过来的,希望能对今后的人们有点启示。

原载 2010 年 6 月 21 日《深圳特区报》,2010 年 9 月《诗歌月刊》第 9 期转载

可凡倾听：白桦，今夜星光灿烂

白　桦　曹可凡

　　曹可凡是个妙人——"不动声色偏是暗地周延,引君入瓮却不赶尽杀绝,追根究底仍能心存厚道",观人至微的李宗盛这样形容他;"虽然没有在医学史上留下足迹,却在社会学的历史上留下了可爱的一笔",何占豪这样评价他。《时间广场》是"可凡倾听"2013精彩集结,其中,既有王文娟、白桦、濮存昕等文化名流,又见王伟忠、孙俪、胡歌等娱乐骄子。人与人、人生与人生在此碰撞、在此交融、在此记录。

　　VCR：白桦是中国文学界罕见的,几乎跨越所有文体创作的作家。他的创作涉及诗歌、小说、话剧剧本、电影剧本和散文随笔。他创作的电影《曙光》和《今夜星光灿烂》脍炙人口。而他的孪生兄弟叶楠创作的《巴山夜雨》也是中国电影长廊的经典作品。一对孪生兄弟同为名作家,这在中国文坛实属罕见。如今已有80高龄的白桦仍然步履轻盈,思维敏捷,虽温文尔雅,微笑轻言,却偶尔语带锋芒,自问自答或自问不答,留下诸多的思考悬念。

　　曹可凡：白桦老师您好,我早在学生时代就看过您写的两部电影,《曙光》和《今夜星光灿烂》,同时也看过叶楠老师的《巴山夜雨》,我想可能在业界里头,孪生兄弟俩同时成为文学家的,恐怕并不是很多吧?

　　白桦：很少,没听说过。

　　曹可凡：你们俩是从小就对文学有兴趣吗?

　　白桦：应该是,在中学的时候开始,都有些兴趣,但是比较强烈的是我,后来到了1958年突然之间他也投入了文学,也是很奇怪的事情,他自己也始料未及。

　　曹可凡：而且你们俩后来又写了几个电影,在那个时代,那两部电影也是影响很大的。你们俩协作的时候,哥俩互相是不是交流挺多的?

　　白桦：实际上他是解放以后正式写《甲午风云》时,他把他那稿子寄给我看,因为再怎么说,我比他还有一点经验,所以当时我觉得他第一次就出手不凡,我很奇怪,写得还是真的很有激情。所以《甲午风云》后来有很多观众很喜欢的。

　　曹可凡：那我想你跟叶楠老师,你们这一代的作家,都是从苦难和战争当中走过来的,您记忆当中童年给您留下最深刻的记忆是什么?

白桦:我们两个应该说,是这一代知识分子很典型的道路。一出生本来家庭比较富裕。很快,在 8 岁的时候,我们家乡就沦陷了,日本铁蹄就已经占领了我们的家乡,所以印象最深刻的就是逃难,枪一响炮一响,我们就离开家乡逃到山里去。后来父亲被日本人当着我们的面抓走,他本来是逃到鸡公山一个外国人的家里,但是他很快就挂念孩子们了,所以就偷偷地买了一个良民证回到城里来,想把我们两个人带走,就在这个时候被抓走了。我们亲眼看到日本宪兵从房子上跳下来,这些汉奸、警察把他抓住,其实很简单,他有一点社会影响,日本人想利用他做汉奸,他不合作,就这样付出了生命的代价,第二年就被活埋了。

VCR:父亲的离去带给白桦的究竟是什么,这个从小失去父亲的孩子,从 15 岁发表第一首诗,手中的笔就与他的命运结合在了一起,走过半生沧桑。白桦在中学的时候,就加入了部队,成为一名战士。部队的生活虽然艰苦,但他依然保持了良好的心情,和战友们并肩作战,苦中作乐。

曹可凡:解放初的时候,你还曾经在贺龙元帅身边工作过一段时间,那时候您主要担任什么样的工作?

白桦:实际上是这样的,那个时候部队考虑到一个问题,觉得他已经 50 多岁了,而且是高血压,应该把他的生活、把他的生命、把他的斗争,给记录下来,就把我找去了。当时我开始发表一些散文、诗歌、小说,这样就过去了,20 世纪 50 年代初去的,所以其实就是要我听他谈谈。

曹可凡:那我们小时候在课本里头念,贺龙元帅拿着菜刀闹革命,真有这个事吗?

白桦:应该说是,这个是很传奇的,很有意思的一件事情。他年纪很轻,是跟着赶马的马帮跑路的,跑路的时候,被碎局子拦住,把他们的货物全部拦下来了,这样的话,基本上等于他们要倾家荡产了。这时候他姐姐就说,你们这几个男子汉怎么回事啊?他姐姐就把刀往那砧板上一剁,说他截了你们,你们不会剁了他们?这样提醒他们,他们连夜就赶回去,然后就把他们给宰了,这就是所谓两把菜刀起义,所以他的这个姐姐对他的提醒,可以说是让他一辈子走了这一条道路。

曹可凡:那你跟贺老总在一起工作的时候,贺龙元帅平时生活的状态,是一个什么样的状况?

白桦:我去那个时候恰恰他是在西安,他在那里生活得很愉快,很随和,并不是像有些人说的,他性格比较暴躁,不是的,他是很温和很有人情味的一个人。

VCR:事实上,从 20 世纪 50 年代开始,白桦作为一个作家,经历了各种风浪与坎坷,然而,正如他的名字一样,白桦,始终刚毅、坚韧和挺拔。沉默寂静的岁月中,他不卑不亢,宠辱不惊,一如既往地默默坚守。

曹可凡:1979 年,举行了在中国当代文化史上非常有意义的一次文代会,那就是第四次文代会,您在这次会议上,发表了一篇非常有名的讲话,叫做《没有突破就没有文学》,那我记得这篇文章,后来通过《人民日报》转载以后,在全国引起了很大的反响,据说前辈作家胡风先生特别给你写了信是吗?

白桦:是。他在信里说很感激你替我们,替中国人说了一些应该说的话。

曹可凡:在这之前,您跟胡风先生有过交集吗?

白桦:1953 年当时去朝鲜战场,总政治部和作家协会联合派了一个作家代表团,我也参加了这个代表团,年纪最大的就是胡风,年纪最轻的就是我。

曹可凡:上个世纪 80 年代初,是不是也是除夕之夜,音乐家傅聪先生,有一天在音乐会结束以后,上您家喝酒,然后一直聊到第二天的清晨,是不是有这样的事?

白桦:对。我和他的友谊一直保持到现在,他每次到上海,我都要见一次面。当时我们溧阳路条件很差的,像这么寒冷的冬天,没有暖气也没有火炉,我们俩人在那儿喝茅台,当时的茅台并不贵,我们两人在那儿喝茅台,基本上喝到天亮。谈了些什么呢?除了谈他的音乐以外,主要是谈他离开祖国以后的一些心情。当时我也很好奇,因为作为一个像他这样的人离开,按照一般人的想法,可能是优越的生活,他是有名的音乐家,其实他说不是,他说我过得很忧郁很痛苦,主要的是文化的隔膜。他说,比如说我,应该说年纪又轻,又搞西洋音乐,又是佼佼者,在他们眼睛当中也是可以进入他们主流社会的,但是我自己很孤独。他说,比如说,我在中国可以用中国的俗语、俚语、成语来说话,那种沟通是非常非常愉快的,而且我会想到故乡的一切,我的父亲、我的母亲,很深情的,他主要谈了这些东西,深情地谈了他自己的一些在海外的思想历程,所以我觉得他是一个性情中人,很有意思。

曹可凡:上个世纪的 80 年代,您写了一些对当时来说很有影响的作品,就是说《曙光》也好,《今夜星光灿烂》也好,都是克服了很多困难,最后才和观众见面,让你承受了非常大的人生压力,在那样的一个时代里头,你内心有没有觉得有孤独感?

白桦:这一点我可能出乎别人的意料之外,因为这个事情发生在 1981 年,我突然之间,一天早上听到批判这个,虽然我听见了,但是我不相信。后来很快我就收到了许许多多电报,当时最快的东西就是电报,各个省市、各个地区的电报,雪片般飞来,当时我们军区的收发室也很奇怪,就不断地给我送这个电报,这个时候我心里面就开始比较安定了,理解我的人还是有的。

曹可凡：我觉得当时其实可以说这种质疑声是此起彼伏，特别是艾青先生，前后态度完全的不同，会不会你感到很惊讶？

白桦：我当时也不惊讶，我觉得他们是被扭曲了，我真是能谅解他们，因为他们的真情我见过，就是他在我面前说了一些什么话，包括曹禺先生、艾青先生对我怎么讲的，我都知道。

曹可凡：曹禺先生跟您怎么讲的？

白桦：他没有正面地讲这件事情，他就是说，我们以后不会为这些事情再去表态，再去做什么事情，就可以不要说话，他说到这样很吻合的一种意思。

曹可凡：那艾青先生跟您说什么，据说他在跟您讨论这件事的时候，甚至非常情绪化，都掉下了眼泪？

白桦：是的，因为他问我说你在武汉生活得怎么样？当时我就跟他讲，我说我生活得怎么样，我可以给你讲一个故事，我说我有一天接到门卫的电话，说有一个大学生要来见你，我说就不见了谢谢他，那个值班军官就说他非要进来不可，他可以不说话，我说不说话不可能的，他说可能，结果他让我接电话，我接电话他说我可能的，我可能一句话也不讲，那我就说，那你就进来吧，进来以后，他就拿了一个东西，用一个布包住那个东西，放在我的桌子上，扭头就走，真的一句话也没有说。当时我就把那个东西，那块布掀开一看是一块石头，当时我明白他的意思，就是要坚强起来。我就把这个故事告诉了艾青，艾青当时老泪横流。

曹可凡：即便在那样的一个时候，像巴金先生，像吴祖光先生，还是用不同的方式，对您表示了支持和慰问？

白桦：对，那个特别是巴金先生和祖光，祖光就是在这么大的会议上，这么多领导人在场，他就可以说，他说这部电影我看了，它不仅不是不爱国的作品，它是温柔敦厚，他说我可以说四个字，温柔敦厚，他给这个作品下了结论是温柔敦厚。

曹可凡：巴金先生跟您说一点什么？

白桦：他说像这样的，那个时候我还是中年，像白桦这种中年作家，是有才能的，应该比较宽厚一些，像类似这样的，他都是非常非常珍惜他的后辈。

VCR：多少年的风风雨雨，有一个人始终陪在白桦身边不离不弃，那就是白桦的妻子王蓓。王蓓在与白桦相识之初，已经是一个小有名气的演员了。她在《乌鸦与麻雀》中的表演，给人留下了深刻的印象。与白桦牵手后，她不仅从事演艺生涯，业余还进行文学创作。改革开放后，她与丈夫共同创作了电影文学剧本《曙光》等，均被摄成影片，多年来相濡以沫的默契，大概只有老两口自己才是最清楚的。虽然王蓓老师健康状况大不如前，许多过往的记忆也早已模糊，但只要说起亲近的人、说起电影,仍禁不住泪眼婆娑。

曹可凡:王蓓阿姨,您记得第一次见到白桦老师,他给您留下什么样的印象?

王蓓:那时候是军人的那个,好像是有些军队,军人的那些工作。

曹可凡:那个时候您挺出名的,追您的人多不多?白桦老师说他给您写过一年多的信,你都不知道他是谁,那您读过这些信,你什么感觉?

王蓓:那个时候不懂这些,那个时候年轻。

曹可凡:就觉得他人不错?

王蓓:还可以。

曹可凡:那她有没有给你回信呢?

白桦:没有办法回信。

曹可凡:那没有回信你一年继续不断地写信?

白桦:对。

曹可凡:持之以恒?

白桦:持之以恒。

曹可凡:最后修成正果。

白桦:最后我到上海来见面,我才说那一年的信是我写的。

曹可凡:现在王蓓阿姨记忆力稍微有一些衰退。

白桦:因为我们这一生可以说是聚少离多,所以她现在唯一的最深刻的印象、最深刻的要求、最明确的要求就是,不离不弃,经常在一起,安安定定,就是这些。

曹可凡:平时你们老两口在家里都做一些什么呢?

白桦:她现在老是想起什么说什么,她也很容易怀旧。

曹可凡:白桦老师这些年,这么多年写文章当作家,惹了不少麻烦,你心里头怨不怨?

王蓓:我是希望他能够写一些比较好的,因为他一直就是在这一方面工作。现在大家岁数都这么大了。也还好,平平安安的。

白桦:她一生都是一个很谨慎的人,她又嫁了一个像我这样的丈夫,可以说惊心动魄了一辈子。包括我儿子都不能理解,当时刚刚考取交大,他就不能理解,他说为什么你,你不可以改变一个方式生活呢?提出这样的一些问题。

曹可凡:那个时候儿子劝你能不能改变一种生活方式,因为可能你的问题,也会影响他作为一个年轻人的前途?你有没有跟儿子进行心理的交流?

白桦:我跟他说了,我说儿子你不知道,你跟我所经历的世界不一样了,我说你不了解,你没有经历过这些,你觉得太太平平,平平安安就行了,我说我不可能,不能改变。

曹可凡:儿子现在理解了作为父亲,您当时的很多想法和做法?

白桦:对,他理解得很晚,其实实际上,他是在我80岁生日那天,他才能理解的。

曹可凡:怎么会这么晚?

白桦:他因为到了国外去以后,他是学工科的,他不大考虑这些问题,他觉得这一段历史,我没有机会跟他详细地说,一直到了我的80岁生日那天,很多人在会上的发言,把他打动了,他才知道,他父亲经历了这么多困难,价值在哪里,所以他跟我通了一个电话,号啕痛哭。

曹可凡:他在电话里跟你说了一些什么呢?

白桦:他最深刻的一句话就是说,你已经都80了,我才明白了。

曹可凡:当您听到儿子这样的话,是不是还是觉得很安慰的?

白桦:对。我想毕竟是能够理解,他是跟我这么近的都不能理解,但是最终还是可以理解的。所以这是一个人生很快乐的一件事情,很痛快,痛了以后快乐。

原载《文汇读书周报》2013年8月23日

白　桦
——多思、多才、多产的作家

李　钦

白桦,是一位多思、多才、多产的作家。原名陈佑华,今年49岁。作家叶楠是他的孪生兄弟,电影演员王蓓是他的妻子。他是河南信阳人。

白桦的人生道路是坎坷的。8岁时,日本侵略者踏碎了他童年的梦,第二年,父亲又被日本人抓去枪杀了。母亲带着他们兄弟在灾难深重的黄河(编者:当为浉河)两岸颠沛流离。

17岁,白桦找到了世界上最温暖的"家"——人民解放军。在战火纷飞的战场上,锻造了这个年轻战士的勇敢、诗人的智慧、革命者的灵魂。

当战争的硝烟渐渐散尽,白桦在云南边境多民族的山区开始了他的文学生涯。他的成名作是抒情短诗集《金沙江的怀念》,唱出了金沙江人民怀念贺龙将军的诗情。接着又写了电影剧本《山间铃响马帮来》等。他以火样的激情扑向新的生活,他的作品仿佛是一朵朵盛开的红山茶。

他很喜爱戏剧,但从不轻易地写戏,他认为写戏不是年轻人的事情。21岁在担任师俱乐部主任时,工作逼着他写了独幕剧《太阳寨》,果然失败了。教训是:把阶级斗争直接等同于戏剧冲突。他真正爱上话剧,是50年代初在北京看了我国优秀话剧《日出》、《北京人》、《龙须沟》和俄罗斯古典话剧《大雷雨》、《小市民》、《万尼亚舅舅》等精彩演出之后。他说:像《万尼亚舅舅》的演出,一片叶子什么时候掉下来,都很讲究分寸感。他简直对这些剧作家们所创造的形象世界和精美的演出着了迷。他决心要在这限制严格的"四堵墙"里,揭示他所热爱和思索过的人生。当他正打算写戏的时候,却赶上了1957年那个动乱的年代,使他沉默了几年的光景。

60年代初,他捧着刚刚脱稿的话剧《吉鸿昌》来到上海,念给同志们听,大家都哭了。可是当时上海的那位"权威"却死死压着,不让演出。他肩负着沉重的精神压力,协助王蓓写出了话剧《杜十娘》,并在《剧本》月刊上发表,这个戏给这个古老的题材灌注了新的艺术生命。前后他还和郑君里合写了电影剧本《李白与杜甫》、创作了话剧《红杜鹃,紫杜鹃》和《像他那样生活》。正当他创作热情高涨,风华正茂的时候,"文化大革命"开始了,白桦又被迫沉默了10年!

"四人帮"垮台了!"冻木了的嘴唇"又开始了歌唱,"凝固的眉头"已经舒展。他第一个写出了歌颂老一辈革命家的剧本《曙光》,以揭露王明"左"倾路线的血淋淋的历史教训告诫今天的读者:历史决不容许重演!接着他又通过诗歌、小说、电影、戏剧,像春蚕吐丝一样,不断吐出了他对生活的思索,对人民的热爱,对革命的钟情。有人说:白桦写得太多太快了。他说:我迫切要求倾吐,这是一个作家的责任。

这三年,他创作、整理了三个话剧(《曙光》、《今夜星光灿烂》、《红杜鹃,紫桂鹃》),五部电影(《曙光》、《今夜星光灿烂》、《苦恋》、《孔雀公主》、《李白与杜甫》),一个电视剧(《向前看的故事》),还写了大量的诗、散文、小说、评论,他正在为于是之写一个独角戏,还想在今年年底前完成一个中篇、一个短篇,同时,他已经构思成熟了另一个剧本:贺龙之死。

勤奋、才华、责任感,这就是构成白桦创作的基石吧!

原载《剧本》1979 年 10 月第 10 期

自由个性美学
——白桦对电影的思索

孟 涛

我又见到了他。

早春二月虽还有几分寒意,他却已换上了春装。这也许是诗人比别人更早感受到春天的气息吧!他还是那样——乐观,自信,对生活和未来充满信心。与他55岁年龄不怎相符的满头白发,如今好像比以往更多些。是因为创作的辛劳,还是因为追索真理的磨炼?或者是两者兼而有之?当然,我没有贸然提出这个问题。我知道,真正的有出息的文学、艺术家是不愿多谈"我"的话题的。

"白桦同志,很想听听您对电影创作的一些想法。或者是说:您对今后电影的一些思索……"当我把问题提出后,立即觉得问题提得太大,太不着边际了,正想作一番解释,白桦同志却已理解了我的意思,亲切地谈了起来。

"随着作协四次代表大会的召开,中央提出要保证作家的创作自由,给了作家巨大的鼓舞,相信今后的电影创作会有所发展,会比今天更好些。前一段时期,人们都在议论电影为什么会渐渐失去观众,话剧、京剧为什么越来越不景气……"他像是等待我回答似的,停顿了一下接着说,"其实造成这种现象的原因主要不是艺术形式的问题,而是因为我们的电影、戏剧离生活越来越远,失去了生活中的真实,失去了生活中生动感人的真实。在'左'的影响下,作家在创作时常常为了避免一些不必要的麻烦,绕过生活中真正存在的矛盾,去编造虚假的'冲突'。试想:读者、观众迫切关注的生活你不去写,却偏要把编造的'生活'塞给读者、观众,会受欢迎吗?丹麦作家安徒生说过,任何生动的神话都不如生活真实的本身。许多作家、艺术家虽然清楚地意识到这一点,但由于没有创作自由的保证,故而对丰富多彩的生活常常还是束手无策,不知所措。"

"那么现在作家获得了创作自由,正视生活的问题是否说可以迎刃而解了呢?"我问。

"是的。作家获得了创作自由,但还存在着如何理解'自由'、运用'自由'的问题。"他意味深长地望着我。

"是不是说,创作也有一个从'必然王国'到'自由王国'的问题?"我思索了片刻,这样问道。

"对,是'必然王国'到'自由王国'的问题。"他微微地点了点头,把目光投向对面一排书橱上。那里整齐地放着托尔斯泰的《安娜·卡列尼娜》、肖洛霍夫的《静静的顿河》、雨果的《悲惨世界》、巴尔扎克的一套《人间喜剧》——也许此时此刻他的脑海里正在思索这些文坛伟人对"自由"的理解,探索他们追求"自由"的真谛。

他的目光慢慢回到了我的身上。

"能否正确地理解自由,能否得心应手地运用自由,是当前作家、艺术家迫切要解决的一个问题……"他列举了一些事实说:作家、艺术家对生活的观察、分析、研究,过去一直习惯于用"左"的一套条条框框去"套",现在突然要摒弃这些"左"的东西,并不是那么容易的。有时还会情不自禁用过去习惯了的目光看待生活、描写生活。

我明白这位曾与"左"的思想倾向进行长期搏斗的战士对创作自由渴求的心情。创作黄金时代的来临,仅有政策的保证是不够的,还必须靠作家自己,靠真正地相信真理。不久前巴金在会见刘宾雁、陆文夫等作家时说过:"这次作协大会开得不错。但只是开了个头,要做的还在后面。有时一做工作就容易走调,这有个理解问题,要一下子普遍理解还有困难,所以主要还是靠作家自己……作品还是要靠作家自己搞出来。黄金时代要作家自己来创造。"

细细地品味巴老这段话,我正想提问:什么样的作家才算是真正进入了创作的"自由王国"了呢?他已经把话题转到创作的个性问题上了。

"真正有个性的电影,是必须能触及每个人心灵的作品,果戈理的一生写的都是小人物,但他的作品由于富有个性——作家对生活、社会独到的见解,及他对生活微妙真实地描述而永载史册。日本影片《兆治的酒馆》细腻、真实地表现了普通人的复杂心理,很能拨动观众的心弦。另一部日本片《楢山节考》,编导以独特的角度、浑厚的笔触,再现了日本历史上那段残酷的人间悲剧,震撼人心。这都与影片编导自由地发挥自己的创作个性有密切关系的。"

"听说《兆治的酒馆》导演降旗康男为了追求新的味儿,他特意请了女作家大野靖子担任编剧,想试一下从女性的眼中去看高仓健,使影片获得一种特殊的感染力,这大概也是导演对影片个性的追求吧?"我问。

"是的。个性问题值得作家去思索、实践,但我觉得更值得电影导演去思考去研究。一个导演选择什么样的文学作品搬上银幕,选择什么样的题材进行创作,都与导演的创作个性分不开的。独具慧眼的导演,他选择的是生活中的'矿石',像'铀'一样的矿石,蕴藏着巨大的能量,一旦搬上银幕,能胜动每一个人的心灵。要挖掘到这样的'矿石',导演没有美学眼光是不行的。熟视无睹的生活中的美要靠美学的眼光去发现。如挑选演员,有些导演只注重演员外在的美,恰恰忘了生活中众多的普通人并不都是五官端正的美男美女。这就违背了最起码的美学原理。演员本身也是如此,常常为挣'特写'镜头与导演发生矛盾。这都是缺乏正确的美学修养的缘故。高于生活,并不等于任意地美化生活。一棵婀娜多姿的杨柳,有人为了使它所谓更美,给它插上几朵漂亮的鲜花,结果弄得不伦不类。日本演员乙羽信子长得并不算美,她主演的《狼》、《缩影》却给人以强烈的美感。美,首先还在于真实。导演拍摄影片的过程,实际上也是在培养演员的美的眼光,让他们在实践中认识到什么是真正的美的表演艺术,塑造出真实可信的性格化的人物形象。"

的确,每秒24格的电影画面,只要有一格缺少艺术的真实感,就会影响到其他23个画面,至少会有那么一点虚假的瑕疵。我们喜欢、推崇的影片,几乎无不出自富有创作个性的编导。而他们的影片又无不塑造了一个个具有个性特征的人物形象。当然,这两个"个性"均需要有"创作自由"作前提。没有这个前提,谈不上独立思考,也谈不上创作个性。戴着同一副"眼镜"创作,只能产生千篇一律的、枯燥无味的东西。大物理学家爱因斯坦曾说过:"要是没有能独立思考和独立判断的有创造力的个人,社会的向上发展就不可想象。"这段话虽然是针对自然科学而言的,但对我们目前的文艺创作摆脱"左"的影响,不也是一句可供借鉴的座右铭吗!

"白桦同志,你的电影创作有什么具体打算吗?"

"具体的一时还没有,但今年我一定要写一部。我正在寻找志趣相投的导演。有几个青年导演已经在约我与他们合作了。日本的著名演员中野良子也热情地希望我能为她写一个本子……"

白桦同志对青年一代的作家、导演寄予很大的希望。他很钦佩张欣辛、王安忆等青年作家,称他们是没有思想包袱的倔强战士,始终坚持独立思考,以自己的目光观察生活、描写生活,在作品中融入自己充实的感受。一些青年导演的影片也有所探索、有所追求。不像有些影片,几段情节,几个人物,加一支插曲便凑成了。这样的影片不过是会动的"小人书"而已。他说他曾对电影的表现力有所怀疑,但现在不是这么看了。中外的一些优秀影片使他感到电影是最能体现作家个性,表现手段最丰富的艺术形式。他今后一定要写电影剧本的。

记得一年前,也是在一个初春的下午,我曾拜访过他。那时他的《吴王金戈越王剑》正遭到不应有的非议。甚至连他本人也遭到不堪入耳的流言蜚语攻击。但他仍对我说:"我还是要写。即使现在暂时不能发表,我还是要写!"是的,他实践了他的诺言。短短的一年内,他献给了人们四部中、长篇小说:《遥远的故乡》、《秋天的回旋曲》、《绿树·生命·歌唱·舞蹈》、《小鸟听不懂大树的歌》。还有一部历史剧剧本也刚脱稿。不久即将走上舞台。"音乐是思维的声音。"雨果曾经这样比喻过。那么电影也许是思维的具体形象吧?如果日后我们在银幕上欣赏到白桦同志的新作时,我们是否可以这样说:

这就是他——白桦,一个与众不同的,富有诗人个性的作家的"思维"!

原载《电影评介》1985年5月第5期

投军路上遇白桦

孙振亚

  大抵平凡的人,都与平庸的琐事相缠终身。而我这个平凡之人,却常会与不平凡的奇遇相关联。38年前,当我还是20岁刚出头的青年小伙子的时候,与著名诗人、剧作家白桦老师,有过一段奇遇。

  在1972年一个深秋初冬的时候。我与一同插队的同学准备到新疆8023部队开后门当兵去;我那时一点都不知道我要去的部队竟是震惊中外、绝对保密的解放军原子弹基地——即永远彪炳史册的马兰基地。从南京出发到千里之外的新疆,我们决定干脆取道云南去昆明一游;"文革"大串联时,没有趁机游玩云南。其时,我们插队农村已三年有余,艰苦与单调的生活,让人很是疲惫,且积压了不少惆怅和悲凉;到昆明这样世界知名的四季如春的城市去,摄取天然的光和热,短暂的温暖一下身心,是早就有的想法。

  我们乘火车到达昆明时,已经很晚,被安排的住宿地却是昆明市南京旅行社!南京知青跑到这关山迢递的异地他乡——昆明,竟被安排在冠名"南京"的旅社,真是天定的缘分。世间,人生,就真有如此巧事!

  旅社不大,客房不多,整体看去,旅社倒也整洁。服务员热情地对我们说,房间没有了,让我们在大厅中间的乒乓球桌上搭两个铺将就一夜,第二天再为我们调进房间里去。我们欣然同意。年轻人,哪在乎房间还是乒乓球桌,能睡觉即可。毛泽东时代的青年一代,大多数人都以贪图安逸为耻、以艰苦朴素为荣。

  我们迅速安顿下来。当我躺下来时方才注意到:在我们头顶上方,亮着一盏不准熄火的灯!这是旅社大厅的特殊功能——公共通道而决定的、惯例性设置,在当时阶级斗争天天讲、月月讲、年年讲的年代里,这亮在大厅的灯是当然的哨兵,所有的旅客们皆十分熟悉。有这盏灯亮着也挺好,看着书入眠本来就是读书人的习惯,这"哨兵"亮着,正好做个伴。大厅四周的客房都平静下来。

  不一会儿,一个十分标准、洪亮如朗诵般优美的中年男子的嗓音,打破了大厅里短暂的宁静。我情不自禁地在乒乓桌上俯撑起身子,转头向新来的这位中年男子打量过去:一副到处都常见的风尘仆仆的身影,特殊的是在他那不失英俊的脸庞上闪着一对非常耐人寻味的大而智慧的眼睛。凭着我的经验,这来人不是干部,就是知识分子;总之,是当时到处可见的隔离过或正在下放的"倒霉"

的人……"没有房间床位啦,你看,连乒乓桌都占满啦!对不起,你到别的旅店去吧!"服务员几乎是嚷着说。"服务员同志,能不能和乒乓桌上的同志商量一下,我也挤一夜?"来人商求着。"不行,怎么能挤得下呀!"我的同伴厉声应着。学生时代当惯了头头的我,用决断的口吻说:"服务员同志,就让这位同志和我们挤一夜吧。"来人连声说"谢谢"。近距离和这位令人心生好感的中年英俊男子睡在一起,感觉蛮好!

来人躺下后,没有多说话,那是因为气氛不大好——我的同伴不欢迎、不友好的态度。他拿出了一本中央广播电台编辑的刊印的广播诗稿集,对着"哨兵"看了起来。嘿,我自小酷爱诗歌,想不到羁旅天涯,在这异地他乡又遇到一位爱好诗歌的人。"你喜欢诗歌?"我忍不住好奇地问道。"翻看一下自己的旧作。"新来的人答语中显摆着颇有意味的矜持。"请问那首诗是你写的?"我的问话有点急切。诗歌在我心中一直是百艺之首,爱好诗歌的人,定是不俗的人,如果再能写诗,那就像我一样,至少是一个自命不凡的人。我写过不少诗歌,对知名诗人还是了然于胸的。随着我的问话中年人用手指着广播诗稿集某一首诗,诗作篇首右上方"白桦"两字赫然跃入我的眼帘。

在所谓"十七年修正教育路线"下完整地读到高三毕业的人,对中央广播电台所广播过的诗作以及知名诗人白桦的名字自然是非常熟悉的。此刻,对这位特殊"房客"的敬仰之情油然而生。我不无冒昧的拿出我的未经发表也不想发表更不是为了发表而写的诗集,请白桦老师指教。在看到我所写的长诗《故楼窗前的灯光》时,白桦老师对我在这首长诗中有一句"这灯光,听到过学友、农人们的叹息"提出了批评意见。"现代新诗体用字用词要注意时代性,不宜用半文不白的字词。"他同时有表扬意味地提到我的诗所表现出的语言风格有点像《西去列车的窗口》的作者,并问我读过《西去列车的窗口》诗没有。我回答说没有读过,但我的同伴在一旁嘟哝起来,他向白桦老师传递一个信息:我们写诗不怎么样,但我们与《西去列车的窗口》诗的作家有很亲近的关系。我没有对我的同伴作出任何响应,相反我对同伴醒着感到诧异。我有意识避而不谈诗作家,是为了与我那位不谦虚、欠礼貌的同伴作一个对比。我的这点心曲,完全显形在白桦老师的大智慧的观察之中了。

我和白桦老师热切地攀谈着,他若有所思地问我:"你对样板戏怎么看?""人物形象太夸张,太脸谱化了!"我不假思索、迅即应声回答。白桦老师用他动听而有韵调的嗓音像讲课一般地说道:"艺术是离不开夸张的,试想《水浒》中的武松打老虎的故事,如果武松三拳四脚打死的不是一只老虎而是一只猫,那武松还是英雄吗?样板戏的问题不在于夸张。样板戏好比是艺术林海中的参天大树,但是人民不只是满足于几颗参天大树,人民更需要的是艺术的整个林海,而现在……"他讲着讲着,戛然而止了,似若有所思,白桦老师大而深邃的眼睛盯着我,把言语未尽的思考留给了听者。我未能回答,占据我大脑主要的思考是开后门参军去,解决个人命运。样板戏的问题,以及由此关联着的问题的问题,与我们知青的问题,距离太远了。白桦老师对我的思考力似乎太高估了;或者,他本就不指望我能回答,他是在自我思考,自我倾吐。不在乎对象是谁,而在乎自己需要倾吐。在那个时代里,敢于面对主流意识能有自己独特的思想,是非常难能可贵的。眼前这位落魄诗人,以他那么真切的形象,那么动听、动人而又发人深省的话语,形成一种我从未感受过的非常的力量,萌动、启发着我用全新的角度去思索问题。

  我们还谈论过感情,他用"刚出山的泉流,清澈、明净"描述着;我还听到他谈及"人格",使用的词汇是"高山"、"巍峨"……我们忘情地交谈着;不,准确地说,我在聆听白桦老师布道般的朗诵、授课般的讲演。我们头顶上高悬的那盏灯,愈变愈黄,愈变愈淡;代表白昼的使者——晨曦,照进了旅社,透进了过道、大厅。不知是什么时候,服务员将拉线开关拽动了,让那"哨兵"下岗停哨了。白桦老师还向我展示过他和他双胞胎兄弟在解放战争时期身着军衣的双人照片,我感到特别亲切。我和他更贴近了。他在一张信函纸上,留下了他的通信地址,好像写着"云南一零零几农场"。

  在我们临分手时,白桦老师似乎意犹未尽,一再想请我和我的同伴吃顿饭,由于急于想赶赴新疆,我们婉拒了他的盛邀。

  我们登上了西去的列车,并且正坐在窗口。我并没有去思考《西去列车的窗口》那首诗;但是,伴着西去列车的车轮滚滚,我的大脑也一样在飞奔。车厢里正播唱着《红灯记》小铁梅的唱段"我家的表叔数不清……";呵,我听这铁梅的唱段也数不清了。白桦老师"艺术林海"的说法,像一股清风荡涤着我的心灵。我情不自禁地哼唱着《舞台姐妹》影片里的一首歌:"流水流过重重山,唱戏唱过座座台;台上悲欢人常见,岂知台外还有台。"

  人民需要艺术的林海,而我坐在西去列车的窗口一眼望去,眼前是苍茫的黄土高原,是一望无际的戈壁沙滩,并不见林海的半点风景……

  我到部队不久,便知道我所在的部队是原子弹实验场——马兰基地;1964年,中华民族,我们的伟大祖国爆发第一颗原子弹的地方。我的激情、豪情,那是可想而知了。任何人在那个年代,只要能踏进马兰基地,那一切思考都完全变样!没有其他思考空间,只有一种情感,就是自豪;只有一种念头,那就是要为祖国争光!

  我的姐姐,把我所有带去的东西都扔掉了、烧掉了,我的珍爱多年的诗集,白桦老师亲笔写下的通信地址全被扔掉或烧掉了,只留下了两本书:《列宁回忆录》、《论作家》。

  由于我在"文革"期间,曾"窝藏"过南京市白下区副书记席奋之同志——我的中学同学顾小忠的母亲(小忠的父亲是南京军区后勤部现役副部长),被南京军管会定为学生右派;又因我在"文革"前在学校组织过马列主义研究小组我自封组长,竟被南京公检法军管会于1970年拘捕80天(因当时在南京发生过"二·一三"知青反标案件被无端牵连),我没能在部队留下来正式当兵,我又乘上了曾是西去的列车东去了,回到我插队的江南农村。

  恢复高考后,我被平反,并读了大学;我选了中文系,这仿佛是白桦老师在某个遥远地方指示我填写的志愿。我与白桦老师分手后,关注时局,关注文学艺术,思考和读书,一直是我生活的主流。"人民需要艺术的林海",在今天,依然有重要的意义。

  在昆明的那个难忘的深秋初冬,春意并不在昆明,令我热血沸腾的春意,在我如痴如醉地聆听到白桦老师见地高远的倾诉与教诲。38年过去,可当时的情形,包括所有的细节至今依然清晰地印在我的脑海里,它是我记忆中最珍贵的一幕,将伴我一生。

  白桦老师恐怕有八十岁上下了,我将去拜望他,送些拙作请他给我指教、评点,顺便补上那一顿他想请而未曾请过的饭局。

原载《青春》2010年4月第4期

诗人白桦

王安忆

今天我不是以作家协会主席的身份,而是以我自己的身份——白桦是我的叔叔辈,可是我今天不打算称他"叔叔",因为白桦是一个诗人,诗人是没有年龄的,我就称他白桦——我想在这里描绘一下白桦的性格。

白桦是天真的,这似乎不可能,他经历了世事变迁,世态炎凉,他的天真何以保持着?白桦是简单的,这也不可能,他所身在的历史社会是复杂的,应对起来需要用极心力与心智。白桦又是热情的,这就更让人不安了,因为他的遭际每每使人沮丧,他的热情从哪里来呢?这些仿佛都源自于他的理想。

那么让我们再来分析一下白桦的理想终究是什么?大约是一种希望,希望世界变得更好,人变得更好。这希望是那样殷切,以至于可以忽略许多失望而不计。世界和人究竟怎样才是好,在白桦看来,其实就是简单的,比如他憎恶枪这样的东西,枪所代表的一切暴力,一定是被好的世界所排斥的;比如他在山间行旅中听到姑娘在歌唱,这荒蛮天地中的人声,一定是属于那好的世界的;再比如,他故乡的父老,街坊邻里,这些贫穷的、卑微的、落魄的人却持有着鲜明的爱恨情仇,也是好的世界的正义心——这世界的好简单到只需孩童的认知就可信赖,多一点的知识反而会成为谬误,而在白桦这样一个知识分子,是处在谬误的危险中,那么,诗就来帮助他了,诗是能够克服理性的腐朽的,诗是一种类似孩童的性格,却往往寄予在成人身上,因为它需要时间、阅历、许多挫折来冶炼,非有特别旺盛的生命不可获得,一旦获得,便有了无穷的热情,就成了一个不老的人。所以,白桦的理想,还有一个名字,就是青春。他向往与追求的世界,永远在这无邪的情感之中。(本文为作者在11月20日白桦生日聚会上的发言)

原载《文学报》2009年11月26日

白桦:在寂寞的这边

周孟贤

  他的作品——可以说,让谁都能听见诗的呼吸和诗中奔腾的思想浪潮。
  他是谁?我只能说,他面对高山大海、面对苍天会大声喊出"阳光谁也不能垄断";他的生命之舟即使被击碎,他也要让每一块木片都要歌唱,在歌唱中苦恋;他自喻一颗快乐的枯树:"这不是我最快乐的时候/等到林中的篝火砰然点燃/天上的星光突然暗淡了下来/我的生命之火迅速把夜晚撕成两半……"他一直站在寂寞的这边,他热切地、诚挚地对他的同行说"人类的经典都是在荒凉的寂寞中开放的花朵";他人在哪里,良知就在哪里,他的眼里和诗里饱含着泪水、苦痛和忧患……
  说真的,我的目光一直穿越他的众多的作品,他是一个浪漫色彩和现实思考集于一身的诗人!一个在自己的内心独养浩然之气的文人!当我和他还是陌生的时候,我任他的文字热我、灼我、痛我、悦我……多年来,我们只是书信往来和电话联系,我没想到他负责地美誉我的格言集,并书写了其中一句"文人的最大幸运是一生中的不幸",他还把他喜欢的、我的诗集中的一首《山瀑》录于信札中。当我和他在文化之邦的湖州握手拥抱时,我的目光轻轻掠过他的脸庞他的身躯。清癯的他,像一棵风雪中的野梅非常精神,非常坚劲!我在心中思忖:一个真正的文人就该是这样的体态!一个清瘦的思想者的思想,却能壮大这个世界!就在这当儿,我的眼睛和他的眼睛互相正视,在这一瞬间我对自己说:看见了吗,这是一双什么样的眼睛?我惊异他因流了八十多年的泪水,一双眼睛被"洗涤得像儿童那样明亮"!
  他用这双明亮的眼睛观察世事,写下了诗集《长歌和短歌》中的一百多行的长诗《从秋瑾到林昭》,我觉得"秋风秋雨愁煞人"的秋姑娘和"苏世独立,横而不流"的林姑娘在被告慰之后已开始复活,艰难行进的历史已将两位姑娘微笑着接纳!说真的,那天,我越读心情越沉重,那些诗句也似在哽咽、似在诉说:"虽然百年前你就因此而身首分离/和1907年所有的红花绿叶一起/落入拌着血泪的泥土/在世世代代的梦里静候着另一个花期","你相信先行者们项上喷涌的热血/能把漆黑的乌云濡染成鲜红的朝霞/于是,你也要抛洒自己的热血/于是,就有了轩亭的一声长叹!"秋瑾姑娘当年临风而立古越大地,从一个温柔的心胸里飞出刚烈的7个大字"夜夜龙泉壁上鸣",这7个字犹如一支飞箭射向封建历史的天空,紧接着她用一颗年轻美丽的头颅划出一道带血的亮光!

那天,当我终于读完他的这首诗时,另一个女性似已站在我的眼前,和她一起站立的还有诗人冷峻而凝重的诗句!这些诗句不只慰藉了林昭,也告诉了后人:"而她却偏偏要冒天下之大不韪/去观察被封锁、被冰结的大地/透过雾霭重重的来路和去路/透过斑驳的光影和瞬间万变的色彩……"告诉后人的,还有当年在特殊"气候"下,不少人自动摘下自己的眼珠,而"北大"姑娘林昭却敢于在眼眶里保留两颗眼珠。坦白地说,在整个阅读过程中,我的眼泪不止一次地流淌出来,我不止一次地停下来,复读之后复又停下。真想对诗人说,看了你的作品,联想你的经历,我有几句话要赠送你:一个人只有饱经了风霜,才能饱满了自己;没有风雨的人生,不是完美的人生;思想的海拔决定作品的高度;良知的火焰,谁也无法掐灭它!

我在几十年前说过,一个有风骨、有良知的作家,他的最大亮点,亦即他的担当精神表现为:风险中的挺立,清醒着的牺牲!

我端坐他的身旁,他的每一条皱纹,他的每一根白发对我诉说着:他一直苦苦地追求着、思索着,一直在孤独的深处清醒着,在寂寞的这边特立独行着。我敢说,他的在寂寞这边生活的全部内容是:痛苦着思索。是的,大痛苦会发酵出大思想!而思想者的头颅能启动整个世界!

我敢说,一直生活在寂寞这边的他,让许多人清晰地看到这棵老而弥坚的"枯树",在一次次的狂风暴雨中仍保持屹立的姿态,在一次次的电闪雷鸣下仍保持镇定的神情,在白天在夜晚,仍然眺望着、思索着、警觉着……也让许多人清晰地看到一个"心之忧矣,如匪浣衣"的白头翁,一个心上垒着早已逝去的、带血的往事的白头翁,面对历史的伤向两位女性——不,向这个世界和这个世界的后来人声泪俱下地喊道:"除非让我死/不,即使是死,我也不会忘记你/我的灵魂会把记忆交给悬崖峭壁/以化石的方式留传后世!"他,一个"试图用晚年老人成熟的清醒和儿童的率真传达自己心灵的震颤"的诗人,一个在坎坷中不忘付出巨大的爱,同时也获得巨大的被爱的诗人,一个中国文坛少之又少、有着信仰、有着记忆并能大胆说出的诗人,一个被誉为"当下文坛尊严的象征"的诗人,一个关注诗歌和诗歌以外的来路和归途的诗人!

他是谁?他叫:白桦!

原载《云南日报》2012 年 9 月 7 日

研究论文选辑

孔雀已经归来
——论白桦的诗

谢 冕

一

> 原来你是这样呀，光明！
> ——《鹰群》

一树白桦站立在原野，它本来是娟丽的，但因为承受了过多的风雪，不免斑驳，而且苍劲了。

要是不受政治风暴的干扰，诗人将把所有的青春年华都用来歌唱。但他不能。白桦因文思敏捷而多产，在被剥夺歌唱权利的前三年中，他出了两部抒情诗集、两部长诗：《金沙江的怀念》(1955)、《鹰群》(1956)、《热芭人的歌》(1957)、《孔雀》(1957)。要是用这种速度计算，30年，他该为中国诗坛做多少工作！

如今，我们谛听白桦昨日的歌，那份单纯而明净的热情、虔诚、自豪、由衷的欢愉，毫无忧伤而充满憧憬，对照心灵普遍受到污染的今天，禁不住心跳，我们恍若隔世！那时，白桦真诚地歌唱祖国、歌唱北京和领袖，他热情地抒写他对屡建战功的传奇性的将军的怀念：

> 鸡叫头遍，
> 将军把最后一杯酥油茶喝干，
> 将军跨马扬鞭去了，
> 金沙江失去了一座最威严的雪山……
> ——《金沙江的怀念》

凝重的笔墨轻轻地点出了雍容、洒脱，而充满豪放之风的形象，这在当日崇尚写实的诗风中，显示了白桦初露的才情。

1947年秋，白桦加入了刚刚渡过黄河的中原野战军的行列。此后，他随军踏过了祖国南方广袤的土地。在云南边疆，他为"这里第一面五星红旗是我们团队竖起的"而自豪。部队在挺进，马蹄声中土地在复苏，诗人的生活是丰富的：巡逻兵以无数个"白夜"迎接祖国的早晨；露营在雪山上，"篝火像一朵鲜红的山茶花在银夜里怒放",拨开拦路的桃花和浮云的山野里的货郎;以及由10个彝族姑娘组成公路道班的《小白房》:"就像宽阔的公路掩盖了狭窄的驿道,今天的欢乐埋葬了往日的忧伤。"是的,欢乐正在诞生,忧伤正被埋葬。

在祖国的西南边疆,白桦度着一生中最美好的青春,也写着这样青春的战斗的诗。从《金沙江的怀念》到《热芭人的歌》,诗的基调是宣告苦难时代的逝去,美好生活的降临。一切都是生机勃发的,白桦此时的感觉是:当连绵的阴雨突然放晴,人民被强烈的阳光惊醒;瑰丽的大地奇迹般展示在眼前,他惊呼:"原来你是这样呀,光明!"(《鹰群》)在白桦的诗中,革命斗争的雄伟主题和绮丽的自然风光得到了融汇与契合,诗人认为,这二者都是值得为之倾倒的。革命解放了河山,自然的景色必然改变了容颜,在诗人眼中,它们是一致的。他把这种生活描绘得极其华美,这恰好映托出他此时心中无尽的欢乐和希望。

经过浴血战斗之后,新生活正在开始。那时不仅是诗人,由衷地庆幸从旧中国的深渊中获得新生的人民,无不把未来的生活涂抹得异常美好——

> 一切希望过的,
> 我们都能得到!
> 即使我们要展翅飞翔,
> 白云也要裂开一条蓝色的大道。
>
> ——《青年骑手之歌》

实际的生活当然不会如此,今天人们难免要说这种描写未免天真烂漫。但这是真诚地代表了时代潮流的声音。中国50年代前期的诗歌,大体上都传达出这样的音响,人们只知道黑暗已经被驱逐,并不能预卜未来——"谁知道哪儿是他的目的?草原前面还是草原。"(《赛马会上》)的确,草原前面还是草原,道路伸向不可预测的远方。

《金沙江的怀念》是白桦早期的作品,它是稚嫩的,并没有形成自己的风格。从《鹰群》开始,经过《热芭人的歌》,最后形成于《孔雀》,白桦在努力追求自己的艺术个性:他一方面追求普遍意义的诗的美——他对鲜丽的、令人愉悦的色彩的选择,构成了一幅蓬勃兴旺的画面;一方面又追求这种美是富有地方和民族特色的表现。

云南是一个非常美妙的地方,那里有多彩多姿的自然风物,那里又有同样多彩多姿的兄弟民族,这些民族的文化宝库又给诗人提供丰富多彩的民族诗歌的营养。白桦在边疆,一方面坚持对于战斗生活的实际体验,一方面吮吸这些美丽的民歌,用以丰富自己的创作。《鹰群》是一部"诗体故事",这是白桦首次创作长诗。这首长诗记载了滇康边境近二十年游击战争的历史:奴隶的觉醒、英雄的成长、爱情的考验、英勇的战斗和牺牲——矫健的鹰群在血火中飞翔,这一切,都被组织在富有特色的藏族民歌的格调之中。《鹰群》的故事过于繁复,人物的头绪也太纷繁,尽管有着十分动人的类似"茶会"那样瑰丽的吟唱,但过多的叙事却把优美的抒情冲淡了。写《鹰群》时白桦还很年轻,尽管他怀着忐忑的心情自问:"我不知道诗体故事是不是这样写?"但他已获得了成功。在同辈诗人中,这已是勇敢和富有成就的创作冲击。

就在《鹰群》的结尾,诗人在呼喊:"过去了,都过去了!那些只存在于将军深沉的怀念;开始了,都开始了!苦难的祖国各个角落都开始了春天。"只有到了饱经沧桑的二十余年后,到了1979年,白桦仍然回到了告别冬日的门槛上来,眺望即将来到的"春潮",这才不无遗憾地责备自己当日的幼稚和简单:

> 我以为从此春天将在中国落户,
> 那时候我是多么的天真烂漫;
> ……
> 真让人难以相信,
> 用青春和鲜血迎来的春天会和我们离散!
>
> ——《春潮在望》

诗人不是先知,他当然无法预料这个严酷的现实:"人类最伟大的一次进军会被迫止步,新中国会遇上一个长长的倒春寒。"

但是到了《孔雀》,白桦在这首非常美丽的长诗中已经寄寓了较《鹰群》更为深沉的思想。《孔雀》保持了《鹰群》那种强韧的战斗精神,它仍然宣传一种前进的哲学:"人面前没有走不通的道路,我的道路就在我的刀刃上。"作为人民解放军的一名战士,白桦的诗人才情也染上了勇士的风格:

> 锦绣的箭袋不是藏身之处,
> 箭的快乐是追逐疾风闪电!
> 哪怕射中的是一块石头,
> 也会闪射一团火焰!

这种韧性的战斗精神,使《孔雀》和《鹰群》以及其他抒情诗篇保持了思想精神的延续性。

《孔雀》写一个失而复得的爱情故事。王子召树屯和孔雀公主喃婼娜由于奸人暗算久经离乱而终于团圆。结局是美好的,但获得美好的过程却是痛苦的。痛苦的历程教会了人们深沉的思考,生活让人成熟起来:"赢得胜利的箭留在腐烂的尸骨上,但得到荣誉的却是没有出弦的箭","人们呀!要牢牢地记住!

阴谋在迷信的人们中间最容易施展……"应该说,白桦的思想在转向深刻精微。但他仍然为自己的认识肤浅而感到遗憾。二十多年后,《孔雀》再版。他在后记中说到西双版纳的迷信,他认为人们"由于对神的迷信而变得比三岁小孩还要愚昧,多么可怕！我当时天真地认为,全世界大概只有这么一个小小的角落才会有这种怪诞的事情"。白桦又一次谴责了自己的天真。他当然为此陷入了痛苦的思索:"今天我们能够庆幸迷信和愚昧的阴影已经或正在消失吗？——这是我近年来常常苦苦思索的一个问题……"(《孔雀·重版后记》)

经过了三十年、二十年,我们还在思考这样的问题,本身就具有讽刺意味。然而,这正是中国发展的现实。《孔雀》可以认为是白桦前期诗创作的一个总结。不仅思想臻于深刻,而且艺术也臻于成熟。但不幸,《孔雀》出版的年代是难忘的1957年。此后,白桦长达二十余年的劫难,对于我们都不陌生,重复地加以叙述是痛苦的。

如今,站在平原上的白桦已经在风雨中成长,它变得坚强了。1979年《诗刊》召开诗歌座谈会,白桦在会上告诉人们,他"没有死,没有倒,也没有老",他用年轻的声音宣告:"诗人的青春不以年龄为标志,诗人的青春等于希望加战斗。"白桦的确不曾绝望,他在希望中探索、寻求,而且坚定地战斗着。

诗人曾在漫漫长夜等待春天,他终于迎到了失而复得的"孔雀"的归来。

二

> 思想在禁锢中成熟了。
> ——白桦

重新归来的也许已非昔日的孔雀。华羽彩翎,已经不再是主要的了。孔雀仍然热爱它的故乡,但是,那种"热恋"的单纯已经消失。历史常常是这样:"思想在禁锢中成熟了。"(《五点和诗有关的感想》)也许孔雀的比喻并不贴切,但孔雀无论如何是美好的象征。而我们的生活确实是开始了前所未有的美好。

当代中国诗人似乎都在这样实践:在空前美好的时代里,唱着痛苦的歌。因为我们都经历了一个由几乎望不到边的漫漫长夜换来的"复活节",而这个"复活节",却是用像祖国的好女儿张志新那样的仁人志士的鲜血换来的:

> 沉默的张志新走向枪口,
> 脖子上的血滴在胸前……
> ——《复活节》

白桦从这样的史实中得到了启示，也得到了愤怒的激情。重新开始歌唱以来，支配着他的，是这样为不平而歌的激情。他的诗篇，以尖锐的思辨和哲理的议论而一变以往的风格。诗人的才华，集中地通过他对于时事的尖锐抨击和热情的阐发显示出来。张志新事件，激动了整个中国诗坛，一时成为一个集中的主题。白桦把这概括为复活节，他解释，不是为上帝，而是为无数革命者的复活而狂欢。孔雀的归来当然也在内。强者是永生的，但白桦的《复活节》所显示的雷霆暴吼的愤怒，却为他人所难以代替："面对着喷射死亡的枪口，一个不能参加任何会议的党员行使了否决权！"在社会主义国家由于反对封建专制而判处死刑，"二十世纪的东方竟会出现中世纪的奇冤"！

　　白桦在思考中。他的思考具有深刻的历史使命感。他曾在《今夜星光灿烂》的后记《而今天……》中向人们发出了一连串的问题："今天，我们这些幸存者，面对着战友们用鲜血浸透的土地，思考过 30 年前那场决战和今天的联系吗？今天，我们还像 30 年前那样，无条件地把人民的愿望当作我们前赴后继的战斗目的吗？能回答吗？是理直气壮地回答？还是面红耳赤地支吾？……"白桦诚挚地说，这些问题，30 年来，像大海岸边的浪花那样，冲激着他那容易激动的心！这种激情的思考，使白桦的诗具有了强烈的自觉的战斗意识。我们也由此感到了前面那种比喻的矛盾所造成的不协调：孔雀的华彩翎羽已经换上了鹰的搏击长天的翼翅！

　　白桦和我们一样，都由衷地欢呼光明时代的降临。他这个时期的最早引起注意的一首诗，是《我歌唱如期归来的秋天》，欢呼 1976 年 10 月这个给人们带来成熟和希望的秋天的归来。这首诗，记载了那个时节中国大地上出现的金色的现实："我们又听见了列宁喜爱的贝多芬的交响曲，热情洋溢的旋律回响在中国美丽的傍晚。"

　　白桦一面充满希望地欢呼，一面又思想家似的思索。《我歌唱如期归来的秋天》只是一个开始。它对于时代的反映还不够深刻。白桦在作新的探求。这种探索用白桦自己的话来表述就是："一首诗哪怕有一句是人民群众想要说的话，有一句剖析了现状，提出了问题，预见了未来，就是有思想的诗。"(《五点和诗有关的感想》)他此时追求的是这种"有思想的诗"。也许人们将据此责备白桦的无视或忽视艺术。然而，白桦的主张是可以理解的，他不是无视或忽视艺术，而是在这个时刻，他更加重视思想，中国正处在新的思想解放的伟大潮流之中。我们需要呐喊的诗。闻一多先生当年说的，至于琴师，那是第二位的需要，这时仍然是适用的。

　　白桦的探求果然得到了成果。《阳光，谁也不能垄断》，这是一首诗的题目。

人们不能忘记,当时有一些仍然坚持"左"的错误的人,正企图垄断阳光。诗人向这些人发出了断喝,这声音让人震动:

> 有些人以真理的主人自居,
> 真理怎么能是某些人的私产!
> 他们妄想像看财奴放债那样,
> 靠讹诈攫取高额的利钱;
> 不,真理是人民共同的财富,
> 就像太阳,谁也不能垄断。

要是只有谴责和"断喝",这诗仍然谈不上强大的力量。它的长处在于思考,从革命的历史、从社会发展的规律上进行思考,从而以精到的概括化而为思想锋利的诗句。就在这首诗中,白桦针对中国产生"四人帮"的现实作了历史的溯源,从而赋予这种思考以思想价值。在党的历史上,曾经把毛泽东提出的革命思想判为异端,"他们用豪言壮语去攻打大城市,用精装的书本去抵挡炮弹";到了六七十年代,老问题又酿成一场新的灾难,"种田,用口号代替灌溉;炼钢,用语录充当焦炭;像巫婆那样装神弄鬼,亿万架机床整整空转了十年!"这些诗句,愤激中包孕着沉痛。白桦把思辨和哲理,也把诗人作为战士的使命感带到了诗中。他在用诗总结中国革命经过挫折的经验,他把这叫做《珍珠》。

> 真理往往像珍珠那样,
> 是精神和血肉之躯在长期痛苦中的结晶;
> 三十年凝结了一颗巨大的珍珠,
> 它的名字叫做:觉醒。
> ……
> 我请求同志们和同胞们勇于回顾,
> 勇于回顾正是为了勇于前进;
> 把被我们随手抛掉的珍珠拾起来,
> 我们将是世界上最富有的人民。

白桦一面热情地扑向光明的未来,一面又频频回顾往昔。为了拣拾这些痛苦凝成的闪光的珍珠,他宁可抛弃孔雀羽衣的华彩。他执意要把诗写成以政论的尖锐性见长的文字,甚至有意抹去文采以加强诗的鼓动的效果。要问白桦三四年来诗的主题是什么,概括为两个字就是:觉醒。他认为觉醒是一颗巨大的闪光的珍珠。

革命在诗人的心灵中永存。他的回顾过去,包括长达十余年的动乱也包括数十年为争取光明而进行的斗争。白桦是跟随着解放全中国的大进军队列走过来的：淮海战场的冰雪，战友们洒在冰雪战场上的鲜血，在新中国成立的隆隆炮声中，他们的团队正在梅岭上急行军……这一切，他不能忘。他把这写进诗中，《珍珠》中有，《春潮在望》中有，当他展望澎湃而来的春潮时，他也不曾忘了回顾往昔的艰辛，请看这是一幅多么壮观的场面："我们踏着中原的大雪，军、师、团、营的路标一律指向江南；当密如云层的白帆铺满大江，敌人的'钢铁江防'立即变成雪堆的堤岸"，"我们用最快的速度前进，因为我们的脚步划分着地狱、人间；我们的枪弹点燃着祖国的黎明，每一寸土地我们都不吝惜用血去交换。"

白桦的这些回顾的文字，当然不是为了炫耀我们的历史曾经有过多么辉煌的一页。他的心情与其说是欢快，不如说是沉重，因为历史曾经因被蹂躏而倒退。一位年轻记者在庐山访问了白桦，她的记述有助于我们理解白桦的这些诗作："1978年，淮海战役三十周年，白桦一连几夜披衣临窗，遥望星空，回忆那炮火连天、铁骑挺进的年代，当年，每一场残酷的厮杀结束，每打下一个村庄，都要从战友未寒的尸骨旁走过，烈士的生命就像满天繁星一样闪着永恒的光。"（宋京生：《让星光照耀我们》，《福建青年》1980年11月号）白桦的心中总闪耀着这永恒的星光，他不能忘却，他也希望人们不要忘却。温故而知新，他认为这是觉醒。

白桦把赤诚的爱，献给了祖国和人民，他一再阐发这一崇高的主题。当他重新歌唱的时候，他没有忘记以充沛的激情抒写自己的《情思》——它从屈原为爱而投身汨罗开始唱起，纵观历史，多少仁人志士莫不为爱而生，为爱而付出代价，但他们仍然执着地爱着。白桦坦诚反问自己："我能像他们那样勇敢地爱吗？把生命当作保卫爱的权利的投枪？"回答是肯定的："只要我的生命之火不熄，我就要去点燃千万次失望中的希望。"（《情思》）

白桦诚然处于昂奋的战斗中，为了挚爱，他才无所畏惧地战斗。早在创作《孔雀》的时候，白桦就说过，箭的快乐是追逐疾风闪电。历尽坎坷，白桦不改初衷，他仍然呼唤供给万物以活力和生命的不息的"风"。他不能设想一旦失去了风的情景：沉默的风铃，僵死的树影，不转动的风车，没有波浪的水面……作为战士，他不祈求在风平浪静中安闲度日——"即使像拔尖儿的大树那样被摧折，也将无愧于后代子孙。"（《风》）作为战士的诗人，在热烈的为真理和战胜黑暗与贫困愚昧的斗争中，他感到了失而复得的春天已经降临。我们衷心祝愿白桦为失而复得的春天，为重新归来的孔雀唱出更多动人的歌。

1981年1月于北京
原载《上海文学》1981年8月第8期

中国知识分子的思想宣言
——读白桦长诗《从秋瑾到林昭》随感

沈 栖

也许多了些理性思维而少了形象思维配"神经",我平素不甚喜欢读诗。然而,《文学报》用两个整版刊出年登八秩的著名诗人白桦的长诗《从秋瑾到林昭》,我却捧读了两遍,而且在读的过程中,手在颤抖,泪在流淌,心在震撼。与其说是在读诗,不如说是在读一份中国知识分子的思想宣言!诚如屠岸所言:"《从秋瑾到林昭》所代表的是中国知识分子——中国人的最高良知,是人类灵魂的最终颤动!就这首诗所达到的思想高度和艺术深度而言,它抵达一个几乎空前的水平。"

白桦笔蘸情思刻画了百年中国两位美丽而刚毅的女性:一个曾用"那双白皙的手引爆雷电/使得紫禁城内外一片狼藉",一个"在绝对禁锢中探索思想/在完全孤独中追求自由"。她们犹如两座巍然的丰碑矗立在20世纪中国的精神巅峰和思想高地!如果说,秋瑾是用自己的鲜血和头颅来推翻腐朽的国家政体,那么,林昭则是以自己的生命作代价冲破思想牢笼,"偏偏冒天下之大不韪/去观察被封锁、被冻结的大地"。相较这两位"可怕的异端",白桦认为,"林昭比秋瑾要艰难得多/林昭比秋瑾要孤独得多",因为"她发现/大多数中国人的眼眶里都没有眼珠/亿万人只能瞪着空洞的眼眶/按照一双眼睛来认知世界"。这首长诗,篇幅多的是林昭,分量重的自然也是林昭,而且九九归一般地集中于"思想自由"这一题旨。

美国思想家罗斯科·庞德说过,"人类关系中的完美理想便是自由"。而在诸多自由中,思想自由是最核心也是最基本的内容。思想自由作为现代文明的主要标志之一,在人类历史上源远流长,但作为一个具体概念的提出,则是西方17、18世纪资产阶级反对封建专制革命的产物。然而,思想自由并不是西方资本主义社会的专利,而是全人类的普世价值。马克思主义深深植根于人性对自由的渴求,强调社会主义作为一种更高级的社会形态,不但不排斥民主自由,还要在更高的层面实现它。但是,正如刚作古的历史学家任继愈所说:"新中国以后把资产阶级视为最大的危险,这反而把根深蒂固的封建主义放过了。"思想自由被冠上"资"字号大加鞭挞,而"封"字号的思想专制却借尸还魂,堂而皇之地大行其道，统摄天下，人们成了"个个都快活得像学舌的鹦鹉"，而我们的民族到了"盲从偶像"、"自甘为奴"的地步。林昭的惊人——不，惊世之处就在于："她对那颗超自然的太阳/产生了理所当然的怀疑。"

　　人之所以为人，不在于具有物质性的身体，而在于有思想。确乎如此，人类在播种粮食的同时，也播种了思想。有"东方苏格拉底"之誉的明代哲者李贽曾经提出人必须摆脱依赖他人引路、效颦学步的"婴儿之类"的状态。李贽批评中国的封建专制统治者以"民之父母"自居，把臣民当孩子来教化，为其引路。我国封建专制主义的阴霾并没有随着封建专制制度的寿终正寝而灰飞烟灭，而是在"无产阶级专政下继续革命"的大纛下，死灰复燃。曾记否？在"那颗唯一的太阳"照耀下，众人"自觉自愿地在每一颗细胞里追寻原罪/把别人强加在身心上的灾难当作恩典"，"不仅主动摘下自己的眼珠，还要/用木屑去填充大脑里丢失的记忆"。林昭的卓然不凡，就在于她"不愿放弃思考"，敢于"怀疑太阳"。

　　反观古今中外的历史，没有一个专制统治者喜欢公民拥有自己的思想，因为公民一旦拥有自己的思想，就容易对面临的现实处境生出怀疑之心，不利于其进行精神操控。不是吗？希特勒上台仅仅6个星期，便立即着手成立所谓"帝国民众启蒙部"，强令德国民众参与诸如"同喝一锅汤"的愚民活动，以强化对民众的思想控制。希特勒强调思想必须要"穿上制服"，服从统一的标准，从而实现全体人民的思想"一体化"。历史昭示："禁止思想是最危险的行为。"（李大钊语）其危险性就在于：思想僵化，人格矮化，社会退化——直退到"君临天下，山呼万岁"的造神、造鬼、造奴的封建社会。

　　应当珍视，在经历了"文革"那个疯狂的年代之后，在改革、开放、与国际接轨的大背景下，如今人们的思想逐步朝着更加多元化的方向发展，然而，与当年启蒙运动提出的"要有勇气运用你自己的理智"要求相比，尚有一段不小的距离；与西哲帕斯卡论述的"人是会思想的芦苇"标准衡量，尚有一段惊人的落差。正因如此，白桦这首长诗仍值得诵读，仍有其现实意义，而林昭则仍是人们行进在现代民主路途中的楷模。

原载《联谊报》2009年12月5日

一个写路线斗争的好戏

陶汉章

  武汉军区话剧团和中国话剧团合作演出了白桦同志写的话剧《曙光》,我看了以后很高兴。这是个好戏,我是持肯定的态度的。我是在部队工作,对文艺是外行。但我热烈赞赏这个戏,想说几点自己的看法。

  1934年秋冬之交,红二军团和红六军团在贵州东部地区会师。我是在这以后到红二方面军司令部工作的。那时候,我确实不懂什么是路线。1931年以后,全国有大批青年参加工农红军,形成了热潮。当时,国民党把我国搞得很惨,人们感到没有出路,大家把希望寄托在中国共产党身上,深信只有共产党才能救中国。所以,许多青年纷纷来参加红军。话剧《曙光》写这一历史时期洪湖地区的革命斗争,使我们感到格外亲切。

  《曙光》这个戏以肃反为中心事件,批判了王明的"左"倾机会主义路线,这个立足点完全是正确的。当时的肃反,湘鄂西是杀国民党改组派,江西是杀 AB 团;在执行中杀了一批坏人,也错杀了一些好人。由于"左"倾机会主义路线一度泛滥,一些革命同志被误杀了,或被赶出了红军。这个戏着重从肃反方面来揭露批判机会主义路线的错误。但王明机会主义路线错误不仅仅是一个方面,而是在政治路线、军事路线、经济路线等多方面都是错误的。当时,王明的"左"倾机会主义分子大搞宗派主义,排斥各个地区执行正确路线的负责同志,夺取领导权。后来愈演愈烈,凡是拒绝执行这一机会主义路线的,就被赶下台。他们在政治路线上只讲斗争,不讲联合,对中农都不团结,结果革命队伍越搞越小,越搞越孤立。"左"倾机会主义分子还把手伸到红三军中来,强令取消部队的党、团组织,使军队失去党的领导,战斗力迅速下降。加之他们在军事路线上完全违背毛主席灵活机动的战略战术,而采取了教条主义的死打硬拼的战法,使我军遭受了严重的损失。王明"左"倾机会主义路线使党组织损失了百分之九十,军队损失了百分之八十左右。当二、六军团会师时,红三军只有几千人,每人只有几发子弹,处于极端危险的境地。直到后来在贺龙、肖克同志指挥下在湘西永顺县龙家寨打了个有名的大胜仗,缴获了六千多支枪,几十万发子弹,才缓过气来。

  尽管这个戏写的是错误路线窃据领导地位时的革命低潮时期,但自始至终表现了广大红军指战员是坚决拥护毛主席的正确路线的。话剧满腔热情地歌颂了毛泽东思想的伟大、英明、正确。因此,《曙光》的命题在政治上是完全正确的。当然,在时间进程、情节、事件和人物等方面,有所概括集中,有所虚构、夸张,但艺术创作不等于编写中国革命战争史,艺术上的典型化是允许的,是必要的。

　　写革命历史题材的文艺作品,应当以当时的基本现实为创作的依据,但不能完全受历史情况的局限。话剧《曙光》确切地反映了当时革命斗争的现实,并不是凭空设想的。例如那个说客刘雨斋,生活中就有那样的人。那个坏家伙被贺老总枪毙了,这是有案可查的。不管敌人妄图用高官厚禄来进行诱降,我们的贺龙同志是坚定的,对党是忠诚的。又如剧中的岳明华师长,也是有根据的。当时有个段德昌同志,中共党员,黄埔军校毕业生,担任师长,对创立湘鄂西根据地是有功的,但遭到了机会主义分子的陷害。毛主席早就提出了机动灵活的战略战术,自己选择战场,寻找战机,调动敌人,把主动权紧紧掌握在我军手里,取得了一系列对敌作战的胜利。而王明机会主义路线则主张死打硬拼,为了争"一寸土",毫无意义地拼掉了有生力量,其结果是完全丢失了革命根据地。那时候,他们不是要"千千万万",而是搞"孤家寡人"。兵源补充上,俘虏不要,工农群众中有不良嗜好的不要,甚至荒谬绝伦地认为某人"长得像反革命分子",也不要,凡此种种,都是有生活根据的。这个戏正是通过这些真实生动的情节,深刻地揭示了当时路线斗争的本质。

　　《曙光》这个戏的成功,还在于在舞台上塑造了贺龙同志的生动形象。正如党中央明确指出:"贺龙同志是个好同志,在毛主席、党中央的领导下,几十年来为党、为人民的革命事业曾作出重大的贡献。在他的一生中,无论在战争年代,或在全国解放以后,他是忠于党,忠于毛主席革命路线,忠于社会主义事业的。"塑造贺龙同志等老一辈无产阶级革命家的形象,对于继承发扬党的光荣传统,教育广大人民群众具有重大的现实意义。在当时的斗争中,贺龙同志是红二军团正确路线的代表之一。站在正确路线一边的还有周逸群、柳直荀、段德昌等同志。贺龙同志在部队中威望很高,说话很有力量。他非常熟悉地形道路,不要地图也能指挥打仗。贺龙同志坚决拥护毛主席的正确路线。遵义会议以后,他很兴奋,坚定地听从以毛主席为首的党中央的指挥。他抵制了肃反扩大化的错误,保护了一大批干部;他一贯拥护毛主席的军事思想,当时,如果照贺龙同志的意见,湘鄂西根据地绝不会遭受这么大的损失。这个戏在塑造贺老总形象方面,思想上、艺术构思上都是好的。

　　那种以为党内斗争不宜拿到舞台上演出的意见是不正确的。应该把错误路线拿出来作为反面教材,不能因噎废食。共产党人实事求是,光明磊落,决不隐讳自己的观点。马克思在对待巴黎公社问题上就是榜样:他在巴黎公社起义前不同意举行,起义开始后坚决支持,巴黎公社失败后认真总结教训,公开承认有错误,并写成著作。何况我们当时的损失是"左"倾机会主义路线造成的,这更说明了毛主席路线的伟大、光荣和正确,为什么不可以反映呢?

  对于这个戏,我是全面肯定,百分之八十五的热烈赞扬。也想谈一点小意见:贺龙同志当时只有三十多岁,舞台上的形象太老了,不符合当时的实际情况。胡子是有的,但形象应当是年轻有为,朝气蓬勃,英勇果敢的。贺龙同志非常热爱人民,热爱士兵,他作风平易近人、亲切自然,舞台动作不要演得像个大干部。同时,路线斗争的双方都不是一个,当然王明路线代表少数人,应该注意这个问题。蓝剑当保卫局长是可以的,当时确有坏人混到我们的革命队伍中来。结尾一场,毛主席革命路线取得了胜利,军队要有新气象,群众要欢欣鼓舞。不能简单了,简单了就教育不深。此外,剧中那个刘雨斋,既然是蒋介石派来的说客,要表现出他是个能言善辩、奸刁狡猾的家伙,不完全是个老朽。

  话剧《曙光》从始至终贯穿了毛主席思想的红线,它通过艺术形式热烈颂扬了毛主席的无产阶级革命路线,严肃深刻地批判了王明"左"倾机会主义路线,这是一出成功地反映路线斗争的好戏。

原载《人民戏剧》1977 年 5 月第 10 期

光彩照人
——试谈话剧《曙光》贺龙形象的塑造

张国军

　　武汉军区话剧团和中国话剧团在北京联合演出的六场话剧《曙光》(作者白桦),是一出反映王明"左"倾机会主义路线在党内占统治地位期间,洪湖地区党内两条路线斗争的革命历史剧,斗争是以当年奋战在洪湖地区的贺龙将军为一方和以王明路线的代表林寒为一方,围绕着肃反"改组"和"进攻路线"这一中心线索展开的。《曙光》(以下简称《曙》剧)着力塑造了老一辈无产阶级革命家贺龙同志的光辉形象,讴歌了毛泽东思想的无比英明正确,形象地表现了一个真理:"背离毛主席革命路线就失败,遵循毛主席革命路线就胜利。"

　　塑造老一辈无产阶级革命家的形象,是文艺创作的一个重大课题。《曙》剧作者怀着无产阶级的深情,遵循艺术典型化的原则,通过尖锐的矛盾冲突,艺术地再现了贺龙同志光彩照人的形象和崇高的革命品格。他无限忠于毛主席的革命路线,坚决抵制王明的机会主义错误路线,对蒋介石反动派切齿痛恨,对人民群众和战士深切热爱,在与敌人战斗中,身先士卒,英勇善战,永远向前。

　　《曙》剧反映的洪湖地区党内的两条路线斗争是十分尖锐激烈的。窃据湘鄂西分局书记的王明路线代表林寒一到洪湖,就对"党的各级领导机关全部要进行彻底改组和充实",掀起了大抓大杀"改组派"的层层黑浪。他实行残酷斗争、无情打击的政策,对抵制和反对他们那条错误路线的同志,统统以"改组派"、"反革命"等莫须罪名滥抓滥杀。屡建奇功的保卫局长冯大坚因从敌人那里了解到兰剑特务秘密,就被他们卑鄙地处死,15岁的红小鬼小高因对着马说一句怀念洪湖的话,也被他们莫名其妙地关了起来,红军师长岳明华坚决反对他们非法解散红三军党团组织而被逮捕,并要枪毙。更为恶毒的是,他们视贺龙为推行王明路线的"障碍",竟私下偷整和伪造黑材料,妄图搞掉贺龙同志,搞垮按毛主席"古田会议决议"建设起来的红三军,把革命引向邪路。

　　对于这场来自党内的大浩劫,贺龙同志自觉地用毛泽东思想来对照,看出了林寒推行错误路线,跟革命、跟马列主义、跟我们流血牺牲所追求的目标全不"相干",而是"相反,完全相反"。是非一旦辨明之后,他就以大无畏的革命胆略和气魄,同窃踞湘鄂西分局书记、王明路线的代表林寒进行了坚决的斗争。他亲释小高身上的绳索,痛斥了林寒的不义行为。他对林寒逮捕岳明华非常愤怒"敲断了他心爱的烟斗"。他两次从林寒手里强救出岳明华,并以"我贺龙完全负责任"这一撼山壮语,顶住了林寒的大词恫吓。他坚决反对林寒非法解散红三军党团组织的"决定",一语宣判"这是乱弹琴",捍卫了毛主席的组织路线。林寒"以自己的自负和顽固",强制推行死打硬拼的"进攻路线"和"正规战术"。瓦庙集一战,使红军遭受很大损失,根据地"只剩下荷叶那么大块的地方"。面对着全军覆没的险境,贺龙采用毛主席灵活机动的战略战术,提出了带队伍突围的主张。可是不准说失败的林寒却竭力的反对和拖延,并以"考虑立场和动机"要挟贺龙同志。但贺龙同志不畏强暴,不顾个人得失,以革命大局为重,"不管谁同意还是谁不同意,只有这一条路",毅然地带兵突围,终于挽救了红军,粉碎了敌人的围剿。铁的事实证明了毛主席的"古田会议决议",是"我们军队的传家宝"。《曙》剧就是让贺龙在激烈的路线斗争的中,表现了他中流砥柱的形象和革命大无畏的气概,描绘了他"最敬仰最拥护毛委员,一心一意照毛泽东同志的法子学着干"的革命品质。

《曙》剧在表现贺龙与党内机会主义路线斗争的同时,又侧面地反映了他在对敌斗争中高度的阶级觉悟和英勇不屈的革命意志,我们从师长岳明华的口里,形象逼真地看到了贺龙在 1927 年这个"白色恐怖笼罩着全国"的"危急关头",无比真诚地"向周恩来掏出了自己的肝胆","跟着共产党在南昌向强大的反革命势力打响了第一枪"。他回到洪湖家乡后,积极组建人民武装,不以人少枪缺而动摇,"在海陆丰,只剩下赤手空拳",却"更坚定地穿上水草鞋,继续走革命道路"。"1928 年冬天,湘鄂西的工农革命军只剩下 91 个人,72 条枪,他动摇了吗?没有!他赤着双脚继续走革命道路。"而现在,王明的"左"倾路线造成"兵困深山,弹已尽,粮将绝",面对这种危急的处境,我们的贺龙动摇了吗?没有!请从蒋介石亲派的说客刘雨斋的哭丧脸上和"陈冤词"里,看看贺龙将军固若金汤般的无产阶级立场吧——"贺云卿先生——就是你们贺军长,太不讲交情了,我以为……一定会……谁知道刚刚说明来意,就左一个巴掌,右一个耳光,外加一个'狗娘养'的!就给轰出来了!轰出来还不算,还要把我关起来,叫我老实交待。"从这段话中,使我们看到"你能推倒武陵山,也别想动摇我们贺老总对革命的信念!""他从小就在最贫苦的群众中生活","痛恨黑暗",成了一个见了光明不要命的人。他在最黑暗的时候,为迎接毛泽东思想的曙光而奋然斗争。《曙》剧紧紧地抓住这一最本质的阶级特征,进行深入地发掘,充分地表现出老一辈革命家丰富深厚的革命感情。贺龙同志正是在群众革命斗争风浪中,在千难万险的磨炼中,成为一个钢铁般坚强的无产阶级革命家。

《曙》剧还较好地塑造了贺龙在战斗中大智大勇、无所畏惧的英雄性格。敌旅长江占元的谈虎色变,间接反映了贺龙同志出奇制胜的战略战术;他毅然带兵突围,正面表现了他当机立断的军事家气质;临危不乱,"突出奇兵,擒贼擒王",体现了他卓然不群的指挥艺术;"放心吧!帝国主义、卖国贼的兵工厂还造不出能打中我贺龙的子弹!"说明他驾驭战争的魄力和信念;"他老往最前边跑,不注意自己的安全",总结了他身先士卒、置生死于度外的崇高品质。把这些战斗的片断聚集在一起,屹立在我们面前的是一个指挥若定、勇敢无畏的指挥员兼战斗员的高大形象。

老一辈革命家和群众有着血肉的关系。《曙》剧也很真切地描写了贺龙同志和群众相依为命的阶级感情,如岳老根两次赠送高料做成的烟斗,表现了对贺龙的一片深情。而贺龙抚受伤病员和小高,以及抱起小高说:"来,让胡子扎扎你。"表现了贺龙对群众无比爱护和亲切豪放达。这些都揭示了贺龙力量的根基,也丰富了贺龙的无产阶级感情和壮美的精神境界。

党中央指出:"贺龙同志是个好同志。在毛主席、党中央领导下,几十年来为党为人民的革命事业曾作出重大贡献。在他的一生中,无论是在战争年代,或是在全国解放后,他是忠于党、忠于毛主席革命路线、忠于社会主义事业的。"《曙》剧生动地刻画了具有高度的路线斗争觉悟,坚定的无产阶级立场,卓越的指挥才能和深厚的群众基础的老一辈革命家形象。

《曙》剧在艺术是怎样表现贺龙的形象的呢?

我们知道,贺龙在全剧中出场只有三次,台词也不过三十多句,但却给我们留下了深刻的难忘印象。作者总是在矛盾冲突的关键时,让贺龙出场,因而把人物性格表现得很突出、鲜明、强烈。第一次出场,是在我军面临着全部覆灭而林寒又在大施高压、顽固推行王明路线的紧张时刻,在这样的时刻,贺龙的出场就决定了这场斗争的前途,人们无不以期待的眼光注视着他的一言一行。他顺应了人民的意愿,人民怎能不把他的形象烙印在自己的心坎上呢!第二次出场,是在林寒决定枪毙岳明华的千钧一发时刻。这时,大家是多么盼望贺老总快来搭救这个能坚决捍卫毛主席的革命路线的革命好干部呀!而贺龙以迅雷不及掩耳之势,不可阻挡的气概,果真来搭救了岳明华,令人多么高兴呵!第三次出场,是在二大军团胜利会师,战士们以激动的心情谒见指挥他们打胜仗的贺军长的时候,贺龙带着特大喜讯(即确立毛主席重新在党内的地位、结束王明的机会主义路线统治,和恢复岳明华师长职务)上场,作"感谢伟大领袖毛主席"的演说,并亲自授枪当场击毙了国民党特务兰剑。这怎么不叫人欢欣鼓舞呢?

英雄人物形象刻画得成功不成功,不在于他的出场次数和台词多少,而在于他是否顺时而来,应情而辞。《曙》剧中贺龙的出场少却效果好,不仅在三次出场中刻画了他革命家的本质特点,而且还通过他这三次出场,直接主宰了剧情的发展和主题的趋向深化。如:没有贺龙的第一次出场,就不能正面展开矛盾的开始和揭示这场斗争的性质；没有贺龙的第二次出场，就不能正面展开矛盾的发展，捍卫毛主席的革命路线；同样，没有贺龙的第三次出场，矛盾就得不到高潮和结局，"曙光"就无以报晓，主题就无法表现。这些都从艺术效果上帮助我们对贺龙出场形象的强烈感受。

《曙》剧为了再现典型环境中典型人物很着意于细节的真实描写。在贺龙三次的出场中，就有四处的细节生动刻画。第一次出场时，"贺龙掏出烟斗，但点不着"，准确地表现他对机会主义路线给我军造成失利的愤慨；在第二次出场中，他面对着小高和部分同志被林寒抓杀，他无限"深情地"怅叹："在这种时候，我们湘鄂西的红色战斗员特别想你呀！毛主席！"这里的"怅叹"，正表现了钢铁般坚强的贺龙，对毛主席的无限信赖的深情。"若干细节结成或大或小的有完美形式的整体。"（高尔基语）生动的细节描写，丰富了贺龙形象，贺龙出场很少，而能给观众以深刻的印象，先声夺人、多次虚出的艺现方法起了重要作用。如：岳明华对他斗争历程的回顾，岳老根对他最敬仰毛主席的介绍，江占元、刘雨斋对他战略战术和坚定立场的反击，金莓英、赵安宝对他置生死于度外的担心，以及在幕后表现他逼令林寒放回岳明华的巧借等，都使我们虚中见实，先闻其声。

总之，《曙》剧对老一辈无产阶级革命家贺龙同志形象塑造是比较成功的，取得了可喜的成果。尽管剧本还有这样或那样的不足之处，但瑕疵遮不了白璧的光辉。

原载《安徽师大学报》1977 年 12 月第 6 期

悲剧的力量
——看《曙光》想到的……

薛宝琨

  话剧《曙光》可算得是一出悲剧,它再现了四十多年前,贺龙同志领导的洪湖人民同王明机会主义路线的斗争;也启发我们去认识同林彪,特别同"四人帮"斗争的深刻历史意义。

  有人觉得它太压抑了,正不压邪,感情上有些受不了。是的,美好的被毁灭,正义的受压抑,这正是悲剧的特点。然而,压抑绝不是窒息,悲痛也不是消沉——恰恰相反,它往往是力量的凝聚,斗争的积蓄,反作用力的先导,愤怒迸发的信号。正是通过它,悲剧唤起我们高尚的情操,激起对美好理想的追求,深刻认识历史和现实生活的真谛。这个戏形象地告诉了我们,正确路线不是自然而平安地产生的;曙光是渡过阴森苦冷的寒夜后出现的。十一次路线斗争,使我们更深刻理解了"思想上政治上的路线正确与否是决定一切的",使我们更加珍惜曙光,珍惜曙光带来的灿烂生活。

  为了迎接新世界的曙光,过去和现在,我们都付出过极其昂贵的血的代价。冯大坚同志不是无谓的牺牲,他以自己的生命揭示了敌人的罪恶,揭示了王明机会主义路线确实起到了敌人所不能起到的作用,从而点燃了洪湖内部路线斗争的烈火,擦亮了同志们的眼睛。岳明华同志逆风而上,无论内外哪个战场,他都是叱咤风云的英雄。在第五场"关押所"里,一方是贺龙同志捉来的敌人刘雨斋、江占元,一方却囚禁着我们的岳明华、小高同志。这哪是我们的关押所,俨然是国民党借王明之手在我们内部设下的集中营! 就在林寒之流大搞"公开谋杀"的关键时刻,我们的贺龙同志跃马赶到,挽救了岳明华同志。他以大无畏精神炸雷般地吼道:"我贺龙负完全责任!"谁知40年后,这位无产阶级老英雄,竟重遭了当年岳明华同志的境遇! 当然,贺龙同志以及老一辈无产阶级革命家也不是默默死去,他们以自己的生命,染红了革命的旗帜,教育了人民,激励了后人,这,就是为什么今天我们仍能在毛泽东思想阳光下生活……

  真实地再现当时斗争的典型环境,并在这环境规定下写好每一个人物性格,是这个戏的成功之处。压抑的感觉不是来自正面人物的手足无措、消极颓废,也不是来自主要人物的愚昧无知、轻信幼稚。不是的,我们的英雄是为了曙光而战斗,并以战斗迎来了曙光。情节不能由观众(甚至作者)的感情好恶随意安排,而只能依据于历史真实和路线斗争的必然逻辑。在王明把持中央的黑暗年代,我们伟大领袖毛主席被排斥在外,贺龙同志几遭迫害,党和根据地惨受损失,中国革命处于生死存亡的紧要关头。我们的剧中人物怎能跨越历史,如"四人帮"炮制的创作模式,在他们头顶上罩以神灵的光圈,做他们所不能做的事?作者的倾向只能熔铸在人物的真实塑造上,正是在那里我们看到了希望的火花。冯大坚以鲜血揭露了敌人,岳明华又接过了斗争的火炬,两次在生死场上怒斥敌人;受蒙蔽的金莓英、小高等同志纷纷觉醒⋯⋯这一切都生动地再现了机会主义者虽得逞于一时,但他们在政治上是极其孤立、虚弱的。黑暗终将过去,曙光就在前头,王明的垮台和遵义的胜利乃是历史的必然。每一个人物都以他们自身的行动证明:斗争,只有斗争才能赢得曙光。

有的同志认为岳明华的得救完全是偶然的机遇,而不是戏剧冲突的必然。这个意见不无道理。既然错误路线如此猖獗,它怎能放过像岳明华这样"真的勇士"?按照王明、林寒、兰剑之流的卑鄙手段,他们正可以再杀岳明华而直逼贺老总。而这正是40年后林彪、"四人帮"之流对待贺龙以及老一辈无产阶级革命家的逻辑。惨痛的路线斗争历史表明,岳明华侥幸得免,有悖于王明"残酷斗争,无情打击"的公式,有悖于保证其政治路线猖獗一时的组织路线,有悖于剧中已充分提供了的规定情景。这样处理,尽管在感情上观众(甚至作者)或可借此稍得宽慰,但客观上却削弱了对林寒、兰剑之流的有力鞭挞。因为剧中的贺龙同志此时并不是"肃反委员会"的成员,按照林寒的逻辑,他是"无权过问"的。的确,在现实和历史生活中,像岳明华这样的同志,虽也可能偶然幸免,但却不是典型的艺术概括。设若在黑暗的狱所,当他已看到一隙曙光,已听到贺龙同志匆匆赶来的马蹄声,手捧铁铐准备扑向光明时,却突然英勇就义,岂不更增加悲剧气氛?更形象阐明斗争和曙光的关系?更深刻揭示曙光的价值?从而也更加深化悲剧英雄的感人力量?就情节提供的两个波澜看,冯大坚的牺牲似也应成为岳明华就义的铺垫,否则高潮前就缺少层浪迭起的矛盾蓄势,从而也影响了后面这个高潮震撼人心的力量。观众反会为前面冯大坚牺牲得过早、过于偶然而惋惜。悲剧的戏剧冲突规定着人物的命运。岳明华英勇就义不仅是他那斗争性格与周围环境发生矛盾冲突的必然趋势,而且也是戏剧矛盾的重要转机。证明敌人末日临头,一切倒行逆施都不过是覆灭前的猖狂一跳。从而讴歌了遵义会议的伟大历史性胜利。最后一场似乎可以作为尾声处理,写得再含蓄、深沉些。

此外,剧本对次要人物如小高和金莓英的塑造也都具有悲剧色彩。这两个年轻战士,开始只有朴素阶级感情,并无路线斗争觉悟,他们把林寒之流当作党的化身,以至身受其害而不觉察。小高甚至被扣在关押所里,还惦记给林寒补棉袄:"再不然,晚上你把林寒的棉袄拿到这儿来,我给他补好再送回去。"每读至此,都不禁为之潸然泪下!金莓英也是个激动人心的人物。我想,即使岳明华能以得救,她却很难不遭林寒、兰剑之毒手。路线斗争的深刻性也正表现在这里。联系"四人帮"横行时,他们利用自己的特殊地位,腐蚀毒害了多少人的心灵!无知并不是过错,腐蚀却比谋杀更恶毒。小高和金莓英的觉悟,正是用血泪擦亮了双眼。不要忽视悲剧的力量,眼泪能使人们严肃地正视生活,激励斗志。我们热爱曙光,也绝不应忘掉曙光前的黑暗;我们热爱曙光,就绝不能允许历史的悲剧重演。

我想,在社会主义艺苑里,悲剧似乎也应该成为一枝鲜花。

原载《人民戏剧》1978 年 2 月第 2 期

革命斗争的真实反映

崇 龙

话剧《曙光》的发表和演出,使许多观众,特别是年轻人受到深刻的教育:原来在我党历史上还有这么一场惊心动魄的斗争。一部成功的戏剧,胜似大众的教科书,给人以教益。反映我党历史上王明机会主义路线占统治地位时期斗争生活的戏剧作品,过去似乎还没有过,《曙光》填补了这个空缺。它形象地告诉观众:路线正确与否是决定一切的。只有遵循毛主席的革命路线,中国革命才能胜利。这是颠扑不破的客观真理,也是五十多年党内路线斗争的共同规律。话剧《曙光》正确地揭示了生活和历史的本质,给人们以深刻的启示。

有些同志认为,《曙光》表现路线斗争"不符合社会生活的本质"。理由之一是剧本表现错误路线的危害"太多了一些",使人"有压抑之感","透不过气来"。

我觉得这种看法是可以讨论的。

戏剧一定要符合生活的本质,给人以鼓舞和力量,这是毫无疑义的。但是,艺术揭示生活本质,不能从概念出发,既不能去图解生活的本质,也不能为了表现"本质"而背离生活本身。由于时间的推移,我们对发生在我党历史上的重大路线斗争的本质的认识越来越深刻了。这是因为当时斗争过程中可能隐蔽着的某些真相逐步得到较充分的暴露;某些迷惑甚至阻碍人们认识的假象也逐渐被剥下了伪装;加上经过多次路线斗争的反复教育,人们的认识又达到了新的高度。这对剧作家的创作是极为有利的。然而越是如此,就越要严格防止不从生活出发而从概念出发去进行创作。往往在这种时候,会发生如同恩格斯早就指出过的弊病:"不把唯物主义方法当作研究历史的指南,而把它当作现成的公式,按照它来剪裁各种历史事实,那么它就会转变为自己的对立物。"(《恩格斯致保·恩斯特》)创作必须坚持从生活出发,对生活实际进行具体的研究和分析。生活和历史的真实是艺术真实的基础。离开这个基础,艺术就变成了无源之水、无本之木,根本谈不上什么揭示生活的本质的问题了。

大家都知道,事物的本质是由事物内部包含的矛盾所决定的。要判断《曙光》是否符合生活的本质,只有通过分析它反映的那段生活中的具体矛盾,才能作出正确的结论。依照同样的道理,错误路线的危害在剧本中应当反映到什么程度,也必须通过分析错误路线在当时矛盾的双方中所占据的地位才能决定下来。不进行具体的分析研究,脱离生活实际,抽象地以剧本表现错误路线危害的"多少"来衡量它是否符合"生活的本质",那是很不科学的。生活实际是检验戏剧作品真实性标准。在评论一部作品时,也要注意从生活出发,防止从概念出发,不要主观地去定框框立条条。否则对繁荣创作是很不利的。为了避免空谈,还是让我们来看看《曙光》所描写的那段生活的实际状况吧。

《曙光》描写的是洪湖地区从1931年春到1935年遵义会议召开这四年中发生的党内路线斗争。这四年,是王明"左"倾机会主义路线占据统治地位的四年,是中国革命遭受严重挫折的四年。在这四年中我们党付出了极大的代价。伟大领袖毛主席在1936年底明确指出:王明路线使得"丧失了陕甘宁边区以外的一切革命根据地,使红军由三十万人降到了几万人,使中国共产党由三十万党员降到了几万党员,而在国民党区域的党组织几乎全部丧失。总之,是受了一次极大的历史性惩罚"。毛主席对王明路线的危害作了深刻的揭露和批判。

洪湖地区是深受王明路线危害的一个典型。从秋收暴动后,革命形势一直很好。特别是1928年元月,贺龙、周逸群同志受党派遣来到洪湖后,传播毛主席在井冈山创造的"工农武装割据"的新鲜经验,革命运动发展十分迅猛。只不过两年多时间,洪湖根据地就成为拥有17个县,纵横数千里的整块赤区。红军也有两个军六个师好几万人,还有地方部队和赤卫队,声势雄壮。贺龙、周逸群同志还遵照毛主席的榜样,从上而下普遍建立了苏维埃政权和各种群众组织。那时的洪湖呵,如火如荼,烈烈轰轰,一派大好光景。

可是,1931年3月,中央代表来到洪湖,全面地推行了王明"左"倾机会主义路线。他首先改组了党的领导机关,成立了由他自任书记的中央湘鄂西省分局,并缩编了红军,以求"正规化"。他在政治上推行"争取一省数省的首先胜利"错误路线;在军事上大反"游击主义",搞"城市战、堡垒战、阵地战、大规模的平地战",主张"两个拳头打人";在组织上大搞宗派主义;在策略上搞"消灭富农"等过"左"政策……中央代表来到洪湖不过年把时间,好端端的洪湖苏区便给断送了。1932年9月红军被迫撤离,百姓受到国民党残酷屠杀。损失了一半力量的红军,从此如戏中贺龙同志所说的那样:根据地"在脚底板上",到处辗转。人越打越少,1935年红二军团到达四川时,只剩了三千人马。由于长年得不到补充和供给,战士们衣衫褴褛,弹药缺乏,几乎不像一支主力部队了。

中央代表推行的错误路线在实践中不断遭到干部、战士的强烈抵制和反对。中央代表根据王明为首的机会主义中央领导的指示,对那些怀疑、抵制、反对错误路线的同志,实行"残酷斗争","无情打击"。借"肃反"杀"国民党改组派"为名,他们杀害了大批党的优秀干部、红军战士,甚至老百姓。曾在毛主席主办的武汉农讲所学习过、洪湖苏区创建人之一、省保卫局负责人,就是因为坚决反对错误路线而惨遭杀害的。当时,一个师长被说成是"改组派",三个团长就也是,要一齐杀掉。大家不敢在床上说悄悄话,说了就是"说私话"。香烟不准传来抽,传了就是"开烟头会"。两三个人到馆子去吃饭,就被认为"开秘密会"。王明路线危害之烈,可见一斑。

多么严峻的生活现实!它充分暴露了王明路线究竟是个什么货色。任何热爱毛主席革命路线的人,听到看到这些"血淋淋的事实",难道能不热血沸腾、愤怒满腔吗?难道能对这个问题采取含糊敷衍的态度吗?不能!必须把王明路线的严重危害形象化地表现出来,充分地表现出来。只有无情地加以暴露、鞭笞,才能使人们深刻认识王明路线的反动本质。如果对王明路线的危害,加以轻描淡写一番,那必定要歪曲了生活和历史的真实,实际上贬低了毛主席革命路线战胜、取代王明路线的伟大意义。歪曲了生活本身,那被某些同志赞赏的"生活本质",岂不成了令人讨厌的高调,徒有外表的标签?

我以为,《曙光》在这方面把握得是比较好的。比较恰当地按照生活的本来面目,以浓重的笔触暴露了错误路线的严重危害。写得是震撼人心的,是真实可信的。它没有为了表现危害而罗列一大堆现象,更没有写了危害的严重性而使人感到前途暗淡。而是激发了观众对王明路线的无比仇恨,对毛主席革命路线的无限热爱。这恰恰不是违背了生活的本质,而正是深刻地揭示了生活的本质。

在暴露王明路线的同时,《曙光》通过一系列典型人物和事件,一层层表现了红军干部战士在实践中对错误路线认识和斗争的过程,写出了错误路线不得人心的必然结果,显得合情合理、分寸得当。更值得我们重视的,就是《曙光》在刻画贺龙同志时也是这样做的。剧本没有超越生活实际和路线斗争自身的规律,没有因为贺龙同志是伟大的无产阶级革命家,而毫无根据地把他写成凌驾于一切之上的神明或救世主,仿佛他在当时就可以主宰湘鄂西党内的一切。

我十分同意不少同志的意见,即感到目前剧本中贺龙的形象比较单薄。他没有卷入斗争的中心,他还没有被作者紧密地组织到整个构思中去。随着时间的推移,观众就更不满足。而且剧中贺龙同志的戏太少,给演员的发挥也带来了困难。应当把贺龙同志的形象写得更美、更丰满、更光辉。作者是比较熟悉贺龙同志的,我们相信他必定有此心愿,绝不会为剧本现有的成就而不再进行修改了。

可是,有一种意见认为贺龙同志在这场同王明路线的斗争中不应该显得被动,如处于被动那就是不符合生活的本质。我以为这种意见也是缺乏具体分析的。

列宁曾明确指出:"马克思主义要求我们一定要用历史的态度来考察斗争形式问题。脱离具体的历史环境来提这个问题,就等于不懂得辩证唯物主义的起码要求。"(《列宁选集》,第二版第一卷,第673页)我们应当遵循列宁的教导来考察一下贺龙同志当年所处的"具体的历史环境"。

推行王明路线的中央代表对贺龙同志是早有戒心的。他一到洪湖,就把贺龙同志的亲密战友周逸群同志排挤出中央分局和红二军团。不久,因突遭敌人袭击,周逸群同志不幸牺牲。贺龙同志失去了一个有力的支持者,处境更险恶,斗争更艰巨了。

更何况阶级斗争是极其复杂的。比如革命队伍里的确钻进了国民党特务、反革命分子。王明路线在理论上是一套又一套,充斥着马列主义的词句,一时很难认清他们的真面目。军事上要"御敌于国门之外"等激烈口号,也有不少干部战士受到蒙蔽。毛主席就说过:由于干部和人民缺乏经验,他们不相信战略退却,"说服干部和人民的问题是一个十分困难的问题"。这种种因素,都告诉我们不能把斗争简单化,把抵制错误路线看得易如反掌。

据贺龙同志当年的警卫员、革命老人的介绍,中央代表是中央分局书记、军委分会主席,又是省苏维埃主席。贺老总受王明路线排挤,只担任中央分局委员、红二军团总指挥,连"肃反委员会"都不让他参加。双方地位之悬殊显而易见。1933年,中央代表悍然决定要捕杀坚持正确路线的军长段德昌等三位同志。贺老总坚决反对,他跟中央代表展开面对面的斗争。由于党、团组织已被中央代表解散,贺老总最终没能保住段德昌等三位同志。但是贺龙同志的严正立场却在历史上留下了不灭的光辉。

尽管处境十分困难,中央代表又处心积虑要对贺龙下毒手,但我们的贺老总从没放弃过斗争。他怀着对党的无比赤胆忠心,竭尽自己最大的努力,在自己力所能及的范围内抵制王明路线。对横遭诬陷的革命同志,只要他能保护的,他都不顾个人安危加以保护,使一大批同志免遭杀戮。在军事上,他英明果断地指挥作战,击败了国民党反动派一次又一次的包围和进攻,化险为夷,保存了红二军团。贺龙同志是洪湖斗争的光辉旗帜,他在红军战士中享有崇高的威望。王明路线的推行者之所以迟迟不敢对贺龙同志下手,原因就在于此。

由于贺龙同志所处的是这样的地位,他没有解决,也没有可能解决党内路线问题。只有党的遵义会议才能完成这个伟大的历史使命。只有毛主席,在这历史的关键时刻,挽救了革命挽救了党。作者把剧名定为《曙光》,含义是十分清楚的。

《曙光》比较好地摆正了无产阶级革命家个人同党同组织的关系,正确地描写了他在革命过程中的作用。剧本着力歌颂了他在任何艰难困苦的条件下都始终不渝地坚持马列主义,坚持团结,坚持光明正大的高贵品质。"沧海横流,方显出英雄本色。"这完全符合生活和历史的真实,也完全符合社会生活的本质。

　　《曙光》写作于"四人帮"粉碎后不久,作者是满怀革命激情写作的。在反映党内路线斗争方面,《曙光》为我们提供了宝贵的经验。当然同一切优秀作品一样,它也存在一些不足。作为一个革命历史剧,如何更好地符合历史真实,有个别问题还可商讨。如兰剑的典型性问题,兰剑同林寒的关系问题。在艺术性方面也有需要进一步提高的地方。比如结构不很严谨,情节不太贯串,某些台词比较概念。这些都影响艺术感染力,使观众感到不够满意。但是,瑕不掩瑜,《曙光》毕竟有自己独特的光辉。我们相信作者一定会虚心地吸取大家的正确意见,百尺竿头更进一步,把它改得更好。

原载《人民戏剧》1978 年 5 月第 9 期

让灿烂的星光照亮人们的心
——和青年朋友谈《今夜星光灿烂》

冯 牧

我刚刚看过由于稍微引起了一些异议,因而使有些青年朋友感到好奇的影片《今夜星光灿烂》。我想毫不犹豫地、满怀热忱地对我所认识和不认识的青年朋友们说:我希望你们看看这部影片。不论你们是怀着什么样的期望和动机来看这部影片,你们是不会毫无所获和无动于衷的;你们会从它获得精神上的激励和滋润,你们会从它得到思想上的启发和触动。我想我这样说也许是并不过分的:这是一部由于它所具有的美好的思想境界而能够提高和丰富人们的思想境界的影片。我希望你们喜欢它,正如我喜欢它一样。

我不想掩饰这一点:在观看这部影片的时候,我时常抑制不住我的眼泪——既是激动又是幸福的眼泪。你们也许会说:这是由于触景生情。的确,这是很凑巧的事,我说不上这是幸还是不幸,影片上所反映的这段生活,就是导演和作者所亲身经历和体验过的生活,也是我在32年前同样亲身经历和体验过的生活。一种和美好回忆混合在一起的亲切感,使我从一开头就被它所吸引和感染,并且被它带回到那曾使人们在革命战火的洗礼中得以锻炼成长的历史年代。在那个历史年代里,我有过许许多多的同生死共患难的战友,我那一年(就是伟大的淮海战役那一年)虽然并不是18岁而是28岁,我在那蜘蛛网般的交通壕和掩体工事当中的战斗岗位也并不是连长、指导员、卫生员或者电话员,而是一名前线记者;但是,那是何等令人难忘的日日夜夜啊!经过了短短的十五天(假如我没有记错,在淮海战役的第二阶段,也就是《今夜星光灿烂》中所描绘的那一段战斗的日日夜夜,总共不过半个月时间),人们就像是一块块被投进高炉的矿石一样,被冶炼成纯钢。在那爱与恨、血与火、坚强的战斗豪情和深挚的阶级感情、自觉的革命意志和单纯的翻身与复仇的强烈愿望错综复杂地交织在一道的年代里,可以发现这样的奇迹:一个人可以在短短的时间里迅速地觉醒、成长和坚强起来,就像影片中所描写的小杨、小孙、小于、小郭一样。在这样的战斗的熔炉中,一个人在一瞬间可以闪现出那样的光辉,就好像在夏日黄昏的晴空中一个接连一个出现的繁星的光辉一样。

《今夜星光灿烂》捕捉了一个确实可以使人亲切地回忆起那个英雄年代的

动人形象——它让一片繁星满天的夜空所发出的灿烂的星光照亮着战场,照亮着战士们正在胜利前进的战斗道路——从这条道路,我们迎来了和走进了一个人民当家做主的共和国,照亮了前进队伍中(及其后继者)每一个人的心。这灿烂的星光,有着那样强烈而辉煌的感召力量:它让我们带着感奋的心情想起了我们那些为了共和国的诞生而洒尽了鲜血的战友(他们已经化作了灿烂的星光),想起了他们在我们前面披荆斩棘、英勇牺牲的矫健身影,想起了在他们身上跳动着的那一颗颗崇高、美丽而纯洁的心。

这灿烂的星光,同时又有着那样富有教益和启示意义的感召力量:它不但让我们回忆起我们所走过的战斗历程,那通向社会主义的战斗历程,而且让我们时时刻刻都想到了我们今天的生活。我们的道路中有坎坷,我们的心灵上有伤痕;为了我们的现实生活更加完善起来,我们每日每时都不得不为战胜眼前的矛盾和困难而进行着尖锐的艰苦的斗争;但我们毕竟已经走进了一个我们曾经那样梦寐以求的消灭了剥削阶级和剥削制度的社会主义社会;而这一切,是多么的来之不易啊!我们现在正在进行着的伟大的长征,难道不正是32年前我们的战友们以自己的血肉和生命所开拓的那条伟大进军道路的必然继续和延伸么!

这灿烂的星光,透过硝烟弥漫的夜空,像是一个个晶莹明澈的目光;这目光,仿佛在向我们发出期待和殷切的询问:我的战友啊!我已经为我的祖国和人民献出了生命,我们已经用自己年轻的身躯为你们开拓和铺平着前进的路程,你们将要用怎样的行动来夺取和建设祖国的未来呢?对于这样的询问(正如影片中的司令员向战士们所提出的问题一样),我们每一个后来者和生存者,能够不以一种战士般的忠诚和正直用我们的行动来作出回答么!

《今夜星光灿烂》是一部描写解放战争中的淮海战役的影片;淮海战役,是我所经历过的战争生活中最壮丽的一幕;许多年来,我怀着热切的期望,期待着反映淮海战役的成功的文艺作品出现。我看过不少这类题材的作品;它们有不少是生动感人的,富有教益的;但也有一些是不能给人以满足的。这其中最重要的一条原因是:尽管我们从它们看到了壮丽的战争历史和战斗生活场景的真实再现;看到了千万个革命战士以他们的革命英雄气概所建树的丰功伟业,却不能够或很少能够使我们深切地感受到那种有血有肉的人们(他们是历史的创造者和战争的胜利者)所具有的思想、心灵和性格的力量。那种被描绘得"高大完美"、无坚不摧、服装整洁的英雄人物,虽然能创造许多奇迹,却往往不能拨动我们的心弦。我们不相信我们的革命战争史是由这种缺少活生生的人的心灵和感情的"无敌勇士"所写成的。

而《今夜星光灿烂》的作者、导演和演员,却似乎是取得了这样共同的默契:

他们决心按照生活的本来面貌来表现战争,而不是按照某种规范化了的习惯来表现战争;这种规范化的要求,不论出于多么良好的动机,都是和生活化与典型化的原则相抵牾的。

因此,我决不认为,当我为影片中的情节和场景而频频挥泪时,仅仅是因为它们唤起了我的回忆;回忆是动人的,但是,使我激动不已的,更主要的是那些在影片中生龙活虎般地生活着、战斗着、思考着和幻想着的战士们,他们的似曾相识、栩然若生的可爱形象,他们的自然流露出来的高尚而又真实的思想、感情和性格。他们的年龄,使他们还不可能具有自己漫长而曲折的身世和故事,但他们又都以各自朴实而切实的经历(多么短暂而光辉的经历)向我们展示了他们美好的个性鲜明的心灵。18岁的小郭、小于、小孙和小段,年轻的连长和排长,使我想起了许多曾经和我一道进军一道在淮海战场上生活过的通讯员、电话员、卫生员、司号员、连长和排长。他们以如此美好如此真实如此有声有色的形象显现在我们眼前,使我不禁想起许多死去的和活着的战友:那个活泼而天真的通讯员,当他在敌人坦克旁微笑地闭上了眼睛时;那个腼腆而沉默的卫生员,当他穿着掏空了棉花的棉衣,拖着断腿救护伤员时;那个纯朴而执拗的电话员,当他在敌人面前拉响了胸前的手榴弹时;那个英俊而开朗的连长,当他在临终前掏出胸前的怀表时;那个朴实而热情的农村姑娘,当她捧着药箱请求替死者完成未完成的任务时;那个调皮而善良的司号员,当他面对死者的幻影吹起了冲锋号时……难以抑制的眼泪使我的目光模糊了。这是一种通过富有生活气息的艺术形象体现出来的感人肺腑的思想艺术力量。

在这样的时刻,我对于银幕上的那些青年演员,产生了一种近于天真的感激之情:这一批青年演员,虽然并没有亲身体验过战争生活,却能够把战士们的形象塑造得这样真实可信,有声有色。一位年轻女演员,能够通过如此简洁而集中的表演,把一个从蒙昧中觉醒了的农村姑娘的性格发展过程表现得这样清晰可辨、层次分明。当然,我知道,这一切值得称道的艺术成就,在很大程度上应当归功于导演的创造性的劳动。这种创造性的劳动,使影片贯穿始终地具有一种革命抒情诗的色彩;而这种抒情的色彩,又同那种电影化手法的交叉运用和典型细节的生动描绘紧密地结合在一起,就使得影片有着一种真实、清新、简洁、准确的艺术感染力量。我们看到,影片中的几个生动鲜明的人物形象,大都不是通过叙述、对话和自白,而是通过他们的符合生活逻辑的行动和电影化的细节表现出来的;有些人物台词很少,甚至连一句完整的话都没有说,他们的性格和心灵就生动地清晰如绘地显现出来了。

影片描写的是将近三分之一世纪以前的生活,但是,它所表达出来的主题思想和今天人们的思想感情,却是息息相通的。影片的作者在文学剧本上曾经写过这样的话:"作者力图真实地去描写 30 年前的斗争生活,但这个作品完完全全,包括每一个字、每一句话都是为今天写的!"我以为,这句话,是符合影片的实际的。这部反映革命战争生活的作品,通过血肉丰满、富有个性的人物形象的塑造,唱出了对于革命英雄主义精神的深沉动听的赞歌。这些可敬、可亲而又可信的人物形象,以各自的经历和行动表达了这样的思想:人们啊,你们要珍爱生活,珍爱那用我们的青春夺得的新中国,要把它建设得如同我们当年所期望所幻想那样的美好和完善。正像我们的司令员当年在战壕中所提出来的:"如果战争结束之后,我们都是幸存者,而过十年,二十年,三十年,不用行军打仗了,有了妻子儿女,每天工作完了之后,安安静静地坐下来闭上眼睛休息,我们会想起今天——1948 年 12 月 9 日,不! 10 日这个拂晓吗? 会想起这位 18 岁的战友吗? ……不! 今天回答这个问题是没有意义的。将来每一个人都会用自己的行为来回答这个问题,并且非回答不可!"

是的,我们每一个看过影片的人,在激动感奋之余,对于这个问题,都应当作出自己的回答。我们今天的一切思想和行动,都应当无愧于 32 年前那些年轻战士的美好形象和他们对未来的憧憬,都应当无愧于千万个烈士流血牺牲所为之奋斗的崇高的理想,都应当无愧于我们伟大的时代和伟大的人民!

那么缺点呢? 这部影片难道就没有缺点和瑕疵吗? 我承认它确实还存在一些缺点和不足,但是它们无损于影片所具有的总的美好的色泽和音调——它贯穿始终地响彻着一种健康的革命英雄主义的音调,闪耀着一种明朗的鼓舞人心的光彩。而那些局部和细节方面的缺点是可以很容易地加以弥补和克服的。

因此,我认为共青团中央把这部影片推荐给青年一代的决定,是十分正确的。

6 月 3 日晨
原载《电影艺术》1980 年 7 月第 7 期

革命和青春的颂歌
——影片《今夜星光灿烂》观后

浦 人

《今夜星光灿烂》出于诗人白桦的手笔。它反映的是三十年前淮海战役中我方几个年轻战士，为了祖国的解放事业，献出自己壮丽青春的故事。

影片一出厂就受到了广大观众的欢迎。当然，人们喜欢这部影片不是没有理由的。首先，影片的主题很好，它是一首革命和青春的赞歌，它有深刻的现实意义。影片中的年轻战士为了解放全中国，为了解除套在千千万万个像杨玉香这样贫苦姑娘的颈脖上的吊绳，流尽了最后一滴血。从他们身上，我们不能不又一次想到今天的幸福生活是多么的来之不易，不能不使我们再次深思：人的一生应当怎样度过？生命怎样才有意义？影片虽然写了四个革命战士的牺牲，但是，却没有带给我们丝毫伤感的情绪。影片自始至终洋溢着革命乐观主义精神和奋发向上的激情，英雄们的崇高品德将鼓舞我们为"四化"作出积极的贡献。

《今夜星光灿烂》的突出成就在于刻画人物的成功。这部影片和以往反映战争的影片不一样，它并没有去渲染淮海战役的气势与规模。整部影片甚至没有一个完整的故事，而是着重于写人，写战争中的人，着力于刻画战士们在艰苦卓绝的斗争中的思想情操、精神风貌，揭示他们美好的内心世界。

影片突出描写了四位年轻战士，他们是小郭、小于、小孙和连长何战云。小于是电话兵，当他听到司令员说，如果电话能接到敌军司令部，就可以用电话向敌人劝降后，竟奋不顾身地闯进敌巢，不仅将电话线接到了敌师部，而且硬逼着敌师长接了电话。最后在紧迫情势下，他拉响了别在腰中的手榴弹，与敌人同归于尽。小郭是连部通讯员，他见战斗伤亡较大，减员较多，便坚决要求下连队。在战场上，他与敌人的坦克搏斗，炸毁了坦克，自己也壮烈牺牲。小孙是卫生员，为了解决药棉不足，他竟不顾寒冷，扯下自己棉衣上的棉花，消毒后为伤员擦拭，还让人家保密，战斗中，他被敌人的炮火炸断一条腿，却不让人及时背下火线，硬要玉香先去救护其他同志……连长何战云只比他们年长几岁，但像一个大哥哥一样关心着连队的战友，他冲锋在前，光荣地牺牲在战场上。这一组英雄群像，他们的胸怀是多么的宽广，意志是何等的坚强，他们作战都是那样的勇敢，心灵又都是那样的美好，看后，谁不感动，谁不喜爱！影片值得称道之处还在于作者选择了不少个性化的典型细节和动作，把他们的个性特征刻画了出来,使人物栩栩如生。看过影片,小于的朴实与憨厚,小郭的天真、活泼,小孙的腼腆、沉静,何战云的热情、干练,都深深地留在我们的记忆里。

影片中杨玉香这一人物是贯串始终的。她是一个 17 岁的农村姑娘。因弟弟被地主杀害,随父到省城和南京告状,受尽欺凌后,父亲惨死街头,她对生活彻底绝望了,正欲寻短见时,解放军战士小于救了她。编导者设置这一人物,是有深刻含义的。她是千千万万受迫害、剥削的劳动人民的代表,并通过这一代表人物揭示了这场革命战争的正义和目的。而且影片还巧妙地通过她的"眼睛"这一角度来描写战士们的英雄行为和美好情操,因而,分外真实和有感染力。影片中杨玉香从绝望到看到希望,看到光明,成为一名坚强的人民解放军卫生员,这一转变是可信的。她那单纯、朴实、爱憎分明的性格也刻画得十分鲜明。

在《今夜星光灿烂》中,谢铁骊同志那独特的导演艺术又一次得到了生动的体现。突出的是简洁、流畅。影片的结构犹如行云流水,不枝不蔓。镜头的组接和时空的转换很符合人们的心理逻辑,既自然,又富有表现力。如影片开始不久,就清楚地交代了时代、环境、气氛和杨玉香悲惨的身世,并且,其间几乎没有什么对话,足见导演之功力。其次是细腻、含蓄。这主要表现在人物刻画上。如对小郭牺牲这场戏的处理:小郭炸毁了坦克,自己身受重伤,在即将死去的时刻,导演并没有像某些影片那样大肆渲染他的"英雄状",而只让他说了一句话:"它到底没斗过我!"给了他一个带着欣慰的微笑的特写镜头。这一含蓄的处理手法,有着极为强烈的艺术感染力。又如,对影片中的一条隐约的爱情线,导演也处理得很高明。小于救了杨玉香,杨玉香以终身相许,小于当众不为所动,内心却对小杨有好感。在这种特定环境下产生的这一特殊感情,导演是很注意把握分寸的。导演为小于去炸敌师部前设计的几个镜头也颇为令人回味:小于向杨玉香走近一步,庄重地敬了一个礼,想说什么又没说,只憨厚地笑了笑。杨玉香感到很意外,也向前走近一步,注视着小于。小于忽地跑了,杨玉香兴奋地望着他远去的身影。这些镜头看来十分平常,但是却那样真实地表现了小于和杨玉香之间纯洁而又微妙的感情的游丝!再者是整部影片充满诗情画意,具有散文诗般的抒情风格。不仅角色的台词有浓郁的诗情,许多画面也有诗一般的意境。特别是影片结尾,导演用电影化的手法,以灿烂的星光比喻牺牲了的光荣战士,把对英雄的歌颂和杨玉香内心世界的揭示结合在一起,以景抒情,情景交融,深深地打动了我们的心。

如果说这部影片还有什么不足的话,我以为,杨玉香梦幻那场戏的某些情节与影片尚有不协调之处,小于冲进司令部这场戏似嫌突然,他何以能冲进去,似应交代得更加细致些。

原载《电影评介》1980 年 5 月第 5 期

一首抒情的赞歌
——《今夜星光灿烂》的艺术特色

高立志 崔莲英

彩色故事影片《今夜星光灿烂》，以名震中外的淮海战役重大事件为题材，但并不着力于表现敌我双方兵力部署、智囊人物的运筹帷幄、两军交战的格斗厮杀，而是在千军万马中选取一个最小的基层连部，选择几个年轻的指战员，以浓重感人的抒情笔调，赞颂他们美丽晶莹的青春和高尚纯洁的革命情操。整部影片格调清新、诗意盎然，寓意深邃、耐人寻味，宛如一首抒情的赞美诗。

诗情画意　清新明快

虽说影片截取的是淮海战役的一个侧面，但它毕竟写的是战争环境。从开始的曳光弹划破夜空，到结尾告别余烬未熄的战场，几乎没有离开战争的背景。但是影片却把我们引入一个充满生气、情趣盎然的氛围里，而不是硝烟弥漫的、凝重肃穆的环境。三十八团二营五连的连长和三位战士都先后英勇牺牲，影片给我们的，并不是悲壮的哀歌，而是赞颂的诗篇。这种不同凡响的艺术效果，正在于创作者构思的新颖和剪裁的精良。

编导十分注意抓取展示主人公们青春活力的富有生活情趣的细节，像捉鹦鹉、打扑克、编鸟笼、开玩笑起绰号等，在人们的生活中，特别是青年中经常发生的事情，但是把它放在严酷战争的典型环境里，就成为表现年轻战士们对生活的热爱和乐观精神的生动情节。

另外，导演在处理画面构图、影调光调以及节奏上，都具有明快清新之感。情与景相得益彰，内容和形式达到较完美的统一，浑然成为影片独具的抒情格调。

呼之欲出　人各有貌

影片较成功地塑造了众多的人物群像。全片榜上有名的18个人物当中，

14个人都有鲜明的性格特征,尤其是对年龄相仿的几个年轻人的刻画上倾注了编、导、演的全部心血。通信员小郭,接线员小于,司号员小段,卫生员小孙和文书小邱,他们年龄相当,服装一样,身量也差不多,他们亲如兄弟,朝夕相处,不易分清。创作者除去在造型上稍事区别外,主要是赋予人物以独具的性格特征,如小郭的开朗幽默,小于的质朴坚毅,小孙的斯文内秀……更值得赞许的是,编导通过对几位战士牺牲的不同处理,使人物个性升华为革命的情操、崇高的品格。小郭勇斗坦克取得胜利,自己不幸中弹,牺牲前仰天大笑。这个处理使人骤然想到苏轼的名句:"谈笑间,樯橹灰飞烟灭。"只身闯进敌师部并与之同归于尽的小于,把裴多菲·山陀尔的诗句"生命诚可贵,爱情价更高,若为自由故,二者皆可抛"提高到了一个新的境界。把生的希望让给战友,把死的威胁留给自己的卫生员小孙,留给连长的不是豪言壮语的入党申请书,而是一份"检讨"。看到这里,观众不能不和剧中人物一起为痛失这样好的战士而流下激动的泪水。

虽然大多数观众并未和这些人物生活在同一战争环境里,但对他们是熟悉的,甚至能与之同行、促膝谈心,感到分外亲切。这是由于作者运用平凡中见伟大,普通中看英雄的创作方法所收到的艺术效果,完全摒弃了"高、大、全"式的创作模式。

含蓄隽永　发人深思

艺术作品要富于长时间的魅力,含蓄是一种重要的艺术手段。影片《今夜星光灿烂》获得成功的另一原因正在于这种含蓄的力量。

冬,初升的太阳巨大,火红。

辽阔的淮北田野上,一个渺小的身影,在波光粼粼的河边,向前移动着。

堑壕内,解放军战士在猫耳洞睡觉。……两个机枪手在给马克辛重机枪加水。

小河边,那个渺小的身影向前移动着。

机枪手用饭盒破开临时水井的冰凌,舀起一盒水。……他突然发现什么,向远方望去。

河边一个瘦小的姑娘背着破旧的行李沿河边走去。

……

这是影片的开头。导演把不同场景的镜头组接在一起,构成电影语言,它已不是单个的画面,也远远超过了原画面表达的意思,而是创造了一种新的意境,赋予了更深的含义,因而产生了更强烈的艺术效果。

　　硕大的一轮红日冉冉升起,虽然它还没有完全驱散严寒普照大地,然而它已经宣告漫长黑夜的结束,已给人间带来了温暖和光明。在这黑夜与黎明交替的时刻,杨玉香,这位穷苦劳动人民的典型代表濒于绝境。而我们的解放军战士忍饥挨冻、爬冰卧雪以至流血牺牲,正是为了从黑暗中、从死亡线上解救出自己的父老兄弟姐妹们。影片开始的十分钟内,几乎没用什么语言,依靠视觉形象以及产生的联想,已经为以后情节的展开提供了充分的根据,已经隐而不露地为回答战争的目的、指战员流血牺牲的意义和革命事业的前仆后继埋下了伏笔。

　　编导者创作此片是用心良苦的,创作意图是深远的,他们既为过去而写,更为现在,甚至将来而作。影片中有这样一段话:"如果战争结束之后,我们都是幸存者,再过十年、二十年、三十年……不用行军打仗了,有了妻子儿女,每天工作完了之后,安安静静地坐下来,闭上眼睛休息,我们会想起今天——1948年12月9日,不,10日——这个拂晓吗?会想起这位18岁的战友吗?不!今天回答这个问题是没有意义的,将来每一个人都必须用自己的行为来做出回答!而且非回答不可!"作者的意图溢于言外。毫无疑问,当观众听到剧中人陈司令员讲这段话的时候,会不约而同地自问:我该怎么回答?!不仅18岁的青年同志要回答,那场战争的幸存者、烈士的战友们要回答,生长和工作在这块烈士们用鲜血夺得的土地上的每一个人都"必须用自己的行为来作出回答!"

　　实际上,每个人都作出了回答,令人深思的是,你的答卷是能够告慰烈士,还是有负于烈士的期望?我们以为,这是影片开掘出的更深刻、更有意义的主题,也是影片命名为《今夜星光灿烂》的寓意所在。

原载《电影评介》1980 年 8 月第 8 期

四项基本原则不容违反
——评电影文学剧本《苦恋》

《解放军报》特约评论员

粉碎"四人帮"以后,特别是党的三中全会以来,广大文艺工作者在马列主义、毛泽东思想指导下,思想解放,心情舒畅,创作热情高涨,我国社会主义文艺出现了繁荣的局面,我军也涌现出一大批优秀作品。部队文艺创作在取得很大成绩的同时,也存在着缺点和问题。一方面"左"的错误思想影响需要进一步清除,另一方面也需要纠正存在着的某些追求资产阶级自由化的倾向。两种倾向都是背离四项基本原则的。有的作品,如部队作家白桦同志创作的电影文学剧本《苦恋》,则不仅违反四项基本原则,甚至到了实际上否定爱国主义的程度。我们认为,有必要对这部作品进行实事求是的批评,这对于加深我们对四项基本原则的认识,提高坚持和维护四项基本原则的自觉性,发扬爱国主义精神,繁荣社会主义文艺创作,都是有益的。

一

《苦恋》写了一个画家一生"苦恋"祖国,却遭到祖国"践踏"的悲剧。故事从1976年夏天画家凌晨光被追捕、逃亡苇荡写起,往前追述了他少年和青年时代的经历,往后写到他在雪原上冻饿而死的悲惨结局。在旧中国,少年凌晨光家境贫寒,然而处处可以得到善心人的照拂,识才者的器重:彩绘艺人教他绘画着色;科学家陈先生称他为朋友,陈先生的女儿娟娟赠他拴有同心结的木刻刀,为他唱"我们相爱在星光下"的歌子;禅院长老把他画的玉兰裱成长卷,回赠他题款"凌晨光居士雅属"的条幅,写着屈原《离骚》诗句:"亦余心之所善兮,虽九死其犹未悔。"青年凌晨光被国民党抓壮丁,巧遇船家女绿娘搭救,彼此深情相爱。他参加了"反饥饿!反内战!反迫害"的运动,被特务追捕,躲进轮船,到了国外。在美洲的一个国家,他出了名成了家,享有"花园别墅"、"黑色轿车"、"黑人使女"和"有灯光调节的画室",举办画展,博得了外国人的赞赏和尊敬。在画廊,画家再次巧遇绿娘,终成眷属。祖国解放了,画家夫妇抛弃国外的一切,双双返回祖国。在轮船驶入祖国领海看到五星红旗时,绿娘生下了他们的女儿,取名"星星"。然而,在社会主义祖国,画家仅仅有过短暂的欢乐,紧接着就是"文化大革命"中的浩劫。与他们一家爱国心切相对照,着力渲染的是祖国如何不爱他们:全家被赶到昏暗的斗室,"没有窗户,没有阳光,没有空气";在画家生日那天,他被打得满身鞭痕。女儿星星觉得在"这个国家"不能容身,决定跟男朋友弃国出走,凌晨光不同意。此时女儿反问父亲:"您爱我们这个国家,苦苦地留恋这个国家……可这个国家爱您吗?"凌晨光"无法回答"。他被人追踪,带着"生活在社会主义祖国还要逃亡"这个百思不解的问号,藏身苇荡,啃生鱼,吃鼠粮,成为荒原野人。剧终,雪停天晴,人们奔跑着寻找失踪的凌晨光,而画家生命之火已经燃尽,他用最后的一点力量,在白茫茫的雪地里爬出了"一个硕大无比的问号",问号上的那一个点就是"他已经冷却了的身体"。一生了结了,他"眼睛没有闭","手尽量向天空伸去"。

这就是《苦恋》描绘的画家凌晨光的所谓"壮丽而艰难的道路"。

二

《苦恋》作者向人们宣告:这部作品的主题意义是爱,作品主人公对祖国的爱,也是作者对祖国的爱。但是,作品的主题思想总是通过它的具体情节展示出来的,看过作品之后,我们不能不说它所描写和抒发的感情,并不是对祖国的"爱",而是在"爱"的掩盖下,对我们党和社会主义祖国的怨恨。

爱国,爱国主义精神,从来不是抽象的,在不同的历史条件下和不同的阶级社会里有着不同的内容。今天,我们讲爱国,不只是热爱我们祖国的地大物博、山川秀丽、历史悠久和灿烂的文化传统,而是要热爱中国共产党领导下的十亿勤劳勇敢的人民,热爱人民民主专政(即无产阶级专政)的社会主义国家,热爱党领导下的建设社会主义现代化的伟大事业。这种爱国主义具有最广阔最深厚的社会基础,具有崭新的社会经济的、政治的、思想的内容,是历史上任何的爱国主义所不能比拟的;它反映了人民和国家间的新的关系,这种关系是在我国社会主义建设过程中形成和发展起来的。难道今天对祖国的爱,能够同对党、对社会主义的爱相对立吗?但是,《苦恋》所反映的却不是这样。它描绘的旧社会还有些情谊和温暖,而社会主义的新中国却处处是苦痛和悲剧;旧社会爱国者被迫害还有人救援,在新中国爱国者不但仍被迫害而且走投无路;在美洲的那个国家遍地"阳光灿烂",社会主义祖国却是一团漆黑。《苦恋》描写凌晨光如何爱国,正是为了反衬祖国如何不爱他。在这部作品中,甚至连五星红旗也被泼上了污水。画家的女儿在五星红旗下诞生,却无法在五星红旗下容身,弃国出走时交替出现的画面是"闪着金光"的五星红旗和"失声哭泣"的星星,还伴随着星星诞生时她父母对话的画外音:"起个名儿……""就叫星星吧!"五星红旗是社会主义祖国的庄严象征,竟被嘲弄到如此程度,每一个有爱国心的人,读到此处不能不感到一种无法容忍的屈辱。《苦恋》违背历史的真实和生活的真实,用如此强烈的对比,清楚地表达了作品的主题思想:新中国不如旧中国,共产党不如国民党,社会主义不如资本主义;社会主义祖国不仅毫无可爱之处,而且可憎可怕。

  60 年来,正是在中国共产党的领导下,中华民族才根本改变自己的命运,在世界上站起来了。我们党领导下的伟大的人民解放事业,是中华民族爱国主义史册上最光辉灿烂的一页;今天我们党领导全国各族人民进行的伟大的社会主义建设事业,集中地体现了中华民族的爱国主义精神。"没有共产党,就没有新中国","只有社会主义能够救中国",这是历史的真理,人民的心声。尽管新中国成立以来,我们党的工作有过失误,几经挫折,特别是林彪、江青反革命集团的破坏,使社会主义制度的优越性未能充分发挥,但新中国成立三十年来的成绩仍然是巨大的。借批评党曾经犯过的错误以否定党领导下的社会主义国家,否定四项基本原则,这绝不是歌颂爱国主义,而是对爱国主义的污辱。

  《苦恋》通过艺术形象散布了一种背离社会主义祖国的情绪。尽管作者曾说作品意在"表现中华民族的凝聚性和向心力",然而,人们在作品里看到的恰恰是这种"凝聚性和向心力"如何遭到摧残。作品通过画家女儿之口提出的"您爱我们这个国家……可这个国家爱您吗"这句尖锐的问话,才是这部作品的真实主题。整个剧情都在阐发着这个主题。画家凌晨光"痴恋着祖国",被摧残得家破人亡。与画家在苇荡相遇的历史学家冯汉声放弃了国外的"最现代化的生活",落得个一辈子对祖国的"单相思"。与画家同船回国的诗人谢秋山夫妇,被逼得"夫南妻北";当诗人看到妻子云英的"死亡通知书"时,画外音里传来了妻子的咳嗽声和她在归国船上所说的话音:"就会好的,回到祖国就会好的,一切都会好的。"所有这些,实际上成了对于祖国的控诉和诅咒,是散布一种对祖国怀疑和怨恨的情绪。这种情绪同我国广大劳动人民和知识分子热爱祖国热爱党的赤子之心,有什么共同之处呢?最近报刊广泛介绍的原太原工学院副教授栾弗,1949 年从台湾大学回到祖国大陆,尽管十年浩劫中受到迫害,但他对党、对社会主义事业、对祖国的灿烂前程,始终充满信心,百折不挠地把自己的全部心血献给了社会主义祖国,祖国人民将永远怀念他。这些年来,许多侨居海外的科技工作者,纷纷回国参加四化建设。"不管祖国怎样贫穷、落后,她总是我的祖国;就像我的母亲,不管她怎样穷,总是我的母亲。"这是他们发自肺腑的共同语言。我国人民的爱国主义精神,作为伟大的凝聚力和向心力,是今天全国各族人民包括台湾同胞和海外侨胞在内的大团结的重要思想基础,是建设社会主义现代化祖国的巨大精神力量。而浸透在《苦恋》这部作品里的离心情绪,却伤害了我们中国人民的爱国主义精神和民族的自信心,不利于安定团结,不利于我们正在进行的四化事业。

三

作者说,这部作品是揭露和审判"四人帮"的。可是,人们从作品中,却看不出哪些是"四人帮"的反革命罪行,也看不到党和人民对"四人帮"的斗争。作者用大量的形象、隐喻、符号和语言,反复表现的是"神佛"对人的精神奴役,"太阳"下人的苦难命运,以及五星红旗飘扬的土地上发生的悲剧。很明显,作品中的神佛、太阳,所影射的并不是"四人帮";而把一桩桩悲剧安排在五星红旗下,也绝不是为了审判"四人帮"。星星说的"这个国家",就更没有道理说是指的"四人帮"了。祖国和"四人帮"是完全不同的两个概念,同样,党和"四人帮"也是完全不同的两个概念。一个对人民负责的作家怎能如此歪曲历史,把"四人帮"的倒行逆施,当作伟大祖国对自己儿女的冷酷无情,把十年浩劫的灾难归罪于社会主义制度,甚至把党和"四人帮"等同起来加以鞭挞呢?我们谁也没有忘记"四人帮"横行期间的苦难,是"四人帮"践踏了祖国和她的儿女,国家和人民一起受难,我们的党、我们的军队、我们的国家遭受到极大的破坏。但是,尽管林彪、"四人帮"篡夺了党和国家的一部分权力,我们的广大党员、广大干部和人民群众对他们进行的抵制和斗争始终没有停止。最后也正是党领导人民起来粉碎了林彪、"四人帮"。这一切都说明我们的党和国家是同广大人民共命运的,我们的党和社会主义祖国是属于人民的。粉碎"四人帮"以来,不少文艺作品正确地反映了这段历史,以鲜明的爱和恨,给人以启发、信心和力量。例如影片《巴山夜雨》,就显示了广大人民跟林彪、"四人帮"是根本对立的。《苦恋》却不是这样,它把党和人民(包括知识分子)分离了开来,又把党和祖国同林彪、"四人帮"混淆在一起。作品中诗人谢秋山朗诵的一首诗:"既然是同志、战友、同胞,何必要给我设下圈套?既然你打算让我戴上镣铐,又何必面带微笑?既然你准备从我背后插刀,又何必把我拥抱?你们在我们嘴上贴满了封条。我们在自己的脑袋上挂满了问号!⋯⋯"明明白白地表明了作品要揭露和审判的并不是林彪、"四人帮",而是我们的党、党的领袖和人民民主专政的社会主义国家政权。

打着反对封建主义、反对现代迷信的旗帜,诋毁党的领导和人民民主专政的国家政权,是这部作品的另一主题。作者曾说:"中国现代封建主义比辛亥之前的封建主义还要厉害。"《苦恋》拼凑的艺术形象,就是对这一概念的图解。作者还曾就《苦恋》的创作意图,作过如下的告白:"祖国的象征绝不是历代帝王和当权者,绝不是!相反,他们是践踏祖国母亲的人。"这里的历代"当权者"一词虽然隐晦,但含义不难理解,这是包括我们人民民主专政国家的执政党——中国共产党和它的领袖在内的。《苦恋》这部作品中,描写造神、信神、群众被神愚弄的画面贯穿全篇,反复出现这样的对话:"为什么这个佛爷这么黑呀?""善男信女的香火把他熏黑了……"而且用北京大街上"满街都是挥动着语录本的人,一张张虔诚、天真而狂热的脸"来与之呼应。禅院长老和少年凌晨光关于神佛、香火和庙堂的对话的中心意思是:庙堂制造了神佛,愚弄了善男信女,骗取了香火。这种隐喻和暗示,所能产生的社会效果,只能是把人们对"四人帮"的仇恨引向党和党的领导人,引向人民民主专政和社会主义制度。

我们反对封建迷信,也反对现代迷信。但是,我们不能因为反对现代迷信就否定马克思主义关于群众、阶级、政党和领袖关系的基本原理。无产阶级政党和它的领袖是在人民革命斗争的长期考验中产生的,他们不是泥塑木雕的偶像,不是靠迷信制造出来的幻影,他们因为代表了人民群众的利益而为人民群众所拥护。但领袖是人不是神。毛泽东同志是伟大的马克思主义者,他为我党、我军和我国各族人民建树了伟大的功勋,他晚年也犯了错误,这错误给党和国家带来了不幸,虽然如此,他的功绩仍然是第一位的,错误只是第二位的。毛泽东思想是马列主义的基本原理同中国革命的具体实践相结合的产物,是我们千百万共产党员和亿万人民群众用血汗凝成的宝贵财富;它的基本原则将永远是中国共产党人、中国人民解放军指战员和中国人民的精神武器,指导我们不断将革命推向前进。全党讨论真理标准,破除现代迷信,是要求人们解放思想、开动脑筋、实事求是、团结一致向前看,观察处理问题从实际出发,摆脱"本本主义"和两个"凡是"的束缚;但这不是要否定毛泽东同志和毛泽东思想,恰恰是为了实事求是地评价毛泽东同志,恢复毛泽东思想的本来面目,坚持和发展毛泽东思想。这是全党、全军、全国人民的根本利益。《苦恋》的作者把我们的党和党的领袖同"历代帝王"相提并论,把他们说成是"践踏祖国母亲的人",把广大干部群众污蔑为"善男信女",讲这种话,作这样的描写,实际上使自己滑到同党和人民对立的位置上去了。

四

《苦恋》一再出现天空中自由翱翔的人字雁群,一再唱出"我们飞翔着把人字写在天上",人是"天地间最高尚的形象"的主题歌,用来和祖国大地上人的悲惨境遇作对照。据说,这种构思"将促使人们思考:什么是人的尊严?什么是人的价值"?

毛泽东同志说过:"世间一切事物中,人是第一个可宝贵的。"我们民族、我们党有多少优秀儿女为了人民的利益而前仆后继,为了人民的尊严而宁死不屈,他们在为社会进步和人民解放事业的奋斗中,实现了人的价值。我们尊重人的尊严和人的价值,但从不脱离历史的、现实的、具体的人而去空谈抽象的"人类之爱"。旧社会,中国人民处于无权的地位,谈不上人的尊严和价值。只有党领导下的社会主义新中国,人民才得以当家做主,知识分子才得以有所作为,海外侨胞才得以不被异国歧视。用马列主义、毛泽东思想武装起来的中国共产党人,以全心全意为人民服务为宗旨,以解放全人类为最终目的,从这个意义上说,共产党人是人类最壮丽事业的探索者和实践者,是彻底的革命人道主义者。但是《苦恋》这部作品又是怎么写的呢?它把我们党为人民利益而斗争的宗旨,歪曲为神的护国佑民,只是写在经书里,悬在天空中,可望而不可即的欺骗。作品中一再用天上的人字雁群和人是"天地间最高尚的形象"的主题歌,来反衬地上的人的悲惨命运,指责我们的党践踏了人的尊严,抹杀了人的价值,制造了祖国大地上的人的悲剧。作品中的人的颂歌,不但和两年前西单墙上的那些所谓争"人权"的论调相似,而且和一百多年前代表德国小市民利益、反对共产主义革命的所谓"真正的"社会主义者关于实现人的本质的无谓思辨相似。马克思、恩格斯对这种观点作了透彻的分析:他们"不代表无产者的利益,而代表人的本质的利益,即一般人的利益,这种人不属于任何阶级。根本不存在于现实世界,而只存在于云雾弥漫的哲学幻想的太空"。(《共产党宣言》)《苦恋》讴歌的"人"就是这样的,它并不代表生活在社会主义中国的广大人民的根本利益和要求,不过是作者按资产阶级人文主义的概念虚构出来的,超脱中国社会现实的,用来责难党和社会主义的工具而已。

《苦恋》摘屈原《离骚》诗句"路漫漫其修远兮,吾将上下而求索"为卷首语,还用《离骚》中的另一诗句"亦余心之所善兮,虽九死其犹未悔",表现画家凌晨光不屈不挠的"求索"精神。本来屈原对祖国的爱,表现在他对楚国的忠诚和对人民的同情,屈原的求索,突出表现在他立志改革,主张"国富强而法立"的进步思想。而《苦恋》所鼓吹的"求索",是怀疑党怀疑社会主义的"求索",是突破四项基本原则框框的"求索",是引导人背离祖国的"求索"。这不是继承了屈原精神,而是对屈原精神的悖逆。作品歪曲屈原精神却套用屈原故事,塑造了画家凌晨光的悲剧形象。作品也正是用了这个类似两千多年前屈原自沉汨罗的古老悲剧作为高潮而结束的。在茫茫的雪原上,在人字雁群消逝在天际时,画家用他的血肉之躯,在祖国母亲的胸膛上爬出了一个问号,在问号的那一个点上,终结了他"求索"的路程。凌晨光虽然死了,一个"越来越大"的问号却摆到了人们面前。作者用自己的话作了回答,这样的构思是:"希望人们从这些破碎的心灵的血浆里看到惨痛的教训,丢掉对自命为祖国象征的那些人的幻想,进行不屈不挠的斗争!"那么,谁是自命为祖国象征的那些人?向谁进行不屈不挠的斗争?作品提出的问题,不能不使人得出这样的看法:它的锋芒是指向党,指向四项基本原则的。

五

　　四项基本原则,是我们伟大的社会主义祖国的立国之本。它的内容是载入了我国宪法的。全党全军全国各族人民都应遵守,各条战线各项工作都应遵循,文艺工作不能例外。电影文学剧本《苦恋》的出现不是孤立的现象,它反映了存在于极少数人中的无政府主义、极端个人主义、资产阶级自由化以至否定四项基本原则的错误思潮。如果容忍这种错误思潮自由泛滥,势必对安定团结的政治局面造成危害,也就不可能顺利进行经济调整和四化建设,这是违背全国人民的根本利益的。我们批评《苦恋》的错误倾向,目的正是为了坚持和维护四项基本原则,巩固和发展安定团结,保卫社会主义的四化建设。

　　双百方针是繁荣社会主义文艺的方针,指的是在文学艺术中各种形式和风格的自由竞赛,在学术上的自由讨论,反对用行政的方式推行一种风格、一种学派。如果把它理解为可以违反四项基本原则的没有任何限制的绝对自由,那就会走到违背广大人民利益的资产阶级自由化的邪路上去。因此,对于错误倾向开展说理的批评,进行必要的思想斗争,不但不会妨碍双百方针的贯彻执行,而且有利于双百方针的正确贯彻。如果掩盖错误,堵塞批评,回避斗争,则对坚持四项基本原则不利,对发展社会主义文学艺术不利,对犯错误的同志也不利。我们希望通过对《苦恋》这部作品的批评,提高我军文艺工作者坚持四项基本原则的自觉性,也希望《苦恋》的作者能从这一错误中吸取教训,端正创作思想,在今后能写出有益于社会主义祖国和人民的作品。

　　坚持和维护四项基本原则,就必须理直气壮地、始终不渝地同违反四项基本原则的错误倾向进行斗争。四项基本原则是我军贯彻执行党的三中全会以来的路线、方针、政策,建设现代化革命军队的根本前提,也是我军各项工作包括文艺工作在内的坚定正确的政治方向。我军每个干部战士,特别是共产党员,都要把坚持和维护四项基本原则作为神圣的职责。坚持四项基本原则的核心,是坚持党的领导。每一个爱国的、为人民服务为社会主义服务的文艺工者,都应紧密地团结在党的周围,在坚持四项基本原则的基础上,继续解放思想,正确贯彻双百方针,促进社会主义文艺的繁荣和发展,努力使自己的作品正确反映我们所处的新时代,促进全党、全军和全国各族人民同心同德为四化的伟大事业作出新的贡献。这样做,才无愧于哺育我们的党和人民,无愧于我们亲爱的社会主义祖国。

原载《解放军报》1981 年 4 月 20 日

论《苦恋》的错误倾向

唐　因　唐达成

　　白桦、彭宁同志合作的电影文学剧本《苦恋》，无论在思想内容和艺术表现上，都存在着严重的错误和缺陷。剧本的思想错误，是当前一部分人中间的那种背离党的领导、背离社会主义道路的错误思潮，在文艺创作中的突出表现。作品的基本情节是：以画家凌晨光的所谓"苦恋"，来表白他如何热爱祖国，但祖国却毫不怜恤他，他遭受百般凌辱，最后含冤死去。作者在描写中，把"四人帮"和祖国相混同，从而把"四人帮"暴政下受难的祖国，当成了控诉的对象，使人不能不得出这样的印象：共产党不好，社会主义制度不好。

　　今年4月，《解放军报》带头发表了对《苦恋》的批评文章。批评是完全必要的。但由于十年动乱的余悸，以及一个时期以来，文艺工作中的批评和自我批评没有很好开展，因而对这部作品的批评一出来，就引起了广大读者的注意，众说纷纭；甚至成为国外舆论界的一个议论或猜测的话题，似乎中国文艺界的春天就要过去，严寒又要降临了，这显然是一种误解。国内外少数不怀好意的人，也乘机造谣挑拨。《文艺报》作为一个全国性的文艺评论刊物，没有及时抓住这个典型事例发表评论，有负于广大读者的期望，是应当引为教训的。

一

　　《苦恋》表现的是画家凌晨光一生的坎坷命运，侧重描写了他在十年内乱中的不幸遭遇。作品从一开始就介绍他是"一个痴恋着祖国和人民的苦苦的恋人"；在情节的进展中，又在多处点出他如何"苦恋"祖国，如何不后悔回到祖国，如何不愿意自己的女儿离开祖国，似乎作者要赞颂的是一个知识分子热爱祖国的感情。如果是这样，那又有什么可非议的呢？然而，从整个作品的构思、主要情节和人物形象所体现出来的思想倾向，以及它实际上给读者造成的强烈印象来看，就会发现，它所表现的并不是这样的内容，却恰恰在一些重大的原则问题上，暴露出严重的迷乱和错误。

　　剧本题名《苦恋》，这爱恋之"苦"，究竟指的是什么呢？作品中有这样一个情节:凌晨光受"四人帮"追捕,亡命苇荡,曾与也来避难的史学家冯汉声交谈。冯在讲到自己对祖国的感情时,叹息着说:"……我这一辈子都在单恋,单相思……"凌对此深表同感,答道:"您的比喻太对了!单恋,单相思……"在凌后来的回忆中,他们的这段对话,又作为画外音重复出现。可见,这所谓的"单恋,单相思"之苦,正是作者所赞颂的凌、冯的那种"苦恋"的真正含义,它贯串于剧本的全部构思中。但是,人们要问:这所谓"单恋,单相思",果真是一种值得称道的爱国主义感情吗?

所谓"单恋,单相思",意思无非是说:落花有意,流水无情。作品正是这样告诉我们的:画家凌晨光对祖国始终"苦恋",而祖国对他却总是无情,因而他陷入了"一辈子都在单恋"的痛苦。作品正是想以此博得读者的同情和赞美。然而,这是无法令人同情的。

以凌晨光个人的遭遇而论,他在旧社会曾遭国民党反动派迫害,十年内乱中,又受到"四人帮"的摧残,但是,那些反动势力并不代表祖国,而恰恰是祸害祖国的凶恶的敌人;当凌晨光遭罪之时,也正是祖国蒙难之际,怎能说成是祖国对他无情,他只好"一辈子都在单恋"呢?祖国对她儿女的爱,无比深厚,无比博大;儿女对祖国的爱,也应该是肝脑涂地,生死不渝。鲁迅诗曰:"我以我血荐轩辕。"周总理诗曰:"难酬蹈海亦英雄。"多少革命先烈,多少社会主义的劳动者为祖国英勇献身而义无反顾,这才是真正伟大的爱国主义精神。就是许多由于种种原因而受过挫折的同志,他们始终对党、对社会主义祖国忠贞不贰,这才是一种可贵的品格。他们绝对不会把个人和祖国的关系,看成是一种"等价交换",由于个人受到委屈,就埋怨祖国无情,或嗟叹什么"单恋"、双恋之类。

正是从这个混乱的逻辑出发,整个剧本都是在申诉自以为"苦恋"祖国而没有得到"报偿"的"单恋"之苦,嗟怨之情,溢于言表。这种感情,很难说成是真正的爱国主义。在作者看来,凌晨光、冯汉声以及诗人谢秋山等人越是不幸,而他们却越是"苦恋",就越能显出他们那种宗教殉道者式的"高洁"和所谓"九死不悔"的精神,但作者却恰恰忘记了,把"四人帮"的罪恶算在社会主义祖国的账上,以凌晨光们的所谓"苦恋"、"单恋"来衬托和渲染祖国的"无情",就从根本上歪曲了社会主义新中国。

作者对于事物的颠倒的认识,必然导致作品对社会现象的错误评价;剧本写凌晨光等人在十年内乱中的悲惨遭遇,正是为了图解作者的这个所谓"单恋"的颠倒认识。剧本写到,凌晨光的女儿星星要随未婚夫出国,凌晨光表示反对,但当星星向他发出这样的质问:"您爱我们这个国家,苦苦地留恋这个国家……可这个国家爱您吗?"他竟"无法回答"这个问题。作为一个在动乱中思想迷惘的青年,提出这样的问题,是不足为怪的。但是凌晨光的无言以对,却是因为女儿的问题正好击中了他的所谓"单恋"——即深感祖国对他"无情"的痛苦。剧本还写到,谢秋山的妻子云英从海外归国时,身患疾病,她曾在船上欣喜地说:"就会好的,回到祖国就会好的!一切都会好的。"十年内乱中,谢氏夫妇被分别驱赶到两地,当谢秋山从干校回到自己的旧居时,只有一纸妻子的死亡通知书在等着他。于是,"秋山的脸抽搐着,似笑似哭,手里的信像秋风中的树叶那样抖起来",这时,响起了死者在船上的那段话的画外音。这强烈的对照,真可谓"震撼人心",但是,对祖国的谴责,也真可谓无以复加了。也许作者会说,这些描写是在揭露"四人帮"的罪恶。是的,这些悲剧是"四人帮"造成的,揭露"四人帮"的罪行,当然是无可非议的。但问题是,作品没有把控诉的矛头对准"四人帮",没有把这些描写作为"四人帮"的暴虐和罪行来表现,却反而把它作为知识分子"单恋"祖国的悲剧命运来表现,试问:这在形象的实际感受中,怎么能不给人们以祖国无情的强烈印象呢?剧本最后给凌晨光一个悲惨的、在逃亡中冻馁以死的结局,作者还特意让他临死前在雪地上爬出一个巨大的问号,以示他(也是作者)对这种"单恋"命运的巨大疑问和强烈控诉。在剧本的许多描写和这个大问号中,旧社会和社会主义社会的本质区别消失了,我们的社会制度和"四人帮"的罪行被混同起来;于是剧本把本来应该指向林、江反革命集团的控诉,变成了对于党所领导的社会主义祖国的严重怀疑和嗟怨。在颇能打动一些人的"苦恋"的面纱掩盖下,竟是这样的是非不辨,黑白混淆,还能说剧本抒发的是一种值得赞美的"爱国之情"么?

　　偏见比无知离真理更远。作者这种偏见从何而来,我们可以从作品的构思中看到它分明的脉络。作者把凌晨光这样的知识分子与祖国的关系,看成是所谓"单恋",原因就在于,作者不是把凌晨光的命运同人民的命运和历史的发展联系起来观察,却仅仅以个人的利害得失,作为衡量一切事物的标准,这样就必然陷入历史唯心主义,一叶障目,所看到的就只是某些知识分子个人的不幸,以为人间苦恼,萃于一身,命定是历史的受难者。在《苦恋》中,作者就是用这种偏见来概括、图解凌晨光的命运的。例如作者在剪裁和拼凑他的素材时,把凌晨光在"四人帮"肆虐以前的十几年中分明沾受到的祖国的温暖和党的雨露春风,统统推到作品的后景上去,或作为陪衬,或作为点缀。凌晨光从海外归来,本是他命运的巨大转折,他的生活进入了一个全新的境界,对他从建国初期到十年内乱以前这一段新生活,剧本只以几个一瞬即逝的镜头和一段感叹式的旁白一带而过。推到作品前景上来的,则几乎从头到尾都是苦难。似乎这就是他在新中国生活的写照,足以证明他"单恋"之苦,这不仅有悖于事实,而且也未免太不公正了罢?这怎能不在一些读者中造成这样混乱的印象:我们整个社会的面貌是黑暗和可怖的呢?

更耐人寻思的是：在凌晨光归国之前，作品还写了一段他在国外的生活。他的出国本来十分偶然，然而一出国就立刻奇迹般地变成大画家，不仅生活十分豪华，而且备受外国公众的崇敬。莫非那个美洲的资本主义世界，真是中国知识分子的天堂，艺术家的奥林匹斯山么？在艺术上，这纯属是凭空的编造。然而，编造这种突然发迹的神话，看来是颇有用意：它一方面是以凌晨光在国外的空前幸运，来对照他归国后遭遇的不幸和不公正；另外是要表明，凌晨光在国外如此荣华尊贵，居然能抛弃一切，投奔祖国，可见他是作出了何等巨大的牺牲，何等施惠于祖国。按照作品的思想逻辑，既然他牺牲得多，理应被"报偿"得多，如今祖国给他的却只是苦难，更可见这是多么无情。从这里我们可以看到，凌晨光对所谓"单恋"的嗟怨，与作者所标榜的屈原诗句"亦余心之所善兮，虽九死其犹未悔"的精神，是毫无共同之处的。屈原挚爱自己的祖国，怨怀王之无道，哀生民之不幸，作为一个贵族出身的诗人，他也决非仅仅着眼于一己的荣辱。而人们从《苦恋》中感到的，却分明只是一种用"爱国"的油彩装饰起来的怨恨情绪而已。

人们都明白，爱国主义在不同的时代，有不同的内容，知识分子在不同的社会制度下，不同的历史条件下，也有不同的命运。今天的爱国主义，和爱党、爱社会主义是不可分的。当然，由于环境、教养不同，认识水平不同，觉悟程度高低不同，有的爱国者，他们对于共产党，对于无产阶级专政，对于社会主义，对于马克思主义、毛泽东思想，可能还不完全理解，其中少数人在某些方面可能还不能接受，但事实证明，如果他真心爱自己的祖国和历史，对祖国的前途充满信心，他最后总不能不把自己的命运和救民于水火的党和社会主义联结在一起。在"四人帮"粉碎之后，许多像凌晨光一样离开祖国多年（多数比他更久）的海外同胞就也和全国人民一道欢呼：党胜利了，人民胜利了！最近几年他们对于祖国"四化"建设的热情关注，更是证明了这一点。因此，作家在描写凌晨光这类"苦恋者"命运的时候，如果不把他同人民的命运和祖国的前途联系起来考察，反而胡子眉毛一把抓，把他们在旧中国、新中国和十年浩劫前后的遭遇混为一谈，大肆渲染，那就只能使人对党、对祖国、对社会主义事业产生怀疑、失望甚至否定的思想情绪，根本谈不上什么爱国主义了。

二

《苦恋》不仅展示了凌晨光的悲剧，并且想揭示这悲剧产生的原因。剧本两次出现的关于佛像的隐喻式的描写，就表现了这种意图。

幼年的凌晨光有一次来到寺庙的禅房,看见了神龛中的佛像,他问长老:"为什么这个佛像这么黑呀?"长老"深沉地"答道:"善男信女的香火把它熏黑了。"又说:"奇怪吗?孩子,在世间有很多事情的结果和善良的愿望往往相反⋯⋯"一个虔诚的老和尚忽然和初次见面的小孩作这种亵渎神明的"哲理性"谈话,是很奇怪的,但这自有作者的寓意在。

当凌晨光亡命于苇荡时,这个场面与对话又重现了一次,但这次的再现与第一次有很大不同。这是紧接着关于凌晨光回国后的生活的一些匆匆闪过的镜头之后,身处苇荡的凌晨光在幻觉中,"出现了长长的台阶",他不断地拾级而上,"在这样大的台阶上,一个人显得那样小⋯⋯他看见了金碧辉煌的庙堂⋯⋯他走进黑沉沉的大殿,大殿里香烟缭绕,高大的佛像已经不是金色的了,而是黑色的"。这时传来了童年时长老与他的那段"哲理性"对话和凌晨光"百思而不可解的面部特写",接着,画面上出现了"挥动着语录本的人,一张张虔诚、天真而狂热的脸⋯⋯"

作品写老和尚的"哲理"和凌晨光的幻觉,寓意何在呢?不言而喻,这是在将革命领袖喻为佛像,意在讽喻由于"神"的统治,才发生了十年内乱。

诚然,林、江反革命集团曾极力推行个人崇拜,这是他们篡党乱国的一个重要手段,它所造成的恶果极为深重。文艺作品中触及个人崇拜现象,对此有真实准确的反映和批判,本来是很有意义的。但是,应该指出:个人崇拜这种复杂的历史现象,是一定历史条件下的产物。人民群众对于毛主席的信赖和崇敬,决不能简单归结为个人崇拜。毛主席的威望是和他长期对革命的巨大贡献相联系的。当然,由于我国是一个经历了长期封建社会的国家,人们思想上还存在着封建余毒的影响;同时在党内外民主生活的制度化、法律化方面,还存在着一些问题,等等,也是出现个人崇拜现象的社会原因。林、江反革命集团正是利用了这些错综复杂的因素,煽动、制造个人崇拜,使之达到了狂热的程度。因此,一个作者在触及这种曾经泛滥于一时的个人崇拜现象时,首先有必要认真地对它的历史、社会根源,进行马克思主义的分析,才有可能在作品中作出正确的反映和评价,才能如实地揭露出林、江之流如何极力制造和利用个人崇拜,为他们的政治阴谋服务的实质,也才能帮助读者正确地认识历史的教训。

但是,《苦恋》却并没有这样做。它企图用一个简单的比喻来概括一种复杂的历史现象,而这比喻本身又是不正确的。它不仅不能帮助人们正确认识这种现象,反而只能造成严重的思想混乱。

首先要弄清楚的是:林彪、"四人帮"是十年内乱的罪魁祸首,正是他们出于反革命的政治目的,别有用心地神化革命领袖。在我们的作品中,怎么能把革命领袖直接比作"黑色的"神呢?人们可以追问:难道未经香火熏黑,革命领袖就是愚弄群众的金光闪闪的神么？把革命领袖当作佛像,当作封建迷信的象征来比喻,其本身就是至为荒谬的。

其次是,作品通过老和尚的"哲理",把个人崇拜现象简单地、笼统地归罪于"善男信女"即人民群众的愚昧,似乎党员和群众都不过是浑浑噩噩、盲目迷信的"群氓",这是典型的历史唯心论的陈腐观点。作者只看到人民群众中曾经有过个人崇拜的现象,却没有认识到,人民群众正是在自己的历史实践过程中,痛切地感受到了个人崇拜的巨大危害性,从而在党的领导下,奋起反对这种历史的落后现象,这就是历史的辩证法。1976年在天安门前爆发的"四五"运动,就是一个伟大的例证。但是,剧本《苦恋》的上述描写,不仅客观上成为对林彪、"四人帮"制造个人迷信的罪责的开脱,而且伤害了人民群众对于革命领袖正常的信赖和崇敬的感情。诚然,毛主席晚年犯了错误,他的个人专断实际上取代了党中央的集体领导,曾给林、江反革命集团以可乘之机,这是一个值得永远记取的教训。但这毕竟是一个伟大的无产阶级革命家所犯的错误,而由于他对革命事业长期的伟大贡献,党和人民始终把他看作是自己伟大的领袖,并对他的历史地位和功过,作出了公正的评价。怎么能像《苦恋》这样,用荒唐的比喻,来全盘否定党的领袖,嘲弄和贬低人民群众呢？

个人崇拜当然是必须反对的,但是,用虚无主义的态度,用十年浩劫中遗留下来的否定一切的那种盲目性和偏激性,来对待这种现象,那就不但不能对它有正确的认识,而且必然要导致对于革命领袖和党的领导的全盘否定,导致对于社会主义的政治生活的全盘否定,这是十分有害的。众所周知,在十年浩劫中,"四人帮"鼓动所谓"怀疑一切,否定一切",那就是否定党,否定党的各级组织,否定新中国十七年中的一切建设成就;而当前社会上那种对党和社会主义的虚无主义态度,怀疑一切,否定一切的思潮,正是十年浩劫的后遗症,也是在少数青年群众中泛滥成灾的病态思潮的一个重要祸根。作家本来应当运用艺术形象的强大说服力,对这种病态思潮进行正确的疏导。《苦恋》的作者没能这样做,却反其道而行之,对这种思潮起了推波助澜的作用,这是令人痛心的。

三

文艺界不少同志们谈到,《苦恋》在艺术上也是不真实的。可以说,正是由于作者思想上的严重错误,导致了对生活的不正确的反映。

作品中虽然用了许多时空跳跃、回忆、幻觉和现实相交错,隐喻与旁白相交织等电影手法,似乎意在"创新",但不能掩盖它在艺术上的致命缺陷:即图解概念。作品不是严格地从生活出发,就生活所提供的素材进行艺术的加工,却是从作者预先设定的某些观念出发,主观随意地设计出某些人物和情节,以图解自己的观念,而这些观念又是混乱和错误的。比如,作者为了表达所谓知识分子"一辈子都在单恋"的观念,就不惜把凌晨光归国后得到的温暖,匆匆带过,却一味渲染他的苦难;凌晨光在蚊蚋密集的苇荡中藏身,达六个月之久(从他的老难友可以随时替他偷到油画材料、各种食品来看,这个苇荡是离市镇不远的),以吃生鱼和田鼠藏粮为生,与群众相隔绝,并且居然不问世事,甚至对"四人帮"被粉碎也毫无所闻,这种描写已完全不顾及有无生活真实的依据。为了表现"祖国"总是对知识分子"无情",就把分明是"四人帮"造成的种种罪行,硬与祖国相混同,硬让一个年逾古稀的历史学家变成一个超级的偷窃能手,让凌晨光临死前也要在雪地上爬出一个大问号;而为了形成强烈对比,使祖国"无情"的观念更为突出,就编造出凌晨光顷刻之间在国外发迹的神话。为了表现个人迷信是十年内乱的根源,就生硬地搬出关于佛像和善男信女的比喻,作为注解……总之,一切都围绕于、服务于作者规定好的那些错误观念,至于是否合乎生活的真实,是宁可弃之不顾的。

正是由于在这种完全背离艺术法则的创作方法支配下,整个作品既不尊重生活逻辑,也不尊重性格逻辑,人物活动往往招之即来,挥之即去。例如凌晨光寄居美洲某地,远在黄浦江上的船家女绿娘和远在欧洲的娟娟,忽也无缘无故地先后到来,并都准确无误地到了展览会上,真是匪夷所思。绿娘本为船娘,在国外奇遇凌晨光之后,立刻摇身一变,谈吐儒雅,也成了知识分子。凌晨光与娟娟相识时,她不过是个幼女,却居然对凌大唱爱情之歌,这"爱情"还居然历久不衰,为了追逐凌晨光,从欧洲赶到美洲,又飞向祖国,满世界寻找。至于剧中场景和细节的失真,就更多了。例如十年内乱中,他正遭批斗,而一家人却能分食有英文"生日快乐"字样的大蛋糕;娟娟从海外来访,正值"四人帮"肆虐之际,却无人控制监视,竟能叩门直入……凡此种种,都说不上有什么时代感或真实性,只能使人觉得,人物如提线木偶,事件如海外奇谈,生活真实与艺术真实,完全被抛诸脑后了。

从这里不难看出:错误的思想和观念,是如何阉割了生活和艺术,而不尊重生活真实的主观图解,又如何加深了思想上的谬误。据说,有人把这种完全不足为训的手法,称之为"电影诗"手法,或浪漫主义手法,这是很奇怪的。任何富有诗意或浪漫主义感染力的作品,难道能与曲解生活或编造生活相容吗?真实是艺术的生命。艺术家努力开掘生活的真实,是为了深刻地显示真理的力量,而不是模糊或歪曲真理。任意曲解生活,甚至以随意的编造来图解错误的观念,必然窒息了艺术的生命。《苦恋》艺术上失败的原因也在这里。

四

《苦恋》在一系列重大原则问题上,表现出严重的错误;而最根本的,是对党、对社会主义采取了完全错误的态度。从作者之一白桦同志的创作生活以及《苦恋》的教训中,不能不使人感到作者世界观中存在着深刻的矛盾。

白桦同志青年时代即投身革命军队,在党和军队的哺育下成长,对党、对社会主义是怀有感情的。他早年写过《山间铃响马帮来》这样受欢迎的小说,粉碎"四人帮"后,在短短的几年里,白桦同志又创作了包括话剧《曙光》、诗歌《春潮在望》这些好的和较好的作品,可以说,这正是他思想上积极健康的因素推动的结果。但是不容讳言,当我们面临各种复杂的社会矛盾和社会思潮,同时也面临艰巨的拨乱反正任务的时刻,作者却往往不能站在正确的立场上来观察、判断和评价复杂的社会现象,并给以艺术的概括。在《苦恋》中,除了一些错误的观点,还流露着一种强烈的"众人皆醉我独醒,众人皆浊我独清"的思想情绪,这就是一种很不健康的精神状态的反映。凌晨光、冯汉声、谢秋山的迷惘、怀疑和那种所谓"单恋"的孤独感,固然和当时动乱的状态不可分,是有一定的客观原因的,但是难道没有他们自身弱点的因素吗?许多知识分子,都曾由于党的政策上"左"倾的失误,受到过不公正的对待,十年内乱时期更是遭到了不同程度的磨难,但是,他们难道不正是由于对党、对人民、对社会主义的信念,才没有陷入绝境,而终于在困厄中顽强不屈地生活下来吗?作者写历史学家冯汉声遭"四人帮"迫害后,变成了一个惯窃,这实在是向持躬正直的知识分子身上泼污水。实际上,我国一切正直的、有觉悟的知识分子的命运和人民的命运是血肉相连的,凌晨光虽然得到过人民的救助和爱护,却依然陷于迷惘怀疑和孤独而不能自拔,正是由于在一定条件下,思想感情脱离了人民而形成的,这只有在人民的斗争中,在与人民同呼吸共命运中,才能得到解决。作者不去揭示这个真理,反而无条件地同情、赞美并装饰这种孤傲与苦闷,以为这才是"遗世而独立"的"高洁",这不仅没有正确地反映有觉悟的、正直的知识分子的精神面貌,实际上,这不过是作者世界观深处唯我独尊、唯我独醒的思想情绪的流露。作者从反对个人崇拜,到自我崇拜或对少数所谓"先知先觉"者的崇拜,到陷入虚无主义,这看起来奇奇怪怪的矛盾现象,并非偶然失误,都可以从世界观的矛盾中探寻到它的轨迹。

我们在前面谈到过:《苦恋》这种政治思想错误,不是一种偶然的、孤立的现象,它恰恰是十年内乱中社会上滋生的那种无政府主义思潮以及当前的资产阶级自由化思想在创作中的反映。这样的作品,不是帮助党和人民在为实现四化的斗争中发挥积极的作用,反而对当前尚待克服的错误社会思潮起助长传播的作用,应该说,这是有负于文艺家的职责的。

  十年内乱中,林、江反革命集团倒行逆施,在人们中间造成极大的思想混乱。特别是有些青少年,更是深受戕害,使他们黑白俱紊,真伪莫辨,迷惘和动摇的情绪滋生,旧社会的种种思想余毒就在他们头脑中繁衍起来,再加上外来资产阶级思想的侵蚀,在某些人中间,甚至发展到对党失去信任,对社会主义失去信心,对共产主义失去信仰的地步。这是党的思想工作、文艺工作在新时期面临的问题。因此,对一些错误的社会思潮进行积极主动的、理直气壮的、有说服力的批判和引导,是拨乱反正的一个重要内容,也是文艺家的重要任务。作为一个共产党员作家,在写于1979年——三中全会以后的作品中,对已经分明的重大历史是非,不仅不能坚持正确的立场,反而在重大原则问题上陷于迷乱,这就不可避免地会和某些错误的社会思潮发生共鸣,使自己的作品产生不利于党、不利于社会主义的影响。

  邓颖超同志不久前在中国作协召开的优秀作品评奖的茶话会上,曾经语重心长地对文艺家们说:作家、艺术家,应该首先是革命家。革命前辈对我们的教诲,真是暮鼓晨钟,发人深省。在建设社会主义强国的伟大斗争中,文艺家应该首先是革命家,是党的思想战线的坚强战士。共产党员的文艺家,更应该坚决地站稳党性立场,坚持四项基本原则,为党和人民的事业而勤奋工作。

  当前,我们整个文艺战线的形势是很好的。在党的正确方针的指引下,文艺界出现了百花齐放的新局面,我们应该珍惜、爱护这个新局面。但要使这个新局面得到健康的发展,就应该开展健全的批评和自我批评,当前,尤其要着重批评资产阶级自由化倾向。我们希望对《苦恋》的批评能有助于文艺批评的活跃和开展,有助于改变文艺领导工作中的软弱涣散状态;而对《苦恋》的作者,希望他们能总结经验教训,"悟已往之不谏,知来者之可追",今后再写出有益于人民、有益于社会主义的新作品。

摘自《人民日报》1981年10月7日,原载《文艺报》1981年第19期

1981年批判《苦恋》的前前后后

张光年

1981年2月23日 星期一 阴

  上午到周家开碰头会,着重谈了白桦的电影《太阳和人》①修改问题,取得一致意见。但白羽、默涵咄咄逼人,碰得夏衍老头气恼不置。会上周扬说我不赞成贺敬之这时候去党校学习,一时夏、陈(荒煤)、刘(白羽)、林(默涵)、(周)巍峙等都表示不赞成。贺说了他自己愿意去的话,周扬生气说,那我就要另找一个副部长。
  贺敬之在关键时候抽腿,这点看清了。
  疲劳,下午听音乐休息头脑。晚同阿蕙②看电视节目。老想到明天的发言,大脑不得松弛。

3月2日 星期一 晴

  上午到周扬处参加核心组例会,决定将前天在报上发表的黄克诚同志关于端正党风的报告加入学习文件;这段学习本月底结束。黄钢借《太阳和人》电影事件向中纪委写报告,要求调查出笼经过,追查支持者。周扬在会上征求意见,默涵支持黄钢,贺赞成调查,荒煤和我表示反对,夏衍、赵寻、陆石等也不赞成作为违纪事件处理。我第一次同默涵公开争执。
  ……

---

① 白桦的小说《苦恋》改编影片时易名《太阳和人》。作品有严重错误。但报刊批评上纲过高,小平同志要求写出有说服力的批评文章,在《文艺报》发表,《人民日报》转载。
② 阿蕙即我妻黄叶绿。

5月19日 星期二 晴

今天耐心地看了《时代的报告·增刊》上黄钢批判《苦恋》的长文（此文上纲过高，增刊在大街叫卖，引起群众和文化界惊异）及其他几篇文章。
……

5月27日 星期三 阴

上午到周扬同志处参加核心组会，讨论了有关整风学习小结、作协评奖等问题。默涵也来了，他带团明天去朝鲜。谈起"新八条"①，又同他顶嘴，憾憾！

下午参加报告文学组座谈，听了几个同志发言后，我也作了半小时安定人心的发言。去宾馆匆匆晚餐后，去警卫局礼堂看引起风波的电影《太阳和人》，太过分了！

7月18日 星期六 阴

上午本来约了子奇、张僖等来谈，临时改期，应邀去周扬同志处。他向我传达了昨天小平同志邀他和中宣部王任重、朱穆之、新闻界胡绩伟、曾涛谈文艺问题情况。小平同志要求文艺界写一篇有说服力的评论《苦恋》的文章，《文艺报》发表，《人民日报》转载，结束这场争论。我说这篇文章可让唐因、唐达成合写。……

下午三时半，二唐应邀来。他俩上午参加了文艺局召集的会，听了贺敬之同志的传达和布置，但对承担写作任务有顾虑，总想推给别人。我帮助解除了顾虑，提出几点建议。……

---

① 1961年为缓和文艺界紧张的气氛，改进文艺领导作风，在陆定一、周扬主持下，由林默涵和我参加执笔，起草了《文艺八条》，经周恩来总理批示下达。后因故未能实行，文艺界引为憾事。80年代初期，文艺界同志旧事重提，要求制订《新八条》，中宣部表示同意。

8月2日 星期日 晴 晚有大雨（从青岛回到北京）

……

同朱子奇、陈荒煤、贺敬之先后通了电话。赵寻来，谈了耀邦同志召开这次会的经过。收到中宣部通知："中央书记处决定，八月三日在北京中南海召开'讨论邓小平同志关于思想战线上的问题的讲话记录座谈会'，请你参加。会期四天……"

听说周扬、林默涵等同志都从外地召回了。

下午朱子奇、张僖来谈，介绍了他们知道的关于召开这次会议的情况，说《文艺报》《诗刊》的同志将在会上发言，澄清一两个引起误解的问题。

晚饭后与冯牧通话，他今天由兰州飞京，说在兰州服中药，病情有改进，一到北京就不行了。房屋西晒，闷热气喘，听来情绪很不好。

得知罗荪尚未出院，胆造影还没有做。

晚八时许，贺敬之偕秘书小张来，说周扬同志八时半到家，邀我同去周家。途中大雨倾盆，一个多小时后，得知周扬由车站回到北京医院，身体尚好。贺约好明天上午到医院看他。雨下得好。

8月3日 星期一 雨

上午贺敬之邀我同去北京医院，听他就召开这次会议经过向周扬同志汇报。

下午偕朱子奇去怀仁堂参加会议，听胡耀邦同志向全体与会同志所作长篇讲话（引言），讲了六个问题，两个小时。会下发了邓小平同志讲话及其他文件。晚同医院罗荪通了电话。

8月4日 星期二 阴

上下午都去中宣部放映间举行小组会。我们是第四组，召集人是陈沂、我和浙江的薛驹。

我在会上首先发言，对邓、胡讲话表示赞同，承认作协指导思想上有软弱状态（对待"左"右偏），也谈到文艺领导骨干的涣散，涣散与软弱互为因果。

黄钢、李何林攻击周扬,我在插话中指出其与事实不符之处。

下午散会时同在座的赵守一打了招呼,他胖了,我不认识他了。

8月5日 星期三 雨

上午小组会发言:姚雪垠(批《苦恋》、对作协提出建议)、唐因(对右的"左"的都软弱)、柯蓝(希望对自由化下定义,重大批评不要提数字、定指标)、李庚(希望会议延长一两天)。

下午召集人向书记处汇报。我和陈沂出席。耀邦同志不来了,也不作结论了。下午的汇报会让王任重主持,习仲勋、胡乔木参加。各组汇报后讨论结果:(1)座谈会延长两天,八日下午散会。(2)大会发言不搞,继续小组讨论。(3)八日下午大会请仲勋、乔木、周扬讲讲。

晚从电视看《月亮湾的笑声》,好,得到休息。

8月7日 星期五 多云(立秋)

回京四天,接连阴雨,天气转凉了。昨今天去中南海开会,就穿上了长袖衬衣和外上衣,酷暑过去了。

上午小组会,我先发言40分钟,大意是听了各省市主管宣传工作同志们的发言,感到同我们一样珍惜文艺局面,力避简单粗暴,这一点要负责地向作协同志和作家转达。今后注意互相通气。当然也有姚雪垠所说的那种情况,也值得注意,省市同志也不要以为我们多袒护有毛病的作家。接着介绍了白桦诗《春潮在望》给奖情况,说明这是做得对的,就此驳斥了黄钢:究竟是我们的软弱为敌人利用,还是你们粗暴批评引起轩然大波,使他人有隙可乘?还就李何林、黄钢提出的"小集团、小宗派",建议他们有根有据地向中央、中宣部提出报告,现在这样是不严肃的,影响安定团结。对此李何林、黄钢有所辩解,没有内容。艾青发言,证明三月间周扬讲了要批《苦恋》,驳了黄钢的指责。李庚发言,软弱芜杂,快吃饭了,陈其五趁机打断他,指责他不该就解放军报文章"方式方法等次要问题"纠缠不休。陈沂宣布散会。

下午三时,参加怀仁堂大会。听了刘导生、陈沂、姚雪垠、武汉军区文化部长及《青年报》钟沛璋五人发言。会上见到欧阳山、陈残云、艾青等同志,很疲劳。

晚从电视看抚顺话剧《战犯》，还好。

8月8日 星期六 晴（处暑）

连日睡眠不足，强自撑持，今天腰背酸疼，上午的会不去了。躺在床上休息，起来翻阅简报及报刊。听说上午大会是周扬、夏衍发言，没听到。

下午去怀仁堂，听乔木同志作总结讲话，很好，很有说服力，惜后段为写作题材划禁区（十年、十七年"左"的错误），说再写下去，就会走向反面，讲得过当了。他讲了一个半小时。

晚七时半，欧阳山应邀来谈。我和子奇谈了些情况，他认为创作受到挫折是不可避免的。夜十一时散去，可惜残云未通知到。

8月12日 星期三 晴（夜雨）

上午唐因、唐达成应邀来谈，讨论二人起草的批《苦恋》修改方案，都同意荒煤提出的着重分析他的资产阶级"人权"思想，十天交出新稿。

唐因留下一件给党组的报告，鉴于中宣部长讲他是"右派骨干"，要"调整"，影响工作，要求调动他的工作。

下午翻阅报刊。晚从电视看影片《梅花巾》。

8月14日 星期五 晴（夜雨）

上午党组扩大会，就反右反"左"问题展开民主讨论。张僖从中南海来电话，说习仲勋同志邀我十一时去勤政殿谈谈。我去时，周扬同志已去。习出示乔木今日离京前写给他的信，为保证文联座谈会开好，建议他邀集周、夏、陈、林和我等几个同志谈谈。座谈会上一定都按照邓、胡讲话精神，只进行自我批评，不批评（也不转弯抹角批评）别人，求得平息与团结。习谈了些有关情况，说这回一定要跟邓、胡保持一致。他已托善珉找华楠、白羽谈了商定明天上午邀上述几位，加上巍峙、赵寻等来勤政殿开会。

……

8月15日 星期六 阴（夜大雨）

上午去中南海勤政殿参加习仲勋同志召集的座谈会。周扬、朱穆之、赵守一、华楠、刘白羽、陈荒煤、赵寻等出席：习恳切地要求开好文化部、文联具名召开的座谈会，发个好消息。习介绍了乔木同志信上希望的，彼此多作自我批评，就座谈会开法及准备工作交换了意见。预计下星期三、四开会，周点名要我和荒煤在下周会上发言。

下午开党组扩大会，讨论二唐起草的批《苦恋》的文稿，陈企霞、秦兆阳、葛洛等都发表了很好的修改意见。希望一周间改出新稿，篇幅要压缩。

……

8月17日 星期一 晴

上午翻阅了《人民文学》四月号蒋巍的报告文学《大洋的此岸和彼岸》，整个故事似乎在和《苦恋》唱反调，结尾处不指名地批判了"祖国爱你吗"的错误观点，惜艺术性差点。

……

午觉未睡着。下午去沙滩参加党组书记处联席（扩大）会，我讲了即将召开文联座谈会的重要意义及中央对这次会议和发言的要求，介绍了习仲勋同志谈话的大意。艾青发言，指斥白桦是持不同政见者，是骗子。陈企霞不同意这样讲，反驳时情绪激动。袁鹰、戈扬、刘宾雁等有简短发言。大家开会太疲劳，要求明天休会，同意了。

散会时，为《文艺报》拟发作协党组扩大会报导，同刘锡诚、束沛德交换了意见。

8月18日 星期二 晴

会开太多了，紧锣密鼓地大半个月，强为支撑。今天休息，翻阅上半年日记，回忆一些事情，消耗了大半年生命力，究竟于工作有什么补益？？？

上午唐因来。唐达成文章改不下去，求助于唐因。我帮助清理了五段文字的逻辑关系，劝勿太着急。

……

8月20日 星期四 晴

上午八时半人民大会堂浙江厅。文化部、文联座谈会上,周巍峙主持下,周扬、刘白羽、我和艾青发了言。白羽念稿子,内容多抄录文件,也说了要反"指导思想上'左'的残余",军报文章要"接受教训"。我发言一小时,肯定了白羽的发言内容与气氛,检查了自己,强调两条路线斗争,提议搞"新八条"。

下午阅改了束沛德为《文艺报》写的作协党组扩大会议报导及《文艺报》为补正上期白烨文章的编者按语。

8月22日 星期六 晴

上午去人民大会堂开座谈会。阮章竟又谈讲了半小时。陈荒煤讲了电影界一些人吹捧《苦恋》,谈了文艺界团结问题,表示赞成我"新八条"的倡议。吴作人讲美术工作,与座谈会主题无涉。魏巍分析害怕展开批评的思想根源,似乎我们这些人都不理解社会主义社会还有阶级斗争,不了解批评《苦恋》无损于文艺界安定团结与"双百"方针的贯彻。好人脱离群众,可以讲出这些不切实际的话,末了还为黄钢辩护。听了今天的会,增强了我要辞职的念头。

……

8月24日 星期一 晴

上午去人民大会堂继续参加座谈会。林默涵长篇大论,决不自我批评,只批《文艺报》,捧黄钢。曹禺发言激昂慷慨,是表态性的。金山发言,赞扬了我的自我批评精神,"可惜别人没能这样做"。林彬对影协工作及刊物,进行了自我批评。我的发言稿交出了。

下午处理了一篇文稿,为此给唐因写信一页。

看了二唐改出的批《苦恋》稿,越改越乱,为此打电话给张僖,他同意找地方集中几个人努力完成。

晚从电视看话剧《北上》。

8月25日 星期二 晴

上午参加文化部、文联座谈会第五次会,听了魏传统、苏一平、王蒙、张水华的发言。主持今天会议的林默涵念了王任重的一封信,有自我批评的话,大会发言至此告一段落。周扬病了,今天未能与会,改日由哪位负责同志讲话,另行通知,消息今天不能发了。

下午唐因、唐达成应邀来谈。我谈了开会观感及批《苦恋》文修改意见。总务科已为他们租了中直招待所房间,他俩加上钟艺兵明天搬去,集中精力改文。

新华社对外部芮宛如等二人为发外稿要参阅二唐文稿,我请她们在另一房间参阅。晚八时偕阿蕙去复兴门外孔罗荪新居访问。罗荪精神还好,正在服中药,九时半回家。

8月27日 星期四 晴

上午去厂桥中直招待所同唐因、唐达成谈批《苦恋》文修改意见,事前同荒煤通电话,他同意将此文拆为两篇,上篇是政论性的,下篇是谈创作方法。

上午还同露菲、小王通电话,得知周扬发病,住院,见好。

下午偕朱子奇访丁玲,她同陈明29日访美,为下月可能开主席团会、改组书记处、成立顾问会,征得她同意。

9月3日 星期四 阴

上下午集中精力修改《文艺报》批《苦恋》文章,仔细修改了第一部分,从中删去700字,反复考虑了第二段修改方案。晚饭后唐因、唐达成应邀来,交换了意见,他们认为第一段改后较前精练了。

9月4日 星期五 晴

上午比较顺利地修改了第二、三部分,剩下最后部分。原以为下午改好,可以当晚送周定稿的,不意下午贺敬之来,谈起一些不愉快的事,心绪受到干扰。

打电话给二唐,邀他俩晚上来谈修改意见,想让他们突击改出来,三次未能打通。

9月5日 星期六 晴

上午邀了二唐来。建议他们删去第四部分,而将初稿第五部分的第四段稍加改动作为第四稿的结束部分,他俩同意了,当场动用剪刀、胶水解决问题。中午露菲派文联通讯员取去送周扬同志。

露菲还托人送来她新出版的长篇小说《米河流向远方》,下午我在电话中向她致谢。她说:她对批《苦恋》本来想不通,中午看了文章,"说服了我"。

下午张僖、葛洛来。我向他们谈了帮助《文艺报》及作协工作调整的一些设想,他们表示同意。

9月6日 星期六 晴

晨七时许,周扬同志来电话,说他昨晚看过二唐文章,觉得可以,有几处小改,要派人取去。得知他患"缠腰龙",夜晚忍痛改文,我便于九时去医院看他,听取他的修改意见。他要求改一下题目,作者署名也主张用真名,文字上也希望再润色一下。余下一些时间,我到隔壁房间分别看了夏衍同志、阳翰笙同志,还到三楼看了谢冰心同志。

几次给二唐打电话,都没人接,大概是星期天都回家休息了。下午陆石来,并约了赵寻来,听他传达贺敬之部长同他谈到的中宣部涣散与不正常情况。我听了十分厌烦,表示要请病假,不再参加中宣部及文联的会了。

晚韦君宜来,携来黄秋耘从旧金山的来信。黄到旧金山看他弟弟,请假半年。信上说海外华侨听说又要批《苦恋》,怕发展为反右运动,十分忧虑。他要求君宜代他访光远、光年,希望运用我们的影响,不使事情发展到那样严重的地步。我请君宜带话给他:六中全会后,大局是好的,不会有大的反复。文艺小局不免受些影响,但批评一下也有好处。我是人微言轻,但一定要尽到一个党员作家的责任,请他放心。君宜说,就她们出版社来稿看,明年没有出色的作品。

9月7日 星期一 阴

上午邀二唐来,在周扬同志头尾改动的基础上,作些文字上的润色调理,周改的"文艺思潮"(与反社会主义的社会思潮并提)的提法,我们没有采用,题目改定为《论〈苦恋〉的错误倾向》,估计明天改排出来。

……

9月11日 星期五 晴

上午参加党组办公会,听唐达成汇报昨天下午参加中宣部讨论批《苦恋》文座谈会上的意见。王任重点名要求与会的巍峙、白羽、默涵、荒煤和我都未到会。会上大部分人认为文章调子太低,军报一位同志认为社会思潮不是青年而是党内老年人包括文艺领导(意即"黑线回潮"、"走资派回潮")。赵守一认为比第一稿有进步,但与中央要求高质量差距很大。朱穆之说,现在不必急了,好好改改。

听了汇报,我说:择其善者而从之,其不善者而不从之。下午唐来电话,说下期先发纪念鲁迅特辑,我表示同意。晚谌容的丈夫范荣康(在习仲勋同志处工作)来电话,说习仲勋同志没有看完,觉得有些说法生硬些,特别是开头。仲勋同志要范转告我,他现在很忙,以后不管这一摊子了。

上午十时去北纬旅馆看巴金,谈一小时,接着看了住在北纬的艾青、罗烽、白朗、杜宣,中午回来。

下午四时去首都医院五楼看荒煤、吕骥和天翼。天翼正输氧,可能渡过了危险期,在二层楼与熟悉的护士杨学佩、张雁军、小余等晤谈甚洽。我把一年多前出院时混进衣包的一块餐巾还给他们了。

晚偕阿蕙看了朝鲜片《安重根刺杀伊藤博文》。

9月12日 星期六 晴(中秋)

客人,电话,疲劳。

晨八时杨西光来,说他同《光明日报》几位同志交换意见后,表示赞成二唐文章,因为抓住了要害,态度也好,提了几点意见,记下了。

……

为明天作协讨论二唐文的会,中午与袁鹰通话,他愿来参加。晚文井来电话请假。

下午谢永旺来谈研究室任务与人选,未谈成。

七楼王玉清来,转达了他同中央书记处研究室几位同志对二唐文稿的批评意见,记下了。

收到仲勋同志秘书范荣康转来仲勋同志对文稿的批注意见,主要是要求将措辞生硬、说理不足的地方做些修改。习要我定稿后送习、周过目。露菲电话中说,小平、耀邦同志都不看了。

……

9月14日 星期一 晴

上午赵寻来谈。看了《人民日报》上孙长江的文章。

补看了周扬准备在纪念鲁迅大会上的报告稿,此稿被王任重否定了。

下午二时半至五时半,在作协会议室举行党组书记处扩大会议,讨论《文艺报》批《苦恋》文章。果如预料,到的人不多,但会开得好。与会的韦君宜、草明、李准、阮章竞、赵寻、罗荪(因病先退)、延泽民、戈扬、葛洛都对文章表示基本上可以了,也发表了相当好的修改意见。我约了二唐(明天)上午九时来谈。

9月15日 星期二 晴

上午二唐来,商定了批《苦恋》文修改方案:删去现在谈"人权"的第三部分,换上原来删掉的第三段谈创作方法部分,本周内定稿。

下午从《人民日报》看了黎澍纪念辛亥革命长文,觉得很好,同他通电话长谈。还看了《文艺报》上关于长篇小说、短篇小说创作近况的两篇综合评述文章。

晚饭后乘车去飞机场为巴金等去法国参加国际笔会的代表团诸同志(包括叶君健、杜宣、黄庆云、朱子奇、毕朔望、李小林)送行。文委姚同志、法国大使馆两位代表也来送行。中国民航8:50起飞,17小时后抵巴黎,开会地点在里昂,下月一日返京。……

9月18日 星期五 晴

下午细阅批《苦恋》第五稿第二部分(谈个人崇拜),想来想去,决定要求删去后半部分谈"人权"的三页。

韦君宜介绍说,张洁的长篇《沉重的翅膀》好,可以获奖。今天下午接着看了,晚上电视不好看,又接着看它,看了47页,是这半本的一半了,还在介绍人物,尚未进入主要矛盾(纠葛)。写得聪明、细致而泼辣,人物也生动。描写工业建设领域的尖锐矛盾,是作者的重要发展。

9月19日 星期六 晴

上午看了唐达成早上送来的第五稿第三、四部分。第三部分这次着重谈艺术描写上的不真实,但仍保留了第三、四页批"人的价值和尊严",讲得都对,但缺乏说服力,拟再让他们删去(约二千字),其他一些,也顺手做了改动,或打上记号,备下午商讨。

下午三时半,二唐应邀来,逐页商讨了我改动的地方及建议改动的地方。经过解说,也同意删去"人的价值"部分。一个多月的奋斗,总算有个结果了。经过反复修改,集思广益,比前几稿大有进步。

晚从电视里看了陈白尘编剧、实验话剧院演出的话剧《阿Q正传》,相当满意。白尘明天来谈。

9月25日 星期五 晴

上午去人民大会堂参加鲁迅百年诞辰隆重纪念大会,叶帅、陈云等许多中央负责同志参加了,邓大姐主持会议,胡耀邦代表中央讲话,约半小时。周扬报告近两小时,十一时半闭幕。在主席团休息室里,王任重说明天下午在中宣部讨论批《苦恋》新稿,我说我不参加,王固请,说下午定稿,我只好同意了。

下午三时半,去勤政殿参加耀邦同志召集的谈话会。原来是要谈电影问题,应邀的二十余人中,电影界占了多半,但谈电影不多,主要是担心上午他的讲话效果如何,问我:"光年,你听了有什么意见?"我说:"四个字:语重心长——话是够重了,我考虑党中央是从长远的战略要求出发的。"他说:"你讲得好。"他要求文化部、文联早日召开首都的主编会议、部分作家会议,解除顾虑,鼓起干劲。王任重提起批《苦》文明日定稿,耀邦说:"我看第一稿就不错。"

9月26日 星期六 晴 转阴

上午复核批《苦恋》校样。

下午二时半中宣部讨论批《苦恋》校样,王任重主持。他先讲了上午九时耀邦、仲勋同志都打电话给他,说不用大改,可以发了。他还是问是否逐句讨论,胡绩伟说不必,有意见提出来,于是改为逐段讨论。一开头就碰到军报一位同志提出过分要求,廖井丹、林默涵还提出要对四月间《文艺报》报道读者意见触犯军报处应有所检讨。朱穆之寻章摘句,陆续提出几十条意见,要求如何如何修改,以致引起我三次抑制不住自己的脾气,针锋相对地进行辩论。每次一僵,王任重便提出调和意见。他们想改成一篇上纲较高的社论性文字,这和小平同志原意相违反,是不能同意的。五时半,王宣布由我定稿后付印。(今按:回忆我在会议快结束时谈话。我说:这是唐因、唐达成二位的个人署名文章,文责自负。各位的意见,他们二位记下了。各位部长们的意见再好,也要通过作者的消化吸收。如果勉强吸收,出了毛病,引起上上下下各方面责难,那时承担责任的,不是你们各位,而是他们二位,加上个帮倒忙的张光年。请各位原谅了。)

……

9月27日 星期日 阴 降温(低至10度)

上午唐达成来,带来昨夜他和唐因参考中宣部会上可以吸收的意见小改后的校样。我同他逐段细理一遍,删去几处勉强吸收修改的地方,然后用红笔批上"照此改样发表"。这件麻烦事,总算告一段落了。

昨夜失眠。今天午饭后酣睡两小时,仍然腰、背、两胁酸痛。张成志大夫来,一同晚餐。

……

10月2日 星期五 晴

上午九时参加耀邦同志召集的宣传座谈会,到有关方面二十余人。他讲了五个问题(有摘记),历两个半小时。王任重插话,说当前主要是反资产阶级自由化,实际是反右(不那么讲),"左"的不多了。这个说法,被耀邦同志否定了。王又埋怨两次向《文艺报》要批《苦恋》校样,不给。说明本意是要改的柔和些,如有不妥处,转载时可做点删改,老胡(绩伟)赶忙声明:"我们《人民日报》转载时可是一字不改的!"王生气说:"那也可以!"回家等电梯时,我对朱穆之说:"对我们就是不放心。不要那么不放心嘛!"他说:"也不是那样。"

10月6日 星期二 阴

上午党组学习会,学耀邦同志纪念鲁迅大会上的讲话。我重申了态度、方法等注意事项。会议中间,朱子奇、孔罗荪先后从中南海回来,朱传达了耀邦同志接见南斯拉夫作家的情况。耀邦向外宾高度评价了明天将由《人民日报》转载的《文艺报》二唐的文章,说这是说理的,代表党的方针政策的。他还同意稍后接见巴金。

下午细读了《文艺报》19期上二唐的文章,觉得是有分析的、站得住的评论文章。中办将上月25日耀邦同志接见文艺界情况记录印发下来了,机要室复印件送我一份,下午细阅了。我对这次讲话的评语"语重心长"及耀邦同志对我过誉的话,也整理到上面了。批《苦》文发表,使我如释重负。

……

10月7日 星期三 阴冷(低至5度)

二唐批《苦》文今天《人民日报》第五版一字不易地全文发表了。我对照《文艺报》19期重阅一过。翻阅了这期《文艺报》上另外三篇文章。

……

10 月 17 日 星期六 阴

上午罗荪去飞机场送走巴金后，迳来我处，说已与欧阳山通话，那里欢迎我去休息若干天，若要去广州以外（如新会），要请中宣部给广州打个招呼。我请他看了耀邦同志十三日就《中国青年》上评李剑《醉人花阴》文批给默涵、敬之、光年、冯牧的信，随后就《文艺报》评论工作及召开理事会准备工作交换意见。

耀邦同志信上说："我对文艺批评能够健康地发展是充满信心的。《文艺报》已经带了一个头，从这篇小评论也看出一个苗头。"信尾说："能不能向文联和各个协会的负责同志提出一个指标：每人每年写两篇？……能不能把这个指标看作是加强对文艺工作领导的一条重要要求？请你们议一议。"这很好。

下午看了中央批发的胡乔木在思想座谈会上的讲话，改得好。（乔木在这次讲话中说"文革"题材不能再写了，"再写就会走向反面"。夏公和我不约而同地写信表示异议。他定稿时修改了。）

10 月 22 日 星期日 晴 风

……

周扬秘书王支干今日转来乔木同志写给周扬和我的信，说二唐批《苦恋》文"很好"，是"苦心经营之作"，对几处语法作了指正，还说他的 8.8 讲话拟在《红旗》发表，如有意见盼在发表前告之。此信下午会上，贺、李、陆等同志看过，张僖拟交复印。

晚上海文艺出版社赵继良等三位同志来访，谈今年短篇评选出版问题。从电视看影片《爱情啊，你姓什么》（喜剧片，可看）。

原载《百年潮》1998 年 1 月第 1 期

一篇批判《苦恋》文章引发的风波

史中兴

1981年4月20日,《解放军报》发表一篇批判《苦恋》的文章,立即在国内外引起轩然大波。欲知乍暖还寒时节的《文汇报》人如何冷静应对,请读史中兴先生的回忆文章。

在上世纪80年代那些日日夜夜里,走出"文革"重灾区的《文汇报》人,怀着重获第二次解放的心情,清除四害流毒,涤荡身上的污泥浊水,精神奋发,义无反顾地投入拨乱反正的时代大潮,与广大人民群众同声相应,同气相求。

但是,文艺界并非晴空万里,早春时节,春寒料峭,风云变幻,常出人意料,乍暖还寒,走着走着,会突然遭遇一股袭人寒潮,形形色色的毫无道理的批评指责,让人哭笑不得,举步维艰,如何正确应对,成了一大难题。这方面经历的事件难以一一枚举,其中给我留下最深印象的,当推不转载批判《苦恋》的一篇评论员文章承受的巨大压力,这是对《文汇报》人的一场严峻考验。

一、不转载《解放军报》评论员文章,是报社领导层的共识

1981年4月20日,《解放军报》头版以通栏大标题发表评论员文章《四项基本原则不容违反——评电影文学剧本〈苦恋〉》,称这部电影讴歌的人"不代表生活在社会主义中国的广大人民的利益和要求",是"虚构出来的,超越中国社会现实的"。文章的结论是:《苦恋》的出现不是孤立现象,它反映了"存在于极少数人中的无政府主义、极端个人主义、资产阶级自由化以至否定四项基本原则的错误思潮"。当日下午,《文汇报》接到新华社公鉴说,遵照上级领导的指示,各省、市、自治区报纸请即于显著地位,转载解放军报特约评论员文章。次日一些省市主要报纸都在一版显著地位遵命转载,本市的《解放日报》也转载了,《文汇报》却没有转载。作为文艺部主任,我读了军报评论员文章,直感这个棍子打得太厉害,上纲上线到违反四项基本原则的高度,作家怎么吃得消,作为一张重获知识分子信任喜爱的报纸,《文汇报》不转载这篇评论员文章,本报领导的这个决定太正确了。刚刚经历"文革"灾难、余悸未消的文艺界还经得起这

样的折腾吗？几个文艺界朋友给我打电话，说这部电影并没有公映，大家都没有看过，这么大的批判声势，是一个不祥信号，三中全会都开了，还要搞政治运动?！你们报纸没有转载这篇文章，你们做得对。但也有读者来电尖锐质问："《文汇报》为什么不转载？党报为什么不讲党性？"

不转载这篇文章，是报社领导层的共识，报纸登什么不登什么，转载什么不转载什么，报社领导有权决定，岂知事情哪有这么简单，总编辑马达第二天向我们透露，顶头上司、主管报纸工作的市委负责人已经来过三次电话，要求《文汇报》转载。我这才知道事情并未完。马达问我有没有看过这个电影剧本，我说看过。我说剧本和拍出来的片子还不是一回事吧。他说他在北京开会期间看过影片，"留下的两点印象，一是影片主人公在'文革'中遭受残酷迫害和非人待遇，境况凄惨，看了很难过，也很同情，因为自己在'文革'中也是亲身感受的；二是影片末尾的画面上，一个血红如火的太阳从地面越升越高，越升越大，一个受伤的人伏在雪地上艰难地爬行，这是个强烈的暗示：领袖被无限地神化，而普通人被无情地践踏了。这对观众的触动是很大的。你可以批它调子低，但这样打棍子，从政治概念出发，用政治原则代替文艺批评，人们是不能接受的。我们报纸不能转载这样的评论，如果一定要评论，我们可以自己写一篇文艺评论文章"。

二、市委书记处办公会议上的争论

下午，马达约文艺部、评论部负责人研究，如果我们写，这篇评论该怎么写。大家讨论出的思路是，从"文革"中知识分子遭受残酷迫害的实际出发，说明他们的遭遇是值得同情的，他们绝大多数人仍坚决跟着共产党，走社会主义道路，是顾大局的，他们中有一些人在一段时间里，有怨气，有悲观失望情绪，不能完全责怪他们。评论要说明，对历史上出现的极"左"路线，包括鼓吹个人迷信，越来越多的人已认识到它的危害，但所有这些都要采取历史的科学分析的态度，从国家和人民的根本利益出发，总结经验教训，以利于我们继续前进。会还没有开完，那位市委负责人来了第四个电话，责问"你们为什么不转载军报的评论文章"？马达汇报报社党委、编委讨论的意见，那位负责人听了一半就把电话挂了。隔了五分钟，第五个电话来了，记录上是这样写的："你告诉老马，不转载是不对的，看风是要倒霉的、危险的，这不是我个人的意见，是经过市委的。你们是党领导的报纸，不能自行其是。"看了这份记录，马达心情沉重，他平素很敬重这位负责人，现在竟无法沟通，既然电话中说到是"经过市委的"，这可是重要的组织原则问题。当日下午，他硬着头皮，第一次赶到市委主要领导陈国栋同志家里，汇报了未转载《解放军报》特约评论员文章的情况和报社党委讨论的意见,提出主管报纸工作的书记对我们有意见,很难讲通,请他做点工作。陈没有发表具体意见,要他去找主管书记谈。马达便又来到主管书记家,书记有点感冒,躺在床上,问候健康外,不好再谈下去。第三天市委书记处办公会议,讨论《苦恋》问题,通知马达列席。马达拉着副总编辑陆灏一起去。会上,主管报纸工作的书记首先开腔,指责马达"不转载军报评论员文章,是违反纪律,违反民主集中制"。马达申辩,陆灏也插话说:"我们不转载军报文章,不是老马一个人的决定,是我们党委、编委集体讨论定下来的,是认真考虑以后做出的。"那位书记火气不消:"现在社会上有错误思潮,你们究竟站在哪一边?"马达说:"对错误思潮,我们是要批评的,但是要实事求是地批,用正确的方法批。我们自己要写一篇文章评《苦恋》。"主管书记站起来拍桌子,"你们这样做就是错误,违反纪律,违反民主集中制"。马达也站起来,"我不知道我错在哪里,上级说了,下级可以说出自己的意见嘛,如果我错了,市委撤我的职好了"。参加会议的市委主要领导没有明确表态,会议不了了之。

三、时代不同了,三中全会的春风吹遍祖国大地

但是事情没有结束,没有行动是过不了关了。马达催我按讨论过的路子抓紧把评《苦恋》的文章写出。我开了夜车,赶出一篇文艺评论,排出清样,是一个版面。马达说,我们不能为批评而批评,让我把清样拿到北京听听文艺界人士的意见,把文章磨一磨,要经得起推敲,不忙着见报。这时我想到了顾骧同志,他是一位活跃在新时期文坛的文艺理论家,多次交往,相互比较熟悉,我给他打电话说了情况,他刚调进中宣部文艺局,听了我的话后表示,他也不赞成对《苦恋》的批判,又不是"文革"时期,两报一刊一发文章,全国都得转载,正常的文艺批评则是另一回事。他让我把我执笔的文章带到北京,他请贺敬之同志也看看(贺时任中宣部副部长兼文艺局长)。到北京后的第二天,看过文章的贺敬之同志在办公室约见我,顾骧同志参加,还有贺的秘书在场记录。贺先问问报纸情况,几句客气话后步入正题,说文章写得可以,但对发不发这篇文章则不置可否,说还是由你们报社、由上海市委定吧。我回到上海向马达汇报后,把文章版面清样上呈给一直指令我们转载的这位市委负责人,等候发落。一天两天,一个星期过去,竟无指示下达。正在我们困惑之际,顾骧同志给我来电话说,胡耀邦同志发话了,不转载《解放军报》评论员文章是可以的,"我这是第一时间把这个信息告诉你,你们可以解脱了"。不久马达也从正式渠道得知,耀邦同志在杭州听取上海市委这位负责人汇报时说:"这篇特约评论员文章我也看了,可以转载,不转载也应该是可以的吧。"这样一来,悬在我们心里的一块石头总算落地,我奉

命硬着头皮执笔的这篇文艺评论自然没有必要发表了,这是我所期待的最好结果。

《文汇报》这次能顶住顶头上司的压力,把不转载坚持到最后,既是党委书记兼总编辑马达紧紧依靠党委、编委一班人的共识,不怕丢乌纱帽,敢于担当的结果,更是因为时代条件不同了,三中全会的春风吹遍祖国大地。搁在以往,这样顶住不办的总编辑,不要说一个,十个也撤掉了,不把你打翻在地,再踏上一只脚才怪呢。那时也不会有这样的总编辑。马达"文革"前夕是《解放日报》的党委书记兼总编辑,"文革"中遭受上百次批斗,吃尽苦头,对那套极"左"的东西有切肤之痛,可谓深恶痛绝,谁也不愿"文革"时代的大批判重又粉墨登场。还有,《文汇报》发表《伤痕》、《于无声处》所产生的巨大影响,也鼓舞了他,使他更深切地感受到时代脉搏的跳动,人心民意,编辑部编辑记者的情绪愿望,既左右着他,又是对他的有力支持,这就是他的底气所在,他不能逆潮流而动。

四、陈沂同志是一位正派、有性格、有人情味的老同志

我还要说说这位不断给报社打电话,批评、责问、施加压力的市委负责人,他是陈沂同志,时任市委副书记兼宣传部长,他受过政治磨难,打成右派后下放黑龙江劳动多年,恢复领导职务来到上海后,积极推动真理标准讨论补课和《新民晚报》复刊、《文学报》创刊,做了几件深得人心的好事。这次在转载问题上表现的思维方式,却"左"习未除,跟广大知识分子的感受相距甚远,这真是地位一变,感受就不一样了,令我们非常失望。但让人欣慰的是,他并没有因为自己的指令没有得到执行,下面不跟他保持一致,敢于对他说不,领导权威受到损害,就对报社心存芥蒂,借机找岔子,给人穿小鞋。欲加之罪,何患无辞。要找报纸的岔子,随时都可以找到。陈沂同志不是这样,他可以对你拍桌子瞪眼,但不记仇,不整人,我想这和他也吃过挨整之苦有关。这次事情过后,他跟报社负责人之间的关系还是一如既往,马达还是照做总编辑,报纸上有什么文章出来,他是热心人,常常很快打来电话评头论足,或赞扬、或批评,他也是作家,说的是行家话,你未必都同意他的观点,却能感受到他的直率、坦诚、对报纸工作的关心。他寄来的稿子,都是自己手写的,编辑有所改动或退了不用,他能接受。他不哼哼哈哈,一副官架子,能找我们这些第一线的编辑、记者聊天,了解情况,他请我和一位驻美记者到他家吃过饭,一聊几个小时。观点分歧不要紧,就怕不正派,高高在上,以势压人。我感到陈沂同志是一位正派、有性格、有人情味的老同志,他离世多年,我还是很怀念他。

原载《世纪》2012年3月第2期

《文汇报》拒绝转载批判《苦恋》文章内情

马 达

1981年4月20日一早，新华社播发《解放军报》特约评论员文章《四项基本原则不容违反——评电影文学剧本〈苦恋〉》。新华社为此特别发了一个"公鉴"，大意说："遵照上级领导的指示，各省、市、自治区报纸请即于显著地位，转载《解放军报》特约评论员文章。"一则"公鉴"，新华社就传达了一项重要指示，而下这个指示的"上级领导"是谁，不知道；指示的具体内容是什么，也不知道。但第二、第三天，全国各地省级报纸纷纷在第一版显著地位转载了这篇文章，唯独《文汇报》一家没有转载。

为什么会出现这一情况呢？我回忆当时情况，心中有许多说不出的感慨。今天回忆二十年前的那场讨论和争论，或许可以使我们从中得到一些有益的东西。

4月20日早上，我刚走进办公室，就听到电话铃声响了。打电话来的是市委一位主管宣传报纸工作的书记。他对我说："今天解放军报要发表一篇重要评论，是批《苦恋》的。我在北京与总政已谈好了，新华社播发后，你们要与军报一起登。"我回答说："好的，新华社还没有发。"上午十时左右，《解放军报》一位我认识的副总编辑打电话给我，说："老马，过去我们两个'解放'一直合作得很好（两个'解放'是指《解放军报》和《解放日报》，'文革'前夕我任《解放日报》党委书记兼总编辑时，在业务上与《解放军报》联系较多，有过愉快的合作），今天新华社要播发我们的一篇评论员文章，是批《苦恋》的。希望你们《文汇报》和我们，一南一北，一同见报。"我说："新华社稿子我还没有看到，看到后再联络。"大约中午刚过，新华社的电讯稿播发了，我把电讯稿一连看了两遍，放下眼镜沉思起来。我的直觉提出了几个问题：为什么军报批评部队一位作家的作品，要这样大张旗鼓？为什么这篇文章全是政治批判，语气十分严厉？为什么一篇文艺评论文章，要全国地方大报都要同时在显著地位刊登？我感到这件事非同小可，我连忙叫秘书通知报社党委成员立即到我办公室开会，并传看了这篇评论员文章。

我不认识剧作者白桦，1980年秋在中共中央宣传部召开的全国总编辑会议上放了一部电影，片名叫《太阳和人》，是根据小说《苦恋》改编的（这部电影已封存禁放）。这部影片是作为反面教材放给会议代表们看的，会议没有展开讨论。听说影片以著名画家黄永玉为原型,讲述他在"文革"中的遭遇。影片给我留下两点模糊的印象:一是,影片中主人公在"文革"中遭受残酷迫害和非人待遇,境况凄惨,我看了很难过,也很同情;二是,影片末尾的画面上,一个血红如火的大太阳从地面越升越高,越升越大,一个受伤的人伏在雪地上艰难地爬行,两相对照,明眼人一看就知道,这是强烈的暗示:领袖被无限地神化了,而普通人的人性却被践踏了。看到最后,我有点喘不过气来。影片采用这种隐喻、夸张的手法,我感到太离谱,煽动性太大。

碰头会在热烈进行。大家看过电讯稿,从不同角度发表了意见。有的说,三中全会以后,知识分子"惊魂甫定","心有余悸",这样一批、一围攻,以为又要搞什么政治运动了;有的说,全国的大报都一起转载一篇批评文章,这不是又重复"文革"时大批判的做法吗?还有的说,评价一部作品,既要考虑思想内容,又要作艺术分析,不能只从政治概念出发,用政治原则代替文艺批评。议论很热烈,我最后征求大家对转载这篇稿件的意见,大家都支持我的看法:一致不同意转载这篇稿件。会议进行中,那位市委负责同志又打来第二次电话,问:"稿件来了没有?你们准备发吗?这篇文章很重要,是中央精神(但他不肯说明是什么中央精神),我是同意了的(指转载军报评论文章)。"我回答说:"我们正在讨论。"

《解放军报》的评论员文章,是从"违反四项基本原则"这一命题来批评电影文学剧本《苦恋》的,认为《苦恋》是当时要开展的反资产阶级自由化的一个反面典型。

评论文章的基本论点是:(1)《苦恋》写一个画家一生苦恋祖国,却遭到祖国践踏的悲剧。从主人公解放前后的遭遇,说明作者所描写和抒发的不是对祖国的爱,而是对党和社会主义祖国的怨恨。文章认为:"尽管新中国成立以来,我们党的工作有过失误,几经挫折,特别是林彪、江青反革命集团的破坏,使社会主义制度的优越性未充分发挥,但新中国成立三十年来的成绩仍然是巨大的。"(2)《苦恋》通过艺术形象散布了一种背离社会主义祖国的情绪。文章认为作品通过画家女儿之口提出的"您爱我们这个国家,可这个国家爱您吗"这句尖锐的话,才是这部作品的真实主题。(3)文章认为作者用大量的形象、隐喻、符号和语言,反复表现的是"神佛"对人的精神奴役,"太阳"下的人和苦难的命运,以及五星红旗飘扬的土地上发生的悲剧。文章说作家"歪曲历史",把"四人帮"的倒行逆施当作伟大祖国对自己儿女的冷酷无情,把十年浩劫的灾难归罪于社会主义制度,甚至把党和"四人帮"等同起来加以鞭挞。(4)《苦恋》一再唱出"我们飞翔着把人字写在天上"的主题歌,认为人的尊严、人的价值"写在经书里、悬在天空中,可望而不可即","反衬地上的人的悲惨命运","指责我们的党践踏了人的尊严,抹杀了人的价值"。

看了以上比较详细的论点摘要,可以看出,《解放军报》的评论文章从头到尾贯穿的主旨,就是说剧本《苦恋》的作者违反四项基本原则。这是立论,也是结论。虽然没有写"反党反社会主义"这个大家听熟了的词,但文章批判的实际上就是这个意思。

我当天下午找来电影剧本《苦恋》仔细看了。我认为,作者创作这个剧本,是看到一些社会现象,接触到真实的人和事,有强烈爱憎的感情,对"四人帮"在"文革"中的倒行逆施是痛恨的,对党过去实行的"左"的错误路线和危害是有切肤之痛的,对知识分子在历次政治运动中的不幸遭遇是同情的,因而剧本有许多情节是真实的,感人的。但是他把这一切都简单地归结为个人崇拜,并由此作了一些十分夸张的、绝对化的描写,把一些现象孤立起来,又人为地使之极端地对立,因而造成失误。作者思想观念上的偏差,导致了艺术表现上的迷乱和失实。

问题是,如何对待一部有错误倾向的文学作品?如何去分析作品中的错误思想和艺术方法呢?我感到,军报评论员文章不是把握得很好,而是从政治概念、政治原则出发,一一作出"政治裁决"。

临傍晚时,领导同志又打来第三次电话。他问:"你们决定转载了吗?"我在电话中,详细地把上午讨论的情况和我个人的看法一一作了汇报。他没有对我们的意见进行批驳,却说:"你们对错误的东西为什么不批?应该转载嘛。这是原则问题,你们要认真考虑。"说着就把电话挂断了。

这的确是一个原则的问题。对待错误倾向必须批评,这是一个原则问题;用什么态度和方法批评错误的东西,也是一个原则问题。这一晚,我上半夜在报社看稿件,下半夜回到家里基本上未合眼,翻来覆去,考虑转载这篇评论文章的事。我反复考虑,不转载是从安定团结的大局,是从有利于团结、教育广大知识分子出发的,但我也知道,坚持真理有时是十分困难的,是会冒风险的。

第二天一早,我赶到报社,看到《解放日报》在第一版显著地位转载了《解放军报》特约评论员文章,而《文汇报》按照我的意见,夜班没有转载。读者不断有电话来。有许多读者,我估计主要是各界的知识分子,他们尖锐地说:"军报的文章就是'大批判',戴那么多'帽子',是'文革'的遗风嘛,我们看了不理解,三中全会开了,政治运动还会再来吗?我们的确是心有余悸。《文汇报》不转载,我们都认为是对的。"但也有少数读者,我估计比较多的是机关干部,他们也尖锐地用质问口气说:"《解放日报》转载了军报文章,《文汇报》为什么不转载?党报为什么不讲党性?"这两种截然不同的反应,正是社会存在的现实思想的反映。

上午,我约评论部、文艺部负责人研究。我提出:我们未转载《解放军报》的评论员文章,并不意味着《苦恋》剧本没有错误,只不过说明,我们认为,要对《苦恋》的错误作实事求是的批评,要用正确的方法进行批评,因此,我们要立即写一篇本报评论员文章,题目可考虑是:《评电影剧本〈苦恋〉的错误思想倾向》。大家认为我们写这篇评论,不要扣大帽子,而是摆事实,讲道理,要说服人,而且要从剧本的实际出发,既作思想分析,也作艺术分析,相信这样做,广大读者是会接受的。

在我们开会讨论的过程中,接到了领导同志的第四个电话。他责问:"你们为什么不转载军报的评论文章?"我又把昨天说的意见向他扼要汇报,他听了一半就把电话挂了。这时我心绪不大好,我请副书记刘庆泗坐在电话机旁,如领导有电话来,就记录一下。果然,隔了五分钟,第五个电话来了,记录上是这样写的:"你告诉老马,不转载是不对的,跟风是要倒霉的,危险的。这不是我个人的意见,是经过市委的。你们是党领导的报纸,不能自行其是……你们办事不漂亮。"语气是十分凌厉的。说我们"跟风",跟谁的风? 跟什么风? 他不说,我们也不知道;说我们"自行其是",我们将不转载的理由及时向领导汇报了;说"经过市委的",我们不知道市委做出过什么正式指示和决定。这些都从何说起?

看过电话记录,我心情更沉重。对这位领导同志,我们是很敬重的。他曾被错误地划成右派,下放东北劳动,对极"左"路线的危害应该说是有深刻体会的。可能的情况是,现在地位变了,考虑问题可能不够客观、冷静,我抱定的想法是:"我尊敬领导,但我更尊重真理。"回顾我几十年的办报生涯,的确是个多次得到表扬的"驯服工具","党指向哪里就干到哪里","一句顶一万句",很少考虑"为什么",有时我也办过一些错事、蠢事。我反右时受到处分,"文革"时受到严重迫害,党籍也被造反派开除掉了,粉碎"四人帮"后才彻底平反,但我认真总结历史经验,我开始对问题的考虑比较周到些,头脑也更清醒些。如果没有正反两方面的经验,我想不会发生转载和不转载的事,我也可能还在糊里糊涂地"照办"。

既然电话中说"经过了市委的",市委如何讨论? 如何决定? 这不是一件小事,而是重要的组织原则问题。于是,我下午匆匆赶到市委主要领导同志的家中,这是我第一次跨进他的家门。我再一次汇报了有关转载《解放军报》特约评论员文章的经过和报社领导同志讨论的意见,我问市委是如何讨论和决定的,回答说没有讨论过。我又提出,主管报纸工作的书记对我们有意见,很难讲通,可否请他做点工作。他连忙一口回绝,只是说,你去和他谈谈吧。至于对这件事应该如何看,他却什么意见也未表示出来。没奈何,我只得又跨进主管报纸工作的书记的家门,他有点感冒,躺在床上。我坐到他的床边,问候他的健康,想听听他对我们不转载《解放军报》评论文章有什么具体的批评意见,我也可以再一次把自己的想法坦诚地交换一下。可是他始终未说出我们未转载评论文章究竟错在哪里,我也只得怏怏然回到报社。不一会儿,老刘又记录下第六个电话。老刘为我挡驾说老马出去了,对方说:"你告诉他,不要转弯抹角,找××(指市委主要领导同志),这样要把关系搞坏的,是理屈吗?……"老刘也搞不清楚电话里讲的究竟是什么意思。傍晚,我在审阅新闻稿时,电话铃又响了:"是老马吗?这种事(还是转载军报评论文章的事),你们做得不漂亮。我们俩关系蛮好嘛,你们这样做,以后我们怎么相处,怎么做朋友呀……"我拿着电话机,半晌说不出话来,也不知道该说什么好。两天里七个电话,要把电话内容一一解读一下,可不那么容易,但有一点是肯定的,作为一个办报人,为了坚持一点真理,可真不容易啊!

　　第三天,我接到市委办公厅通知,说下午书记处要开办公会议,讨论《苦恋》问题,请我列席。我很高兴有一个正式的场合来讨论问题,可以把是非谈清楚。我拉着副书记陆灏一起去,好在旁边提醒我,免得我说话走火。市委主管报纸工作的书记首先开腔,不讲事情的起因和过程,也不讲转载军报评论文章是出于何种考虑,而是劈头劈脑对我进行批评:"你马达,要知道,《文汇报》是党领导的报纸,是市委的报纸,你眼里还有市委吗?"我说:"对于中央、市委的决定、指示,我是坚决执行的,但并不是市委领导同志讲的每一句话,我都要听了照办……"他接着又说:"你是老党员,老报人,你不转载军报评论员文章,就是违反纪律,违反民主集中制。"我又接着说:"我不是新党员,我懂得民主集中制。难道只有领导说了算,下级不能提出意见吗?……"陆灏也插话说:"我们不转载军报文章,不是老马一个人的决定,是我们党委集体讨论定下来的,是认真考虑以后做出的。"那位书记火气未消,继续说:"现在社会上就有错误思潮,你们究竟站在哪一边?"我说:"对错误思潮,我们是要批评的,但是要实事求是地批,用正确的方法批,我们已另外写了一篇评论员文章,批评《苦恋》的错误思想倾向,今晚就送来大样请您和市委审查。"他不理会这件事,仍然大声嚷道:"你们这样做,就是不听中央的、市委的……"说着,站起来拍着桌子,"你们这样做就是错误,违反纪律、违反民主集中制。"听到这里,我的情绪也激动了,给我戴上几顶"帽子",就是不讲我的错误在哪里,于是我也站起来,说:"我不知道我错在哪里,上级说了,下级可以说出自己的意见嘛,如果我错了,市委撤我的职好了。"这时,主持会议的主要领导同志看到双方说话火药味较浓,讨论已无法进行,但他又不好当着面批评同级的副书记,于是就朝着我说:"老马,你不要激动,不要激动嘛,总要讲纪律,讲民主集中制嘛。"翻来覆去讲这两句话。未转载军报评论员文章,究竟是对还是错,为什么是对是错,他一句话也没有说明。会议就这样不了了之,散会了。回报社的路上,我对老陆说:我们背着一笔糊涂账回来了,传达也没法传达。后来,我在报社领导班子里讲了会议的情况。当晚,我们送审的批评《苦恋》错误思想倾向的本报评论员文章也石沉大海,连个回音也没有。

那时候,我对眼前发生的一切,不停地思索。三中全会以后,明确提出,在纠正右的错误的同时,要特别注意肃清"左"的错误影响,这是很必要的。但是,"左"的思想由来已久,它自觉或不自觉地侵入我们的肌体,有时曾经受过"左"的错误之害的人,也会不自觉地以"左"的那一套来对付别人,这是历史给我们留下的印记,也是不幸的悲剧。

这件事还没有完结。隔了几天,胡耀邦到浙江杭州,打电话到上海,要文教书记去杭州汇报工作。两位书记一同去了,听说,主管报纸工作的书记在汇报工作一开始,就向胡耀邦提出:我们上海有全国影响的《文汇报》,总编辑马达不听招呼,站在错误的立场上,不转载《解放军报》批《苦恋》的特约评论员文章,市委认为这是个严重问题……他想等待胡耀邦说一句严厉批评或者立即查办马达的意思的话。胡耀邦仔细听了他们的汇报,沉思了一会儿,说:"这篇特约评论员文章我也看了,可以转载,不转载也应该是可以的吧。"他们没有想到胡耀邦这样回答,再讲也就没有意思了。

关于转载还是不转载《解放军报》特约评论员文章的讨论和争论,就在这时画下了句号。

如今回想起来,这件事留在我的记忆里,是不愉快的。党中央的正式文件中写着,"报纸要在宪法和法律的范围内活动","在党的路线、方针政策指导下,总编辑要勇于独立负责"。60年的办报生涯告诉我,"负责"是尽心尽力的,"独立"则虽有勇气,却难以实行,这有赖于党内扩大民主,真正健全民主集中制。今天我们已有不小的进步,希望明天会有更大的进步。

摘自《马达自述:办报生涯60年》,文汇出版社,2004年11月。标题为编者所改
原载《书摘》2005年7月第7期

《苦恋》风波始末

徐庆全

白桦的电影剧本《苦恋》发表在 1979 年 9 月出版的《十月》第 3 期上，据此摄制的电影改名为《太阳和人》，导演是长春电影制片厂的彭宁，在 1980 年底完成。这是一部中国人耳熟能详却没有看过的电影，介绍这部片子，还得根据文学剧本《苦恋》。

剧本写了画家凌晨光一生的遭遇。在旧中国，少年凌晨光虽家境贫寒，但很有才华，得到不少人的器重。青年时，被国民党抓壮丁，被船家女绿娘搭救，彼此相爱。后来，凌晨光因反对国民党被特务追捕，逃到国外。在美洲的某个国家，他成为著名的画家，绿娘也来到美洲，有情人终成眷属。祖国解放后，凌晨光夫妇返回祖国。在轮船驶入祖国领海看到五星红旗之时，他们的女儿降生了，并取名为"星星"。回到祖国享受了短暂的快乐时光后，十年"文革"浩劫来临，凌晨光一家的命运堕入谷底：全家人被赶到没有窗户的昏暗斗室。在凌晨光生日那天，他被打得遍体鳞伤。女儿星星觉得在这个国家已经不能容身了，决定和男朋友到国外去。凌晨光表示反对，女儿反问父亲："您爱这个国家，苦苦地恋着这个国家……可这个国家爱您吗？"凌晨光无法回答。此后，凌晨光被迫逃亡，成为一个靠生鱼、老鼠粮生活的荒原野人。剧终时，雪停天晴，凌晨光的生命之火已经燃尽，他用最后一点力量，在雪地里爬出"一个硕大无比的问号"。

从剧本发表的 1979 年 9 月到 1981 年 10 月，围绕这部电影持续了两年的争论，并在文坛上激起了一场轩然大波。

最初的争论

早在电影剧本发表后，就引起了文艺界的争论，也引起了中宣部的注意。时任中宣部部长的王任重听到这些争论后，要求文化部主管电影工作的王阑西和陈播关注这部影片的拍摄。现在保存下来的当年陈播的一封信（写于 1980 年 4 月 24 日），就是因王任重的询问，给时任中宣部文艺局局长的贺敬之和副局长李英敏的答复。信中写道：

我找了几个看过剧本的同志谈。认为：

（一）这个剧本想写"四人帮"对知识分子的迫害，剧中不仅写了对画家晨光一家的迫害，还有对诗人、教授的迫害，逼迫他们过原始人、野人的生活，只能长期隐藏湖荡吃生鱼、鸟蛋为生。写了画家一生，热爱祖国、忠贞不渝、坚强不屈的性格。从这点说来，有一定意义。

（二）作者在探索"电影诗"，追求电影所表达的一种新的样式和风格，这种想法也是好的。

（三）作者想通过艺术形象隐藏着自己的倾向，而不是说出来的，这种艺术探索是可取的。

（四）对于剧本有以下几点看法：

1. 整个剧本的构思与艺术形象的表现，使人感到在影片拍成后是悲怆的情调，这个剧本没有反映出"四人帮"横行前，党对于知识分子总还是重视的（虽然有"反右"扩大化的问题），归国华侨中有许多人、许多知识分子是受到重用，也发挥了他们的为祖国服务的才能。这个分镜头剧本在结尾，写了晨光在粉碎"四人帮"之后，在雪地里爬行，寻找他的人们发现他时，他已经是在一个大问号的那一个点儿上冷却了身体，他用两手尽量向天空伸去，两眼睁着……这和文学剧本开头引了屈原的《天问》篇的话："路漫漫其修远兮，吾将上下而求索。"是相呼应的，这样表现是不好的，使人感到在粉碎"四人帮"之后晨光却死去了，是为什么？没有解答，令人难以理解。

2. 这个剧本大写雁在天空写成人字，从开头贯穿到晨光的死去，最后结尾是"一枝芦苇在风中晃动着，坚强地挺立着……"这种寓意是很含蓄的，放在"四人帮"被粉碎之后晨光死去了再现的，更加深了对死的渲染，这种手法也是值得深思和推敲的。

3. 整个剧本所描写的，由于采用"电影诗"的手法，对于年代、时间，虽有所表现，但是，有许多使人看不明白，如晨光到天安门前贴一张屈原《天问》的画，背景是"白花山，白花海……"只能使人联想"四五"事件；粉碎"四人帮"前后也是分不清的，还有一些其他情节不一一说了。

4. 据说长影对这个剧本，有不同意见，导演彭宁同志曾将拍过的两本样片，请夏衍同志看，夏衍同志因看其他影片，稍看了样片，夏衍同志说，我未看过剧本，不好发表意见。（看过样片的人认为，样片的调子低沉，主人公晨光是在雪中爬行，最后死掉，脚手朝天，有人打了火把来找他。）

4月28日，贺敬之将陈播的信转给王任重。

任重同志：关于影片《苦恋》的情况，文化部电影局的陈播同志写了这个情况和他们处理的意见。我建议你、周扬同志和我们一起调看一下这部影片的样片。可否？请批示。

当天，王任重批示说：

敬之转周扬同志，这部片子我看不要演，如看也可以看一下，请夏衍同志也看看。

5月17日，周扬让秘书露菲转告贺敬之的秘书张作光：调《苦恋》看一次，看时要把夏衍请上。

5月21日，王任重与中央书记处的领导一起看了样片，"大家都反对拍这部电影"，但是，显然也有人提出了修改后拍摄的意见。所以，王任重告诉王阑西和陈播，"修改不好电影剧本，就不要拍"①。

根据这样的意见，文化部电影局便开始组织修改这部影片。但是，导演彭宁思想不通，只是将结尾凌晨光趴在大问号那一幕改掉了，其他基本没动。无奈，陈播只好报告中宣部。王任重很慎重。他提议，请中央党校和军队的人来看看，意思是让这两部分观众来说服白桦，对影片进行修改。

在此期间，白桦和彭宁又找到电影家协会，借了放映间放映该片，寻求支持；1981年1月召开的"电影创作和理论座谈会"上，又放映了该片，多数人对其持肯定或基本肯定的态度，有的给予很高赞扬，认为影片深刻地批判了现代个人迷信，并真实地概括了中国知识分子的命运。

面对着一方面是一片叫好声，另一方面是文化部要求继续修改的局面，白桦想到要让中央高层领导看看这部片子。1981年1月10日晚，他找到胡耀邦，"唯一的要求是请他看看片子"，但胡耀邦拒绝了他的请求②。

而在文艺界领导层之间，对这部片子的看法也有重大的分歧。

周扬、张光年、夏衍、陈荒煤等人，与王任重的意见一样，不枪毙影片，促使作者修改。林默涵和刘白羽虽同意这样的意见，但仍有自己的看法——张光年日记中有生动的记载：

（1981年）2月23日，上午到周扬家开碰头会，着重谈了白桦的电影《太阳和人》修改问题，取得一致意见。但白羽、默涵咄咄逼人，碰得夏衍老头气恼不置。③

从这则日记可看出，在当时，最起码是意识形态领导部门中的部分领导，对

---

① 1981年8月25日王任重致周巍峙的信，见下文。
② 白桦：《我所见到的胡耀邦》，《怀念胡耀邦》（第三集），香港亚太国际出版有限公司，2001年，第221页。
③ 张光年：《文坛回春实录》（上），海天出版社，1998年，第224页。

于处理"《苦恋》问题"是相当慎重的,而且,对于《苦恋》的"修改"(即"挽救")已经基本"取得一致意见",但是,从张光年笔下刘白羽、林默涵"咄咄逼人"的表现来看,刘、林是有自己的想法的,或者说不愿就此罢休。刘白羽时任解放军总政治部文化部领导,这也是稍后的"《苦恋》风波"最先起于《解放军报》的重要原因。当然,还有一个不可忽视的因素是,《苦恋》的作者白桦是部队作家——武汉军区,这也使得《解放军报》对于他的批评"师出有名"。

在此前后,主持编辑《时代的报告》的黄钢等人首先发难,将《太阳和人》产生的过程写成报告,送给中央纪律检查委员会,要求中纪委介入。中纪委讨论后,对此事的处理也是很慎重的。中纪委打电话给中宣部,询问是否要中纪委出面来处理。王任重征求周扬的意见。周扬则召集一个小会讨论。会议认为中纪委不应介入此事。随后,王任重根据周扬等人的意见回复中纪委:电影正在修改,还是由文艺工作的领导部门来处理,不然会使文艺界更紧张了。

3月27日,邓小平在与解放军总政治部负责人谈话时,讲到第八个问题时,谈到了《苦恋》:

对电影文学剧本《苦恋》要批判,这是有关坚持四项基本原则的问题。当然,批判的时候要摆事实,讲道理,防止片面性。①

以此为契机,《解放军报》和主要由几个老军人主持的《时代的报告》,开始酝酿对《苦恋》的大张旗鼓的批判文章。

《解放军报》与《时代的报告》遥相呼应,《文艺报》和《新观察》发出不同声音

4月17日,《解放军报》在头版头条发表题为《坚持和维护四项基本原则》的"社论",其中有近三分之一的篇幅专门批评了文艺界的"违反四项基本原则的现象"和"资产阶级化自由化的倾向"。

4月18日,《解放军报》发表部队读者批评《苦恋》的三封"来信"。三封"来信"的具体内容不管有何差异,其基本精神都是对前日"社论"的拥护,为其提供"公然违反四项基本原则"的实例。其中来自白桦当时所在的"武汉部队"的信——《一部违反四项基本原则的作品》,不管从题目还是从内容来看,都较其他两封来信严厉。这封来信并提出了这样的吁请:既然《苦恋》"这个剧本和

---

① 邓小平:《关于反对错误思想倾向问题》,《邓小平文选》(第二卷),人民出版社,1994年,第382页。

党中央一再提出的四项基本原则的精神背道而驰","希望报刊展开批评,使人们具体生动地看到:什么样叫违反四项基本原则,怎么样才能更好地坚持和维护四项基本原则"。

有了前日"社论"的"造势",又有了今日"读者来信"的响应,发表一篇长文对《苦恋》进行批判也就顺理成章了。

4月20日,《解放军报》发表了署名为"本报特约评论员"的文章《四项基本原则不容违反——评电影文学剧本〈苦恋〉》,指出《苦恋》"散布了一种背离社会主义祖国的情绪",是"借批评党曾经犯过的错误以否定党领导下的社会主义国家,否定四项基本原则,这绝不是爱国主义,而是对爱国主义的污辱","它的锋芒是指向党,指向四项基本原则的"。

随后,《北京日报》、《时代的报告》、《文学报》、《红旗》、《长江日报》、《湖北日报》(后两份报纸均为白桦武汉军区所在地的党的机关报),也发表了对《苦恋》的批判文章。黄钢等人主持的《时代的报告》增刊,不但发表了黄钢以"电影文艺评论员"的身份写的《这是一部什么样的"电影诗"?》,而且还再次发表了《苦恋》的剧本,以供批判用。

《解放军报》和《时代的报告》等媒体的密切配合,确实在社会上产生了极大的影响。那时,"文化大革命"这场浩劫刚刚过去,人们对"文革"的创痛仍记忆犹新。面对《解放军报》上纲上线的批判,人们不用太怎么打开记忆的闸门,江青借助于林彪这个"尊神"从军队获得支持的种种就会浮现在眼前,"文革"开始时该报的种种作为也会历历在目。所以,知识分子们在惶恐的同时,更多是压抑不住的反感甚至是愤怒,甚至感到"好像又回到了50年代或'文化大革命'前夕"①。

周扬等人不赞成对《苦恋》展开一场"批判运动"的粗暴做法。在《苦恋》风波开始的3月,周扬就对此提出过批评②,此后,周扬也一直没有改变这样的态度。顾骧告诉我:

对于《苦恋》事件,周扬同志的意见为三条:(1)白桦是一个有才华的作家,但作品《苦恋》有错误,可以批评;(2)应该对作家采取帮助的态度,帮他把电影修改好,而不是对作品采取"枪毙"的办法;(3)批评应该实事求是。周扬这三条意见在不同场合说过,也受到不少指责。他说了一句"白桦还是有才华的"像惹了祸似的③。

---

① 贾植芳、任敏:《解冻时节》,长江文艺出版社,2000年,第350页。
② 张光年:《文坛回春纪事》(上),海天出版社,1998年,第266页。
③ 2002年6月28日采访顾骧记录。以下所引顾骧的回忆,均源于此次采访记录,不再注明。

周扬的三条意见,基本上代表了张光年、冯牧、陈荒煤等人的态度。至于后两条意见,其出发点是,珍惜与重视文艺界来之不易的安定团结的局面。也正是后两条,周扬等人与刘白羽、林默涵是有分歧的。因此,即使在《解放军报》发动了"批判运动"后,周扬等人的"抵触"情绪依然很明显。归他领导下的《文艺报》,开始是按兵不动,稍后则采取了有倾向性的报道,发出与喧闹的批判不协调的声音。

《新观察》也与《文艺报》配合密切,抵制《解放军报》等媒体对白桦的批判。在白桦遭受批判之际,该刊主动向白桦约稿,白桦写出《春天对我如此厚爱》一文,刊登在 7 月 25 日出刊的《新观察》第 14 期上。白桦在文章中谈到自己所写的历史剧《吴王金戈越王剑》时写道:"五月一日刚刚完成初稿,五月六日摄制组从广州到武汉,他们由于岭南的连绵阴雨和某种人为的困难,工作极不顺利,延宕了很多时日。"而"某种人为的困难"一语,则隐讳地点出了因《苦恋》受批判的处境。

尽管如此,白桦接着告诉读者:遭到了批判并没有什么,很多人是支持我的,"春天"对自己是"厚爱"的:

> 六月中旬接到摄制组的通知,前往长春电影制片厂看修改后的样片。当我离开武汉上火车的时候才感到武汉连续的晴天还没有使气温上升到三十度,真怪!武汉的春天竟破天荒延续了这么长!是我在追踪春天呢?还是春天对我特别钟爱呢?……我情不自禁暗暗得意,今年我却能和春天如此长久的相聚,虽然也有风雨,但它是春天的风,春天的雨……到处都是一片新绿,"天涯何处无芳草",柔弱而众多的小草啊!你们才是春天的象征……

引文中"六月中旬接到摄制组的通知"一语,白桦的原文是"六月中旬,接《苦恋》摄制组的通知,前往长春电影制片厂看修改后的《苦恋》样片",编辑部在刊发时,小心谨慎地删掉了"《苦恋》"字样。不过,这篇文章后来还是遭到了一些人的指责。这是后话,且按下不提。

文艺界领导人之间的分歧,及在媒体上对垒的阵势,引起了党内高层的注意。胡耀邦和邓小平等人,则从大局出发,寻求的是另一种解决途径。

胡耀邦、邓小平的谈话

《解放军报》和《时代的报告》声势很大的批判开始后,一些报刊纷纷转载,一时间山雨欲来的架势,使人联想许多,国内外反映强烈。这种局面引起了胡耀邦的注意。5月17日,胡耀邦出面讲了一次话。顾骧告诉我:

5月17日,胡耀邦同志与中国文联及各协会以及中央文化部的负责人有一次谈话,主要是关于目前对《苦恋》的批判。他在谈话中指出:"首先,文艺战线形势是好的,成绩是主要的,缺点、错误是次要的。正确与错误是相伴而行的。所以必须首先肯定成绩,也必须克服前进过程中出现的不成熟或有害的东西,接受过去的教训,就是吃了不肯定主流的亏。毛主席为什么犯了'文化大革命'的错误?就是因为没有肯定主流。不要因为看到局部少量不好的东西,忘了大量好的东西。""第二,我们克服缺点错误,办法一定要稳妥。由于文艺界多年搞批判运动,大家特别敏感。文艺界是'惊弓之鸟',由于过去遇到了多次'弓'与'弹',更应特别注意。前些日子对《苦恋》的批评是可以的。但是现在看来批评的方法如果更稳妥,效果会更好些。批评是有好处的,为了帮助他们。但回过头来看,方法如果好一点,效果则会更好些。……写《苦恋》的作家还是写了些好作品,但这篇(作品)是不健康的,有害的。军队对他的态度还是好的,但军报那种批评的措词,用的方法不稳妥。(批评)我过去提过,是否可叫评论?大家叫惯了也可以。但批评是卫生运动,是洗脸,这是一。其次,争取作者作自我批评,作者反批评也可以。第三,发表批评文章,一定要用个人名义。第四,要把批评作品与批评作者分开,不要混在一起。第五,要充分说理。说理不容易。(批评文章)不要全国报纸一起登。各报可转载,可不转载,不要强制人家转载。我和XX谈了这个问题。对《苦恋》的批评现在国内外反映强烈,台湾还转发了(日本)《读卖新闻》的消息,说我们党内意见不一致,说胡耀邦、邓颖超反对这个批评。我们意见先把这场风波平息下来,现在国内还没有平息下来。用一两句话把这事冷却下来。不要再批判了。过一段再说,有些事情处理方法就应该这样。"

胡耀邦谈话后,周扬找到顾骧,要他根据胡耀邦的谈话精神,写出一篇文章交《人民日报》发表。顾骧回忆说:

1981年6月初,我在周扬同志授意下,根据耀邦同志讲话精神,撰写了《开展健全的文艺评论》一文,发表在8日的《人民日报》上。对《苦恋》事件中的种种过"左"的做法,从正面阐述中作了批评。此文经周扬同志审阅,将原题"开展健康的文艺评论"的"健康"易一字为"健全",避免刺耳,还是他老到。这样的文章署我个人名似乎分量不够,压不住;但又不好用"专论""评论员"之类,因为胡耀邦同志刚刚讲过,要求写评论文章要以个人名义发表,所以署了一个笔名"顾言"。由于自批《苦恋》事件开始,《人民日报》一直未表态,岿然不动。所以这篇文章发表引起敏感的在京外国新闻记者注意,当日,合众国际社、美联社、路透社、法新社发出十几条消息,有的说"中共迅速平息了一场新的整肃知识分子的运动"。《开展健全的文艺评论》发表,公开批《苦恋》事件告一段落。

但是,主管意识形态的胡乔木,却几次要求《人民日报》转载《解放军报》的文章。胡绩伟回忆说:

> 当时负责管理思想战线的主帅胡乔木却一再下命令,要《人民日报》转载《解放军报》这篇批判文章。报社文艺部同志同文艺界领导同志商量,认为这篇文章带有"文革"时"打棍子"和"大批判"的色彩,不能以理服人,如果《人民日报》一转载,就表明中央同意他们的观点和他们的做法,所以我们坚持不转载。《人民日报》这种按兵不动的态度,对文艺界和广大读者的惶惶不安情绪是一种安慰。当时,我们还不敢站出来为《苦恋》说话,只能说军报的文章火气太大,缺乏说服力,《人民日报》只能自己写一篇。

胡乔木知道《人民日报》坚持不转载,后台是胡耀邦,因而他把这个官司告到邓小平同志那里①。

于是,有了邓小平对《苦恋》问题的谈话。

1981年7月17日,邓小平召集周扬、王任重、朱穆之、曾涛、胡绩伟讨论对《苦恋》的批评问题。据胡绩伟回忆,谈话中,周扬、曾涛和胡绩伟都阐述了对《解放军报》文章的意见,"就是认为《苦恋》有错,应该批评,但军报那样扣上'资产阶级自由化——反党反社会主义'的帽子,是'大批判'式的打棍子的做法,因而《人民日报》不能转载"。

邓小平在谈话中,肯定了《解放军报》对于《苦恋》的批判,但也指出其缺点。他说:

> 关于《苦恋》,《解放军报》进行了批评,是应该的。首先要肯定应该批评。缺点是,评论文章说理不够完满,有些方法和提法考虑得不够周到。《文艺报》要组织几篇评论《苦恋》和其他有关问题的质量高的文章。不能因为批评的方法不够好,就说批评错了。

谈话中,邓小平对如何对待《苦恋》风波指示说:关于对《苦恋》的批评,《解放军报》现在可以不必再批了,《文艺报》要写出质量高的好文章,对《苦恋》进行批评。你们写好了,在《文艺报》上发表,并且由《人民日报》转载②。

邓小平的谈话传达后,《解放军报》对《苦恋》的批判基本上终止,取而代之的是根据邓小平谈话的精神,畅谈对文艺界形势的认识和党对文艺的领导等问题。而周扬等人领导下的文联和作协的刊物,也围绕着同一问题,发表了多篇

---

① 胡绩伟:《劫后承重任 因对主义诚——为耀邦逝世十周年而作》,《书屋》2000年第4期。
② 邓小平:《关于思想战线上的问题的谈话》,《邓小平文选》(第二卷),人民出版社,1994年,第389~393页。

文章。在肯定当前的文艺形势及强调党的领导的同时,也突出强调了鲁迅关于文学批评要有科学的态度、要实事求是、允许反批评的一些主张①。

两军对垒的阵势开始打破,言论的统一,使"《苦恋》风波"从媒体上淡出了。

两个座谈会统一认识,《苦恋》风波宣告平息

8月3日,由中央召集一个包括中央、地方、军队三方面共三百人的"思想战线座谈会","正式传达和讨论"邓小平的"重要谈话,研究部署在思想文艺界展开批评和自我批评的问题"②。

在这次会议上,胡耀邦作了长篇讲话,批评了"党对思想战线的领导处于软弱的状态"。他在强调"三个必须做好"时,第一个谈到的就是"要把对电影剧本《苦恋》的批评做好"。他说:"本来这个问题好解决,但当时我没有注意到,我也有一份责任。如果当时我们建议文联开个会,请一些作家艺术家来,对《苦恋》作个公正评价就好了。现在看起来,当时没有走群众路线,如果走走群众路线就好了。……对白桦同志,还是要从团结的愿望出发,不要一棍子打死,白桦同志还是写了好作品的嘛。但是,《苦恋》就是对人民不利,对社会主义不利,应该批评嘛!"③

8月8日,胡乔木在长达三个多小时的讲话中,多次提到《苦恋》,并由《苦恋》对文艺界提出严厉的批评:

> 像对于《苦恋》这样显然存在着严重政治错误的作品,我们的文艺批评界竟然长时间内没有给以应有的批评,直至让它拍成电影。在《解放军报》发表批评以后,一些同志除了指责这些评论文章的缺点以外,仍然不表示什么鲜明的态度。这不但是软弱,而且是失职。在社会科学和其他思想工作领域内,也有一些类似的情况。我们再不能容忍这种状态继续存在下去了。④

---

① 耿恭让:《鲁迅与文艺批评》,《文艺报》1981年第15期。
② 胡乔木传编写组:《胡乔木书信集》,人民出版社,2002年,第361页。
③ 胡耀邦:《在思想战线问题座谈会上的讲话》,《三中全会以来重要文献选编》(下),人民出版社,1982年,第896~898页。
④《红旗》1981年第23期。

如果说前一段时间对"《苦恋》风波"还有不一致的意见和看法的话,那么,经过"思想战线座谈会"的总体动员,文艺界人士则基本上认识到——这种认识不管是表里如一还是口是心非——两个问题:第一《苦恋》应该批判;第二在对待《苦恋》的批判问题上,文艺界领导表现是"软弱涣散"的。在接下来召开的"首都部分文艺家学习小平、耀邦同志关于思想战线问题重要指示的座谈会"上,与会的文艺家基本上都是就上述两个问题进行检讨。不过,大家基本上有了默契,就是不再指责《解放军报》而对黄钢提出批评。而且,在会上的发言中,大家无一例外地对《苦恋》提出了批评。

参加会议的《新观察》主编戈阳,则对《新观察》14期上发表的白桦的《春天对我如此厚爱》进行检讨。

早在8月7日,胡乔木就对这篇文章提出批评。他在致冯牧和戈阳的信中说:"看了今年第十四期《新观察》发表的白桦的一文,觉很不妥当。""我热烈地希望你们对此有所纠正和补救。"①

当时,戈阳给胡乔木写了一个字条:

《新观察》发表白桦同志的文章很不妥当,我们当认真检查。但是冯牧同志因病在外地休养,没有过问我们的编辑工作。

尽管冯牧没有过问编辑工作,但作为作协副主席,他还是要认真对待胡乔木的批评。8月8日,他在给胡乔木的信中说:他的"批评是完全正确的",要研究"想出补救办法来",并表示"作协今后当努力加强对《新观察》的领导"②。

在这次会议上,戈阳在发言中,详细地谈到了白桦文章发表的情况:

> 关于《苦恋》问题,我的认识是比较迟缓的。《苦恋》剧本,我没有读过,直到这次思想战线座谈会期间我才读了一遍。《太阳和人》电影,我看过一次,对于它的情节和细节的离奇、不真实,我非常反感。……但是《苦恋》应当作为一种错误思潮的代表作品来批评,是在这次思想战线座谈会上才认识的。正因为我对《苦恋》的认识是如此的缓慢,《新观察》第十四期发表白桦同志的文章《春天对我如此厚爱》,这就不是偶然的了。同时这篇文章的发表,也集中反映了我们编辑部的软弱涣散状态。
>
> 这篇文章是七月上旬编辑部约请白桦写的。刊物销数下降,同志们感到不安,有人提出《晚报》发表白桦所在党支部的一个简短消息,抢购一空,《新观察》也应当注意人们关心的问题。我们从侧面了解白桦这个阶段表现不错,除了接受意见修改《苦恋》影片,还新写了两个剧本。便决定请他

---

① 胡乔木传编写组:《胡乔木书信集》,人民出版社,2002年,第363页。
② 胡乔木传编写组:《胡乔木书信集》,人民出版社,2002年,第364页。

写一篇关于自己的情况的报导,以回答国内外敌人的造谣,说明党内的知识分子政策和"双百"方针是坚定不移的。约白桦写的这篇文章,原计划在15期发表,不想14期付印前一天(7月14日),文章寄到了。编辑部为了抢独家新闻竟破例抽换稿件发在14期。而由于发稿匆忙,又在稿件的修改上出现了许多差错,如为了回避《苦恋》问题,将文中"看修改后的《苦恋》样片"句中的《苦恋》字样以及其他有关《苦恋》的字样全部删去了,文中写军区领导去看作者的字句也删去了。而稿件又未送请作协党组审查就发表了。当时我虽不在北京,但这个责任是应当由我负的。第一,约请白桦写文章是我同意的;第二,编辑部在处理一篇稿件中所反映的错误思想,应当说也是我的思想的反映;第三,更重要的是军报批评《苦恋》以来,我没有领导编辑部就这个问题进行座谈讨论,以客观的科学的态度对剧本作实事求是的分析研究,以致长期以来在这个问题上未能取得一致的看法。

采取什么样的"补救办法",办刊人屡试不爽的一招是发表"读者来信"。9月10日出版的《新观察》第17期上,发表了读者"冯明"——大致可以断定是"奉命"的谐音——的来信:《也谈春天的"厚爱"》。

文章开篇即讲读了白桦文的复杂心情:"一面觉得高兴,一面又觉得遗憾。"文章说:"对《苦恋》确有赞扬支持的,但持批评态度者也委实不少,有些意见还很尖锐,很严厉。我个人觉得,人们的批评意见是有道理,值得白桦同志重视。"这封"奉命"刊登的来信,语调相当委婉。这样的写法,除了反映周扬等人的态度外,大约有主持其事的冯牧与白桦有着深厚私谊的关系①。

8月25日,在会议将要结束时,王任重给周巍峙写了一封信,作了自我批评。这一天主持会议的林默涵在会上念了这封信:

请向到会的同志宣读这封短信,算个表态。

(一)宣传部对思想战线领导上的软弱涣散状态,宣传部的同志早就有批评,最近又开了三次会进行了批评,软弱涣散的错误,主要责任在我身上。我之所以软弱有三个原因:

第一,我在"文化大革命"以前,和"文化大革命"初期,都犯过相当严重的"左"倾错误,我至今仍然要时刻注意重犯这种错误。

第二,我有畏难情绪,自己对文艺理论、新闻等等是外行,虽然想向大家学习,因为一年多来,有一半以上的时间闹病住院休息,对情况很不熟悉。所以怕犯武断或横加干涉的错误。我完全拥护小平同志、耀邦同志的讲话,我读了乔

---

① 白桦:《与冯牧诀别》,《悲情之旅》,湖南文艺出版社,1998年。

木同志的讲话记录,我完全赞成他的意见。

我看了你们这次座谈会上的发言简报,昨天又听了半天,许多同志的发言,对我是很好的教育。我愿和同志们一起,来坚决执行中央的指示。

第三,我认为开展文艺评论,是我们党领导文艺的一个十分重要而有效的任务和方法。这就是"百家争鸣"的一个重要内容,批评反批评,表扬反表扬。当然在党内与对外应有所区别。但都不要只听一家之言。批评首先要分清敌我,分清是非,不然,就不可能有什么好的方法可言。对于犯错误的同志要真正帮助他们认识和承认错误,改正错误,不能过急,允许有一个转变过程,耀邦同志说过:不要强迫人家作检讨。这是完全正确的。

(二)关于《苦恋》。

第一,《解放军报》批《苦恋》,桦南同志曾经打电话和我商议过,我支持批。但我当时没有向他建议,事先和文艺界领导同志商量一下,写出文章来,由中宣部找有关方面的同志共同讨论一下,假如这样做,可以大大减轻这一个"轩然大波"。这是我要负责的。

第二,早在去年5月21日我们书记处的几位同志看了《太阳和人》样片的几个片断,大家都反对拍这部电影,我也告诉了王阑西和陈播同志,"修改不好电影剧本,就不要拍",据吉林宣传部的同志说,长影党委多数同志和大多数职工反对拍这部影片,为什么竟拍出来了?我们领导上和体制上有什么漏洞望检查一下。

会议结束后,对《苦恋》在内部的批判,算是告一段落。

其后,在周扬、张光年、贺敬之等人的精心组织下,由《文艺报》唐达成、唐因执笔,历时三个多月,写出的《论〈苦恋〉的错误倾向》一文,在《文艺报》发表。10月7日的《人民日报》全文转载。

按照惯例,作品受到批评,作者应该有所表示,即表示认错的态度。胡耀邦最早提出了这样的动议。9月25日,在纪念鲁迅诞辰100周年大会上,胡耀邦私下对已经调到文化部任主管电影的副部长的陈荒煤说:"《苦恋》的事应该了结了,你和白桦熟悉,能不能写封信给他,请他给你回一封二百字左右的信作为文艺讨论,表个态就行了。"出于多种考虑,陈荒煤没有按照胡耀邦的要求去做。

当然,后来,白桦还是以给《解放军报》和《文艺报》编辑部写信的方式,进行检讨。这封信在《解放军报》和《文艺报》刊登后,《人民日报》又予以转载。

至此,《苦恋》风波归于平息。

原载《南方文坛》2005年9月第5期

《春天对我如此厚爱》发表后
——20年文坛亲历记

柳 萌

20世纪七八十年代,很有一阵子,在北京时兴看内部电影。中国作家协会组织会员活动,最受欢迎的就是看这类电影。那时北京还没有出租汽车,到了看电影的这一天,男的女的老的少的会员,或乘公交车或骑自行车,从四面八方赶到电影院,那种热闹宽松的气氛,如同当时人们的思想,显出前所未有的活跃。经历过的人,今天说起来,依然津津乐道。

其实,除了来看电影,人们还另有目的,这就是借此会会文友。经历过"反胡风"、"反右"、"文化大革命"等政治运动,这些九死一生的文化人,能够好歹地活下来,而且赶上还算开明的年月,谁不想向朋友倾诉些心声呢?难怪有些年高体弱的作家,就是叫儿孙们"保驾"也要来,用他们自己的话说:"主要是想来见见朋友,过去那么多年,谁也不敢跟谁来往,这会儿可以说说心里话了,年龄却又不饶人,见一面少一面啦。"说得凄凉点,却也是实情。

那时中国作协组织看电影,主要在两个地方,一个是后圆恩寺团中央礼堂,一个是北京人民艺术剧院剧场,因为这两个地方距中国作家协会所在地沙滩比较近。有时小范围的观看就在小西天,中国电影发行总公司的放映厅。在我的记忆中,好像只有一次,是在西四的人民剧场,观看白桦的《太阳与人》。为什么改换地方,详细情况不知道。听别人说主要是这里座位多,可以容纳更多的会员观看。许多不常见的作家,那天都曾不期而遇。

电影《太阳与人》根据白桦剧本《苦恋》改编。

因为在观看这部电影之前,文艺界内部已经传说,要组织对它进行批判。大概是思想先入为主吧,所以从剧场里走出来,就听到有的人在议论,有的说影片如何如何反动,有的说其实只是说了真话,更多的人则是保持沉默,是也好非也罢都不表态。这时的政治大气候应该说还不错,文艺界多年受压制的人出来了,上边还明确表示不再搞运动,按理说人们对这部电影说说看法,绝对不应该再成什么政治问题,只是有的人多少仍然心有余悸,生怕万一弄不好又被整一顿,总不如看个热闹平安度日。我当时就是属于这样的人。

未过多久,批判《苦恋》的文章开始见报,只是还没有形成大的阵势,只能算是透出一点批判的信息,一般的人也不会关心和关注。直到二唐(唐因、唐达成两位先生)文章《论〈苦恋〉的错误倾向》发表,这才引起社会上的广泛注意,尤其引起文艺界种种猜测。普遍感到担心的就是,是不是又要搞政治运动。尽管这只是人们的猜测,并没有什么确凿的根据,但是人们从多年的经验中,都还清楚地记得,1949年以来的历次政治运动,无不是从批判作品开始的。如批判电影《武训传》,批判俞平伯《红楼梦》研究,批判"胡风信件",批判费孝通文章《早春天气》,批判邓拓、吴晗、廖沫沙《"三家村"札记》,批判吴晗《海瑞罢官》等等,跟随而来的都是一场整人运动。这次人们也必然要担心。何况有的过去靠政治运动起家的人,此时好像闻到了点什么气味儿,在言语中开始流露出杀气,如那天看完电影从剧场出来,恰好跟文化部的焦勇夫一起走,同行的还有另外两个老焦的熟人,其中一位说到《太阳与人》电影,不是谈作品本身的得失怎样,而是破口大骂白桦如何如何。我听了觉得十分不对劲儿。因为,此时中央有关领导一再表示,对事情的处理要实事求是,批评倾向不好的作品,目的不是要整作家,而是要健康地推动文艺创作。

可能是类似情况社会上颇有人在,有关部门不想造成搞运动的影响,就开始在宣传媒介上加以引导。其中最为直接的就是《北京晚报》,刊登了一则加花边的小消息,由白桦所在单位党支部谈白桦现状。当时我在《新观察》杂志社任时事政治组组长,凭着多年从事报刊编辑的敏感,我觉得这样的报导并不太有力,如果让白桦自己站出来说话,似乎更令读者相信和有力量。恰好这时主编戈扬出差,杂志社由副主编杨犁主持工作,我就给杨犁和编辑部主任张凤珠建议,约白桦自己写一篇文章谈他的近况。这二位觉得我的建议可行,就让我负责找白桦约稿。我跟白桦认识始于《工人日报》时期。可是我不知道他现在何处。因为白桦有书稿在中国青年出版社,他的责编李硕儒是我多年好友,从硕儒那里知道白桦正在长春电影制片厂,我就给白桦打长途电话说明情况,白桦当即答应写一篇文章给《新观察》。我把白桦答应写文章的事情,跟杨犁、张凤珠二位汇报后,他们都很高兴,并立即叫来美术摄影组组长潘德润,让他跟我一起在北京采访白桦,给白桦拍一张近照放在封面上。事情决定后我再次给白桦打电话,约他到北京后在东单公园跟我见面,在那里先给他拍一张封面用照片。

白桦从长春到北京那天,如约来到东单街心公园,我和白桦并坐长椅聊天时,老潘给他抓拍了一张生活照。随后我又陪他去了《十月》杂志社,以及北京人民艺术剧院于是之家,他跟他们商谈剧本《吴王金戈越王剑》的出版和演出。我便趁此机会跟他具体商谈所约文章。

白桦从北京回到武汉他所在部队后,很快寄来文章《春天对我如此厚爱》,经过我和凤珠、杨犁认真三审,刊于1981年第14期《新观察》杂志上,只是没有在封面上刊登他的照片，领导主要考虑声势太大容易招事。在《春天对我如此厚爱》这篇文章中，讲述完自己近年生活和创作情况后，白桦说："我经常收到读者来信，但都没有这一时期这样多，每天傍晚，通讯员小王就笑嘻嘻地给我送来一大堆，我仔细地读着那些陌生人们的函电，想象着他们的职业、性格和形象，并择其要者复信。常常感动得痛哭失声，不知晨往而昏至……""六月中旬接摄制组通知，前往长春电影制片厂看修改后的样片。当我离开武汉上火车的时候才感到武汉连续的晴天还没使气温上升到三十度，真怪！武汉的春天竟破天荒延续这样长！是我在追踪春天呢？还是春天对我特别钟爱呢？"白桦在文章最后说："……我情不自禁地暗暗得意，今年我却能和春天如此长久的相聚，虽然也有风雨，但它是春天的风，春天的雨……到处都是一片新绿，'天涯何处无芳草'，柔弱而众多的小草啊！你们才是春天的象征……"

白桦这篇文章发表后，在读者中产生一定影响，有不少读者来信打电话，让《新观察》编辑部向白桦转达他们的关心、问候和担心，更多人都能给予正面理解。不过也给《新观察》杂志社，招来了不大不小的麻烦，这是我们万万没有想到的。

《春天对我如此厚爱》发表后不久，一天傍晚，我正在家中洗菜准备做饭，突然听到有人敲我家的门。打开门一看是主编戈扬，我马上意识到有什么急事，不然，老太太（《新观察》杂志同人对戈扬的通称）不会亲自登门，再说明天我就要去北戴河休假，没有急事她何必这样急忙找我呢？我马上请她坐下，并给她端上一杯水，希望她能静下心来说事。

稍停了一会儿，老太太告诉我说，在一个刚刚结束的会议上，胡乔木给冯牧和她写了张便条，批评《新观察》发表白桦的文章，老太太让我看过后，问我这件事怎么处理好？我很坦率地跟老太太说："您和我连1957年的事情都经历过了，现在我们还怕什么呢？您不在家的时候，经我提议组织了这篇文章，当时是想廓清社会上的传言，绝对没有任何的恶意。我不知道错哪里？您问我的意见，我认为可以这样办，一是请乔木找人写文章阐述他的意见，二是咱们派人采访他让他说看法。"

老太太觉得这两个办法都不妥。我说："那就不好办了，我明天要跟徐法新（《新观察》文艺组老编辑）去北戴河，那就等我们回来再说吧。"老太太见事情已经如此，就再也没有说什么，显然，由于我的提议给杂志社招来了麻烦，这是事先谁也不曾预料的。不过我心里并不是十分害怕，一来是大的政治环境不似20年前，二来是我自己有了应付情况的经验，三是我的初衷绝对没有恶意，只要自己不乱了方寸就好办。唯一感到有些愧疚的是，觉得对不起杨犁、凤珠，在老太太出差之际给他们建议，结果他们二位要代我受过。

我和徐法新在北戴河住东山宾馆，同住这里的还有老作家陈登科。陈登科一见我们就急着问我："怎么，是不是又惹祸了？"我说："你怎么知道的？"陈登科说："白桦昨天才从北戴河走，你们住的这个房间，就是他住过的。是他告诉我的。"那时没有网络，更没有手机，就连电话都不普及，所有的消息，除了听广播，就是口口相传。可是带有政治性质的消息，传播起来却非常迅速，因为那时人们非常关心政治，从传播的消息中判断局势，考虑自己的政治命运，好像是那时候人们的普遍心理。陈登科跟白桦是好朋友，思想倾向又比较一致，我就问他怎么看待这件事。陈登科说："不要管它，既然来北戴河了，你就好好休息，咱们一起喝酒吃螃蟹看海潮。"

这时中国作家协会正组织作家休养，大批作家住在北戴河中海滩，我和徐法新迟来了几天，就跟陈登科住在较远的东山，考虑不再招惹出是非，整个休养期都未敢去中海滩，每天除了跟陈登科聊天，就是跟陈登科女婿观海，一时间还真的把事情忘记了。但是暂时的忘记不等于不存在，我跟徐法新回来到杂志社上班，就听有的同事告诉我，老太太如何跟上边周旋，杨犁、凤珠如何承担责任，我听后心里很不是滋味儿。当天下午就去秦兆阳先生家，想去他那里散散心，同时想听听他对此事的看法。

秦兆阳先生是我敬重的文学前辈，他的为人和处事态度的豁达，这是许多熟悉他的人都知道的。走进他那间书房兼卧室的北房，我刚一落座他就先开了口："听说，白桦的一篇文章是你处理的，上边好像有些不同的看法，这到底是怎么回事啊？"我就把事情的来龙去脉，以及《新观察》领导的态度，原原本本地跟他讲了讲。听了以后，他有所思，然后对我说："咱们都应该接受过去的教训，事情是怎么样就是怎么样，你组织这篇文章的意图是好的，就要坚持，无论多大的人物怎样说都不要怕，更不要去应合，应合的结果，对自己对解决问题都没好处。就如同人家说你脸上黑，连镜子都不照照看，就去用手抹，弄不好反而成了'三花脸'。"秦兆阳老师说的这番话，是一位长者的经验之谈，更是一位老作家的肺腑之言。所以，在处理此事的整个过程中，除了觉得对不住三位领导，我的心态都非常平和、坦然。

那么，此事的另一位当事人白桦如何呢？我想了解一下他的情况，就给他所在的武汉部队打电话，刚一接通部队的电话总机，接线员就对我盘问不止，我一琢磨不太对劲儿，就是真的接通白桦电话，他也不可能说什么话，索性就挂断了电话。后来，我把情况告诉了吴祖光先生，请祖光先生给白桦打个电话，祖光先生跟白桦通过电话，白桦的近况由祖光转告给我。知道白桦平安无事，我也就完全放心啦。

在我的记忆中就是从那时开始，类似的事情很少追究当事人，然而单位领导却仍然难逃干系。1981年第17期的《新观察》杂志,刊登了一篇署名冯明的读者来信《也谈春天的"厚爱"》,对《春天对我如此厚爱》的文章,进行温和的软性的批判。文章说:"《春天对我如此厚爱》一文,虽然没有直截了当提到《苦恋》受批评的事,但是毋庸讳言,这篇文章正是从这件事引发出来的。……我们无从推测这些(给白桦)函电的内容,不知道它们对《苦恋》是褒是贬。只是从周围人们的议论中听出,对《苦恋》确有赞扬支持的,但持批评态度者也委实不在少数,有些意见还很尖锐,很严厉。我个人觉得,人们的批评意见是有道理,值得白桦同志重视。"这封读者来信还说:"《春天对我如此厚爱》里提及的近千封函电,如果褒贬扬抑兼而有之,而白桦同志也不以臧否定取舍,坚持真理,修正错误,择其善者而从之,那自然是一个严肃的作家对党、对人民、对社会主义文艺事业高度负责的表现,值得称道。如果是一片褒扬赞美之辞,白桦同志却不加分析地统统视为春天的厚爱,那就不能不说是陷进了盲目性。"事后中国作协有人告诉我才知道,这封读者来信是作协一位领导,化名冯明写的,"冯明"就是"奉命"的谐音。不过从这件事的处理上可以看出,此时的中国作协领导层,在政治上已经相当成熟、稳重,他们既要应付上峰指责批评,更要保护作家的创作积极性。真也难为他们啦。当然,更有着此时还算宽松的政治环境,不然起码也得让我这个当事编辑,至少像过去那样写份书面检查。

此事的真正转机是在一次国际笔会之后。当时中苏两党论战正酣,巴金先生率领中国作家代表团,去法国参加国际作家笔会,会上苏联代表借白桦之事,攻击中国没有言论自由。据说机敏的巴老在发言时,说,怎么没有言论自由?我们一本发行百万份的杂志《新观察》,就发表了白桦的文章《春天对我如此厚爱》,这不就是让白桦说话吗?情况是否属实我不清楚,更不便跟别的与会者核实,但是我相信不会有大误。此事后来再无人追究,就是个最好的证明。由此我想到,为什么一旦出现问题时,成熟的领导人往往不急处理,而是沉着地静观事态发展,原来有的时候时间可以帮忙。

2006年8月18日
原载《海燕》2007年1月第1期

史笔·哲理·诗情
——《吴王金戈越王剑》散论

顾 骧

剧作家白桦以马克思主义唯物史观作指导,着眼于我们时代的借鉴价值,从大量正史、野史、传说中,掘发出吴越兴亡转化的内在规律,即民心向背,是国家兴亡的根本。白桦用它谱写成响彻《吴王金戈越王剑》这一新作的主题歌,做了一篇有别于"卧薪尝胆,发愤图强"之类剧作的新文章,赋予这一历史事件以发人深省的新意。

《吴王金戈越王剑》出色地表现了勾践这位封建君主丰富而独特的性格。而在这独特的个性中,寄寓了封建时代一切开国之君共同的阶级特征。这出戏以勾践被释回国起,到灭吴归来终。在这个巨大转换中,勾践"取悦于民"的思想与他固有的帝王观念,也随着这个历史的变化而相互消长。这出戏,正是以勾践这个内在的性格冲突构成的。勾践不失为一位英明的封建君王,他效仿夫差,着人时刻提醒他不忘亡国的耻辱。他的十年生聚十年教训,有着很大的耐力与毅力。戏的第二场,通过勾践微服私访,表现了勾践与民共甘苦,施行德政,取悦于民的性格的积极一面。第四场勾践见西施美貌而动心,而在知悉西施被送往吴国后,震怒之下的克制,也是刻画勾践性格的光彩的一笔。然而,勾践终究是封建君王,即使在艰难的处境下,他的帝王思想也还在不时外溢。戏剧较好地表现了勾践这个性格的冲突。第一场勾践刚刚脱离险境,就责怪文种,迎他回国不该忘了君臣应有的礼仪与臣民对君主的敬畏:这是勾践性格变化的第一个跌宕,作者开卷就把勾践性格的矛盾摊开,并为尔后的发展作了伏线(不过,这个跌宕来得早了一点,突兀了一点,根据似嫌不足,可信性差)。直到第六场、第七场,越国由衰而盛,以弱胜强,奠定了图霸的地位。夫差以金戈自毙,属镂宝剑重归旧主,历史完成了一个循环。历史环境的根本变化,推动了勾践性格冲突的完成。勾践此时,踌躇满志,得意忘形。他认为,亡国的耻辱已被他的宝剑雪洗得干干净净,他要建筑金碧辉煌的宫殿,他要使后宫美女如云,他囚禁与他患难与共的妻子,他用那把失而复得的属镂宝剑,赐死他的辅弼功臣,他已不认更孟老头,背离了为他效忠的百姓。几千年的封建史,多少帝王包括农民起义出身的领袖人物,都难以摆脱这个历史的命运。一旦他们取得了胜利,掌握了权柄,登上那至高无上的王位,他们就要转而镇压人民。《史记》有载,越平吴后,范蠡遗书文种曰:"蜚鸟尽,良弓藏,狡兔死,走狗烹。越王为人长颈鸟喙,可与共患难,不可与共乐,子何不去!""可与共患难,不可与共乐",岂止是君臣关系,延伸来看,不也是对待人民的态度么?这并非仅仅是勾践个人的道德品质问题,这是阶级的局限,时代的必然。从勾践到洪秀全,从吴越春秋到天国春秋,都不能离开这个历史的共同轨迹。剧中的勾践,为我们提供了一个封建君王的艺术典型。勾践的性格内涵,蕴含着深刻的历史和生活的哲理!

范蠡是一个出色的政治家,是白桦笔下又一个比较成功的艺术典型,对于范蠡的艺术形象,我有另文谈及,这里只打算再谈一谈西施。明人梁辰鱼的传奇《浣纱记》是以范蠡与西施为主角,以他们的爱情故事为主线,侧写吴越这段历史。传奇里已经给西施敷上一层政治色彩了。到本世纪60年代的"卧薪尝胆"一类戏中,不少都赋予西施以更多的任务与更高的政治觉悟,如虚构了西施窃符救勾践之类情节等。这出戏,只是给西施在美人计中充当一名自觉的承担者的角色,没有再另添什么别的内容。这大体上符合典型环境中典型人物的性格,并没有拔高。在戏里,西施是美的,但作者并没有把西施的美停留在容貌上,而是把姿色的艳丽与心灵的高洁结合起来,并着重写人物灵魂的美。这是作者高超之处。西施的戏并不多,主要在诗情画意的第三场表现的,那为观众所赞赏的西施人生理想的一段自白,就是一首优美动听的抒情诗。这诗描绘出一幅宁静、恬淡的农村风俗画,道出了由奴隶社会向封建社会过渡的历史环境下一个村姑的美好人生理想。当西施知道她的貌美给她安排的命运时,她哀叹:"对于我……地狱是何等光明!"因为,她要"远离故土、故国、故人,去伴随敌国的暴君;不死,活泼的灵魂,清醒地去忍受污辱"。可是,为了"泰山之重"的"复国雪耻",她要让仇恨淹没悲哀、羞耻和绝望,她要把她的深渊同时也化作仇恨的陷阱。这个作品中的西施,是历来西施文艺形象的"又一个",她既是作者理想化的人物,又没有过分政治化、现代化。西施的形象,从艺术总体上给人以美的感受。

《吴王金戈越王剑》对历史剧"古为今用"的掌握是值得称道的。这出戏,立意高,有着较大的思想意义。作者从遥远尘封的历史中,选择了仍然能够为我们时代人们关注的题材,揭示出隐藏在这一历史事件背后的动因与教训,用典型的艺术形象,阐发历史唯物主义的一条基本原理,给观众提供了正确的历史画面,使观众从审美享受中得到启迪和共鸣。历史剧离开了"古为今用",是没有多大意义的。可是,对"古为今用"必须科学地理解和运用;而不能实用主义地、狭隘地、简单地、机械地、片面地理解和运用。不能把"古为今用"庸俗化。"古为今用"不是以古证今。历史剧搞比附、影射是不科学的。那样做,常常要主观随意剪裁历史、演绎历史、扭曲历史,强加给古人以不会有的思想和行为。在今天正常的社会环境中,作为严肃的作家,不应去搞什么影射之作;作为观众,从历史剧中得到启示,产生某些联想,自在情理之中,但也不必牵强附会地去寻找作家影射之笔。我们应该创造一种正常的艺术创造与艺术欣赏的气氛。历史剧正确的"古为今用"与比附、影射的区别,在于前者基本上忠实于历史,在历史真实的基础上寻求艺术真实。戏剧的时代背景、基本情节、主要人物都应力求符合历史实际及历史发展的逻辑。艺术虚构少不了,但历史事件的大纲节目则不能离谱。历史剧的现实意义不是直接去解说某一个现实问题,而应显示历史发展的本质规律。我看《吴王金戈越王剑》是按照这个要求努力的,虽然并非尽美。勾践君臣一定程度地认识到复国雪耻民心之重要,符合历史人物的思想原貌。这一勾践性格的重要特征与全剧主题的重要支柱,并非作家主观臆测与任意杜撰。韩非说:"越王勾践爱人。"(《韩非子·备内》)又说他"明法亲民以报吴,则夫差擒"(《韩非子·饰邪》)。《吕氏春秋·顺民》说:"越王苦会稽之耻,欲深得民心,以致必死于吴。"东汉王充说:"勾践欲雪会稽之耻,拊循其民。"(《论衡·定贤》)作为一个历史范畴的"民"的概念,我们且不去深究。史料中对勾践所采取的一些爱民政策,确记载颇丰。《史记》载:"越王勾践反国……身自耕作,夫人自织,食不加肉,衣不重采,折节下贤人,厚遇宾客,振贫吊死,与百姓同其劳。"(《越王勾践世家》)司马迁是良史家,他"采经摭传",选择材料十分审慎,他的记述,或有美化之处,但应说比较可信。再从时代背景来看,总的说"春秋无义战"。但具体分析,吴越战争前期,勾践复国雪耻,还是具有若干正义性质。吴灭越后,越沦为吴国的附庸,越国君臣与人民都受制于吴,这样越国内部统治阶级与人民之间的矛盾有所缓和,所以,勾践的思想,既有历史记载的依傍,又是当时历史条件所许可。在一定的历史条件下,越国君臣能够在一定程度上认识到要"取悦于民",但当勾践把战旗插上姑苏台,达到了复国目的,阶级矛盾发生了新的变化,他便又步夫差后尘,终于抛弃了人民。"色津津"的勾践,也同样"宫女如花满春殿"了。所以,勾践性格的变化,也有历史根据的。这出戏虚构了更孟一家及其姻亲一组人物,这对刻画勾践的性格与表现主题是必不可少的。这一组人物是"假人",但所演事件却是"真事"。通过更孟一家反映出的勾践十年生聚的国策如奖励生育,积蓄人力等,都有所本,有史料可稽。

《吴王金戈越王剑》是一部诗剧。台词是有韵的诗的语言。这语言与写意的、象征的舞台美术,与简洁、洗练的表演风格相谐和,创造了一种诗的意境。《选美》一场,只有范蠡与西施两人对话,动作性不强、缺少变化的情节,舞台也难以有大的调度。剧院的同志曾担心,这场戏是否会太"闷"而影响演出效果。实践证明这种担心成了多余。这场戏,以"传神写意"的艺术风格所表现的诗情画意,征服了观众。这场戏虽无强烈的外部冲突,却有范蠡与西施激烈的内心矛盾。他们那"美如瑶琴"般行云流水的语言,倾吐着人生哲理,观众从一种含蓄的诗的意境中,得到美的陶冶与满足。

《吴王金戈越王剑》不足之处是戏的后半部分稍逊于戏的前半部分,第六场、第七场的戏,有太直、太露之嫌。要急切地说出自己的意念,而来不及细致地熔铸艺术形象,是白桦同志创作的一个弱点。这个弱点不仅表现在这出戏中,在他的其他形式的文学创作如某些诗歌、小说中也有着痕迹。白桦同志和我谈起,他对这个弱点,已予注意。我想,有了这个认识,创作就可以避免可能流于概念之弊。还有,当前历史剧创作中存在一个较为普遍的问题,是把历史现代化。这出戏在避免这种现象方面作了出色的努力。但是,在某几个场面的处理,在某些语言的运用方面,也并非没有欠缺的地方。

白桦同志以他的辛勤探索,为历史剧创作提供了新经验。北京人艺的艺术家们,以坚定的革命现实主义精神、革命浪漫主义色彩和浓郁的民族情调相结合的独特的艺术风格,对剧本作了二度创造,使吴越春秋,别秀一枝。

原载《戏剧报》1983 年 3 月第 5 期

历史意识与道德批判
——评《吴王金戈越王剑》的重大不足

林克欢

马克思在《道德化的批判和批判化的道德》一文中,嘲笑"以停滞状态的田园生活来同历史的颓废相对抗"的田园诗人,是一些"批判化的道德家和道德化的批判家"。多年来我们的历史剧进展不大,一个重要的原因就在于,编导者往往自觉不自觉地用道德化的观点来衡量历史,以一种近乎天真的态度把历史解释为一些至善至美的完人与一些偏离道德正轨的恶棍之间的斗争,以为发泄道德上的义愤便等于对历史的发展与进步作出分析。这几乎成为历史剧创作中的一种通病,白桦同志近作《吴王金戈越王剑》,便是这种放射"道德愤怒的重炮"的典型。

《吴》剧的主旨不在于探索在列国纷争、弱肉强食的历史条件下,弱小国家如何反弱为强、强大国家如何走向灭亡的历史规律,因而也就不像大多数这类剧目那样将夫差当作昏君,将勾践视为明主,而是将吴王、越王放在同一水平线上加以对列,在这两个人物戏剧性的地位交替中,愤怒地揭露了历代帝王骄奢淫逸、背义忘恩的内在本质。在那些近乎诗句的优美台词里,诗人抒写了现实生活所激发的强烈爱憎,抒发了对理想境界的热烈追求,提出了社会历史运动中的道德价值问题,处处激荡着一种进行历史清算的严厉的批判精神。但问题在于,历史是一个不断进步的复杂过程,用道德的观念来解释历史,把道德作为辨别是非曲直的标准,无法说明历史的复杂性,也无法对历史人物的功过成败作出客观的评价。

春秋时期,列国兼并,战事连绵不断,孟子一言以蔽之:"春秋无义战。"从它给人民带来巨大苦难这一点来说是正确的,但历史并不如此单一。以家族制代替宗族制的历史动荡,使整个社会发生急剧的变化,小国不断并吞的结果,形成了战国时期七雄争霸的局面,进一步成就了秦汉两朝的封建统一。因此,在中华民族这段黑暗纷争的凄苦年代,在连绵战乱与血腥兼并的背后,是存在着历史的进步原则的。将所有的帝王不加区别地视为暴君,以道德化的批判代替客观的历史评价,无疑不是历史唯物主义的。我并不是说,不可以将勾践塑造成昏聩残暴的反面角色,也不是说不应该揭示封建制度即使在其不可遏制的胜利的同时便已显露出背离人民的严重危机。其实,在春秋时期就有人指出勾践的"爱人",乃是一种笼络人民使其为己效死的"权术"。但所有这一切,都必须放在特定的历史发展阶段加以考察,才能了解它们对当时的社会变革所具有的意义。忽略了特定的历史背景,以一种近乎抽象的"君为轻、社稷次之、民为贵"的民本主义思想去解释历史事件,并不是今天具有辩证唯物史观的剧作家所应使用的方法。由于角色不是活动在特定历史背景中的人,戏剧场景也就失去了具体的历史感。多少被漫画化了的伯嚭与伍子胥,一个成了贪财的小丑,一个成了鲁莽的武夫,他们之间"灭越绝后顾之忧"与"存越示诸侯以信义"的策略分歧,成了与争霸中原毫无关系的抽象化了的忠奸之争。身为夫差近臣的伯嚭居然对一个被释的属国君主说出"等您渡过了这条界河,您就再也不是吴国的囚徒、吴军的战俘、吴王的奴仆"这类充满了现代意识的话语。

在全剧中,吴越历史性的矛盾只是一个难以辨认的后景,道德的冲突占据了正面舞台。戏剧冲突主要是建立在勾践被约束的骄奢淫逸与范蠡冷酷的仇恨意识的根本对立上。被释之初,面对艰险的未来,一个急于取悦于民,报仇雪耻;一个却醉心于君王的威仪、权柄和享受。当举国上下,敌忾同仇,一点一滴地积聚力量时,一个克制温情,将美女作为诱使夫差杀身亡国的利箭;一个放纵情欲,一见女色便呆痴得连复国大业也置之脑后。灭吴后,一个功成归隐,以道德的自我完善去追求他心目中的一线光明;一个大兴土木,广征民女,赐杀文种,幽禁王后,旋即露出骄横淫靡、背义忘恩的本相。然而这种对立,是从怎样的历史事实里产生出来的?是一种怎样的历史形势的必然结果?作者语焉不详,观众不得而知。离开了宗族制与家族制历史交替的复杂的社会动因,离开了人物飘浮于其中的历史潮流,戏剧冲突的典型性便坠落超时空的道德化批判的深渊。应该承认,剧作对勾践自我克制时所表现的非凡的狡诈,醉心权柄、不甘淡泊的心理刻画,已足以使他成为一个血肉丰满的暴君形象。但从《普罗米修斯》中的宙斯、莎士比亚的理查三世,到《屠夫》中的希特勒,戏剧舞台上的暴君形象多如牛毛。诚然,封建帝王的暴虐、伪诈、残忍淫靡,人皆可诛。然而,正像恩格斯在《反杜林论》中所说的:"用一般性的词句痛骂奴隶制和其他类似的现象,对这些可耻的现象发泄高尚的义愤,这是最容易不过的做法。可惜,这样做仅仅说了一件人所周知的事情……"道德化的批判代替不了历史的批判,道德的自我完善与创造历史的自觉意识之间也不存在着必然的联系。历史运动并不是由某一个人的善心或恶行所造成的,统一国家产生时的阵痛,其实是社会历史形势发展的必然结果,一个国君本人是善是恶都无法改变历史的客观进程。恶在不自觉地满足了社会进步的客观需要时,也可能成为历史发展的杠杆。在道德化的批判家们听起来是如此离奇和无限可怕的事情,有时毕竟是无法否认的历史事实。

最末两场是全剧的重点所在,它通过勾践权力的获得与道德的沦丧,彻底地暴露了早就潜伏着的劣根性。企图借此激起观众的仇恨情绪。诗人用以与勾践的道德沦丧相对比的,是范蠡保全道德完善的放海归隐,这就不能不涉及范蠡与西施所向往的"一线光明",到底是什么性质了。

范蠡这位在史籍和传说中不辱君命、急流勇退的名臣,在剧作中被塑造成一个深谋远虑、冷峻自负的谋臣。仿佛在兴越灭吴这场雄壮的历史话剧中,勾践只是一个前台傀儡,只有他才是真正的幕后牵线人。他把这一切归结为是"历史让我做了一件不得不做的事情",然而这是怎样的一件事情呢?作为一个楚国人,扶越灭吴,致使勾践观兵中原、与楚抗衡,自然算不上爱国主义;吴越语相通、民同俗,吴越之争不是民族战争,扶越灭吴也不是积极的民族意识;假若说勾践乘黄池之会攻入吴都尚属摆脱属国地位的复仇战争,那么笠泽之役以及此后的兴师灭吴,便完全是扩张主义的侵略战争了,直至吴灭后才携带自己心爱的佳人放海归隐,更算不上是扶弱抗暴的正义之举。诗人自己能说清楚这究竟是怎样的历史重任吗?历史,对这个曾夸口"左右过吴越两国兴亡"的狂徒来说,几乎成了一种没有理性而又无法摆脱的"命运"。在漫长的封建专制时代,范蠡的际遇与结局,一直为那些自命清高的文人们所钦羡,这是可以理解的。在统治阶级逆行倒施的时候,洁身自好的不合作态度也可以算是一种反抗。人的道德的完善和个性的和谐,即便只存在于彼岸世界,也是以往一切进步的人们所孜孜以求的。但只有与创造历史的自觉意识相结合,才有可能去谈论道德的价值。诗人把自己的心灵附着在最心爱的人物身上,因而过分地偏爱他们,甚至把消极遁世的放海归隐说成是茫茫天水之间的"一线光明"。我们不禁要问,在漫漫的封建专制时代,是否有过作者所歌颂的这样的"一线光明"?其实,这种田园美梦,充其量不外是一种消极遁世的道德自我完善,一种退隐的士大夫的乌托邦。何况一个早就醒悟到"当今之世……没有一寸净土"的冷酷谋臣,在姑苏台上烈焰冲天、姑苏台下尸横遍野的时刻,怎么反倒相信那虚无缥缈的"一线光明"了呢?当作者忽视了历史的具体性时,便不得不对人物的性格逻辑与思想逻辑有所破坏。

人物性格逻辑与思想逻辑的混乱,在作品中多有表现。第二场中,在与农夫更孟的喜剧性的会面之后,诗人让勾践清醒地意识到自己仅仅是"王位的附庸,王冠和宝座的陪衬"。一下子便把他不无卑劣的心灵活动提高到人性觉醒的高度。当他在感受了人之常情之后,认识到王权对人性的扭曲。人被异化为权力的附庸。当然,这一方面是一种得不到满足的权力欲的曲折表现,但另一方面当他以否定的态度来对待权势对人性的扭曲时,他便获得了一种间离,一种自我嘲弄的高度:尽管这只是勾践在全剧中唯一的一次觉醒,然而却是那个时代最深刻的人性觉醒。它使那个割恩断爱的冷酷谋臣在他面前显得如此的黯然失色。而这却与全剧的主观褒贬大相径庭,这或许是诗人所始料不及的。

至于诗人所着意歌颂的西施的理想"嫁一个会种田的男子汉。最好会弹唱,又会做诗文",也属于同一性质。在春秋时代,会做诗文的卿大夫、士与会种田的庶民、农奴,属于严重对立的不同阶层。农家女西施的理想完全是一种古今混淆的现代意识。

多年以来,我们的不少同志都误以为历史剧的古为今用,便是用历史素材或古人形象直接为今天的某些政治需要服务,或者是让历史人物充满现代意识以吐作者胸中之块垒。在这样的作品中,历史仅仅是种空洞的轮廓、一种场景的假托、一种可资剪裁的外衣。历史剧固然需要选择、概括和虚构,但却必须尊重最基本的历史真实,以一种自觉的历史主义的深邃眼光,去洞穿历史帷幕的重重阴影,借此去探询和质问过去,去严肃地思考人民的命运与历史的规律,并将现代社会作为前此历史合乎规律的必然发展加以考察。不少评论文章指出了某些剧作与演出在道具、服装、官职、习俗方面的错误,这些差错当然是应该尽量避免的。但与巨大的历史矛盾的准确性相比,这类细节是无足轻重的。普希金曾在俄国历史学家波果金的一本专书上批道:"按现行法律将无法审判死去的帝王,历史会审判他们。"历史的审判必须由历史自己出来说话,这是历史剧作家所应具有的历史意识。

原载《戏剧报》1983 年 4 月第 6 期

不能把古代神话现代化
——对影片《孔雀公主》的意见

张 维

影片《孔雀公主》以傣族特有的艺术魅力和富有情节性的戏剧结构,热情讴歌了喃穆诺娜与召树屯纯真的爱情,鞭挞了黑暗势力,再现了灿烂的傣族历史文化,是一次将民族神话搬上银幕的大胆尝试。总的说来,它是一部比较好的影片。对编剧、导演所作的种种探索和努力,要实事求是地给予肯定。

但是,我认为影片是有缺点的,总的感觉有点像现代人讲现代故事的味道。有些情节游离于故事内容之外,如琵琶鬼的出现,使人感到与主题很不和谐。这虽然不是作品的主体,但是它牵涉到能否用现代人的思想改编古代神话这样一个严肃的问题。

一

茅盾同志认为:"神话是各民族在上古时代(或原始时代)的生活和思想的产物。"①中国神话是"中华民族的原始信仰与生活状况的反映"②。又说:"原始人民……以自己的生活状况、宇宙观、伦理思想、宗教思想等等,作为骨架,而以丰富的想象为衣,就创造了他们的神话。"③"神话之起源是在原始人的蒙昧思想与野蛮生活之混合的表现。以此说为解释神话的钥匙,几乎无往而不合。"④茅盾同志这些基本观点,我认为是完全正确的。在生产力非常低下的原始社会里,人们的认识能力有极大的局限,对自然、社会处于蒙昧无知的状态,他们按照自己的宇宙观,加以丰富的想象,编织出了许多美丽的故事,来表达自己的认识、理想,作为他们征服自然、战胜黑暗势力、争取自由幸福的强有力的手段。神话在长期流传过程中,特别是到了阶级社会里,它就不免被加上一些

---

① 《茅盾评论文集》下册,人民文学出版社,1978年,第242页。
② 《中国神话研究》,《小说月刊》1925年第16卷第1期。
③ 《楚辞与中国神话》,《文学周报》1928年第6卷第211页。
④ 玄珠:《人类学派神话起源的解释》,《文学周报》1928年第6卷。

阶级烙印,甚至遭到剥削阶级文人的篡改,掺杂了剥削阶级的等级观念,宣传宿命论的意识。我们必须从原始人的宇宙观,从神话的性质和内容,把神话与后来的传说、寓言或是宣传迷信的非神话作品严格区别开来。鲁迅说:"迨神话演进,则为中枢者渐近于人性,凡所叙述,今谓之传说。"①他明确划清了神话与传说的界线。传说是根据史实,基本上以人的生活为准则而予以理想化,或者以神话为蓝本,抛弃超乎现实生活的神化成分,吸取符合现实生活的部分,加以增删改动。二者最大的区别就在于有无神化因素。它们解决矛盾的方式也不同,前者是寄托于理想的神的力量,后者是凭借人力,更具有可能性、合理性。关于神话与迷信的区别,周扬同志讲到:"许多神话往往对于世界采取积极的态度,往往富于人民性,而迷信则总是消极的,往往反映统治阶级利益,这种区别最突出的表现在对待命运的态度上面。神话往往表现人们不肯屈服于命运。相反的,迷信则恰恰宣传宿命论,宣传因果报应,让人们相信一切都由命定,只好在命运面前低头。"②

因此,我们在收集、整理、改编古籍中的神话和仍流传在民间的口头神话时,都要持谨慎态度,要"忠实纪录",剔除传说、迷信等非神话成分,保持神话的本来面目。鲁迅曾指出:"留传固然留传了,但可惜的是一定失去了许多本来面目。"③茅盾更严厉批评说:"'文雅'的后代人不满意于祖先的原始思想而又热爱此等流传于民间的故事,因而依着他们当时的流行信仰,剥落了原始的狂野的面目,给披上了绮丽的衣裳。"④他坚决反对以"新思潮"来"给古代神话加上一件新外套"⑤的做法。这里讲的后代人"依着他们当时的流行信仰",换句话说,就是不按照原始人的宇宙观,而根据后代人的宇宙观来修改神话。

我们再看看孔雀公主的神话产生的时代。目前对于傣族的历史发展阶段还没有一个定论,要十分准确地说出它产生的年代是十分困难的。根据西双版纳傣族的点滴历史情况及作品本身所反映出来的历史内容和某些传说来分析,大约产生于一千余年前的部落联盟到奴隶社会的过渡时期。而琵琶鬼这种迷信产物存在于近几百年间傣族封建领主制度时期,一直延续到云南解放初期。两者相距千年,怎么能硬拉到一块呢?这是一种对待古代文化很不严肃的态度。因为神话不仅是古代劳动人民生活与斗争的反映,而且还记录和保存着古

---

①《鲁迅全集》第八卷,第 11 页。
②周扬:《改革和发展民族戏曲艺术》。
③鲁迅:《门外文谈》。
④《茅盾评论文集》下册,第 270 页。
⑤玄珠:《人类学派神话起源的解释》,《文学周报》1928 年第 6 卷。

代人民的哲学思想、道德观念、宗教信仰和风俗习惯等等。它是我们古代文化宝库的珍贵宝藏,要十分爱惜它。茅盾同志指出:"我们要研究'原始的文化',要知道人类生活史的第一页,便不得不从古代神话中搜讨采集;这便是古代神话的真正价值了。"①如果我们不研究古代神话作品的主旨,不细察它产生的时代背景和历史条件,用近代宗教信仰和现代人的生活状况来修改古代神话,任凭主观意念增添人物、情节,这就会使古代神话作品失去它真实的本来面目,不利于民间文化遗产的挖掘和继承。

我们强调忠于神话原著,并不是说把它的原始材料一丝不差地搬上银幕,而是允许有所取舍或增删。原著总有一定局限性,也有某些消极因素,不能不加分析地照搬。为了艺术地再现古代历史环境和人物的真实形象,遵照电影艺术的特点和规律,在符合原著精神的前提下,可以增删某些人物、情节,或者改动原始材料。如影片在金湖边相遇结良缘前,增加了召树屯为拯救龙王射伤秃鹫(巫师)爪子的情节,这就埋下了后来国师与王子之间矛盾冲突的伏笔。又如召树屯凯旋后,不顾父王的阻拦,杀出宫廷,闯过重关,来到孔雀国,经受国王的考验后,同喃穆诺娜幸福地返回勐板加,一箭射死巫师。这些改变,就很好,使情节更加曲折有致。但是,增加琵琶鬼这个情节却是败笔,带有一定主观随意性,不能不影响作品的主题,不能不有碍于准确体现古代神话原著的精神,因而也是傣族人民难于接受的。

二

在神话影片中能不能融进编导者的主观意念,这是我们看了影片《孔雀公主》后提出的另一个问题。

关于《孔雀公主》的神话故事,在云南有几种版本,都没有琵琶鬼这个情节。有意增设的这个情节流露出编剧坎坷经历中的某种特殊感情和思想倾向,从一些对话就可以看出来。当国师装神弄鬼给人们"看病"时,瞎阿婆问他为什么自己的眼病还不好。国师回答说:"神说,你的幸运就是眼不见,心不烦。"依香当即反驳说:"大国师,神的话不对呀!眼不见,心更烦。世上多美好,看不见光明,全都是黑暗啦!"国师斥责道:"神的话是金口玉言,连怀疑都是对神的冒犯。"接着他宣布依香是个琵琶鬼。谁要娶她为妻,只会生毒蛇、蟑螂。依香被迫逃进深山老林,与一位猎人结了婚,并生下一个孩子。她一直思索着这个问

---

① 玄珠:《人类学派神话起源的解释》,《文学周报》1928年第6卷第19期。

题:为什么国师的手一指,人就可以变成鬼?类似的话反复重述过几次,并且在实际上成为影片后半部的核心冲突。又如召树屯在追寻喃穆诺娜途中,与猎人在篝火旁烤火,感叹他们的不幸,完全是"阴谋诡计和信奉神灵的结合"。再如召、喃团聚将要返回勐板加时,勐奥东国王对召树屯说:"我很不放心,太可怕了!贵国是个混乱不安的地方,俾民不得安康,把妖魔信为神灵,真是荒唐!"编剧者用形象化的手法所重复宣扬的,极力想向观众说明的正是这样的意念:信奉神灵,崇拜个人,是酿成任何社会不幸的根源。

  当然,任何作品,包括神话作品改编在内,都不是用纯自然主义手法反映生活的,不可能不渗进作者的感情色彩。神话改编者同样也有"个人创造性和个人爱好的广阔天地,有思想和幻想、形式和内容的广阔天地"①。问题是改编神话这种艺术创作不同于一般的艺术创作。因为神话作品主题和人物性格都有规定性,改编者的一切创作活动必须在原著基础上进行。他倾注在作品中的思想感情必须与神话原著中的主题思想和特定的人物思想感情相吻合,作者的思想倾向性与历史真实性要统一起来。编剧只能从神话原著的人物自己的性格逻辑中寻找行为动机,准确地把握他们的思想感情,按照人物思想行为的逻辑轨道去表现他们;而不应当凭一己的好恶任意驱使人物,为了解决现实生活中的某些问题,借题发挥,节外生枝,给古老的神话"穿上件新外套"。人们都熟悉的孔雀公主的神话,它的主题是非常明确的,通过对召、喃纯真爱情的歌颂,生动地揭示出这样一个真理:真善美一定会战胜假恶丑。虽然讲的是千年以前的事情,但它却是古今人民相通的思想与情操,人们从他们身上看到自己民族的美德,唤起对新生活的热爱,增添改变现实的力量,有力地推动人民走向团结和斗争。可是影片《孔雀公主》的编剧,却要牵强地塞进些反封建、反神权、反个人迷信的思想内容,使整个影片很不协调,使人看了很不舒服,并不能达到作者所预想的目的。

  当然,我们也要承认改编、摄制反映原始人生活状况的神话片是很困难的。原始人离我们已逾千年万年,他们的生活和思想早已非我们所能目睹。而中国神话历来又无精品之作,由于种种原因,许多神话流于简略、散碎和残缺,有的被历史学家、哲学家、文人增添颇多。在这种条件下,在远离古代的今天要表现千万年前的事,只有遵照集神话学大成的安德烈·兰指出的方法,即"取今以证古"②。这就是研究现代民族的思想和生活(茅盾同志称他们是我们祖先的现代的代表),看他们和古代神话里所传述的,是否有几分吻合。如吻合就证明神

---

① 列宁:《党的组织和党的出版物》。
② 玄珠:《人类学派神话起源的解释》,《文学周报》1928年第6卷第19期。

话中为我们惊诧的一切怪诞的记述,是合乎那个时代实际的。当前,傣族刚脱离封建社会,由于长期闭关自守,许多古人的生活情趣都承袭下来了。只要我们认真深入傣族生活,许多古代伦理思想、生活状况是可以获得的。但是我们切忌不熟悉古代傣族生活,就不顾神话本质,妄加附会,把现代人的生活、情趣、意识"贴"到神话作品里。

　　神话,就是神话。它可以随着社会的进步,文明的昌盛,逐步被更新更美的故事所代替,但它绝不能用新生活去篡改。如果把古代神话现代化,就预示着神话的灭亡。

原载《电影艺术》1983 年 6 月第 6 期

白桦、叶楠剧作艺术风格比较

张仲春

白桦、叶楠是我国著名的电影剧作家,他们在创作上都涉猎历史素材,都表现现代人民的革命斗争,都探索民族的传统精神,但剧作风格迥然不同。探讨这种不同,对于我们加深理解作家的剧作,认识作家的美学追求和创作个性,是有启发和帮助的。

一

白桦是电影剧作家,又是诗人,在他看来诗与电影有相通之处。叶楠不是诗人,但也认为电影应借鉴诗的精炼、比兴和意境。甚至认为白居易的叙事诗《长恨歌》就可以拍成意境极佳的影片。在电影创作中,他们都追求电影诗化,但表现方式不同,白桦往往赋予生活浓烈的诗意,叶楠则长于挖掘并表现出生活的底蕴。白桦的剧作,令人感到有一股灼热烫人的气息,一种激越奋发的力量,如草原上盛夏的热风,似大海汹涌澎湃的巨涛;叶楠的剧作,令人感到有一个美好的理想和一股潜在的力量,如远航的舟船遥望灯塔之再现,似沸腾的岩浆要冲破地壳的禁锢。

白桦的《今夜星光灿烂》表现激烈而残酷的淮海战役,描绘血与火的战斗场面,写了那么多年轻战士的牺牲,然而格调昂扬,没有低回压抑的感叹,没有恐怖气氛。它不是通过大规模的兵团作战,而是通过几个小人物的生活和牺牲;不是表现人物大吹大擂的死,哭泣声中死,而是表现人物默默地死,微笑着死。从他们身上,我们唯见其青春的活力和朝气,唯感其对胜利的渴望,对革命的忠诚。通讯员小郭用手榴弹炸毁敌人坦克后,仰面倒在地上,在十分舒畅的笑声中,回忆着坦克履带滑落下来的那个瞬间安详地闭上眼睛,电话兵小于只身摸进敌人营垒,强迫敌师长与我军司令员通话,在身负重伤的情况下,拉响缠在腰间的手榴弹,与敌人同归于尽,连长何战云攻克敌人最后一个堡垒,在冲锋号声中与世长辞。他们都仰望着黎明的曙光倒下去,没有丝毫的痛苦和悔恨。难道他们没有生活的信念与追求?不!他们才十八岁,还要看到"新中国国旗的颜色",还要听"好听的国歌",还要去建设"像诗一样美"的国家。可是,为了这美好的未来,必须有人作出牺牲。而他们,都愿意用自己的青春去换取这未来。在这种精神激励下,他们说出的每一句话,做出的每一个行动,就是一首壮丽的诗。小郭述说自己炸毁敌人坦克"等于向南京走了好几步",小于回答蒋介石特派记者乔菲娜关于新中国美好的缘由说:"从我们这个军队,这个党身上看到。"小邱甚至把填写每一张日报表当成写一首诗。他说得多么好哇:"当我填写阵亡数字时,我又看到了那些牺牲了的战友。"这种诗的语言和气质,使他们始终保持坚强、乐观的情绪,勇敢战斗,视死如归。

《今》剧不仅赋予人物浓厚的诗意,而且在景物描写乃至音乐配置上,都带有作家特意点染的诗的色彩。地灶里熊熊的火焰,霎时间化出杨玉香甜蜜的梦,战场上敌我双方的恶战,在作家笔下是一幅幅瑰丽的奇观,更有那充满希望和幻想的主旋律,激越昂扬,它在剧中出现达十二次之多,每一次出现都凝聚着作家火烈的诗心:既悼念战场上英勇牺牲的战士,又准确表达出他们虽死犹生的革命精神。还有剧本开头关于静静的天安门广场,雨后积水反射着灯火和星光,灿烂的天空,无数颗星星闪烁着奇异的光彩的大段描写,与结尾何战云数星星,"满天璀璨的繁星缓缓旋转着","繁星化为五彩缤纷的节日焰火"的描写相互映衬,构成一幅美丽的图景,揭示出:是千百万烈士用自己的星星之光,照亮了革命的前程,迎来了新中国光辉灿烂的今天。

叶楠的《巴山夜雨》描写动乱后期邂逅于三等舱里的几个不幸者,他们各有自己的忧愁和悲伤。老大娘的儿子是解放军某部团长,前几年在制止武斗中牺牲了;丑角演员关盛轩曾被戴上"美化封建衙门的鹰犬"的高帽,历尽批判,至今心有余悸;农村青年杏花为了还债,被迫离开恋人去与不认识的人结婚;女教师维护国家几千年的文化,结果教书教不成。宋敏生曾是抄家的红卫兵,而今醒悟过来,悔恨交集;李彦同情秋石,却又奉命押解秋石,默默地忍受着人们的仇视和白眼;刘文英身上,既有被"革命"剥夺人性时所留下的阴影,又有不甘失去的人性在挣扎和觉醒。至于主人公秋石,因写诗歌颂神女峰成为黑诗人,妻子含恨死去,女儿流落街头,自己被解送他乡。剧本以秋石为中心逐步交代这些人物的不幸遭遇,使全剧笼罩着悲怆和哀凉的气氛。然而,作家的艺术笔触并不停止在这表面的悲哀上,而是透过悲哀写出不幸者美好的心灵。秋石身陷囹圄而心里记挂着情绪反常的杏花,深夜下水救护;宋敏生把自己采集的鲜花献给秋石,告诉他诗稿的下落;刘文英在惶惑中觉醒,毅然要求船长停船放走秋石。他们善良、正直,不畏强暴,为了他人幸福,不惜献出一切。正如作者所说:他们"全身心将爱倾注给他们的祖国和人民","在任何情况下,顽强地去追求美好,至死不渝"。哪怕在十年动乱中,也始终抱着美好的信念,相信这是暂时的噩梦,从而用理想的光辉去照亮黑暗的征途,"用自己受伤的心去温暖他人受伤的心"①。历史上,这一美德所谱写的赞歌,撼动多少人的心灵,赢得多少人的热泪呵! 今天,叶楠又用它续写美丽的诗篇。"东舟西舫悄无言,唯见江心秋月白。"多么高雅,多么耐人寻味。它使人难忘,使人动情,又使人思索,使人探究。经过认真思索,理解了其中蕴藏的诗意,心就慢慢充实起来,动摇者坚定,颓废者振作,坚强者迸发出巨大的力量。

　　白桦、叶楠的剧作充满诗情画意,基于他们对生活、对人生意义的认识。在他们看来,生活对于那些抱有理想,不丧失信念,不忘记友情的人来说,本身就是一首美好的诗。他们把这一思想融进自己笔下的理想人物,并通过不同的方式表现出来。《曙光》中保卫局长冯大坚面对兰剑罪恶的枪口,心里想的是尽快把情报报告贺龙,勤务兵小高被打成"资产阶级独立派",与被俘的敌司令长官同关一室,心里却记挂着编草鞋行军打仗,《孔雀公主》中喃·穆鲁娜被诬为妖,烧杀她的柴堆已经点燃,她仍从容不迫,翩翩起舞,要用最后的一点时光,为患难相交的人民跳一次家乡的舞蹈。面对死神,不为悲伤所压倒,相反,让余生放射出最灿烂的光辉。白桦就善于捕捉这最有意义的一刻而重笔描绘,带有作家强烈的主观色彩。他在《今夜星光灿烂》拍摄前说:"这个剧本与其说是讲了一个故事,不如说是我在由衷地、有感而发地歌唱,因而它必然具有比较浓的抒情色彩。"②这种由"我"的歌唱而带来的"抒情色彩",恰与叶楠相反。叶楠是在"讲一个故事",而不是由"我"在歌唱,因而,他往往通过平凡的,似乎微不足道的事情表现出人物一生的追求奋斗,不轻易流露个人的主观情绪。《绿海天涯》描写南林进入西双版纳探索热带雨林,采集植物标本,建立群落基地的曲折遭遇,《傲蕾·一兰》表现巾帼英雄傲蕾·一兰保卫疆土,反击沙俄侵略者的事迹,其间经历了许多事件,整个情节系列,娓娓叙来,委婉动听。与白桦比较,虽同注意诗意的锤炼,但作品中的诗情,一为炽热、火烈,如色彩浓郁的油画;一为蕴藏、淡雅,如色彩素淡的水墨画。

二

　　电影文学同其他文学形式一样,都要塑造人物形象。不过,它以塑造视觉形象为目的。白桦认为:"一个电影剧本的成功关键和小说戏剧一样,归根结底

---

① 叶楠:《西窗剪烛话巴山》,《电影文化》1981 年第 2 期。
② 白桦:《由衷的有感而发的歌唱》,《电影艺术》1980 年第 7 期。

还是要在作品里塑造出具有鲜明性格的典型形象。"①叶楠也认为:"一部影片的优秀,仍然是要以人物形象……来决定的。外国优秀影片,莫不是由于塑造了动人的形象而被人称道的。"②他们都注重人物的塑造,但白桦剧作的人物雄奇壮丽,叶楠剧作的人物深沉凝重,色彩、风貌截然不同。

白桦的《李白与杜甫》中,李白扁舟穿江峡,说不尽风流才子的英姿。只见重岩迷峰扑面而来,如倾如侧,李白佩剑立于船头,"乘长风破万里浪",追上前面大船,与吴道子躬手攀谈。他袍带凌风舒卷,飘飘欲仙,谈吐与青山长存,峡谷同鸣。《曙》剧里冯大坚侦察途中袭击刘雨斋,又冒充国民党将领搭救刘雨斋,只身进入敌营,夺得敌人密件,飞骑返回驻地;独立师师长岳明华被押赴刑场,就在执刑队举枪瞄准的时刻,警卫员赵安宝大喝一声,单骑冲到岳明华跟前,猛勒缰绳,让马人立起来,用身体挡住执刑队的枪口。这一个个艺术造型,雄伟、俊健,写尽了革命战士的英雄气概!

叶楠的《傲》剧同表现历史题材和战斗场面,但写法平实而无浪漫。傲蕾·一兰弯弓搭箭射敌旗,穿门洞,刀劈匪徒,大显神威,如果在白桦笔下,将会构成一幅幅雄伟壮观的图景,而叶楠却只寥寥几笔,写她利索的动作,健美的射姿和出色的刀技。最后,让这些朴实的动作构成"大雪满弓刀"的图景,引起人们深远的联想。他早年执笔写的《甲午风云》就开始表现出作家的这种美学追求。作品中真正震撼人心的,不是那激烈的炮击,高昂的呼唤,而是那深沉、缓慢、朴实的人物动作。邓世昌为民请愿被革职,深夜弹琵琶,随着他微微拨动琴弦的手,低沉哀怨的琵琶声如歌如泣,倾诉着爱国志士忧国忧民之心。它飞过门窗,越过院墙,荡旋在祖国大地上,叩击着每一个战士的心扉。最后,致远号弹尽援绝,邓世昌屹立船头,指挥战舰向敌舰撞击。他表情冷峻,动作缓慢,但从他喷火的双眼中,看到他内心燃烧着仇恨的烈焰,看到一个民族英雄忧国爱民的赤胆忠心。

白桦乐于通过强烈的外部动作塑造人物的雄姿,叶楠长于通过深沉缓慢的内心动作揭示人物的精神境界。有时,白桦笔下的人物动作近于浪漫主义,叶楠笔下的人物动作却趋于返璞还真。这两种不同的发展倾向,突出地表现在《李》剧和《巴》剧中,试以李杜相见和秋石父女相认为例:

> 黎明,太阳将要升起,杜甫仍然在黄河边。他依偎着马项正在沉睡,他似梦非梦地听见有人在慷慨长吟:
> "君不见,黄河之水天上来……"

---

① 白桦:《先有故事?先有人物?》,《电影创作》1979 年第 7 期。
② 叶楠:《我们要思考、鉴别……》,《当代文艺思潮》1982 年第 2 期。

杜甫惊醒,朝霞判目,但看不见一个人……

"奔流到海不复回。君不见,高堂明镜悲白发,朝如青丝暮成雪……"

杜甫用手掌遮住霞光,才看见一面白帆从巨大的日轮中飞出。

杜甫兴奋地纵马投入滚滚黄河,

杜甫策马破浪前进,

波涛传递着呼声,只听得"李白""杜甫""杜甫""李白",起伏回旋不断,和风浪交织成一片奇迹的音响。

李白与杜甫并马从黄河波涛中跃出……

黄河卷着亿万金鳞般的阳光……向巨大的日轮奔去……

李白与杜甫的身影在鲜艳丹红的日轮中相互拜见。……

长风掀动着波浪,祥云拥抱着红日。

李白与杜甫在黄河岸边并骑飞驰。

多么动人的一幅相会图!神奇、浪漫、美丽壮观。它凝集着作者(也是千百万人)的理想,道出了作者(也是千百万人)的心声。李白杜甫相慕已久,只恨无缘相见,而一旦相见,热烈、激动之情自不待言。作者通过想象,设置了杜甫跃入黄河,李白从波涛跃出,两人并骑飞驰等情节,表现出诗人的这种情绪。这种神话般的描绘,构成了白桦剧作的浪漫主义色彩。

在老王的舱间。

秋石不解地看着船长、老王、大厨。

老王从大厨身后推出小鹃子。

小鹃子疑惧地看着秋石。

秋石审视着小鹃子。

老王几乎控制不住自己的感情了,他对小鹃子柔声说:"孩子,唱歌!"

小鹃子生硬地低声唱,"我是一个蒲公英的种子"。

秋石像被电击一样,颤抖了一下,眼睛出现了奇异的光亮,他伏下身去……

小鹃子受到秋石情绪的感染,眼神全变了——热烈、含有希望的眼神,歌声变得流畅而含有深情,"谁也不知道我们快乐和悲伤"。

秋石嘴唇抖动了一下,伸出手……

小鹃子唱不下去了,也伸出手……

秋石猛地抱起小鹃子,两人几乎同时喊"女儿!""爸爸!"

歌声断了,音乐低声继续着,弦乐队的弓子轻轻触动琴弦……

很难得哭的孩子,在爸爸怀里,泪从眼眶里涌出来了。

这段描写对比李、杜相见的描写,人物动作显得朴实纯真。同样表现人物激烈的感情,白桦用人物强烈的形体动作,并配以黄河、红日等博大场景和长风、波澜的巨大声响,叶楠用人物细微的情绪变化:眼神、嘴唇、伏身,并选择了与这种动作情绪相一致的场景(舱室)和音乐(乐队轻触琴弦的乐声),他以静景写动、乐境写哀,益显其惊心动魄的艺术感染力。

三

文学作品是社会生活在作家头脑里反映的产物,作家创作,无不在作品中倾注自己的思想感情。白桦、叶楠也不例外,他们看重作品中的思想,甚至说法也差不多。白桦认为"在世界上,任何生命力强的文艺作品(包括电影)无一不是因为作品本身具有深刻的思想"①。叶楠认为"世界上优秀影片,莫不是具有丰富深刻的思想内涵"②。然而,个人思想感情表现在作品中,白桦是激昂慷慨之情溢于言表,叶楠是蕴含深情于客观描绘之中。

从白桦剧作中我们看到,作家往往借剧中人物抒发自己的感情,呼出自己的心声。《曙光》中,蒋军十万围剿洪湖,林寒"用自己的自负和固执来推行王明的主张",与国民党军队打正规战,又信任内奸兰剑,把一大批忠诚的干部战士打成"资产阶级独立派",给革命事业带来巨大的损失。白桦多次通过剧中人物,表达出自己所要喊出的话:"'左'倾机会主义害死人!'左'倾机会主义路线误党误国!"最后,甚至通过贺龙的画外音:"谁要想整垮我们的党是不容易的!"借以表达对党的信赖和革命必胜的信念。《孔雀公主》中,他通过召·树屯与父王的斗争,提出要恢复"人的尊严",通过民众的歌唱,歌颂了诚恳勇敢,重申了"相信人"不相信神的主张;《芳草青青》中,他通过刘志山,周明健的对话,表达出作品的思想主题:"千千万万不声不响自觉和共产党一起奋斗牺牲的人民群众","才是有功之臣呀。"

叶楠剧作中,很少作家自己忍不住出来表态或说话。他的人物动作,似乎都是生活的再现。作家是那样的不动声色,那样的深藏不露,虽然从那极典型的人物动作中,可以触摸到作家热烈跳动的脉搏,火一样燃烧的心,但却无法直接地从人物口中,觅找和发现作家要说的话。换句话说,剧中人物,似乎没有作

①白桦:《思想多了吗?》,《电影创作》1979年第8期。
②叶楠:《我们要思考、鉴别……》,《当代文艺思潮》1982年第2期。

家赋予的主观色彩,有的只是特定环境中的特定行动;没有长篇对话,更多的是用画面揭示人物的心灵。《巴》剧就表明作家运用这种艺术手法已经十分娴熟。剧本开端人物没有语言,但发生了一系列动作,这一系列动作,把人物的思想性格表现得淋漓尽致。刘文英以监押者的身份给秋石开锁,用敌视的目光向秋石发出警告,这是她思想感情的真实流露。从她的眼神里,我们不难看到一个受愚弄和欺骗的"革命战士"对"现行反革命分子"的愤恨和仇视。秋石无视刘文英的警告,旁若无人,径直上船,表现了诗人的胸怀和气质。他懂得刘文英目光的分量,可是不放在眼里。他心里装的是祖国的灾难,人民的苦痛,无暇顾及个人的安危。小鹃子是不满五岁的孤儿。为觅生父,她要混上轮船,于是挤到提枣的老大娘身旁,把手放在篮系上。这一动作,表明了小鹃子复杂的思想活动,揭示了她的聪明机灵。

白桦、叶楠不仅通过人物语言动作表现自己的爱憎嫌恶,而且通过景物描写来抒发自己的思想感情。景物描写不受人物性格的限制,便于作家健笔纵横。在这种情况下,白桦往往一泻无余,唯恐意犹未尽;叶楠则浅尝辄止,惜墨如金。《芳》剧中刘志山与唐明健关于功臣的对话之后,白桦写道:

"满月下的大地,无穷无尽的小草在微风中摆动着,他们总是那样容易被人忽视,容易被人忘怀,容易被人践踏!年复一年,'春风吹又生',开花、结子,生生相因,繁衍不已。"

"天空中闪耀着无数小星,地面上那些相依为命的草叶上闪耀着无数露珠,亮晶晶似的露珠。"

这些景物描写,无疑是为了更充分更有力地表现作品的主题。正如剧中大学生周静君所歌唱的:"它们的地位总是那样谦卑,它们的要求总是那样微小,它们却给予人间的芬芳,使山河无限美好,它们覆盖着大地,依恋着泥土,礼拜着日月、星辰,为一滴露珠高兴得歌唱,为一线阳光快乐得舞蹈。"不过,它是从景物描写的角度,不是从诗人咏叹的角度,来对小草进行歌唱的。它毫无保留地倾注着作家对广大劳动群众景仰、赞叹之情。

叶楠近作《黄沙掩不住的刻痕》,描写长征途中激战之后,红军女战士和号兵小刘掉队了,为了追赶大部队,他们相互搀扶着坚持前进。不料过沙漠的时候,小刘死于敌人枪下,大姐也因伤口恶化而牺牲了。但在他们的精神感召下,向往革命的裕固族姑娘掩埋好烈士的尸体,接过小刘的军号,背起大姐留下的蓝印花包袱,向着红军走过的道路前进。这时,叶楠写道:

"在沙漠的凹处,竟有一丛野草绿了,且挂着一朵紫色的小小花朵……"

同样用小草来比喻向往革命,支持革命的人民群众,白桦画出小草满月下、微风中、地面上的姿态,又写尽它们虽然被人践踏、忘怀,然而年复一年地生长、挺立,默默散发着芳香又无所求的精神品格,通俗直白,淋漓尽致。叶楠却没有纵笔描绘野草在恶劣情况下的各种姿态,也没有进一步展示它的未来。他只用寥寥二十个字,两个形容词,写了小草之绿,且开出紫色小花,用以象征裕固族姑娘踏上长征路,去完成烈士未竟的事业。用笔省俭,却又寓意深长,给读者以充分想象的余地。

四

电影有节奏,作为影片基础的文学剧本,也有一个节奏问题。白桦、叶楠剧作的节奏也是不同的,叶楠剧作的节奏低回委婉,有一种"像海鸥飞行的轨道",白桦剧作的节奏明朗轻快,像山鹰扇动坚强有力的翅膀搏击长空。

淮海战役之后,白桦随军进入大西南,在兄弟民族地区生活了一段时间,熟悉高原上的风物,看惯了山鹰的飞翔。这段生活对他创作发生了影响,慢慢形成明朗轻快的特点。叶楠在解放后调海军学校学习,毕业后分配上潜艇搞技术工作。他熟悉大海的性格,看惯了海鸥的飞行,耳濡目染,潜移默化,于是有了低回委婉的节奏。这种不同,突出表现在人物事件、景物描写和时空交叉的结构形式上。

白桦、叶楠笔下的人物,就其思想倾向来看,都属于蓬勃向上的。但白桦的人物清丽,性格开朗,动作洒脱;叶楠的人物浓郁,性格醇厚,动作凝重。《芳》剧和《黄》剧,同是描写战争生活中的人,人物性格却完全不同。《芳》剧中老区农民刘志山,不论在敌人监狱里,还是遭受唐国庆奚落,皆不失其乐观诙谐。他冒名顶替唐明健,遭受酷刑之后,还幽默地说:"幸好我啥都不知道,要是知道点啥,说不定真会叫你们给逼出来!"说完竟自庆幸地笑了。解放后,他行千里路求见唐明健,被唐明健的儿子戏弄一番,但他不羞不怒,反以周静君送他一瓶从未见过的橘子水为满足,认为没白跑,发出快慰的笑声,回到家门口,看到儿孙们在辛勤劳动,他于是沉醉在欢乐的气氛中。还有他那双永远闪烁着天真笑意的眼睛,也给读者留下深刻的印象。表现这样一种人物性格,非明快的节奏不能淋漓尽致;反过来,人物的乐观诙谐,益发使剧本节奏显得轻松明快。《黄》剧中红军战士大姐、小刘则不同,他们虽说是青年人,但性格比刘志山深沉得多。他们在混战中掉了队,凭着对事业的忠诚,他们决心横跨沙漠,觅找北上的主力。然而,没有水,没有粮食。在与恶劣的环境和凶恶的敌人搏斗中,他们牺牲了。表现他们与饥饿斗、与风沙斗、与敌人斗的顽强精神与不懈的努力,舍低回委婉不能淋漓尽致,而表达作者对烈士缅怀之情,一唱三叹,则是最合适的节奏了。

　　与节奏相联系的，白桦剧作中的事件往往多短促，叶楠剧作的事件往往少而曲折。《今》剧写几个年轻战士牺牲，事件一个接一个；《芳》剧人物不多，事件却不少，从抗战时期写到解放战争，令人应接不暇。叶楠剧作则不同，《巴》剧写秋石在押和被释的一昼夜；《黄》剧表现两个红军战士追赶部队的经历；《绿》剧虽然事件较多，基本情节却只有一个，即南林进入西双版纳，探索和发展祖国的植物学。事件间接联紧密，没有跳跃感。这是造成他们剧作节奏不同的另一个重要因素。

　　白桦、叶楠剧作的景物描写，同样表现出它们节奏的不同。《今》剧中被炸后的坦克断履"轻轻地从传动轮上滑落下来"，《芳》剧中"湍急的山溪流淌的声音轻快而悦耳"，橘子水瓶子在早晨的太阳下，"突然迸发出奇异的光彩"，还有"那开着小花的草"在田埂上，山路上摆动，"亲切地抚摸着每一双风尘仆仆的脚"等。何等的欢乐！它们都发生在危急和艰难的情况底下——小郭胸脯淌出鲜血，唐明健刚刚离开敌人监狱，刘志山遭受奚落和敌人大军压境，然而和谐，无突兀之感。欢乐的景物描写所表现出来的轻快节奏，突出了人物性格，突出了主题，足见作家艺术手法之娴熟，用心之良苦。叶楠剧作的景物描写不多，但一字一句寓意深长。《绿》剧在多次出现的"古琴忧伤的调子"中，穿插描写了"山回路转，马孤人单"、"夕阳坠落，云雾四阖"、"天际蒙蒙"、"四野茫茫"，节奏显得低回平缓。《巴》剧在贯穿始终的"雾蒙蒙"、"雨蒙蒙"中，反复地点染江流"凶险的旋涡"，天上"飞驰的云朵"和江轮船尾"翻滚的浪花"，最后又描写"无数由绒毛组成的小伞悬垂着的种子，在整个银幕上飘荡、飘荡"。更给人低沉委婉循环无尽的感觉。后者的景物描写简洁、形象，为完美地表现剧作节奏提供了卓越的例子。

　　白桦、叶楠运用时空交叉是近期剧作才出现的。他们前期的作品《李》剧、《甲》剧等都没有采用这种结构手段。《今》剧、《傲》剧开始部分运用时空交叉来结构剧本，《巴》剧、《芳》剧则几乎让时空交叉穿插全剧。《巴》剧的时空交叉起着补充说明秋石下船前遭遇的作用。幅度小，画面不多，但安排紧凑，把秋石对往日幸福美满生活怀念思虑表现得十分充分。大有"孔雀东南飞，五里一徘徊"之势。其间人物动作缓慢，情思幽怨，缠绵，令人想起李白的著名诗句"白发三千丈，缘愁似个长"。

　　如果说《巴》剧运用时空交叉，重点在现在时画面，那么，《芳》剧恰好相反，它主要是回叙老区农民刘志山一家对革命的贡献，重点在过去时画面。然而，它只用了六次时空交叉，就完成了对刘志山一家的全部回叙画面。它幅度大，内容多，大起大落，大喜大悲。

白桦、叶楠运用时空交叉,上下几十年,纵横几千里,跨越无数地域空间,而基本保持剧本结构和风格的和谐和统一。这是作家在长期的创作实践中逐步形成的。毋庸讳言,《今》剧、《傲》剧中的时空交叉,仅仅起着介绍人物的作用,并没有显示出它们在剧本节奏上的特殊功能,后者某些段落连接甚至出现臃肿和松弛。《巴》剧比较注意发挥择时空交叉在结构上的作用,让它为表现作品主题,表现人物思想感情服务,并形成独特的节奏感,可以说,删去这些时空交叉(过去时画面)人物形象就不完整,结构就鸡零狗碎。但《巴》剧还未能很好地注意时空交叉在促使人物行动方面的作用,虽然随着时空交叉的一次次展开,我们对秋石的思想、道德、情操的认识逐渐加深,从同情、赞叹到爱戴,最后产生了无法抑制的景仰之情。但是,秋石的现时动作,与过去动作并没有明显的内在联系,这就在一定程度上影响了节奏的和谐性。如果能够把时空交叉与人物动作结合起来,让过去时画面成为推动现在时画面的强大动力,那么,就完全避免了为时空交叉而用时空交叉,为回忆而回忆的倾向。更重要的是,它可以使剧本结构更加完善,节奏更为和谐。在这方面,白桦在《芳》剧中似乎作出了努力。随着每一次时空交叉,唐明健(包括读者)觅找刘志山的信念就更加坚定,渴望相见的愿望就更加强烈,这使现在时画面与过去时画面衔接所产生的节奏有一种内在的逻辑力量。自然,它并非尽善尽美。在这方面,法国著名影片《老枪》提供了卓越的例子:随着影片每一次时空交叉的出现,主人公复仇的信念就更加坚定,手段更加猛烈。它使全剧浑然一体,无懈可击,节奏感强烈,然而和谐,不露作者斧凿之功。

　　本文对白桦、叶楠剧作的艺术风格作比较论述,并非说他们的风格有高低优劣之分。亘古及今,风格多姿多样,犹如"天生花卉,春兰秋菊,各有一时之秀,不容人为之轩轾"①。我国电影百花园,希望有各具形状、色香的花朵,这是广大人民群众的欣赏爱好所决定的。因此,对于剧作家的不同风格,应该提倡、支持、扶植、栽培,使之逐步提高、完美,才能形成百花齐放,争奇斗妍的局面,促使电影光辉灿烂的时代的到来。

原载《深圳大学学报》1984 年 4 月第 1 期(创刊号)

---

① 袁枚:《随园诗话》(卷三)。

匠心独运谱新歌
——读白桦《霓裳羽衣歌》

唐葆祥

一

这将是一部气势恢宏的历史巨片。历史的真实性与艺术的真实性在这里达到了高度和谐的统一。

唐明皇和杨贵妃的爱情故事,千百年来,被许多诗人、剧作家、小说家歌颂过,描写过,其中最为出色的是白居易的长诗《长恨歌》,白朴的杂剧《梧桐雨》,洪升的传奇《长生殿》。白居易的《长恨歌》写作,离安史之乱仅仅半个世纪,他第一次把李隆基与杨玉环的爱情悲剧与安史之乱联系起来,对李隆基的"重色思倾国"有所批判,但长诗主要歌颂了李、杨那种"在天愿作比翼鸟,在地愿为连理枝"的生死不渝的爱情,对他们的悲剧命运,寄托了深切的同情,回荡在长诗中的"天长地久有尽时,此恨绵绵无绝期"的主旋律,那种无法言传的"永恒的遗憾",震撼着人们的心灵。元代白朴的《梧桐雨》第一次把李、杨的爱情故事搬上了戏剧舞台,白朴文笔优美,将杨贵妃死后唐明皇的追悔、思念,抒写得十分真切感人。而且白朴企图在他的杂剧中写出这一爱情悲剧的历史背景,但由于时代的局限和杂剧篇幅的束缚(仅四折),没能概括出这段历史的真实面貌;加上作者"女人是祸水"的错误观点,使这部优秀剧作大为减色。清初洪升的《长生殿》,在吸收前人成果的基础上,完全从一个新的角度予以处理,成为同一题材中成就最高的一部剧作。《长生殿》也是以李、杨爱情为主线,但作者在热情讴歌这种纯真爱情的同时,有意识地加强了政治背景的描写,从而揭示出李隆基、杨玉环的挥霍和奢侈是建筑在剥削压榨劳动人民血汗基础上的社会本质;揭露出唐明皇统治后期,政治上腐败、堕落的历史真相;描绘了敢于痛骂叛逆、大义凛然以及坚决抵抗,直至取得最后胜利的正面力量;总结了唐王朝由盛转衰的历史教训。然而,这还不是《长生殿》的全部内容。正如作者在第一出《传概》中说的"借太真外传谱新词,情而已"。洪升的着眼点不在李、杨的故事本身,而是借这个故事,抒发自己的感情。剧本后半部矛盾冲突已经基本结束,作者主要通过剧中人物之口,抒发出一种深沉的历史沧桑感,以及由此社会大动荡给人们带来的茫然的失落感。这正是《长生殿》的不同凡响之处。近几年来,这一古老的故事又引起了人们的兴趣,涌现出一批小说、戏曲和电视作品,白桦的《霓裳羽衣歌》是其中的佼佼者。作者既没有重复前人的构思,如《长恨歌》、《长生殿》那样,把李、杨的爱情作为一种理想来歌颂;也没有采用野史小说中关于杨贵妃与安禄山偷情以形成多角恋爱关系的描写,以迎合一般低层次观众的庸俗口味。作者以严肃的创作态度,以史学家的深邃眼光,以诗人的满腔热情,以剧作家的娴熟技巧,对"安史之乱"前后这段历史作了艺术的回顾和总结;对李隆基、杨玉环这两个历史人物,既没有理想化,也没有概念化,而是将他们作为一个活生生的人,"一个真的血肉之躯"来加以刻画描写,因而使这个电影剧本既具有厚重的历史感,又闪耀着人性的光辉,具备了一种史诗的风格。如果说,《长恨歌》与《长生殿》均以"情"见长,给人留下某种情绪体验的话,那么,白桦的《霓裳羽衣歌》更多地给人留下了理性的思索……

二

　　李隆基与杨玉环作为历史人物,他们爱情的特殊性,不仅在于他们的帝王与妃子的特殊身份,而且更重要的是他们是从翁媳关系转为夫妻关系的。这就给作家带来了极大困难:稍一处理不当,就会将这两个人物扭曲成淫棍和荡妇,令人难以接受。《长恨歌》与《长生殿》的作者们采取了改变历史上翁媳关系的办法,回避了这个难题,这显然不失为一种明智的选择。但白桦从严格意义上的历史剧出发,敢于正视这一历史事实,从难处着手,正面切入,让人物在特定的情境中,层次分明地展现出各自的心路历程,从而写出了这两个人物的独特的性格和命运。

　　李隆基初见杨玉环是在骊山禁宫,他正在指挥梨园弟子演奏乐曲,当寿王妃杨玉环突然出现在面前时,李隆基"眼睛为之一亮";当听说她也喜欢音乐时,李隆基"大喜",赞叹"朕的儿媳之中竟然有一个喜爱音乐的";当杨玉环轻叩玉磬演奏时,李隆基"像梦游人似的渐渐移动着走近杨玉环"。作者安排这样的场景,一开始就为李隆基这人物定下了基调:他是个风流天子,他既为杨玉环的美色所倾倒,更为杨玉环的音乐才能所叹服。此刻他的心中已确认,唯有这个女子才是他最理想的配偶。因此,当武惠妃死后,高力士安排宫中的婕妤、美人、才人等美女任李隆基挑选时,他大怒道:"我不要见的人你天天要我见,成群结队的让我见,全都是些有颜色而无灵性,有灵性而无颜色的俗物,再不然就是肉欲的饿鬼,不堪入目!"他心目中的既有颜色,又有灵性的女人只有一个,那就是杨玉环。这件事使高力士觉得为难,李隆基却认为自己是万乘之尊,"可以为所欲为",迫不及待地要召杨玉环进宫,高力士劝阻了他。但在妹妹玉真公主的帮助下,李隆基在玉真观中又看到了杨玉环舞蹈的才能,并进一步了解了杨玉环的"恩爱体贴比荣华富贵重要得多"的婚姻追求,他认为自己可以给予杨玉环的,不仅是恩爱体贴,同时还有荣华富贵,是两者兼而有之的美满爱情。至此,他决心要夺取杨玉环,采取了一系列行动:先是让她进宫读谱,接着华清池赐浴,吹笛催眠,继而马上打球。在赐浴时,他欲"一亲芳泽",玉真公主告诫他:"天子可以得天下,未必能得到一个妇人的芳心。"在青松林,他一把抱住骑在马上的杨玉环,正要吻她的时候,高力士赶来,为杨玉环解围,对李隆基说道:"只有山野村夫才跟儿媳妇偷情……"李隆基却羡慕地说:"山野村夫好福气呀!"此时,他的思想感情完全被杨玉环占领,离开了杨玉环,坐卧不安,度日如年,甚至不顾朝野的非议,连夜把杨玉环召进宫来,欲求交欢。杨玉环喊道:"您将寿王置于何地呢?"这时,他手软了,放下了已抱在手里的杨玉环,这个令人棘手的问题,毕竟也是他的心理障碍。高力士说出了问题的要害:"情,即使是皇上,也不能相强;欲,则相反,如果仅仅是欲的追求,何必一定要寿王妃?"这使李隆基渐渐清醒过来,理智终于战胜了感情,战胜了欲望。然而这只是暂时的清醒,他已到了没有杨玉环,不能活下去的地步。最后,玉真公主想出了一个绝妙的主意,让杨玉环先出家当道士,然后再找机会进宫伴驾。杨玉环一离开寿王,改变了身份,李隆基就可以肆无忌惮了。就在玉真观的丹房内,李隆基"再也不需经历相思之苦",终于得到了她。

李隆基与杨玉环的结合,前者主动,后者被动。杨玉环对皇上公爹的频繁召见,以及流露出来的爱恋,她不可能不觉察,只是她不敢相信这是真的。即使到唐明皇明确表示时,她仍感到吃惊,采取了抗拒的态度。她对李隆基是有好感的:一是李隆基待人宽厚,她误闯禁苑,非但不责备,还不断给予她特殊的荣宠;二是李隆基精通音乐,能谱曲,能吹笛,而且把她引为知己。但他与她毕竟是翁媳关系,如今变为这种不伦不类的关系,她感到屈辱、难堪和痛苦,她承受不了这种心理的压力。她与寿王似乎还算恩爱,也已生了两个孩子,但精神生活是空虚的。她对寿王一心卷入争夺太子地位的斗争,难以理解和十分反感。她感叹说:"俗话说得好,宁可嫁给挑担卖菜的,不要嫁给身穿蟒袍玉带的。对于我,恩爱体贴比荣华富贵重要得多。"可见,杨玉环与寿王之间原本就有着感情上的距离。而李隆基对杨玉环的追求,又加深了寿王与杨玉环之间的矛盾,寿王一面责怪妻子不贞,但又为了保全自己的身家性命,命令妻子立即梳妆打扮,进宫承旨;当杨玉环奉旨进宫当道士时,寿王明知就里,他毫不顾杨玉环此刻生离死别的感情,喋喋不休地让杨玉环在父皇面前推荐他当太子。这一切都使杨玉环对寿王从怜悯、同情转为轻蔑和嗔怒。在玉真观的睡榻上,当李隆基告诉她,"你已不是寿王妃了",当道士"也是假的","不要说道士,当皇帝也能做假,我此刻才是真的,一个真的血肉之躯"时,她才彻底摆脱了心理上的障碍,情不自禁地抱住李隆基,由衷地、热烈地喊出了"三郎!"此刻,李隆基才赢得了她的芳心……

作者就是这样,用细腻的笔触将李、杨之间的感情的变化、心理的历程,一层层地、清晰地展现在我们面前,使我们感到这两个历史人物不是虚无缥缈的亡灵,而是活生生的血肉之躯。

诚然,这里仅提到李隆基、杨玉环性格的一个侧面,在剧本中,李、杨的性格是复杂的、立体的。作者一方面对他们的爱情悲剧表示同情,但另一方面,对李隆基的沉湎声色,不理朝政,任人不当,以及穷奢极欲,都作了无情的揭露和批判,李隆基不得不承认,自己是"千古罪人"!当然作者对杨玉环的同情更多些。她天真、任性,从不过问政治,只是追求个人的精神和物质的享受。但这种享受是建筑在什么基础上的呢?作为贵妃,她的一言一行能脱离政治吗?杨家"姊妹弟兄皆列土",虽不是她的主观愿望,但在客观上,能说与她毫无关系吗?作者对杨玉环的褒贬,虽然不置一词,但却留下了许多发人深省的问题,引起人们思索。

这个剧本的时间跨度很大,从唐明皇开元廿五年(公元737年)到天宝十五年(公元756年),这廿年间,正是唐王朝的历史转折点,隐伏在开元盛世下面的阶级矛盾、民族矛盾以及统治阶级内部各政治集团之间的矛盾逐渐暴露出来、尖锐起来,终于爆发了动摇唐王朝根基的"安史之乱"。李、杨的爱情悲剧正是在这样的历史政治背景上展开的。一条是爱情的线索(这是主线),一条是政治的线索,这两条情节线如何交织、安排,既突出主线,又互相映衬、互相推进,将历史与戏剧熔于一炉。这是一个结上的难题。作者巧妙地抓住了爱情与政治这两条情节线的交汇点——马嵬兵变,作为突破口,统领全局,通过倒叙以及蒙太奇的手法,将李、杨爱情发生、发展过程中的甜蜜、欢乐与最后他们被迫作生离死别时难分难舍的悲凉情景形成一种鲜明的对比,构成强烈的戏剧悬念,同时,围绕着李、杨爱情发展过程,将一些重要的历史人物和重大的历史事件,有条不紊地组织起来,形成一个有机的整体,让人看到了历史生活的真实面貌。

细节的选择,对于一部事件复杂,人物众多的历史剧来说,是至关重要的。白桦善于选择一些最富于人物个性的,最具有历史真实性的细节,清晰、简练、生动地表达出包蕴量十分巨大的戏剧人物和场景。例如,马嵬坡兵变前,太子李亨出现的神态及与陈玄礼、崔漪的几句对话,这一组镜头,相当简练地点明了马嵬兵变的实质:唐王朝统治阶级内部各派政治集团之间的争斗,在安禄山叛乱的诱发下,达到白热化程度,太子亨为了抢班夺权,亲手策划了这次兵变,而杨玉环就是这场政治斗争的牺牲者。此外,剧中一些重要历史人物的性格特征也都通过一两个细节生动地勾勒出来。这些地方都显示出作者独具的匠心和深厚的功力。

  如果说剧本有何不足之处,那么,剧本后半部对李、杨的刻画,不及前半部细腻动人;马嵬兵变的场景反复出现廿余次,有一些场景变化不大,有重复、拖沓之感。当然,这些细小的问题,通过导演的再创作,定能得到弥补。我们热切地期待着这部历史巨片,早日搬上银幕,与广大观众见面。

原载《电影新作》1988 年 6 月第 3 期

要画出这样沉默的国民的魂灵来
——读中篇小说《啊！古老的航道！》

季元龙

《清明》1980年第一期上的白桦同志的中篇小说《啊！古老的航道！》,在一个篇幅不大的中篇小说里,有着十分丰富而深刻的思想容量,是非常难能可贵的。作家以自己艺术的笔触,对我们民族的魂灵进行了形象的开掘,"画出这样沉默的国民的魂灵来"。(鲁迅:《俄文译本〈阿Q正传〉序》)这种思想与艺术的追求,是大胆而又深刻的,能给予人们许许多多宝贵的启示。

农民问题,历来是我国现代的现实主义作家们深为关注并努力反映的社会问题。鲁迅的《阿Q正传》问世已经快六十年了,作为一个艺术典型,阿Q至今还活在人们的心目中。解放以来,不少杰出的作家,先后塑造出像朱老忠、梁生宝这样一些感人的形象,艺术地揭示了在党的领导下,在生活潮流的推动下,于各个不同历史时期中发生了深刻变化的我国农民的精神面貌,丰富了社会主义文艺的人物画廊,是应当予以充分肯定的。可是,这也容易造成某种错觉,仿佛在这半个多世纪的岁月里,在中国的土地上,再也难见阿Q、闰土、祥林嫂这样的人物了。作为艺术典型,他们虽还活着;但作为现实生活中的人,他们却已经永远逝去了。"中国人民中还有人有过去那副奴隶相么?没有了,完全没有了。"果真如此,确是好事。可是,事实真的如此么?我看未必。在读过白桦同志的中篇小说后,我们不能不思索这样一个问题:社会主义的航船,怎样才能在一个现代化的航道上奔驰呢?祖国呵,只有现代化的航道,才能让您奔向美好的明天。

粉碎"四人帮"以后的一些岁月,我曾经思考这样一个问题:在当今的世界上,也许,像"史无前例"的"文化大革命"这样的运动,只有在中国的大地上才能发动得起来;而且,也只有在中国的大地上才能旷日持久地维系下去,以致长达十年之久!这是为什么呢?古老的国度里,有着太少、太少的"觉醒的先行者、排头兵、冒尖的人",有了太多、太多的任之初这样的胜利者、常胜将军!这是一个令人痛心的现象,但也是一个激人深思的课题。新中国成立都这么多年了,我们的民族是怎样变得这样沉默的?这很值得作家们去作艺术的探索。鲁迅的伟大,就在于他的阿Q还活着,不仅活在读者的心目中,也还活在中国的大地上。只不过在不同的岁月或相异的阶层里,阿Q们又有着不同的时代精神和阶层特色罢了。白桦同志笔下的任之初,则是至今还活着的一个阿Q。但他并不是阿Q的简单的再生,在某些地方,甚至在总体上,他比阿Q高明得多。他并不是一个失败之后聊以自慰的"精神胜利主义"者,而是一个善于适应环境变化的、永远立于不败之地的现实主义人物。他也不是一个自轻自贱的农村流浪汉,而是一个衣食饱足、颇为自豪的劳动者。问题只在于:这是一种怎样的"胜利"与"自豪"呢?而且,是什么使得他能"胜利"和"自豪"呢?也许,这种胜利比失败更为惨切,这种自豪也比自贱高明不了几许吧?

任之初与读者见面,是半个世纪前的事了。那时人们叫他"任大哥"。在任大哥踏上生活之途时,就领受了他父亲三句饱含哲理的"语录"。用他老子的话说,这几句话够任之初受用一生一世了。确实,任之初的一生一世,就是在"见官莫在前"、"做客莫在后"、"露头的椽子先烂"这样的"老三句"武装下渡过的。他生活得平安、美好,靠了这"老三句",他多次转危为安,稳操胜券,而且简直成了那个"并不边远的山区"里颇有预见性的人物。这些人和事,"让人感到又熟悉,又陌生"。人物的悲喜剧内蕴其中,国民魂灵的悲喜剧也内蕴其中:啊!古老的航道!

记得鲁迅说过:"要极俭省地画出一个人的特点,最好是画他的眼睛。我以为这话是极对的,倘若画了全副的头发,即使画得逼真,也毫无意思。"(《南腔北调集·我怎么做起小说来》)俗话说,眼睛是灵魂的窗户。确实,要了解一个人的魂灵,莫过于观察、描写他的眼睛,真乃是"传神写照正在阿堵中"了。

小说《啊!古老的航道!》亦是透过对任之初"眼睛"的描绘,透示出他的魂灵来的。这个"眼睛",不是生理上的眼睛(有趣的是,作家从未写到过任之初生理上的眼睛。这明亮晶莹的水晶球,也许只能属于靳健飞一代了),而是作家刻画人物、进行艺术构思时所把握的形象的"眼睛"。或者说,就是对所谓"文眼"的把握与勾勒了。这个"文眼"不是别的,就是前已言及的"老三句"。人们不是说"纲举目张"吗?抓住这"老三句"的"纲",再从容地去写"目"、写细节、写场景,任之初这个人物也就活起来了。

初出茅庐的任之初,在"皇宫"参加抗日的十人大军操练时,无限忠诚地实践了乃父的教诲,并取得了"立竿见影"的效果。在这个可笑的情节里,显然透示了他可贵的坚定性,是他思想性格颇为饱满的一个起步。及至看到他在刀光火影之中也能不动声色,安然无恙地从动乱中活出来时,我们不能不佩服他的坚定性,佩服他继承其父思想的天才禀赋。在支配任之初一生行动的纲领性的"老三句"中,可贵而又可悲的正是这种保守、防御的坚定性,以及改革、进攻的软弱性,而且是恼人的软弱性。这里既有智慧火花的闪烁,更有智慧火花的窒息。正是在这种两重性格渐趋成熟的岁月里,任大哥变成了任大叔,并在观望、拿稳火色中迎来了解放的岁月。解放后的生活是一股"暖流",可是,即令在"暖流"中,任大叔也不疯不迷,依然沉着地生活着。在1957年的"热风"初拂祖国大地时,任大叔照旧按"老三句"的"既定方针办",炉火纯青地继承了其父的遗志。且看作家对任大叔与他女儿任薏(一位18岁的小学教师)之间争论的描写,父女间的那段对话,在今天读来,是可以催人泪下的。也许,有时你会忍不住对任之初的话发笑,但这是一种含泪的笑,只要还记得1957年那风风雨雨岁月的人,大致都会有这种感觉。应当说,无论在当时或现在,都是任薏做得对,说得对。可是,受了历史捉弄的中国人,如果生活在1957年那个"不平常的春天"里,就不能不承认任大叔才是胜利者,是具有远大政治眼光和"正确的政治观点"——也就是"灵魂"的人了。作家以简练的笔墨,为我们刻画了一个在中国大地上土生土长的农民政治家的形象。他看出了当时生活的趋势,他把握住了当时生活的脉搏。他是一个极富远见的人物,不是吗?为了任薏这个"大耳朵百姓"不致成为"右派",他以铁石般的心肠,用两把锁把她整整锁了半个月之久,不准她去鸣放、去提意见。这样,他救了自己的女儿,使她不致像她心爱的恋人柳畅生那样成为了"反党反社会主义反人民"的"右派"。当然,他并不知道这样也毁了自己的女儿,毁了她的青春、理想和爱情。可是,他又为什么要知道这么多呢?在任大叔看来,于"老三句"的圣经之外,是不必再知道和懂得什么的了,不是吗?当任薏向她父亲热情宣传"鸣放"的必要性和正确性时,老人斩钉截铁地对她说:"新词儿还不少,俺不懂,也不要懂,俺只问你,党是啥?"("党是无产阶级先锋队!"任薏说。)"俺看不见啥队,只看见党支部书记、区委书记、县委书记、地委书记,他们都是人,是官,咱们的官够清的了!再说,盘古开天辟地到如今,没听说官能听得进不顺耳的话。哪一朝哪一代有一个认真的监察御史大人有好下场?不是下天牢就是灭九族!"应当说,任大叔的回答是现实的、深刻而又富于远见的。确实,连"见官"也"莫在前",难道还能去对"官""鸣放"么?那可真是犯上作乱了!当任薏这位"读了很多马列主义经典著作"的青年知识分子反驳自己的父亲,指责他"把新社会——社会主义社会完全和封建社会等同起来"并由此而发表了一篇"大义凛然"的演说时,尽管她自己深受感动,"一串泪珠落在胸前"却丝毫也打动不了任大叔那颗铁石般的心。任薏哪里知道,在对"时代精神"的理解、把握上,她父亲远远超过了她!尽管她自认为生活在这样一个"新社会"中,但她对社会人生的理解却未免过于天真、过于烂漫了——也许,这是一种十分可贵的天真和烂漫,犹如年幼无知的儿女对父母的赤诚,但在当时,又确实是不允许存在的。在任薏18岁那种年华,她又怎能理解到"新"与"旧"之间的那么一种"对立的统一"呢?而这一切,任大叔却深深地懂得。他不为"新词儿"所迷惑,指导他思想的理论基础就是那"老三句"话!

如果有谁认为任大叔对生活没有自己的看法,那也是一种误解。不,他也有自己的独立思考。只不过,他不愿突破自己的行动总纲罢了。在1957年开的"灿烂的思想政治之花",于1958年就结出了"丰硕的经济建设之果"。就在这样一个"小资产阶级狂热"激荡神州,各种"卫星"飞扬大地之时,任大叔却那样沉着、冷静而诚实可信。在"做客莫在后"思想的指导下,他由战略防御转入了战略进攻,并取得了辉煌的战果。他打内心深处不相信什么"亩产万斤"的消息,但他却聪明地摸索出了一条充分利用当时"共产主义"的优越性的门路。他几乎在人们无所意识的情况下先走了一步,为自己"深挖洞、广积粮"了。直到"共产主义大食堂的稀饭已经照见了又黄又瘦的脸"的时候,"脸上的气色泄露了任大叔一家的秘密"。这是一种除任大叔一家外谁也无法透彻窥视的秘密。不是吗?早已出嫁、怀孕七个月,瘦得皮包骨的女儿任意(她早已不是如花似朵的任意姑娘了!)回娘家来,也只能喝到三份大食堂打回来的稀汤;那饱含着父爱的二十多斤晒干的饭粒和一条风干的狗腿却突然"从天而降",落进了任意的院子中。只有这时,这位"洋教习"才"信神"了,"成熟"了,主动投入到了共同坚守那个她并不十分清楚的秘密的同盟之中去了。读到这里,你能不为任意的麻木心酸么?你能不佩服那位在生活中磨炼出来的、伟大的经济家任之初惊人的本领么?而这一切,正是任大叔这一形象身上的时代的闪光,也正是他高明于阿Q之所在。而且,他积攒财富的本领并不亚于巴尔扎克笔下的老葛朗台。尽管,与葛朗台老头相比,他至死也不过是一个一穷二白的穷光蛋,但这并不妨碍他的理财能力可以和前者匹敌。这正如《红楼梦》里的探春,纵有回天之力,也无法挽救荣宁二府的最终没落;但探春本人的能干,却是不容置疑的。这些形象之所以会有不同的际遇,不过是时代使然。葛朗台毕竟是上升时期,处于原始积累阶段的资本的形象化身,是活老虎;探春则只是没落的、行将衰亡时期的封建阶级中能干人的形象,是不得不死的老虎。而任大叔,则更是一个饱含封建思想意识、颇具"独立思考"能力的社会主义中国的老一代农民的典型。这种人,是小生产的产物,是在中庸之道哺育下成长起来的形象。在他智慧火花闪烁的同时,也许,也就窒息了、消逝了、泯灭了。如果有了一条正确的思想政治路线,在党的长期艰苦的教育下,特别是有了社会主义生产力本身的高度发展,任之初乃至他那一代人,可以真正聪慧起来,能干起来。那时,他才可能创造出真正的社会财富。他所给予自己儿女的,也绝对不会是二十多斤晒干的饭粒和一条风干的狗腿,更不会像另外一些人那样,给予后代的只是某种程度的饥饿和与之成正比例的浮夸了。

作家深刻的笔触,还为人们塑造了农民哲学家任之初的形象。就情节发展而论,任大爷在刘家贩闹"内阁危机"时装病的种种表现,不过是开掘他灵魂内蕴的某种过渡。但就是这种过渡,也使他增色不少。"俺还想落个善终呀"这么一句谁也不理解的话,居然成了很富远见的预言。至此,在"史无前例"的"文化大革命"到来之前,任大爷的形象已经栩栩如生了。而"俺还想落个善终呀"的话,既是他前半生的总结,又是他后半生的起点,闪烁着动人的哲理光辉,不愧是一位农民哲学家吐出的话语。

　　坦率地说,刚读小说时,我很有些担心作家怎样写任大爷的后半生。特别是对这样一位"以不变应万变"而达到炉火纯青境界的农民政治家、经济家、哲学家在"文化大革命"中的种种遭遇,作家能把握得好么?殊不知,作家调动了读者也许并不经意的一些人与物,矛盾构成了,冲突展开了,任大爷的形象也更为饱满了。不是吗,不知不觉之间,任宝长大了,而且成了"任风浪"这样的"闯将"。祖传的两件遗物,一件给任大爷增添了政治的光彩,另一件虽未及施展本领,但也快要登堂入室了。作家在以特定的封建社会主义的历史环境中,层层深入地剖析了产生任大叔这种形象的条件和土壤,揭示了这种人与封建社会主义之间如鱼得水的关系。告诉人们,古老的航道啊,历史的潮流在这样的航道中也会一时转向,泛起旧时的残渣。可这一切,在当时,正如任大爷所言,"恰恰是最最最最最新的呀"……

　　应当说,任大爷与任风浪即任宝之间的父子冲突,是极富时代特色的。一个是所谓的封建典型,一个是所谓的革命闯将。可是,斗争的结果,前者胜利了。后者在经过若干磨炼后,回到了古老的航道。任大爷以一段语录智胜任风浪的那段描写,有着几多令人心碎的社会历史内容。任大爷并不那么陈腐,他那柔弱的身子,也要驮起一个沉重的躯壳,像蜗牛那样生存下去。是在那十年浩劫的岁月里,在那封建社会主义猖獗的年代中,"我们所能听到的不过是几个圣人之徒的意见和道理,为了他们自己,至于百姓,却就默默地生长、萎黄、枯死了,像压在大石底下的草一样,已经有四千年!"(鲁迅:《〈阿Q正传〉俄译本序》)任大爷为了不致枯死,宁肯萎黄;为了不致被吞没,宁肯在一条古老的航道中行驶。人们怎么能够说,任大爷从祖传的垃圾堆里扯起的那一面供奉"天地君亲师"牌位的"忠"字旗,过于荒诞不经、离奇可笑呢?

　　因为,任大爷毕竟不只是一条小小的"蜗牛"。他也是一个人,也有自己的人生追求;而在以阶级斗争为"纲"的年代,任何人生追求都必定具有政治色彩。所以,当他把那"整整一百年前的东西"——一面"忠"字旗带头在"皇宫"挂出来时,就为他赢来了特殊的荣誉:"人们都夸赞任大爷对领袖对党的忠心,心灵手巧,人老心红,这么大年纪眼睛还能看着绣花儿。"人们也许禁不住会问:任大爷为什么一定要在1967年才把光绪年间的"忠"字旗挂出来呢？原来，任大爷并非一位"原地踏脚"的人物，他也在跟着时代"前进"着。较之十年前的1957年，时代、社会向"前进"了；他对时代、社会的认识和把握也更内在、更深刻了。生活一次又一次地印证了"哪朝哪代也少不了民心的忠顺"这一古朴的"真理"。于是，在"忠不忠，看行动"的年月里，任大爷也"行动"起来了。套用一句人们熟悉的话，任大爷当时的"行动"，实在是"完全必要的，非常及时的"了。事实说明，他骂任宝这个"小杂种"的话，是入木三分的。当"任风浪穿着旧军装，腰束皮带，军帽的帽檐翘着，斜背着军挂包，胸前一排毛主席像章，手臂上带着红卫兵袖章，手里捏着本毛主席语录"，投身于"史无前例的无产阶级'文化大革命'运动"中时，"小杂种"并不知道自己在重蹈姐姐任意的覆辙；这个纯洁的少年更不会知道，自己对时代、社会的了解，是怎样远远地落后于他所认为"老实、本分、平庸"的父亲了。可是，在任意、任宝花了那么高昂的学费，也未必学到手的一点认识，在任大爷方面，却早已是心领神会，并能"活学活用"了。

在1974年批林批孔、评法批儒的那些岁月里，社会生活拨动了任大爷那古老心灵中的琴弦。他如痴如狂，泪流满面；他扔掉"蒜苗"（不算经济账了！），夜叩祖坟，并开始堂前教子了：

"人们的远见从哪儿来呢？往后看多远，就能往前看多远；就像一棵树，树梢儿有多高，树根就有多深。啥叫旧？啥叫新？大唐朝离如今听说有一千多年，武则天皇上是够旧的了吧！不是又活灵活现地出来了？"

他用现实生活中活鲜鲜的事例，教训着和那位"洋教习"一样不懂得"新"与"旧"的"辩证关系"的儿子任宝。最后，他代表自己生活的时代庄严宣告：

"告诉你！儿子！千真万确，板上钉钉，不几天，江青就要登上金銮宝殿了！"

对于"母皇上"的将要登基，任大爷看得何其准确无误呵！这一段话，是他1967年时扯出百年珍藏的"忠"字旗的历史注解，又是他一生"忠"于皇上行动理论认识的顶峰！"天地者，生之本也；亲者，身之本也；君师者，治之本也。"（《大戴礼·礼三本》）我们的任大爷，对这一切原本是无师自通的通材呵！

马克思指出，人类社会是关系的总和。作家多彩的笔，围绕着任之初的一生，描绘着斑驳的画面。既多侧面地反映了任之初性格的内蕴，又对他周围的人作了栩栩如生的勾勒，显示了人物形象颇为丰满的立体感。应当说，在这以前的历史岁月里，任之初的作为是并不可厌或可恨的。他虽保守却并不有意伤害他人。或者说，他的作为，是在一定历史条件下不得不生出来的保护色，在魂灵深处，他也是个人，是个有血肉、有感情的人，是个散发着人情、人性美温馨的人。他以战略的眼光保护自己，在反右中庇护了任薏；在稀饭也喝不上的"共产主义"岁月中，他不像葛朗台那样吝啬，而接济着自己的女儿、女婿；更可贵的是，在儿子刚刚挨过批斗并以失败告终之后，他没有像阿Q那样沾沾自喜，而是怀着特殊的感情，柔声地对儿子说："宝儿，你要是没饭吃，没衣穿了，随便啥时候，你只要回来，你爹娘收留你……"多朴实的语言，多厚道的胸怀呵！果不其然，任风浪这位"司令"下大牢了，"露头的橡子先烂"了，可任大爷并没有急于去划清什么界线。他是清醒的，是说得到做得到的。他为坐牢的儿子送衣服、饼子，只是希望他依然叫"宝儿"，而不要再叫什么"风浪"了。在铁栅前，他告诉宝儿："出来以后，爹管你住，娘管你穿，锄把子管你吃！"显示了一个中国老一代农民如土地一般朴实的性格，和对儿子一辈的厚意深情。读到这里，我们会想：如果多年来我们的社会生产力得到了较为充分的发展，而不去掀起一次又一次的斗争"风浪"——要知道，这种"风浪"对老百姓而言，绝对不会比散步更轻松——那么，蕴藏在老一代农民身上的劳动人民的人情、人性美，将会放射出多么动人的光辉呢？可是，几经"风浪"的折腾，像任之初这样的人物，只能闪烁出一点人情、人性美的折光了。

应当特别说明，作家对任薏、柳畅生、任宝这一组形象的塑造，是很富有特色的。这三位相隔十年，意义各异的闯将，终于都被生活的潮流淹没了，变得那样适应环境，那样麻木不仁。他们理想的光环、爱情的憧憬、天真的热情，也都被这样那样的"风浪"冲刷尽净了。小说中写的任薏，她曾经那样充满生机，即令在梦中，也领受了恋人那个湿润而令人心跳的初吻。可是，在生活的捉弄下，她麻木了。她麻木地作了供销社会计的妻子，甚至在粉碎"四人帮"之后，靳健飞激情的演说也无法拨动她的心弦。在一屋男子的面前，她只是用乳头逗自己的小女儿，"好像这一屋子男人，是一圈儿吵吵嚷嚷的大叶子杨树"。她是彻底沉默了。任宝难道终其一生也只是"活脱脱一个任大爷"吗？面对靳健飞的演说，他还要木然多久呢？是谁和是什么把我们青年一代的灵魂塑造成这样的？难道一代又一代人真的只能沿着那条古老的航道行驶下去么？难道老任大爷关于"真命天子在咱们这个国土上是断不了根的"话语，真会是一种"太……太……太伟大了"的预言么？

作家透过任薏、柳畅生、任宝这一组形象，告诉了读者许许多多的东西。诚然，近二十年的曲折，也许只算得历史长河中一个小小的插曲，但是，善于学习的人们却可以从这里学到许多的道理来。恩格斯说："伟大的阶级，正如伟大的民族一样，无论从哪方面学习都不如从自己所犯错误的后果中学习来得快。"我们的党，是马列主义的政党，是善于"从自己所犯错误的后果中学习"的党。她终将会像任薏、畅生所曾经期望过的那样,变得更正确、更伟大、更光荣。如此,任薏、畅生乃至任宝所曾经历过的那种"没有热、没有光、也没有爱"的日子,将一去不复返了;而老任大爷关于"真命天子……断不了根的"预言,也必然会成为一个愚蒙的梦呓。我们这样说,是有所依据的。在作家从现实生活中艺术地概括出来的热血男儿靳健飞身上,体现了我们民族魂灵的更本质、更主流的一面。靳健飞激情的演说,温润而发亮的眼睛,乃至他用手梳拢长头发的动作,都给人以鼓舞和慰藉。面对任大爷猛击先烂的"露头橡子"的行动,靳健飞发出了"先烂就烂吧"的感慨,这是悲壮动人的,饱含着历史的教训和痛楚。而诗人此时插入的议论、感受,扣动着读者的心弦。这既有对血与泪的生活哲理的开掘,又是一种努力摆脱、改造古老航道的艺术的力量。它既是作家发自肺腑的心声,又是生活发展的铁的逻辑:从今以后,任之初这样历史的胜利者,再也不会有什么辉煌的战果;任薏、柳畅生、任宝这一代会有不同程度的觉醒与复苏。而靳健飞他们,是得天独厚的一代,他们将在前辈人的经验与教训中摸索到一条崭新的航道。

"坚冰已经打破,航线已经打通",生活有了一个好的起点。但要开凿出一条崭新的航道,却必须付出艰苦的劳动。小说中靳健飞的感慨,是不无根据的。即令在今后的若干岁月里,他与他的战友们,都还要走一条艰辛的路。列宁早已指出,小生产的习惯势力,是建设社会主义国家的最大阻力。何况在我们这样一个古老的国度里呢?可是,生活的逻辑、历史的潮流,有着不可抗拒的力量。即使靳健飞目前还只是一个热情的演说家,还不是一位坚强的实践者,但我们相信,他会走完这么一段路程,逐步成熟起来。就以他当前所表现出来的勇气和信心而论,也足以使他的形象和身影,在油灯的照射下"变得无比巨大",把任之初那样沉默的国民的魂灵"淹没在黑暗中!"

1980 年 9 月于成都—眉山
原载《清明》1981 年 3 月第 1 期

浓缩的历史　深广的蕴藉
——重读白桦的《呦呦鹿鸣》

李清霞

《呦呦鹿鸣》是老作家白桦1998年创作的短篇小说。小说的中心意象是一只雄鹿头颅的标本。小说通过雄鹿比比的经历演绎了中国西南少数民族某地区40年的历史。鹿，作为一个美好的意象伴随着中华民族走过了几千年的文明史。《诗经》中有"呦呦鹿鸣,食野之苹……"的句子,《淮南子》里有"鹿鸣兴于兽而君子美之,取其食而相呼也"的话。长篇小说《白鹿原》中,白鹿,象征着幸福、吉祥、美丽、丰收等一切美好的事物。在白嘉轩、奶奶、白灵心中,白鹿的意象是变幻莫测的,但它始终代表着人们的理想和希望。白鹿是真善美的化身,它保佑着白、鹿两家的子孙,保佑着那片神奇的土地。

一

在小说中,雄鹿比比犹如"一个腾云驾雾的神鹿",雍容华贵,亭亭玉立,"呦呦"鸣叫着向世界万物表示亲善,与阳雀山谷美丽的景致融为一体。然而,阳雀山谷的主人——奴隶主古日古帕老爷却称它为"恶魔",把它当作对头,认为它"想祸害古日古帕家"①,欲置之于死地。对此"我"深表意外和困惑。但是当"我"偶然把二者的形象叠印在一起时,"我"发现那是美丑和善恶的强烈比照。古日古帕相貌奇丑,"他把所有面对他的人都当作对手,每时每刻都在揣摩着对手"②。那个射杀雄鹿比比的家生娃子木嘎,"长的豁嘴唇、塌鼻梁、赤豆眼,有一双短而细的腿"③。阳雀山谷风景如画,"雄鹿比比"温柔俊雅,那群"恶鬼"怎能容它在此逍遥呢?

故事发生在20世纪50年代初,年轻的共和国政府正在全国推行自己的民

---

① 白桦:《呦呦鹿鸣》,王安忆主编,《上海街情话》,上海文艺出版社,2003年,第12页。
② 白桦:《呦呦鹿鸣》,王安忆主编,《上海街情话》,上海文艺出版社,2003年,第7页。
③ 白桦:《呦呦鹿鸣》,王安忆主编,《上海街情话》,上海文艺出版社,2003年,第10页。

族政策。古日古帕慑于政府的压力,停止了"夜袭"、"斩首"等恶行,却时刻忍受着家业即将被"抢走"的恐惧和痛苦。他妒忌雄鹿比比美丽、自由和追求幸福的愉悦,把对新生政权的仇恨发泄到雄鹿比比身上。因为雄鹿比比不受他奴役,也不具备在他脸上察言观色的"智慧","它是野的",不是老爷家养的,连木嘎也认为它该被打杀。沐浴过欧洲文明、了解自由的现代意义、读过苏俄边区小说的古日古帕深知自己灭亡的宿命,将雄鹿比比作为自由、文明、进步的化身来仇视。在他看来,雄鹿比比的自由状态正是政府的民族政策将赋予奴隶们的,因此,只有杀死雄鹿比比,才能巩固他的统治,将奴隶们渴望自由的理想扼杀在萌芽状态;只有消灭所有拥有自由的生命个体,才能维护他帝王般的统治和自由。于是,他把对政府的仇恨合理地转嫁到雄鹿比比的身上。他命人砍下雄鹿比比的头制成栩栩如生的标本,犹如对待敢于反抗他的奴隶——"枭首示众",以此威慑奴隶们,同时也暴露了他的暴虐、软弱和恐惧。古日古帕的叛乱加速了他的覆灭。

  古日古帕"在欧洲学习文明,却用来抵御进化"。这是对西方文明的极大的嘲讽。他用莎士比亚剧本精彩片断的配乐朗诵愚弄他的臣民和奴隶,用他西洋镀金的照片、留声机和夹生的英语单词神化自己,他用死亡的恐惧和摧残肉体的方式对付文明程度较高的俘虏,用脚镣、铁链、木枷和超负荷的劳作压迫折磨他们,使奴隶们屈服于他的淫威。尼古拉·别尔嘉耶夫说:"对个性的最令人厌恶的侵害首先常常是对肉体的侵害。遭饥饿、受毒打、被残杀的首先是肉体,这些折磨通过肉体传播到整个人。"①饥饿、毒打、残杀消磨着人的意志,摧毁了人的精神,使奴隶"自觉地从有文化、有思想、有感情的人退化为默默无声的牛马"②。

  灭绝人性的古日古帕训练马队"夜袭"周围其他民族的和平居民,抢娃子供他役使。其残暴统治固然可恨、可怕,然而更加可怕可悲的是:维护他帝王般自由的竟然是"我"认为根子最硬的、受压迫最深的、最具有革命精神的真正的无产阶级——奴隶主的家奴,即家生娃子。他们是奴隶主的鹰犬,祖祖辈辈受奴隶主压迫、役使,他们把主子当作天神,心甘情愿地被役使,以做稳奴隶为自己的本分。他们唯一的生存智慧就是在主子脸上察言观色,并迅速做出反应,以确保自己家生娃子的地位。因为"同意奴役可以减轻痛苦,不同意奴役则增加痛苦"③。况且主子在惩罚之外还有赏赐,物品是一个配偶,而获得赏赐的唯一

---

① [俄]尼古拉·别尔嘉耶夫:《论人的奴役与自由》,中国城市出版社,2002年,第23页。
② [俄]尼古拉·别尔嘉耶夫:《论人的奴役与自由》,中国城市出版社,2002年,第4页。
③ [俄]尼古拉·别尔嘉耶夫:《论人的奴役与自由》,中国城市出版社,2002年,第28页。

的交换条件就是驯服。其实奴隶主给奴隶们配对的真正目的是为了生产更多的奴隶。家生娃子是奴隶主的近卫队、猎犬,是奴隶制度真正的捍卫者。他们愚蠢、丑陋、暴戾、怯懦,这是千百年来奴隶主压榨的结果,也是他们自身不进化、自觉丧失生命意志的结果,他们早已不是哲学意义上的人了。

  木嘎为讨主子欢心,残忍地射杀了向他表示友善的雄鹿比比,得意忘形之下,坐主子的椅子,抽主子的水烟,忘乎所以使他差点被杀头,因为即使为主子立下了汗马功劳,也无法改变他的奴隶地位和身份。对古日古帕来说,奴隶永远是奴隶,这是亘古不变的真理。解放后,木嘎偶遇逃亡中的古日古帕,极度的恐惧使他想把火枪还给主子(因为他认为火枪、包括他自己的生命都是主子的)。下意识献媚导致的过度紧张致使火枪走火,木嘎杀死了主子。这似乎是宿命。木嘎又慌、又怕、又急、又抖,尿了一裤子。作为猎人,面对老虎,他能憋住尿;作为奴隶,面对主子,他不能。奴性已深入他的骨髓,正如鲁迅先生所说,木嘎是做惯了奴隶的,别说做主人,就连与失去权利和财产的主子平等相处,他都做不到。解放军解放了木嘎的肉体,共产党分给了木嘎土地,从法律上赋予了他权利和义务,却没有从精神上解放他,改造他的奴性。木嘎在一夜之间就跨越了几千年,一步就从奴隶社会进入了社会主义社会,他没有经过思想启蒙的过程,没有经过艰苦卓绝的斗争,更没有经过痛苦的感情磨砺。他的权力是"抛给"的、赐予的,甚至可以说是强加的,他没有自由平等的要求,也不知道如何做主子,他以为主人就是古日古帕那样的人,政府让他做了主人,他就可以像古日古帕那样行使主子的权利。他的确是那样做的,他比过去的主子更加残暴、变本加厉。误杀古日古帕使他成为英雄,当了大官,他下令斩了古日古帕和他的亲信、亲眷的头,并企图派马队抓回擅做风干人头活计的已回故乡的刘祥两口儿。不仅如此,他比过去的主子还要"进步",他迅速学会了运用阶级斗争的技巧来对付自己的仇人,即杀死仇人之前,先统统将他们划为阶级敌人,然后再理直气壮、痛痛快快地杀。这大概就是现代文明速成的必然结果吧!早熟的果子必然是青涩的。这里,我们看到作家对历史、对现代文明的深刻思考。

  五十多年来,在新中国,宪法规定:劳动人民当家做主,人人自由平等。事实上,这几十年中国走了许多弯路,人民和这片美丽富饶的土地经历了数不清的磨难。土改、"反右"、"大跃进"、"文革",阶级斗争的浪潮一浪高过一浪,无数仁人志士抛头颅洒热血为之奋斗的无产阶级,包括木嘎这样的基层领导干部,这些最基本的群众,他们在想些什么,做些什么?"文革"的浩劫难道只是领导人的失误吗?如果没有广大群众的推波助澜,怎会造成那样惨重的灾难?在中国,思想启蒙进行了一百年,鲁迅先生"哀其不幸,怒其不争"的民众的精神状态又改变了多少呢?

奴隶们像崇拜主子一样崇拜给予他们土地和自由的人,他们从未获得自己的独立意志,他们的精神被一种神秘的力量控制着,奴性已内化为他们的本质属性。木嘎不仅是古日古帕的奴隶,也是历次群众运动的奴隶。他们满足于最基本的生存需要,习惯听命于人,他们从未形成自己的人生观、价值观、道德观和审美观。在精神上,他们是不自由的。尽管外在身份不断变化,内在的奴性本质和驯服心态却从未改变。人类真正的解放应该是精神的解放和思想的自由,绝不仅仅是肉体的解放。

二

"文革"对人性的摧残,使人们开始重新回溯历史、审视自己。一些作家把历史推向神秘主义的泥潭,以为一切都是宿命,其实不然。中国民众之所以会出现那些人性的缺陷,最根本原因就在于:对大多数人来说,他们的解放和自由不是自发斗争和艰苦努力的结果,而是"神"的赐予;他们还没有当家做主的精神准备,他们渴望寻找一个新的"主子"作为精神支柱,因为"自由产生痛苦。拒绝自由,就可以减轻痛苦"①。《白鹿原》的作者也写到了类似的情况,清末民初,皇帝退位后的白鹿村人迷茫了,以后该怎么生活?从某种程度上说,白鹿村的百姓是幸运的,关中大儒朱先生为他们制定了《乡约》,作为村民们的行为准则,免除了村民们被迫为突如其来的自由而思考的痛苦。依约行事,白鹿村出现了短暂的太平盛世。木嘎们没有这样的幸运,他们只有寻找新主子或模仿旧主子,这是人性的悲哀,这是对文明的嘲讽。

看似宿命的东西,其实是由无数偶然构成的。古日古帕的命运是由党的民族政策决定的,更是由他个人的选择决定的。当然,无论他如何选择,都注定要失去他曾经拥有的帝王般的生活;木嘎、刘祥夫妇的命运是由古日古帕、解放军、党的民族政策、县乡的干部依次决定的或给定的,而不是他们自主选择的。萨特认为,"自为"的存在就在于它的"选择性"②。木嘎们从未形成"自己的存在",而只能依附于"他者的存在"。他们的存在是"为他"的存在,他们的存在形式是缺失的,这种存在性的缺失又反过来使他们习惯于对"他者"的依附。他们的存在是命定的,不管他们如何为主子卖命,都无法改变他们的存在方式。他们的生存不由自己选择,成为国家的主人也不是他们自由选择的,而是政府

---

① 〔俄〕尼古拉·别尔嘉耶夫:《论人的奴役与自由》,中国城市出版社,2002年,第28页。
② 〔法〕让·萨特:《存在与虚无》,生活·读书·新知三联书店,1989年,第201页。

选择他们当家做主,拥有自由。也许木嘎和白鹿原的村民一样,只想要一个好主子、好皇帝,他们或许更想做一个被主子体恤的奴隶或顺民。他们的自由是肉体上的、名义上的,而不是精神上的,因为他们还没有做好做自由人的思想准备。他们没有决定自己命运的意志,他们渴望依附、仰视赐予他们自由的人。仰人鼻息是奴隶的本性。"人喜欢成为奴隶,并展示自己受奴役的权利,这种奴役常常变换自己的形式。受奴役正是人所要求的权利。"①而木嘎在突然失去这种权利时,迷失了自己,他无所适从。

别尔嘉耶夫认为人有三种意识结构,或称人的三个状态,即"主人"、"奴隶"和"自由人"。"主人和奴隶是相关的,他们不能相互独立存在,自由人则独立存在,他在自身中有自己的质,这个质没有与自己对立的相关物。"②《呦呦鹿鸣》这篇小说本身就是一个完整的意象。古日古帕、木嘎、"我"分别代表着人的三种意识结构。古日古帕与木嘎相互依存,他们通过对方来认定自己的身份。"我"可以自由地从自身走向他者,走向所有人,包括古日古帕、木嘎、雄鹿比比。在阳雀山谷及以后的日子里,"我"是自由的,至少"我"的精神是自由的,"我"是50年历史的见证者。人的解放,首先是精神的解放。土地改革解放的是奴隶的肉体,给予他们的是政治地位和经济地位,而不是精神的自由。奴隶们一夜之间就成为国家的主人、自己的主人,成为所谓的统治者。(中国的女性也在一夜之间获得了与男性同等的权利,成为半边天,然而代价是何等惨重啊!以牺牲女性性别为代价的平等和自由其实是对女性最大的戕害。)但就其本质而言,他们始终是奴隶。比如木嘎,解放前他是主子的奴隶,他的精神一直被外化或异化着。他始终是一个客体,不具有人的主体性,甚至没有属于自己的审美感受和价值判断,他要杀死雄鹿比比,不是为了得到鹿肉、鹿皮或鹿茸,而是因为那是主子的意志。景色如画的阳雀山谷、美丽的雄鹿比比都无法成为木嘎的审美对象,唤醒他的审美意识。马克思在谈到人与动物的区别时说"人按照美的规律创造"。获得人身自由40年后,木嘎在"我"家看到雄鹿比比的头颅标本,竟误以为"我"把野鹿养在家里。木嘎终于发现了美,他的心灵受到强烈震撼,感受到了雄鹿比比那永恒的魅力。他说:"他在叫呢!"雄鹿比比无论活着还是被制成标本都是美的化身,虽历经坎坷、磨难,却具有顽强的生命力。木嘎的惊叹,是在雄鹿比比美的震慑下所发出的人性的呼喊,也许还有对以往罪恶的忏悔。这里,作者为我们留下了人性复归的光明的尾巴。木嘎正在从奴隶向自由人迈进。

---

① [俄]尼古拉·别尔嘉耶夫:《论人的奴役与自由》,中国城市出版社,2002年,第52页。
② [俄]尼古拉·别尔嘉耶夫:《论人的奴役与自由》,中国城市出版社,2002年,第66页。

古日古帕是阳雀山谷的主人,也是阳雀山谷的奴隶。为了阳雀山谷,他放弃了现代文明的象征——伦敦,被迫或心甘情愿地忍受石堡里几毫米厚的跳蚤,忍受丑陋、愚昧、偶尔还想反抗的奴隶们。他是石堡的奴隶,是那帝王般生活的奴隶,他自得其乐地受这片土地奴役,他是他的财产和奴隶的奴隶,受他们压迫,为他们痛苦,为他们送命,而且至死不悔。柏拉图曾说,暴君自己就是奴隶。对他人的奴役也是对自己的奴役,人不应该成为主人,而应该成为自由人。因为主人同时也是自己的奴隶。人类的发展指向应该是自由人。

三

自从上帝赋予人类以权利,自然成为人类的奴隶,哲学成为科学的婢女。科学技术的飞速发展,为人类创造了极大的物质财富,人们的物质生活水平得到了极大的提高。随之而来的还有自然界的疯狂报复。环境恶化、生态失衡、土地沙化、淡水缺乏、全球气温升高、艾滋病、"非典"、禽流感蜂拥而至,使现代人防不胜防、手足无措,焦虑、恐慌、烦躁、厌倦的情绪笼罩着人们,整个世界充满世纪末的颓废情绪。人们纷纷为失去的精神家园而悲叹、呼喊。早在17世纪卢梭就呼唤人类回归自然,到大自然中寻找失去的伊甸园。然而,自然已被破坏,到哪里去寻找心灵的净土呢?尽管如此,人类在向大自然索取物质财富的同时,仍然执着地向它索取着精神财富,似乎大自然具有无限的净化力、包容力,似乎回到大自然就万事大吉,全然不顾大自然的承受力。老作家白桦以其敏锐的视角观察、思索着,他发现未被工业文明浸染的阳雀山谷虽然保持着大自然的原始风貌,孕育着造化的精灵——雄鹿比比,却无法净化、美化古日古帕和木嘎们丑陋的肉体和心灵。可见,大自然并不是万能的,回归自然、保护自然并不是人类唯一可行的救赎之路;心灵的洁净才是人类回归人性的根本出路。

近些年来,随着自然环境的恶化,保护自然环境已在全球范围内达成共识,世界各国都出台了相关的政策和法规,但收效甚微。究其原因,仍然是"人类中心"在作怪,人们都以自我为中心,以本地区、本国利益为重,发达国家把不可再生资源的开发转嫁给还没有解决温饱问题的第三世界国家,发展中国家仍然实行着"边发展边治理"的政策。人的观念不改变,人与自然的关系不恢复原始的和谐,保护环境、可持续发展只能成为一纸空文。要治理自然环境,首先要拯救人类的精神。再美好的自然环境,生活着一群木嘎似的奴隶,这美好的景致又能维持几天?阳雀山谷的自然环境是适合鹿生存的,有充足的食物、洁净的水源、可爱的伴侣、美好的家园,是鹿生存的最佳环境,现在的自然保护区也未必赶得上。然而最后一只雄鹿——比比被猎杀了,因为它的美丽与阳雀山谷的主宰——人类极不和谐。其实,真正需要拯救的是人类,是人类的精神。没有洁净、健全的精神,"阳雀山谷"也注定要遭到人类所谓文明的践踏。

  面对空前的生态和精神危机,人们在困惑、迷茫之余,几乎不约而同地怀念起了大自然,似乎回到大自然就万事大吉,似乎古朴的自然、未被现代文明浸染的山水具有无限的包容性,殊不知大自然也是藏污纳垢之所,也有愚昧的奴隶、残忍的暴君。老作家白桦以自己敏锐的视角、对人生的深刻体验、对社会的全面考察,用寓言的形式表现了一个饱经沧桑的人文知识分子的强烈忧患意识和社会责任感。小说的意蕴是丰厚的,还有待我们进一步挖掘和阐释。

原载《廊坊师院学报》2007 年 4 月第 2 期

文学呼唤激情和想象力
——读白桦《蓝铃姑娘》小说二题

蓝 芒

今春四月,当我又一次在医院中"十分投入"地在体味着杜甫"老病休"的沉重和无奈之际,突然读到白桦发于《上海文学》2006 年第 4 期的《蓝铃姑娘》和《一朵洁白的罂粟花》两个短篇小说。读着,似有阵阵清风,徐徐吹进我那虽说正在恢复,却仍然时时感到眩晕的脑子,精神为之一振。那感觉,就像吃腻了都市写作的玉盘珍馐,突然尝到边地的农家菜那样,极其脆嫩新鲜、美妙可口。激动之余,我曾秉笔疾书,一心想给白桦的这两篇新作写点读后感。然而不知为什么,我越往下写越觉得自己笔下笨拙,论述乏力,用这样平庸的文章去评介一件好作品,会变成对它的贬损,所谓"青蝇轻一点,白璧遂成冤"!在愧赧之余,我撕掉了稿子。随后再写再撕,一连三次。不知是自己原本就迟钝,还是因为此次生病确实损伤到自己的脑力?反正我还从未得过这种只有真正的评论家才会得的"高级神经官能症",在一切发展和创新面前麻木不仁和无话可说。

但我又哪能忘记从《蓝铃姑娘》和《一朵洁白的罂粟花》,特别是从《蓝铃姑娘》那里吹来的那阵阵清风。

我相信不仅是我,许多读者都将和我一样,当白桦像摆古董一样,把马锅头、云南本地马、长龙宴、高耸入云的山峰和梯田以及小泥屋等等,一样样摆在我们面前,特别是把那"自说自话的未定界"连同作家的一切奇思妙想摆在我们面前时,我们是真的惊诧到有点喘不过气来。它对我们而言真有故友重逢般温馨,旧地重游般亲切,调换口味般惊喜和新奇!更有一种感激作家一下子就把我们从当下小说写作的都市森林的阴郁中,从灯红酒绿、鸡零狗碎的腻味中,从"现实主义"的疲沓和平庸中解脱出来的感觉。当我们随着作家的引导来到充满异国情调和边地风情的"未定界"时,则更有一种"宠辱皆忘,其喜洋洋者矣"的欢快:

……一条雪松河弯弯曲曲环绕着每一座小泥屋,每一座小泥屋都自作多情地依偎着雪松河,在远古时代,是堆砌小泥屋的人迁就了河流,还是河流迁就了堆砌小泥屋的人呢?……

山不转水转,现在当然是河流迁就了未定界上那个袖珍王国的雪松头人!

雪松头人,这是作家从众多边地民族头人身上"集腋成裘"糅合而成的艺术形象,一个双脚踩在现实生活土地上,却把脑袋埋进远古的封建铁箍中的独裁者,一个既有着现代人的物欲和爱赶时尚的特性,又想把自己和子民牢牢禁锢起来的双重性格的人,一个既有历史参照又有现实参照的活生生的人。他从老祖宗那里传承着封建权势和一切统治技巧,却并不墨守成规,青出于蓝而胜于蓝,在统治方法上有颇多创造和发展。比如,他成功地把原本会说话的娃子变成了不会说话的"石头",从而为自己创造了一个"好顺心"的统治环境,他更巧妙地在没有变成石头的娃子中发动竞当石头的竞争,以分散人们对他的残酷统治的注意力。他让娃子们明白:当上石头供头人支使不是耻辱,而是光荣,何况头人还提供了许多"优惠条件"。从而使娃子们觉得石头也并不是那么好当的。

因为是哑巴才能进入火烧堡当石头,一生一世都不在烈日风雨下受罪,顿顿都有饱饭吃。所以不少娃子都故意让自己的孩子去喝哑溪的水,反正语言在雪松坪的用处极少。

把对人权的践踏装扮成人才的竞争,再把牢笼般的雪松坪变成"繁荣"的人才市场,这无乃是权力的魔法!雪松头人对统治术的另一项增添和发展,是把古老的、出于祭神目的的人头桩,改换为人骨吊杆。那些"人骨装饰品"果然比人头桩先进,它们会"迎风发响",既可威慑娃子和外来人,又可填补头人本人的内心恐惧和空虚。不要以为时间已经推移到了21世纪,在今天只有像雪松头人那样的远古封建僵尸才会那么原始野蛮,但我们的许多现实记忆告诉我们,事实并非如此。

艺术家的宗旨,"正是要把在台前幕后表演,事前事后操纵奔波,从而实际主宰一切活动、制造一切纠纷、推动一切事物衍生和发展的人的独特个性,和他的生动有趣的经历描画出来,让读者过目不忘"。雪松头人通过自己的运作,已经创造了三个"辉煌":全雪松坪子民的身份统一——娃子,全部石头声带统一——哑巴,全雪松坪上下口径统一——只有头人的一张嘴可以发声,从而在雪松坪缔造出了一个鸦雀无声的升平,打造了一个铁桶般密不透风的牢固!然而,雪松头人毕竟不是魔鬼,而是与平常人毫无二致的"真人",他也有不得不然的感叹:

……身上背着一份祖业,在未定界上立足,难啊!稍不当心,你的身子就挂在别人的吊杆上风干成一副骨架,不残忍,不残忍不得哩!不残忍就得当石头。

这话很人情、很人理,也很耐人寻味,显得真实而可信。然而,这听起来未免有点像刘姥姥在荣国府听凤姐诉苦那样使人惊疑不置。作家正是从这里开始,听见雪松头人仿佛从时间隧道的那头发出了 Morden 和 Car 这两个充满亮光和现代意识的外文单词,接着,又看见那辆"四轮腾空架在石板上"的真正雪弗兰,一波接一波,丝丝入扣地让读者一直处在"惊艳"的兴奋之中。

文学,就是要像布莱希特说的那样,让读者在任何熟悉的地方看出"陌生"来。

值得一提的是,高踞在封建统治的宝座上拒绝文明和进步的君主,对现代科技产品发生迷恋的事例,却是非止一端,在现实生活中是有迹可寻的。早在1929年,对快捷豪华的小轿车着了迷的云南芒市土司方克明,曾不顾他的家乡当时既无半寸公路通昆明,也无半寸公路通缅甸的事实,就曾一口气从缅甸买回四辆小轿车。他用竹筏经水路运到就近渡口,再派一百人轮流抬一辆车,把四辆车抬回芒市去。这位方土司为了过把现代交通工具舒适快捷的瘾,更自掏腰包修了一条从芒市到边地小镇畹町的公路。那仅仅是一条没头没尾的公路,实际上是无法行车的。9年后这条路才连接上滇缅公路。不用说,方土司和雪松头人虽然同样迷恋小轿车,但他们的出发点是不同的。前者是因为向往现代文明,后者则是为了夸示自己的富有,甚至梦想通过炫耀,一举登上"未定界所有的部落公认为头人的头人"的宝座。到这里,就艺术塑造而言,也许已经达到一定心理揭示深度,人物形象也已初具规模,也许可以打住了,或者像当下小说写作惯常所作的时尚处理那样,为雪松头人设计一次坠崖,或让他在一次豪华宴席上因酒精中毒而猝死,给读者留下一个永远的遗憾而告终。如此一来,漫说雪松头人的诸多后事未曾交代,就连 Moeden 和 Car 之谜也还无法破解,这样收束,不是过于匆忙和浅陋了吗? 再说,因脑供血不足,常常显得心长智短,从而导致艺术上疲沓浅薄,缺乏激情和想象力的现象,不正是当下小说写作的严重症状? 从来在感知生活上方式独特,对事物勤于观察剖析的白桦是不会选择如此省力的方式来结束自己的作品的。作家从雪松头人喜欢用现代文明来装饰自己这件事上感到,他的残酷无情包括他那副凶恶的面具,除了维护权位的需要外,一定也包藏着某种装饰的需要,是假的,他肯定还有另一副脸孔,另一副人性的脆弱脸孔;否则,轿车的轮子是决不会永远空转的! 忽然,天空中訇然一响,作家为我们揭去了雪松头人的一切伪饰! 揭示出雪松王国的一个深层底蕴:人们看见人性从禁锢中挣脱出来和爱情结伴了:刚刚行使完最后一次王权而把自己心爱的人吊上人骨吊杆的蓝铃姑娘,也从王服和面具中显出真身,没有丝毫犹豫地在吊着心爱男人的吊杆下殉情自尽了! 人性和世袭制度之间,现代文明与原始落后之间的撞击声是如此巨大,地动山摇,以致将火烧堡连同一切封建特权震得粉碎! 这是一声文明对野蛮的轰炸,也是一声艺术想象力对想象力贫乏的轰炸! 人们不但会被震惊得出一身冷汗,更会被惊奇得再出一身冷汗! 如果说,当人们听见雪松头人说出 Morden 和 Car 两个单词时,是受到了第一次的"惊艳"的震撼话,那么,现在面对一位美得让人不敢仰视,并且已经玉残香消的蓝铃姑娘时,该是变成痴呆了吧。

文学是需要激情和想象力的。

白桦是最不愿按照常规来收束自己作品的作家之一。他有不少作品都像《蓝铃姑娘》和《一朵洁白的罂粟花》那样,把满腔汹涌澎湃的创作激情保持到最后,让读者的焦虑和同情随着焚烧青春和美丽的烈焰一起燃烧,让巧伪和禁锢在燃烧中化为灰烬,让人性和人间的真情烧结出一种凄美,永远地珍藏在读者心中,从而让读者"过目不忘"。白桦是最善于从艺术大师们的作品中汲取养分的人,深知在塑造人物上,不光要真实可信,还要塑造得有趣,塑造得绝妙,还要抓住人物的主要个性特征将它推向极致,让人过目不忘。我们不禁想起鲁迅的《阿Q正传》和欧·亨利的《麦琪的礼物》这两部韵味隽永的作品。两位大师都做到了结尾而不是结束,甚至使作品从结尾处往上翻,引领读者回到开头去重新检视刚刚结束的生命历程,重温生命体验。鲁迅的阿Q就直到在为自己的生命画句号时,还不知道自己已经面临毁灭,还在为自己画押的圈圈画得不够圆而感到"羞愧"。就在这一刻,鲁迅便把阿Q这个愚昧和麻木不仁的个性悲剧推向极致,让他久久存活在读者心中,并成为一个永恒的鉴戒;欧·亨利同样是善于做艺术"后空翻"的大师,他也是直到最后一刻,才让黛拉和吉姆互换礼物,也就在此刻,一个出乎意料的严酷事态被抖搂出来了——由于受贫穷逼迫,各自的礼物都是用自己身上被对方视为最珍贵的东西去换来的!——这一下,不仅惊呆了男、女主人公,也惊呆了局外的读者。

《蓝铃姑娘》等作品除了以它的激情和想象力给了当下小说写作增添许多精彩外,同时也记录着作家对人类灵魂的重建和社会公平的刻骨铭心的焦虑;毕竟,雪松头人和他的原始野蛮迄今为止还不可能制成标本陈列到博物馆中去,它还存活在人们脑海里,流露在人们的行为中,成为一个永远的警讯。不过作为表达方式,白桦的这种"旅游小说"也许已经尽美而未必已经尽善,它也许会带来一些描述方面的不便。如:这种流动式的第一人称"我"也许无法对主人公——第三人称的"他"进行镂刻式的多方位描写,而不知不觉地将他置于一种神秘的朦胧之中,轮廓似乎显得有些不够清晰。但尽管作品仍有美中不足,也无非是求全责备。而它对当下小说写作中写实姿态的疲惫与腻味以及对创作的毫无激情的惯性写作而言,仍不失为是一剂振聋发聩的良药和一次冲击。

文学在呼唤激情和想象力。

原载《云南省当代文学研究会文学评论选》2007年10月

文明人的"野蛮"与野蛮人的"文明"
——试析《远方有个女儿国》的反乌托邦叙事

刘千秋

白桦的《远方有个女儿国》(以下简称《女儿国》)以双线异地同时发生的叙述模式,讲述了一个理想王国与罪恶社会相互交织的反乌托邦故事。他将背景置放在"文革"时期,一条线索以摩梭少女苏纳美为主角,采用抒情、婉转的方式描绘了女儿国摩梭人的自由生活与自在生存状态;另一线以梁锐为主角,采用思辨式批判和黑色幽默式反讽揭露了"文革"中现代社会人性泯灭与自由丧失的绝望与幻灭。可以说,文明人的"野蛮"与野蛮人的"文明"、异域淳朴风情与现代荒诞恶象、自然原始欲望与人性灵魂扭曲、自由自在自为与政治伦理秩序等内容在小说中不断交融碰撞,而白桦正是在这种对比衬托中让小说有了强烈的反讽式审美效果,竖起了对"文革"乌托邦政治理想的反抗大旗。

一、双线叙事的立足点

"反乌托邦"叙事首先集中在对"乌托邦"理想实践中人失去自由与自在的非人状态挖掘,并进而质疑乌托邦理想的可取性与可执行性。早在1933年老舍的《猫城记》中便可找到这种"反乌托邦"思想的端倪。在《女儿国》中,白桦延续了老舍的这种批判现实的精神,将乌托邦理想置放在文明与原始两个异质文化的冲突中加以对照。男主人公梁锐不想成为一个思想的奴隶,所以既没有投身"文革"洪流中,也没有消融在自由纯美的女儿国中,这种两不相容的尴尬境遇却恰恰是白桦小说所揭示的主题——不管是文明的还是野蛮的,自由的人性难以融入其中。毕竟,相对现代文明而言,带有原始气息的女儿国同样因其"野蛮"而不理想,而用文明编织的现代社会又往往会为人铺设一条新的"通向奴役的道路"。因此,在白桦小说中,乌托邦理想的可取性与可执行性同时受到了质疑。

白桦对乌托邦理想有这样深入的思考离不开当时"伤痕文学"思潮的浸染。所以,小说中充斥着大量的现代文明气息,并表现为一种"暴力"手段实现了国家权力对自由与社会资源的绝对垄断。但白桦并不是简单地罗列这些社会中的"伤痕",他更能挖掘人性的深处,用双线叙事的手段反思两种文化寄托的载体——苏纳美与梁锐——所具有的叛逆性,为其"反乌托邦"叙事寻找立足点。苏纳美天生丽质、纯真善良,有着人类最本真的人性闪光点。而且,白桦一直以第三人称视角观察苏纳美的变化与成熟:从"月亮"到"花骨朵"到"溪流"到"青竹笋",白桦犹如用一支舒缓的笔雕刻一件艺术品,细致入微地描写了苏纳美在自由自在的成长过程中的心理体验、人性觉醒以及爱欲狂欢。可以说,这种抒情性的话语奠定了女儿国神话般的诗意氛围,也推动了整个故事发展中的层层展现。同样,梁锐身上也流淌着自由与自主的气息,让他能够在"文革"洪流中始终保持理性的思考。他能在独居阁楼中的初恋女友方芸茜身上发现生活在另一个世界的、亿万中国人都没有的"蜗牛式自由"①,并进而寻找到自由与爱的"引渡人"。可以说,人性中固然有奴性,但对自由的向往却是人性中最根本的东西,一个为争取自由但实际上却没有自由的人就如同豢养在笼子里的动物一样。所以,现代的文明进步绝不能以牺牲自由为代价,政治的乌托邦理想也绝不能消灭人的自在生存,而白桦"反乌托邦"叙事的释义正在如此。

爱情与性爱的无拘释放是自由人性的最好诠释,这也恰恰是《女儿国》中文化冲突的最突出表现。摩梭人是原始的母系社会,她们喜欢自由,崇尚自然,在无拘无束的"自为"生活状态中激情享受着生命、爱情与性欲的快乐。而且在摩梭人看来,这种性爱自由,不是巴比伦堕落式自由,不是波西米亚流放式自由,不是柏林规范式自由,它是人性的自然解放,是发自内省都没有羁绊的人性释放。白桦刻意书写了苏纳美13岁时的性爱渴望,因为这个年龄对每一个摩梭女孩至关重要,她们都要举行穿裙礼以证明成人,她们要放声歌唱、要在自己的"花骨"(房子)中忐忑不安地等待"阿肖"(男友)的到来。所以,苏纳美带头唱起连她自己都不甚明白的正是摩梭女人对爱情的最直接宣泄,是人性的礼赞和生命的歌颂。她们敢爱敢恨、热情奔放,对喜欢的"阿肖"就尽情地释放自己的情与爱,对不喜欢的"阿肖",就紧闭门房,不允许越雷池半步,她们不需要婚姻条款约束,但却有传承千年的族内规定,她们不需要结婚证,但"阿肖"们却敬重摩梭女人的尊严,她们不信任现代文明拯救却坚信"男性生殖器"②崇拜。可以说,这就是摩梭人的"伊甸园",是亚当夏娃般的生活,是原始和睦的社会,是宁静温存的爱恋,是纯净无瑕的心灵,是率性真实的生命。白桦也正是浓笔着色

---

① 白桦:《远方有个女儿国》,《白桦文集》(卷一),上海文艺出版社,2010年,第223页。
② 摩梭女人崇拜"久木鲁",是一个外形像男性生殖器的钟乳石柱,每一个女人生孩子之前都要去祭拜它。

于摩梭人的爱情观与性爱观,以此来冲击现代文明带给人之本性的羁绊。

白桦在小说中采用一种"同时异地"的叙事策略,即在相同的时间截面内与不同空间地域内演绎着两个主角的相互指涉的故事。对于这一方法的运用,巴赫金曾将文学中的时间关系与空间关系的融合称为"时空体",认为:"在文学中的艺术时空体里,空间和时间标志融合在一个被认识了的具体的整体中。时间在这里浓缩、凝聚,变成艺术上可见的东西;空间则趋向紧张,被卷入时间、情节、历史的运动之中。"[1]时间与空间相互依存,并以交融的状态存在于文学艺术当中,以至于"时空体里的主导因素是时间"[2]。所以时间作为一个价值范畴,主要体现为"未来"对"过去"与"现在"的召唤与引导,而"未来"往往蕴含着理想形态的乌托邦精神。反观《女儿国》,白桦正是用这种时空交错的方式表现了两种文明的交融与对峙。小说中说:"正当苏纳美进入古老的13岁的时候,现代社会进入了1976年……"[3]这一句话恰恰呈现出了作者对时间结构的感悟,并引发出颇具历史认识意味的空间结构。在"过去"与"现在"的相互转化中,共时性的自然时间与历时性的文明历程所形成的时代落差与文化传承,显然是作者关注摩梭母系氏族社会的当代命运时所要刻意表现的结构。这两种异域的空间在"文化大革命"这一历史背景下被动地牵引了进来,其所形成的时空结构便呈现出来一种美的、自由的生命存在形态与文明社会政治意识形态的交融。但值得一说的是作家的价值判断与审美追求绝不是一种进化论式的诉求,他以审美的目光回视着这个在人类现代文明中已经落后了的女儿国——特别是它与现代中国的灾难时代处于共时态结构之中的时候,远古生活方式承传下来的自由、纯真、自然等内容在摩梭女儿国的完整显现与"文革"时期人们相互之间钳制、虚假、不自然的生活内容在现代社会的真实表现,在小说文本里分别占据着两个互为框架的时间层次与空间体系。

二、异化的人性与双重的人格

反乌托邦文学非常注重人在理想社会中的人性异化与双重人格的现象。异化是一种人与社会、人与人、人与自己的疏离状态,这是作为个体的人无法获

---

[1] 〔前苏联〕米哈伊尔·巴赫金:《小说的时间形式和时空体形式》,白春仁,晓河译,《巴赫金全集》(卷三),河北教育出版社,1998年,第274~275页。
[2] 〔前苏联〕米哈伊尔·巴赫金:《小说的时间形式和时空体形式》,白春仁,晓河译,《巴赫金全集》(卷三),河北教育出版社,第275页。
[3] 白桦:《远方有个女儿国》,《白桦文集》(卷一),上海文艺出版社,2010年,第260页。

取合法性身份而出现的存在危机,也是为满足"他者"而丧失"自我"本性的一种非自由自觉的现象。而双重人格在这种非自觉的活动中与本真的"自我"进行行为上的决裂,但在思想上又保留了真实"自我"的影子。《女儿国》中就存在一个与苏纳美这个"自然精灵"的相比衬的悲剧人物,而人的异化与人性的双重人格可以通过梁锐在农场认识的知识分子桂任中窥见一斑。在老桂身上,他能够清醒地认识自己所处时代的荒诞与无序,但又不得不在无序的社会中遵照"秩序"完成违背自己本性的事情。麻木的清醒人或者痛苦的糊涂人可以看作是老桂的最好写照。老桂的生命就是"一部演不完的连台悲剧":从美国求学归来后却被当作间谍受到了抄家、遣送农场劳改乃至被打断腿的坎坷命运;他的漂亮妻子为了救他而被当时的"要人"奸污发疯致死;他是拥有化学博士学位的研究者,回国后却受到无情的抛弃,沦为放养黄牛的牛倌;他有着婴儿般的赤子心,却总是被"革命者"批来斗去;他能够从纷繁复杂的元素化合假象中找到科学论证,但是对生活的假象却失去了任何洞察能力。不断的命运冲击让他"清醒地"怀疑自我存在的合法性,也迫使他逐渐接受自己有罪的事实,因有罪又使他更加虔诚地接受"狼化"的过程,以至于他为了证明自己的清白出卖了梁锐对他真诚的生存"点化"。而在桂任中跌宕起伏的命运却有一个更加荒诞的转折:在"苏修"压倒"美帝"成为最大的敌人的时代背景下,中国开通了与美国的外交关系。当桂任中的美国同学要来中国造访并提出见他的同学老桂时,上至中央,下至劳教农场,一切都慌了,一切的既定秩序都失效了。老桂作为知识分子,作为国家重视的人才,也就有了一次正名的机会。他回到了城里,拥有了能够会见美国同学、挂名"桂寓"的法式大房子。他不仅临时拥有了一个随时斥责他的无产阶级佣人,还有了一个主动上门的蛮横无理的无产阶级妻子谢莉,而且在她不知所云但又强词夺理的强势话语中,老桂的临时光环也被彻底抹杀掉了。这场闹剧的最终尾声是老桂收到了农场来的信,让桂任中限日归队接受改造。桂任中的临时夫人也因为老桂身份的抹杀而收回了结婚证,因为她还在等待老桂的美国同学下次来中国造访老桂时,能够再次以夫人的身份出现在外宾面前。一场中外同学与学者之间的会晤在临时搭建的"舞台"上演,一场婚姻的开始与结束没有任何爱情作积淀而任"利"而成,一场闹剧的完美谢幕却是由一个任人摆布的"傀儡"完成。这就是"文革"带来的人性异化与扭曲,正如闵采尔在革命失败后反思那样,"革命的理由在于争取所有人的平等",但是,"在起义者中间多半是谋求个人利益而不是真正去寻求真理的人"[①]。所以"文革"对人心的真正摧残,是权力的滥用,那不是表面的痛苦掩饰,而是慢性毒药般病入思想与灵魂的膏肓,是"文革"乌托邦政治理想产生的难以治愈的"毒瘤"。

[①] [德]冈特·福格勒:《闵采尔传》,陈静译,商务印书馆,1997年,第85页。

非常时期,真诚难以定论、真假亦不可辨。老桂对梁锐的"点化"不敢有半点信任,反而将信上交组织以换取内心的"安稳"。于是,梁锐被关进监狱,"名副其实的成为第10045号牢房的809999号犯人"①。在这里,白桦告诉读者的更是一种公众权力实施的泛滥与男女本能性爱的超出想象的非常态存在。在监狱里,梁锐碰见了诸多刁诡的犯罪"事实":97号犯的罪行是"反革命暴徒冯敏曾在1962年手持微型原子弹,企图爆炸H城!"②95号犯人是一个名字叫张果焘的15岁孩子,竟然被当作"张国焘"以叛徒罪行送进了监狱。而更为荒唐的是这位15岁的孩子竟然是在尚未出生的1938年犯的罪,但这并不能摆脱被抓进监狱的命运。毕竟,"我知道,你知道,都没用。并不等于抓他进来的人也知道"③。监狱更有一个5岁的女孩郭玲子,因失手打碎了毛主席石膏像,而被认为"罪行严重,手段恶劣"送进了监狱。一个哑女,因为用草绳绑住毛主席塑像的脖颈处以方便用扁担挑着,在走到市场的时候差点被民众打死而后又扭送进了监狱。可以说,在这监狱里的每一个人都有莫须有但却又是铁板钉钉的罪名,都是在稀里糊涂的状态下被抓进监狱。在这监狱里,犯人们非常渴望能够接到砸石头的工作,不仅仅是拥有向国家赎罪的机会,更是因为能够获取谈话的自由权利。毕竟,"由于铁锤击石声很响,狱友们也可以浑水摸鱼,公然交谈起来",以至于"我完全没想到一下子会得到这么多自由!"④在监狱里,男女犯人偶尔一次的不经意一瞥又孕育着多少性欲的想象,因为"监狱是通向死亡的码头,长期不能登上死亡之船,又不能登上生命之岸,看不见任何使人联想到异性的色彩,更接触不到异性"⑤。这是一个多么凄凉而真实的故事啊,人的尊严、人的权力、人的自由、人的命运统统都被践踏的一无是处。"文革"顶着政治理想乌托邦的革命光环,赋予了诸多"造反"的理由和机会,同样也剥夺了更多人做"人"的资格,在常态的生活习惯中寻找不常态的"犯罪事实",在限制自由的监狱里寻找暂时的自由空间,在男女两性的世界里无法得到那温柔的一瞥,在出狱的时候查找不到入狱的凭证,这在一个现代国家里会是怎样的讥讽与嘲弄呢?这在追求现代文明的道路上会是怎样野蛮文明行径?白桦不加掩饰地以文学之笔揭露出"文革"乌托邦理想的反面"污点",更以女儿国祥和自由的习俗和本真善良的生活展现出了现代人眼中的"野蛮文明",这种针锋相对的衬托成为小说文本反乌托邦叙事的关键所在。

---

① 白桦:《远方有个女儿国》,《白桦文集》(卷一),上海文艺出版社,2010年,第373页。
② 白桦:《远方有个女儿国》,《白桦文集》(卷一),第375页。
③ 白桦:《远方有个女儿国》,《白桦文集》(卷一),第376页。
④ 白桦:《远方有个女儿国》,《白桦文集》(卷一),第395页。
⑤ 白桦:《远方有个女儿国》,《白桦文集》(卷一),第409页。

三、自由与爱情的反讽呈现

白桦在访谈录中说过:爱情中的自由与责任,这是人类历史中诸多难题之一,《女儿国》中就用现实生活论证过这个问题。在他看来,母系社会以女性为中心,情感悲剧很少,在观念上根本就没有谁依赖谁的问题。所以爱是最自由的,爱的结束就是男女关系的结束;男权社会以男人为中心,依赖性很强,责任很重,悲剧性也就很强①。小说中的男主角梁锐就是这个悲剧人物的最直接体现,在他身边的两个女人芸茜和苏纳美都曾经是他灵魂重塑的"引渡人",但同时也是梁锐爱情苦酒的酿造者。梁锐与芸茜的爱情分离是因为梁锐承受不了社会规约的要求,主动地选择离开、放弃;而梁锐与苏纳美的爱情分离则是因为我以现代人身份难以融入远古文明方式中,被动地离开、舍弃。

梁锐一度渴望自由,但梁锐从监狱走出来重新获得自由的时候,梁锐却听见自己在向这世界大声抗议的心声:"有我去的地方没有?有没有我的一席之地?"②梁锐寻找到了自己的初恋女友芸茜,虽然曾经的芸茜没有变,但是那个曾经贴黑纸的窗户现在已经挂上了有蓝色小碎花的布窗帘,附加在梁锐与芸茜之间的客观条件发生了逆转变化——市长爸爸官复原职、势利妈妈左右家庭,爱情又重新回到了政治漩涡中,梁锐不得不退出,哪怕是芸茜的追赶呼唤,不仅因为梁锐需要寻找属于自己的自由爱情,更因为梁锐没有承担起这场爱情的责任。于是梁锐选择了摩梭人居住的小县城,远离城市的喧嚣,寻找一处可以栖息的场域。但显然白桦并没有让主人公这么轻松地实现寻找到爱情,在一波三折的故事情节中,让梁锐在幽静的边陲小县城里再次体会到"文革"乌托邦侵染的无处不在,也在一定程度上展现出以梁锐为代表的现代文明与以苏纳美为代表的摩梭文明的艰难交融。在这里,梁锐接管了县影剧院经理一职,上任第一件事就是给前任经理老丁举办一个追悼大会,但却出现了两种异质的声音:参加追悼会的文化局长也是曾经迫害老丁的造反派头头,一方面他在大会上深沉地公开缅怀老丁,一方面梁锐在私下悄悄地看着老丁生前记录的被批斗的日记。于是,同一领导对着同一个人在同样盛大场景的两种声音开始了交锋,白桦的反讽与幽默得到了完美地呈现。

小说"反乌托邦"叙事的一个显著特点是第一人称与第三人称的不断交集。

---

① 朱竞:《花丛中的礼炮:访白桦》,《世纪印象:百名学者论中国文化》,华龄出版社,2003年,第40页。
② 白桦:《远方有个女儿国》,《白桦文集》(卷一),上海文艺出版社,2010年,第409页。

梁锐的故事里放弃了远远打量摩梭人生存方式的那种旁观者身份,消解了距离感与陌生感。而梁锐成为苏纳美的"丈夫",也暗示了理性现代文明与野性摩梭文明的结合。换句话说,审美新奇感的消失,反而出现了一种功利性的对比,在感情上向往摩梭人自由的生命状态,厌恶政治文明强加的各种束缚;但一旦这种自由进入了梁锐最隐秘的性爱领域时,就无法摆脱现代文明的影子,自私的占有欲随时可以在小说中见到,而这却恰恰是摩梭人本能拒绝的文明。所以,当两条故事交叉之后,梁锐必然会出现一种人格上的分裂,自由与规范、野性与文明、感性与理性,这让从"文革"社会中走出来的梁锐充满了矛盾。而更为关键的是梁锐虽然明白这种相互之间的纠结,却总是用"既定的理性认识来调整自己的感觉"①。所以,虽然梁锐走出了那个挂着蓝色小碎花窗帘的"蜗牛壳"房子,甚至梁锐已经走进了女儿国的生活中,但梁锐的精神却无法真正地融进去,总让梁锐有一种"外来人"的感觉。这种感觉的最终爆发就是成了梁锐失去苏纳美的最终解释,当梁锐在夜里发现有着结婚证的合法妻子苏纳美——与她曾经的"阿肖"英至继续昨天的"故事"时,彻底暴露了梁锐作为现代人的内心的真实与脆弱,证明了梁锐无法真正地融入一直以来所渴望追寻的人性解放的自由领域中,近在咫尺的理想形态摆在梁锐面前却是那样的遥远。梁锐不仅彻底失去了自己深爱的妻子苏纳美,更亲手扼杀了伴自己成长的反抗"现代文明"的叛逆心态。所以梁锐悄悄地离开了女儿国——一个自己向往的但是难以容下梁锐的地方,回到了梁锐厌恶的、想要逃避的现代社会洪流中,因为只有那里才是属于梁锐的地方。

梁锐就是这样一个矛盾体存在,他一方面要寻找古老质朴的自由生命,另一方面又企图将"现代文明"强加给苏纳美,不愿真的与之结合。文明人的"野蛮"与野蛮人的"文明"如此密切的交锋体验恰恰是一种乌托邦理想与反乌托邦理想的对话。同时,在梁锐这个人物身上,无疑寄托了作家对人类文明的久远思考和思考后的迷茫。所以,"把一个美丽的梦留在我的身后。我的身前是什么"②?梁锐离开摩梭部落时甩给了每个人一个巨大的问号,这个问号谁来解答呢?也许,并不需要解答,因为"文革"的政治理想乌托邦是不可能将摩梭人的"野蛮习俗"纳入到"现代文明"体系当中的。

原载《河海大学学报》2012年3月第1期

---

① 白桦:《远方有个女儿国》,《白桦文集》(卷一),上海文艺出版社,2010年,第303页。
② 白桦:《远方有个女儿国》,《白桦文集》(卷一),第514页。

作品年表

白桦作品年表

1946 年

冬,诗歌《织工》(处女作),信阳《中州日报》。

在信阳《中州日报》、《豫南日报》发表一些诗歌、散文。

1947 年

春,在潢川结社、出版不定期刊物《人民》。

秋,在信阳《豫南民报》主编文艺副刊《学生笔》,发表杂文、散文、诗歌。

1949 年

在进军大西南诸战役的行军途中,写了一些诗传单和通讯报道。

1951 年

《在人民志愿军的医院里》(通讯报道),《人民日报》1951 年 2 月 23 日。

8~11 月先后完成短篇小说《竹哨》、《在炊烟四起的早晨》、《边疆的声音》。

1952 年

5 月完成中篇小说《山间铃响马帮来》。

《竹哨》(短篇小说),《人民文学》1952 年第 6 期。

《竹哨》(短篇小说),中国青年出版社,1952 年。

1953 年

《山间铃响马帮来》(中篇小说),《人民文学》1953 年第 3 期。

《伟大的四年间——为纪念人民解放军渡江四周年而作》(散文),《人民日报》1953 年 4 月 19 日。

6 月完成短篇小说《绣头巾》。

《鹿走的路》(短篇小说集,与朱德晋合著),中国青年出版社,1953 年。

《边疆的声音》(中短篇小说集),作家出版社,1953 年。

1954 年

3月,影片《山间铃响马帮来》由上海电影制片厂摄制完成上映,任编剧。

《猛河风暴》(电影剧本,与朱丹西等合作)由成都西南军区政治部出版。

《送别》(政治抒情诗),《人民文学》1954年第9期。

《一个无铃的马帮》(中篇小说),《人民文学》1954年第11期。

1955 年

《金沙江两岸的日记》(散文),《文艺报》1955年第1~2期。

《小鹿的蹄迹》(诗歌),《中国青年》1955年第4期。

《猎人的姑娘》(短篇小说集),中国青年出版社,1955年。

《一首动人的战斗抒情诗——推荐影片〈渡江侦察记〉》(评论),《大众电影》1955年第10期。

《金沙江的怀念》(抒情诗集),中国青年出版社,1955年。

《可爱的边疆、边防军和人民》(散文),《大众电影》1955年第16期。

1956 年

《介绍藏族战士饶階巴桑的诗》(评论),《解放军文艺》1956年第1期。

《碧空》(散文),《新观察》1956年第1期(总109期)。

《鹰群》(长篇叙事诗),《解放军文艺》1956年第5~6期。

《温暖的祖国——访问逃缅蒋军归来人员》(通讯报道),《人民日报》1956年。

《洛阳灯火》(散文),《人民日报》1956年。

《鹰群》(长篇叙事诗),《中国青年》1956年第15期。

《夜来临了》(诗歌),《北京文艺》1956年第8期。

《大学》(散文),《边疆文艺》1956年第8期。

《有这样的诗人》(政治抒情诗),《人民日报》1956年9月6日。

《鹰群》(长篇叙事诗),中国青年出版社,1956年。

《祝贺我们的会见——献给全国青年文学创作者会议》,《中国青年》1956年第21期。

《江海关里的怒火》(工运斗争故事),《中国工人》1956年第24期。

1957 年

《孔雀》(长篇叙事诗),《长江文艺》(诗专号)1957年第1期。

《关于长诗〈孔雀〉》(创作谈),《长江文艺》1957年第6期。

《椰子》（散文），《解放军文艺》1957年第8期。
《毒菌》（散文），《新港》（《天津文学》前身）1957年第9期。
《我们应当警惕》（评论），《解放军文艺》1957年第9期。
《"歌唱我们亲爱的祖国"》、《节日的花环》（散文），《中国青年》1957年第19期。
《孔雀》（长篇叙事诗），中国青年出版社，1957年。
《热芭人的歌》（诗集），中国青年出版社，1957年。

1959 年

春，协助王蓓创作话剧《杜十娘》。
《山间铃响马帮来》（中篇小说），通俗读物出版社，1959年。

1962 年

《杜十娘》（话剧），《剧本》1962年第5期。
创作五幕话剧《红杜鹃，紫杜鹃》。

1963 年

《春》（诗歌），《延河》1963年第3期。
《三个姑娘》（独幕喜剧），《奔流》1963年第4期。

1965 年

《像他那样生活》（话剧），《羊城晚报》1965年第20期。

1976 年

11月5日完成话剧《曙光》初稿。

1977 年

《曙光》（六场话剧），《人民戏剧》1977年第9期。
《小磨飞转》（小歌剧，解放军33990部队业余宣传队集体创作，白桦执笔），《人民戏剧》1977年第8期。
《地上的"神仙"》（短篇小说），《人民文学》1977年第6期。
《写在话剧〈曙光〉发表的时候》（创作谈），《中国戏剧》1977年第9期。
《群山耸立盼贺龙——纪念贺龙同志逝世八周年》（政治抒情诗），《文汇报》1977 年第 9 期。

《伟大的科学家——一个老植物学家的自述》(长诗),《文汇报》1977 年第 18 期。

1978 年

《我歌唱如期归来的秋天》(政治抒情诗),《诗刊》1978 年第 1 期。

《历史的回顾与思考——创作〈曙光〉所想到的》(创作谈),《戏剧艺术》1978 年第 1 期。

《"形象思维"管见》(评论),《上海文学》1978 年第 2 期。

《痛苦与欢乐》(短篇小说),《上海文学》1978 年第 3 期。

《生者与死者的眼睛——忆郑君里先生》(散文),《十月》1978 年第 2 期。

《李白与杜甫》(电影剧本,与郑君里合作),《十月》1978 年第 2 期。

《春夜》(短篇小说),《人民文学》1978 年第 3 期。

《生活、思索和创作》(创作谈),《人民戏剧》1978 年第 7 期。

《"四五"精神万岁!——赞话剧〈于无声处〉》(评论),《文艺报》1978 年第 6 期。

《我们创作的基点》(创作谈),《剧本》1978 年第 8 期。

《曙光》(话剧),人民文学出版社,1978 年。

《阳光,谁也不能垄断》(政治抒情诗),《诗刊》1978 年第 12 期。

《悲歌与欢歌》(诗集),河南人民出版社,1978 年。

12 月完成电影剧本《今夜星光灿烂》。

《秋江落叶》(短篇小说),《人民文学》1978 年第 12 期。

《历史的教训——写在〈曙光〉在京重演之前》,《体育报》1978 年第 9 期。

《我的家在中国……》,《文汇报》1978 年第 18 期。

《让曙光更灿烂些吧!》(创作谈),《文汇报》1978 年第 26 期。

1979 年

《红杜鹃,紫杜鹃》(五幕话剧),《剧本》1979 年第 1 期。

《解放者、诗情和艺术体现——〈红杜鹃,紫杜鹃〉后记》(创作谈),《剧本》1979 年第 1 期。

《初学写戏时的一个错觉》(创作谈),《艺术世界》1979 年第 1 期。

《韩美琼》(短篇小说),《星火》1979 年第 2 期。

《春潮在望》(政治抒情诗),《人民日报》1979 年 3 月 17 日。

《情思》(政治抒情诗),《清明》1979 年第 1 期。

《路在他的脚下延伸》(纪录片),香港《文汇报》1979年4月19日。
《今夜星光灿烂》(五幕话剧),《收获》1979年第2期。
《五点和诗有关的感想》(创作谈),《诗刊》1979年第3期。
《文学艺术与民主》(评论),《美术研究》1979年第1期。
《苦恋》(电影剧本,原名《路在脚下延伸》,与彭宁合作)完成于广州。
《从唐·吉诃德斗风车谈起》(评论),《清明》1979年第2期。
《噩梦醒来是早晨》(电影剧本,与王蓓合作),《电影新作》1979年第2期。
《苦恋》(电影剧本),《十月》第3期。
《小溪奔向大海》(短篇小说),《新华文摘》1979年第6期。
《今夜星光灿烂》,《广州文艺》1979年第7期。
《风》(政治抒情诗),《诗刊》1979年第8期。
《"向前看"的故事》(电视剧),《人民文学》1979年第9期。
《先有故事?先有人物?》(一)(创作谈),《电影创作》1979年第7期。
《思想多了吗?》(二)(创作谈),《电影创作》1979年第8期。
《配合中心任务和形势及其他》(三)(创作谈),《电影创作》1979年第9期。
《漫谈对待电影特性的态度》(四)(创作谈),《电影创作》1979年第10期。
《略谈电影文学剧本》(五)(创作谈),《电影创作》1979年第11期。
《影片的容量》(六)(创作谈),《电影创作》1979年第12期。
《珍珠》(政治抒情诗),《诗刊》1979年第10期。
《没有突破就没有文学》(发言),《人民日报》1979年11月13日。
《孔雀公主》(电影剧本),《电影创作》1979年第11期。
《未来人的奇想》,《北京文艺》1979年第12期。
《草木和战士》,《中国青年报》1979年第13期。
《歌唱英雄的新一代》,《中国青年报》1979年第29期。
《我多么想……——题张志新临刑前的照片》(诗歌),《文汇报》1979年第24期。
《春夜的歌——春节晚会上的即兴诗》(诗歌),《文汇报》1979年第28期。

1980年

《一束信札》(短篇小说),《人民文学》1980年第1期。
《失去了生活真实就失去了美——漫谈〈生活的颤音〉》(评论),《电影艺术》1980年第1期。
《白桦剧作选》(话剧集,含《红杜鹃,紫杜鹃》、《曙光》、《今夜星光灿烂》),

上海文艺出版社,1980年。

《啊! 古老的航道!》(中篇),《清明》1980年第1期。

《银杏村的早晨》(短篇小说),《新华文摘》1980年第4期。

《眼睛》(政治抒情诗),《上海文学》1980年第4期。

《小溪奔向大海》(短篇小说),上海少儿出版社,1980年。

《丙辰清明——庚申清明》(政治抒情诗),《上海文学》1980年第4期。

《春天来了!》(散文),《人民日报》1980年4月26日。

《哭李季》(诗歌),《长江文艺》1980年第4期。

《文学在思想解放运动中的作用》(评论),《文艺理论研究》1980年第3期。

《由衷的、有感而发的歌唱——〈今夜星光灿烂〉拍摄前和谢铁骊同志的谈话》(创作谈),《电影艺术》1980年第7期。

《妈妈呀,妈妈!》(长篇小说),《收获》1980年第4期。

《李白与杜甫》(电影剧本,与郑君里合作),四川人民出版社,1980年。

《曙光》(电影剧本,与王蓓女士合著),中国电影出版社,1980年。

《复活节——写给复活了的张志新》(诗歌),《榕树文学丛刊》1980年第2辑(总第4辑)。

《一枕咖啡梦》,《雨花》1980年第8期。

影片《今夜星光灿烂》(创作谈)《一个作者的话》,《人民日报》1980年9月3日。

《一个必须回答的问题》,《文汇增刊》1980年第1期。

《愿我们坦然地仰望星空——写在〈今夜星光灿烂〉上映的时候》,《文汇增刊》1980年第4期。

《白桦·叶楠孪生兄弟电影剧本选》(收入的白桦作品有《曙光》、《今夜星光灿烂》、《孔雀公主》、《李白与杜甫》),河南人民出版社,1980年。

《作家这个职业》,《青春》1980年第10期。

《情思》(诗集),江苏人民出版社,1980年。

《猎人的姑娘》(短篇小说集),中国少年儿童出版社,1980年。

《小树致林业部长的血书》(诗歌),《黑龙江林业》1980年第12期。

《幸福就是爱》(散文),《中国青年报》1980年第14期。

《爱您的儿子吧! 在我活着的时候》,《羊城晚报》1980年第3期。

《公民的忠告》(诗歌),《羊城晚报》1980年第7期。

《文艺管理体制要改革:时代在呼唤作家》(评论),《文汇报》1980年第21期。

影片《今夜星光灿烂》由北京电影制片厂摄制完成。

影片《太阳与人》由长春电影制片厂摄制完成。

1981 年

《船》(抒情短诗),《诗刊》1981 年第 1 期。
《听橹居盛衰记》(短篇小说),《文汇月刊》1981 年第 1 期。
《芳草青青》(电影剧本),《收获》1981 年第 1 期。
《妈妈呀,妈妈》(长篇小说),中国青年出版社,1981 年。
《抗浪鱼》(散文),《少年文艺》1981 年第 6 期。
《春天对我如此厚爱》(散文),《新观察》1981 年第 14 期。
《春潮在望》(节选)(政治抒情诗),《诗探索》1981 年第 3 期。
《白桦近作选》,香港天地图书有限公司,1981 年。
《关于〈苦恋〉的通信——致〈解放军报〉、〈文艺报〉编辑部》,《解放军报》1981 年 12 月 23 日。《文艺报》1982 年 1 月号转载。
《和一株春草的对答》(诗歌),《羊城晚报》1981 年第 27 期。
神话故事片《孔雀公主》由北京电影制片厂和上海美术电影制片厂联合摄制并上映。

1982 年

《林中遐想》(诗歌),《滇池》1982 年第 1 期。
《白桦的苦恋世界》(作品集),采风出版社,1982 年。
《谁说青春似流水》(散文),《羊城晚报》1982 年 3 月 23 日。
《冬日梦中的大雷雪》(小说),《十月》1982 年第 3 期。
《云南的云》(外一首)(诗歌),《新华文摘》1982 年第 5 期。
《爷儿俩》,《小说林》1982 年第 3 期。
《雪山杜鹃》(诗歌),《百花洲》1982 年第 5 期。
《一个渔把式之死》(中篇小说),《上海文学》1982 年第 10 期。
《壮丽的凋谢》(长诗),《当代》1982 年第 5 期。
《白桦的诗》(诗集),人民文学出版社,1982 年。
《我又回到了这里》,《长江文艺》1982 年第 11 期。
《白桦小说选》(中短篇小说选集),四川人民出版社,1982 年。
《我们正在越过弯路》,《青年作家》1982 年第 11 期。
《石宝山的松林和石窟》,《羊城晚报》1982 年第 17 期。

1983 年

《爱的渴望》、《在小河边》(散文),《文艺报》1983 年第 1 期。

《乐音仍在记忆中萦回——影片〈城南旧事〉欣赏》(评论),《人民日报》1983 年 2 月 2 日。

《给电影提供坚实的文学基础》(创作谈),《电影通讯》1983 年第 3 期。

《吴王金戈越王剑》(七幕历史剧),《十月》1983 年第 2 期,《作品与争鸣》1983 年第 10 期。

《乔迁之喜》(短篇小说),《芙蓉》1983 年第 2 期。

《〈吴王金戈越王剑〉创作断想》(创作谈),《戏剧报》1983 年第 9 期。

《泉水纯净——记红河州委书记李孟北同志》(散文),《人民日报》1983 年 6 月 15 日。

6 月为影片《火烧圆明园》、《垂帘听政》(香港李翰祥执导)撰写旁白。

《关于〈孔雀公主〉》(创作谈),《电影艺术》1983 年第 10 期。

《长江船歌》(诗歌),《长江文艺》1983 年第 11 期。

1984 年

《遥远的故乡》(中篇小说),《当代》1984 年第 6 期。

《向前疾行》(散文),《人民日报》1984 年 12 月 31 日。

1985 年

《懦弱》(小小说),《百花园》1985 年第 4 期。

《小鸟听不懂大树的歌》(长篇小说),《清明》1985 年第 1 期。

《银幕的渴望》(创作谈),《电影创作》1985 年第 3 期。

《我爱〈红衣少女〉这部影片》(评论),《电影作品》1985 年第 2 期。

《秋天回旋曲》(小说),《中国》(丁玲主编)1985 年第 2 期。

《颂歌,唱给一只小鸟》(长诗),《啄木鸟》1985 年第 2 期。

《天鹅之歌》(创作谈),《青年论坛》1985 年第 4 期。

《敢于飞翔》(创作谈),《当代电影》1985 年第 2 期。

《绿树·生命·歌舞》(短篇小说),《中国作家》1985 年第 2 期。

《一个四十岁的女人》(中篇小说),《小说家》1985 年第 3 期。

《追赶太阳的人》(长诗),《花城》1985 年第 3 期。

《白桦的中篇小说》(中篇小说集),中国文联出版社,1985 年。

《楚水粼粼,红荷盛开》(散文),《人民日报》1985 年 10 月 3 日。

《"死亡之海"——希望之光》(报告文学),《文汇》1985 年第 11 期。

《情诗六首》(诗歌),《诗刊》1985 年第 11 期。

《唯君最怜才——悼肖华同志》(散文),《羊城晚报》1985 年第 19 期。

《文学基础和电影导演》(评论),《文艺报》1985 年第 5 期。

1986 年

《爱,凝固在心里》(长篇小说),中国青年出版社,1986 年。

《对话——巨著、探索与传统》(访谈),《上海戏剧》1986 年第 2 期。

《无铃的马帮》(小说集,云南风情丛书),中国文联出版社,1986 年。

《作家的使命感与文学的未来》(创作座谈会发言摘要),《人民日报》1986 年 5 月 12 日。

《我和"真由美"的滇西之行》(散文),《新华文摘》1986 年第 4 期。

《今年在这里》(电视报告,与中野良子合作),《电视·电影·文学》1986 年第 2 期。

《作家的使命感与文学的未来》(创作谈),《人民日报》1986 年 5 月 12 日。

《大地—海洋—大地——悼念赵孝庵同志》(散文),《人民日报》1986 年 5 月 13 日。

《街头"内参"》(短篇小说),《人民文学》1986 年第 5 期。

《二重奏》(组诗《瑞丽之歌》、组诗《忆故乡》),《人民文学》1986 年第 6 期。

《这不是二十滴雨水》(诗歌),《中国作家》1986 年第 3 期。

《江上雨中行》(组诗),《上海文学》1986 年第 7 期。

《中国电影剧本选集》(十二)(白桦等著,中国电影出版社编),中国电影出版社,1986 年。

《尚未消逝的梦境——四川松潘县黄龙风景区纪游》(散文),《新观察》1986 年第 17 期。

《鲁迅五十周年祭》(二首)(诗歌),《人民日报》1986 年 10 月 18 日。

《自由在我们的观念中》(评论),《文艺理论研究》1986 年第 6 期。

《料峭春寒的黎明之歌——介绍周民的诗集〈恒湖〉》(评论),《文艺报》1986 年第 30 期。

1987 年

《熟悉而又陌生的苏联》(访苏散记),《小说界》1987 年第 1 期。

《槐花曲》(话剧),《收获》1987 年第 1 期。

《一支枯竭了的歌》(电影剧本),《十月》1987 年第 2 期。

《我们的自信》(创作谈),《当代》1987 年第 1 期。

《语体与交体》(小说),《小说选刊》1987 年第 4 期。

《我在爱和被爱时的歌》(诗集),文艺出版社,1987 年。

《血的证言和泪的反思——南京大屠杀遇难同胞 50 周年祭》,《文汇月刊》1987 年第 8 期。

《白桦四月诗意》(诗歌),《上海文学》1987 年第 8 期。

《松井石根现象——南京大屠杀五十周年杂感》(散文),《新观察》1987 年第 24 期。

《七支短歌》(诗歌),《青年作家》1987 年第 12 期。

1988 年

《失落天堂的安琪儿》(电影剧本),《十月》1988 年第 1 期。

《絮语》(诗歌),《上海文学》1988 年第 1 期。

《请给我一滴泉水吧!》,《艺术世界》1988 年第 1 期。

《远方有个女儿国》(长篇小说),人民文学出版社,1988 年。

《霓裳羽衣歌》(电影剧本),《电影新作》1988 年第 3 期。

《远方有个女儿国》(长篇小说),台湾三民书局,1988 年。

《缅甸的红宝石》(散文),《大自然》1988 第 4 期。

《五个少女和一条河》(中篇小说),《钟山》1988 年第 4 期。

《被遗忘的诺曼底》(散文),《文汇》1988 第 9 期。

《中国当代文学的失落与复归》(演讲),《中国现代当代文学研究》1988 年第 11 期。

1989 年

《远方有个女儿国》(长篇小说),南粤出版社,1989 年。

《最悲哀最彻底的失落》(评论),《电影之友》1989 年第 2 期。

《我的脚印》(散文),《中国文学》(英文)1989 年第 3 期。

《白桦流血的心》(演讲集),明报出版社,1989 年。

《啊!古老的航道!》(OH! ANCIENT CHANNELS!)(中篇小说)英文本由美国期刊《世界和我》(WORLD & I)发表。

《民意何处寻?——谈谈民意调查》(散文),《人民日报》1989 年 4 月 26 日。

《别在岸边模拟颠簸的舟行》,《艺术世界》1989 年第 4 期。

《儿戏》(短篇小说),台湾《联合文学》第五卷 1989 年第 10 期。

《十四行短诗 11 首》(《爱荷华城的早晨》等)(诗歌),《人民文学》1989 年第11期。

影片《最后的贵族》由上海电影制片厂摄制出品,任编剧(与孙正国合作)。

1990年

《音乐和我》(散文),《音乐爱好者》1990年第1期。
《学艺三题》(散文),《艺术世界》1990年第1期。
《音乐和我》(散文),《音乐爱好者》1990年第1期。
《西楚霸王》(电影剧本),《收获》1990年第3期。
《我看中国话剧》(评论),《上海戏剧》1990年第6期。
《每一颗星辰都不要陨落》,《上海文学》1990年第10期。
《远古的钟声与今日的回响》(话剧集《吴王金戈越王剑》、《槐花曲》、《走不出的深山》),三民出版社,1990年。

1991年

《梅香正浓》(散文),《随笔》1991年第1期。
《我心灵中珍藏的画卷》(散文),《散文选刊》1991年第7期。
《春季中的十日》(诗歌),《上海文学》1991年第10期。
《溪水,泪水》(长篇小说),三民书局,1991年。
《妈妈呀!妈妈》(法文版长篇小说),BELFOND出版社,1991年。
完成长篇小说《哀莫大于心未死》。

1992年

《我想问那月亮》(散文集),广东旅游出版社,1992年。
《白桦十四行抒情诗》(诗集),广东旅游出版社,1992年。
《你首先属于自己》(散文),《恋爱·婚姻·家庭》1992年第7期。
《春讯——泪讯》(诗歌),《上海文学》1992年第6期。
影片《杨贵妃》上映(白桦、田青、张弦、日本国弘威雄任编剧)1992年10月10日。
《哀莫大于心未死》(长篇小说),三民书局,1992年。

1993年

《我的命运的骏马》(诗歌),《上海文学》1993年第1期。
《故事并没讲完》,《小说界》1993年第3期。
《困惑的年代》(散文),《上海文学》1993年第8期。

《我也有过一个外婆》(散文),《鸭绿江》1993 年第 9 期。

《蓝海中的绿岛》(组诗),《诗刊》1993 年第 9 期。

《梦里不知身是客》(散文),《随笔》1993 年第 6 期。

1994 年

《沉船》(短篇小说),《大家》1994 年第 1 期。

《在辉煌之外的灯影里》(散文),《随笔》1994 年第 1 期。

《我也有过一个外婆》(散文),《中国文学》1994 年第 2 期。

《告别未英胡同》(散文),《中国作家》1994 年第 2 期。

《不能承受之轻》(散文),《交际与口才》1994 年第 6 期。

都市歌谣三首(《包青天》、《我已经快要把你忘记》、《挂在水管上的河》),《上海文学》1994 年第 9 期。

《吸烟可以致癌》(散文),《上海文学》1994 年第 10 期。

《击筑者》(短篇小说),《广州文艺》1994 年第 10 期。

《人格的发展》(散文),《教师博览》1994 年第 11 期。

《可敬的普通人》(散文),《青年博览》1994 年第 12 期。

《曼德拉起点的高度》(散文),《领导文萃》1994 年第 12 期。

《远方有个女儿国》(英文版长篇小说),美国 HAWAII 大学出版社,1994 年。

1995 年

《混含痛楚和愉悦的岁月——白桦随笔》(散文随笔集),知识出版社,1995 年。

《听！春汛》(诗歌),《中国文化报》1995 年 1 月 27 日。

《静秋》,《青年博览》1995 年第 1 期。

《角色》,《上海文学》1995 年第 2 期。

《我柔弱心灵上的烙印》(散文),《海上文坛》1995 年第 3 期。

《寒冷的夏天——1945 年 8 月》(散文),《海上文坛》1995 年第 8 期。

《放河灯》(散文),《中国残疾人》1995 年第 8 期。

《姐》(短篇小说),《十月》1995 年第 5 期。

《诗的逃避与被逃避》(创作谈),《诗探索》1995 年第 3 期。

《流水无归程》(长篇小说),三民书局,1995 年。

《歌谣一般——读〈爱的春夏秋冬〉》(评论),《诗刊》1995 年第 11 期。

《在闹市里播种诗歌》(散文),《国际市场》1995 年第 11 期。

《晚境——在旧金山看望谢冰莹》(散文),《随笔》1995年第6期。

话剧《一个秃头帝国的兴亡》(THE RISE AND FALL OF THE BALD EMPIRE)英文稿发表(〈MODERN INTERNATIONAL DRAMA〉U. S. A. U. of BINGHAMTON PRESS)。

1996 年

《苦悟》(长篇小说),作家出版社,1996年。

《人生苦短,情意绵长》(散文),《人生与伴侣》1996年第1期。

《剃头挑子——一头热》、《记小时候的一位大朋友》(散文),《萌芽》1996年第2期。

《沙漠里的狼——在塔克拉玛干听来的故事》(短篇小说),《山花》1996年第2期。

《我看广场话剧〈无事生非〉》(评论),《上海戏剧》1996年第1期。

《点子的过去、现在和未来》(散文),《企业研究》1996年第2期。

《指尖情话》(中篇小说),《大家》1996年第3期。

《元帅和名将》(散文),《领导文萃》1996年第9期。

12月完成电影剧本《呼兰河传》。

1997 年

《猎手多吉传奇》(短篇小说),《山花》1997年第3期。

《沙漠里的狼》(中短篇小说集),三民书局。

《淡出》(上)(中篇小说),《广州文艺》1997年第4期。

《淡出》(下)(中篇小说),《广州文艺》1997年第5期。

《生命》(散文),《人之初》1997年第10期。

《重蹈死亡之路》(散文),《随笔》1997年第3期。

《在维也纳寻找贝多芬》(散文),《广播歌选》1997年第9期。

《不幸中的理智之举:为尊严,撤离这场婚姻》(散文),《恋爱·婚姻·家庭》1997年第9期。

《混合着痛楚的愉悦》(散文),《音乐世界》1997年第10期。

《望贤楼》(散文),《河南文史资料》1997年第4期。

《让友情感动一生》(散文),《人生与伴侣》1997年第12期。

《绍兴随想录》(散文),《随笔》1997年第6期。

12月完成长篇小说《每一颗星都照亮过黑夜》。

1998 年

《悲情之旅》(散文集),湖南文艺出版社,1998 年。
《向往绿河》(散文),《森林与人类》1998 年第 1 期。
《呦呦鹿鸣》(中篇小说),《花城》1998 年第 1 期。
《我和胡风短暂而又长久的因缘》(散文),《华夏记忆》1998 年第 3 期。
《紧急迫降》(短篇小说),《山花》1998 年第 6 期。
《雪原落日——淮海战役五十周年纪念》(长诗),《诗刊》1998 年第 6 期。
《百年一瞬——翁同龢与光绪》(散文),《随笔》1998 年第 3 期。
《每一颗星都照亮过黑夜》(长篇小说),中国青年出版社,1998 年。
《"桃花源"历险记》(短篇小说),《山花》1998 年第 12 期。
12 月完成电影剧本《诗人李白》。

1999 年

《"梦"酒吧》(短篇小说),《花溪》1999 年第 1 期。
《五十年前的最后一夜》(散文),《散文选刊》1999 年第 4 期。
《手套比目鱼和老鼠》(散文),《艺术世界》1999 年第 5 期。
《作家白桦写给儿子的信》(散文),《青年文摘》1999 年第 5 期。
《白桦小说精选》,四川文艺出版社,1999 年。
《朋友高如星》(散文,口述实录),《黄河》1999 年第 3 期。
10 月应邀访问韩国,并多次作演讲。
《海一样瑰丽而深邃的梦》(政治抒情诗),《诗刊》1999 年第 10 期。
《往事两题》,《美文》1999 年第 11 期。
《白桦文集》(四卷本),长江文艺出版社,1999 年。

2000 年

《百年一瞬》(散文集),湖北人民出版社,2000 年。
影片《英雄无语》由宁夏电影制片厂拍摄完成,任编剧(与项小米合作)。
《笃公刘》(散文),《新华月报》2000 年第 1 期。
《一件棉军装》(散文),《青年博览》2000 年第 3 期。
《海通法师》(散文),《万象》2000 年第 7 期。
8 月影片《阿桃》由上海电影制片厂摄制上映,任编剧。
《美酒无须夜光杯》(散文),《人民文学》2000 年第 9 期。
《我和胡风短暂而又长久的因缘》(散文),《新文学史料》2000 年第 11 期。
《与美常在》(散文),《青年博览》2000 年第 11 期。

《阳雀王国》(中短篇小说集),三民出版社,2000年。

2001 年

《雪山杜鹃——过白马山所见》(散文),《语文世界》2001年第3期。
《旧地重游话丽江》(散文),《热风》2001年第8期。
《亲切如话,美妙如歌》(评论),《文学自由谈》2001年第3期。
《未英胡同》(散文),《北京观察》2001年第5期。
《米琪的出走和归来》(散文),《新美域》2001年第3期。
《戏剧是人性的镜子》(评论),《文学报》2001年12月13日。

2002 年

《一半阳光,一半阴影》(散文随笔集),远方出版社,2002年。
《梦游古蜀》(短篇小说),《山花》2002年第1期。
《白桦访谈:花丛中的礼炮》,《文学自由谈》2002年第2期。
《话说皇权》(散文),《随笔》2002年第3期。
《如梦岁月》(散文随笔集),学林出版社,2002年。
电影剧本《诗人李白》(俄文版)在莫斯科出版。

2003 年

《滇越边记行六篇》(散文),《中国作家》2003年第3期。
《我的胞兄叶楠》(散文),香港《文汇报》2003年4月10日。
《守望底线》(散文),《南方周末》2003年5月9日。
《被放逐到鲁迅先生身边的时候》(散文),《读书文摘》2003年第6期。
《杰作的诞生》(散文),《青年博览》2003年第12期。
《说犬》(散文),《随笔》2003年第6期。
完成电视连续剧《滇池上的月亮》(20集)。

2004 年

《四月》(三首)(十四行诗),《诗刊》2004年第7期。
《夏夜》(短篇小说),《鸭绿江》2004年第9期。
完成电视连续剧《阿盖公主》(20集)。

2005 年

《人人脚下都有一片月光》(演讲),《边疆文学》2005 年第 1 期。

《一首情歌的来历》(长篇小说),文艺出版社,2005 年。

《哥像月亮天上走》(小说,《一首情歌的来历》节选),《边疆文学》2005 年第 8 期。

《美丽的香格里拉》(散文),《鸭绿江》(上半月刊)2005 年第 10 期。

《怀念冯牧》(散文),《云南省当代文学研究会》2005 年第 59 期。

《白桦:文学创作必须自由》(访谈录),香港《文汇报》2005 年 11 月 7 日。

《什么是最好的文学》(演讲),《边疆文学》2005 年第 12 期。

完成电视连续剧《落日、落花》(30 集)。

2006 年

《一半阳光一半阴影》(散文集),远方出版社,2006 年。

《最美暮色沧浪亭》(散文),《苏州杂志》2006 年第 1 期。

《一直想说的故事》(散文),《长江日报》2006 年 3 月 8 日。

《四个简短的故事》(散文),《美文》2006 年第 6 期。

《蓝铃姑娘》(中篇小说,边地传奇系列),《上海文学》2006 年第 4 期。

《一朵洁白的罂粟花》(短篇小说,边地传奇系列),《上海文学》2006 年第 4 期。

《创作、反响和建议》(创作谈),《上海文学》2006 年第 4 期。

《驼峰飞虎》(20 集电视连续剧剧本,丹增、白桦、何真著),人民文学出版社,2006 年。

《〈上有老〉:中年的生存危机》(评论),《吉林日报》2006 年 6 月 29 日。

《帘外夕阳》(散文),《美文》2006 年第 7 期。

《我们身旁的那颗星飞去了——文夫兄逝世周年祭》(散文),《苏州杂志》2006 年第 4 期。

《心灵上的烙印》(散文),《源流》2006 年第 10 期。

《大厦的基础》(散文),《随笔》2006 年第 6 期。

2007 年

《自由》(散文),《银潮》2007 年第 1 期。

《白桦歌诗五首》(诗歌),《词刊》2007 年第 2 期。

《吉狄马加,你属于所有人》(评论),《诗歌月刊》2007 年第 5 期。

《听琴》(散文),《银潮》2007 年第 6 期。

《不以为怪，不以为耻》（散文），《随笔》2007 年第 3 期。
《自家后院有钻石》（散文），《生意通》2007 年第 6 期。
《标枪》（中篇小说），《上海文学》2007 年第 7 期。
《记忆中的一刻》（诗歌），《诗刊》卷首语 2007 年第 15 期。
《为正直者寿》（散文），《云南省当代文学研究会文学评论选》。
《恩之情 情之爱》（散文），《报林》2007 年第 11 期。

2008 年

《不再重现的图画》（散文随笔集），南京师范大学出版社，2008 年。
《每一颗星都照亮过黑夜》（长篇小说），东方出版中心再版，2008 年。
《心灵上的烙印》（散文），《散文选刊》2008 年第 1 期。
《致紫丁兄（夏智定）》（诗歌），《诗选刊》（下半月）2008 年第 2 期。
《我印象中的信阳》（散文），《中州建设》2008 年第 4 期。
《从秋瑾到林昭》（抒情长诗），《诗歌月刊》2008 年第 3 期。
《雪花的重量》（诗歌），《诗刊》2008 年第 5 期。
《记忆中的星光》，《读者》2008 年第 4 期。
《阳光，谁也不能垄断》（政治抒情诗），《诗刊》（纪念中国改革开放 30 年诗歌特大号）第 9 期上半月刊。
《敦煌飞天的来历》（散文），《新民晚报》2008 年 5 月 24 日。
《写给儿子的信》（散文），《文苑》2008 年第 6 期。
《文学"没有思想就没有文学"——专访作家白桦》（访谈录），《南方周末》2008 年 12 月 11 日。
《一棵枯树的快乐》（外一首《倾听柴可夫斯基 b 小调第六交响乐》）（诗歌），《光明日报》2008 年 12 月 20 日。

2009 年

《文学与人生——讲不完的故事》（演讲），《文学报》2009 年 4 月 2 日。
《我是河南人》（散文），《联合时报》2009 年 4 月 7 日。
《我的河南老乡》（散文），《红豆》2009 年第 6 期。
《蓝铃姑娘》（中短篇小说集，云南边地传奇系列），东方出版社，2009 年。
《战火与霞光》（散文），《联合时报》2009 年 7 月 10 日。
《重睹芳华——回忆言慧珠》（散文），《南方周末》2009 年 9 月 3 日。
《阳光，谁也不能垄断》（政治抒情诗），《诗刊》（上半月刊）2009 年第 17 期。

《白桦座谈创作与人生》(访谈录),《诗歌月刊》2009 年第 9 期。

《相知》(诗歌),《诗选刊》2009 年第 10 期。

《画坛三题》(散文,《黄胄和他的毛驴》、《话说往事猫头鹰》、《我闻见花香了——序周诗元摄影集》),《花城》2009 年第 5 期。

《白桦文集》(四卷增订本),上海文艺出版社,2009 年。

《长歌和短歌》(诗集),云南人民出版社,2009 年。

《我就像一棵腹地边缘的树》(新作研讨会答谢辞),《文学报》2009 年 11 月 26 日。

《笃公刘》(散文),《新民晚报》2009 年 11 月 29 日。

2010 年

《无题》、《风》(诗歌),《文汇报》2010 年 1 月 11 日。

《写给我的三个小孙女》(诗歌),《诗歌月刊》2010 年第 1 期。

《笃公刘》(散文),《新华月报》2010 年第 1 期。

《被俘的日本军鸽》(散文),《中华信鸽》2010 年第 2 期。

《蓝铃姑娘》(中篇小说),《北京文学·中篇小说月报》2010 年第 2 期。

《苏朗甲错》(散文),《文汇报》2010 年 2 月 9 日。

《画如其文,文如其人——忆君特·格拉斯》(散文),《南方周末》2010 年 2 月 25 日。

《忆洛阳》(散文),《文汇报》2010 年 3 月 17 日。

《记忆中的星光》(散文),《南方周末》2010 年 4 月 8 日。

《春水》(散文),《文汇报》2010 年 5 月 12 日。

《白桦专访:文学对人性的解剖最深刻》(访谈录),《深圳特区报》2010 年 6 月 21 日。

《野台子戏》(散文),《文汇报》2010 年 8 月 2 日。

《一次冒昧的拜访》(散文),《文汇报》2010 年 9 月 28 日。

《黄国故里人》(散文),《文汇报》2010 年 12 月 30 日。

2011 年

《白桦话李白》(散文),《中国酒》2011 年第 1~5 期。

《讲民生也讲民权》(评论),《求贤》2011 年第 1 期。

《空椅子》(诗歌),《诗歌月刊》2011 年第 2 期。

《落叶》(诗歌),《文汇报》2011 年 2 月 28 日。

《在路上》(散文),《南方都市报》2011 年 3 月 16 日。

《诗人导演孙瑜》(散文),《新民晚报》2011年3月20日。

《身后已无事》(散文),《南方都市报》2011年4月20日。

《后辛亥革命的蹒跚》(散文),《南方都市报》2011年8月5日。

《若花开》(散文),《新民晚报》2011年8月10日。

《我爱倾听》(散文,《可凡倾听》序),《新民晚报》2011年10月9日。

《文学创作必须自由》(创作谈),香港《文汇报》2011年11月7日。

《良知、理性和智慧的覆没》(散文),《南方都市报》2011年12月9日。

2012年

《汤爷爷走了》(散文),《广州日报》2012年2月7日。

《灵峰探梅》(散文),《广州日报》2012年4月24日。

《黄国故里人》(散文),《中州建设》2012年第9期。

《背路》(短篇小说,云南边地传奇系列),《上海文学》2012年第6期。

《让·雅克·阿诺先生》(散文),《新民晚报》2012年6月17日。

《小鸡街——云南边地传奇》(短篇小说),《花城》2012年第4期。

《风自在,帆属于自己》(散文,《美国高中怎么读》序),《新民晚报》2012年7月25日。

《文人的价格》(评论),《南方都市报》2012年9月4日。

《我的爹娘》(散文),《花城》2012年第6期。

《一瞥》(散文),《广州日报》2012年11月21日。

《白桦小说精品集》(小说集),南海出版公司,2012年。

2013年

《送别于是之》(诗歌),《中国演员》2013年第1期。

《守望底线》(散文),《南方周末》2013年5月9日。

2014年

《投稿札记三则》(散文),《上海文学》2014年第1期。

《文学薪传一甲子》(散文),《上海文学》2014年第1期。

《诗的动机之二》(创作谈),《文学报》2014年3月6日。

《鲜花一束》(诗歌近作十二首),《上海文学》2014年第3期。

《时间让水更清澄》(作者的话),《南方周末》2014年4月17日。

研究资料索引

白桦研究资料索引

报纸期刊文章

陶汉章:《一个写路线斗争的好戏》,《人民戏剧》1977 年 5 月第 10 期。

张国军:《光彩照人——试谈话剧〈曙节光〉贺龙形象的塑造》,《安徽师大学报》1977 年 12 月第 6 期。

读者来稿:《戏剧创作反映两条路线斗争的探讨——对话剧〈曙光〉的不同意见》,《人民戏剧》1978 年 1 月第 1 期。

薛宝琨:《悲剧的力量——看〈曙光〉想到的……》,《人民戏剧》1978 年 2 月第 2 期。

侯耕:《也谈〈曙光〉》,《人民戏剧》1978 年 2 月第 2 期。

崇龙:《革命斗争的真实反映》,《人民戏剧》1978 年 5 月第 9 期。

李俊:《白桦——多思、多才、多产的作家》,《剧本》1979 年 10 月第 10 期。

浦人:《革命和青春的颂歌——影片〈今夜星光灿烂〉观后》,《电影评介》1980 年 5 月第 5 期。

单洪根:《〈今夜星光灿烂〉的情节是真实的》,《电影评介》1980 年 8 月第 8 期。

高立志、崔莲英:《一首抒情的赞歌——〈今夜星光灿烂〉的艺术特色》,《电影评介》1980 年 8 月第 8 期。

武光瑞:《真实才能感人——评电影〈今夜星光灿烂〉》,《电影评介》1980 年 10 月第 10 期。

《解放军报》社论:《坚持和维护四项基本原则》,《解放军报》1981 年 4 月 17 日。

孙亦文、李报德、熊焰、黄家碧:《一部违背四项基本原则的作品》,《解放军报》1981 年 4 月 18 日。

刘伟:《对电影文学剧本〈苦恋〉的意见》,《解放军报》1981 年 4 月 18 日。

《解放军报》评论员:《四项基本原则不容违反——评电影文学剧本〈苦恋〉》,《解放军报》1981 年 4 月 20 日。

金辉:《爱祖国与祖国的爱》,《解放军报》1981 年 4 月 20 日。

黄钢:《这是一部什么样的"电影诗"?》,《时代的报告》(增刊) 1981 年第

1期。

观察员：《〈苦恋〉的是非，请与评说》，《时代的报告》（增刊）1981年第1期。

何洛：《我观〈苦恋〉》，《北京日报》1981年4月23日。

远方：《〈苦恋〉与知识分子的爱国心》，《红旗》1981年第9期。

张澄寰：《〈苦恋〉的问题和教训》，《解放军报》1981年5月15日。

张澄寰：《儿嫌母丑，恋从何来？》，《解放军报》1981年5月23日。

《苦恋的锋芒指向谁？——〈解放军报〉载文批评电影文学剧本〈苦恋〉》，《语文教学通讯》1981年6月第6期。

唐因、唐达成：《论〈苦恋〉的错误倾向》，《文艺报》1981年第19期。（1981年10月7日《人民日报》转载。）

王希坚：《浅谈〈苦恋〉》，《山东文学》1981年10月第10期。

谢冕：《孔雀已经归来——论白桦的诗》，《上海文学》1981年8月第8期。

顾骧：《史笔·哲理·诗情——〈吴王金戈越王剑〉散论》，《戏剧报》1983年3月第5期。

孙泽钧：《浅谈〈吴王金戈越王剑〉的舞美设计》，《戏剧报》1983年4月第6期。

蓝天野：《探索新意：〈吴王金戈越王剑〉导演随想》，《上海戏剧》1983年5月第4期。

张维：《不能把古代神话现代化——对影片〈孔雀公主〉的意见》，《电影艺术》1983年6月第6期。

常闻：《〈长江文艺〉出"诗歌特大号"》，《诗刊》1983年11月第11期。

张仲春：《白桦、叶楠剧作艺术风格比较》，《深圳大学学报》1984年4月1日第1期。

孟涛：《自由个性美学——白桦对电影的思索》，《电影评介》1985年5月第5期。

春华：《对人类现状和未来的痛苦沉思》，《小说评论》1988年6月第3期。

唐葆祥：《匠心独运谱新歌——读白桦〈霓裳羽衣歌〉》，《电影新作》1988年6月第3期。

朱丹：《真诚、创新、勇气……——白桦、张弦、雁翼谈影视创作》，《电影评介》1986年10月第10期。

施加明：《一对好搭档——访〈最后的贵族〉的编导白桦、谢晋》，《电影评介》1988年9月第9期。

艺文：《白桦与影视的情缘》，《当代电视》1993年8月第8期。

冯健男：《马诗的时代精神》，《河北师范大学学报》1995年1月第1期。

倪宗武：《当代史剧创作简论》，《福建师范大学学报》1995年4月第2期。

程朝福：《浅谈名著的改编》，《戏剧之家》1996年2月第1期。

张光年：《1981年批判〈苦恋〉的前前后后》，《百年潮》1998年1月第1期。

丁东：《唐达成访谈录》，《百年潮》1998年1月第1期。

李春兆：《历史的真相和历史的启迪——也谈1981年对〈苦恋〉的批判》，《文艺理论与批评》1998年5月第3期。

刘扬烈：《改革开放以来的中国新诗》，《重庆电大学刊》1998年5月第2期。

梁昭：《云南电影的黄金时代》，《电影新作》1999年6月第3期。

公浦：《金平——云南军旅作家的摇篮》，《民族团结》2000年10月第10期。

韩瀚：《匹夫之责——1975：向江青发难》，《江淮文史》2001年8月第3期。

朱子南：《丁玲谈〈苦恋〉与"右派"》，《世纪》2002年7月第4期。

朱健国：《白桦珠海说孤独》，《文学自由谈》2003年5月第3期。

朱健国：《孤独：作为创作状态——白桦谈〈苦恋〉及其他》，《唯实》2003年10月第8—9期。

熊玲、黄华：《打造民族文化精品——白桦孙道临谈编创电影电视剧〈小河淌水〉》，《云南日报》2004年2月25日。

熊玲、黄华：《"阿诗玛"的呼唤回荡云岭》，《云南日报》2005年4月22日。

徐庆全：《〈苦恋〉风波始末》，《南方文坛》2005年9月第5期。

马达：《〈文汇报〉拒绝转载批判〈苦恋〉文章内情》，《书摘》2005年7月第7期。

麦群忠：《白桦与王蓓的电影情缘》，《文史精华》2005年10月第10期。

《琴台客聚：白桦谈"某生"的启示》，香港《文汇报》2005年11月23日。

徐庆全：《从陈播的一封信看〈苦恋〉高层争论》，《炎黄春秋》2006年2月第2期。

朱晶：《苏云与〈苦恋〉风波》，《电影文学》2006年6月第12期。

黄良全：《论白桦的政治抒情诗》，《职大学报》2006年9月第3期。

柳萌：《二十年文坛亲历记——〈春天对我如此厚爱〉发表后》，《海燕》2007年1月第1期。

李清霞：《浓缩的历史 深广的蕴藉——重读白桦的〈呦呦鹿鸣〉》，《廊坊师范学院学报》2007年2月第1期。

蓝芒：《文学呼唤激情和想象力——读白桦〈蓝铃姑娘〉小说二题》，《云南省当代文学研究会文学评论选》2007年10月。

白桦、王妍丁:《白桦与王妍丁的QQ访谈》,《诗歌月刊》2008年3月第3期。

舒云:《1957年:总政创作室艺术家群像》,《党史博览》2008年4月第4期。

《诗人白桦 演员王蓓自爆罗曼史》,《西安晚报》2008年9月10日。

乔迈:《〈影逢乱世:《创业》蒙难纪实〉的采访》,《电影文学》2008年10月第19期。

国家玮:《摩古拉隐喻的嬗变:从〈召树屯〉到〈孔雀公主〉》,《民族文学研究》2008年11月第4期。

徐庆全:《〈苦恋〉风波始末》,《新电影史料》2008年12月第23期。

李乃清:《白桦"苦恋"30年》,《南方人物周刊》2009年2月第6期。

陈歆耕:《由白桦一首新诗说开去》,《松江报》2010年1月5日。

卫东:《白桦用生命在歌唱》,《姑苏晚报》2010年2月28日。

张洁、黄华:《云南少数民族题材经典全新亮相:山间再响悠悠马帮铃》,《云南日报》2009年2月12日。

朱安文:《"马帮"抒写边疆新篇》,《大众电影》2009年4月第8期。

高明毅:《为欢乐而醉的饮者白桦》,《北方周末报》2009年6月18日。

陈孟云:《整理与改编:〈召树屯〉的跨语际流变》,《云南民族大学学报》2009年9月第5期。

《给白桦颁奖》,《新安晚报》2009年7月8日。

《白桦新作引发关注》,《劳动报》2009年11月29日。

沈栖:《中国知识分子的思想宣言——读白桦长诗〈从秋瑾到林昭〉随感》,《联谊报》2009年12月5日。

《白桦,一棵"腹地边缘的树"》,《常州日报》2009年12月26日。

白桦等:《有尊严的活着:白桦专辑》,《诗歌月刊》2010年1月第1期。

李欣复、纪燕:《〈从秋瑾到林昭〉——血写血书者的一曲悲歌》,《美与时代》(下)2010年4月第4期。

李乃清:《那几朵温柔的微笑》,《南方人物周刊》2010年1月第1期。

曹军英、周文莉:《上海举行白桦诗歌朗诵会》,《中外诗歌研究》2010年3月第1期。

孙振亚:《投军路上遇白桦》,《青春》2010年4月第4期。

王光明:《老作家白桦来深谈创作作家应该直面人生面对真实》,《深圳商报》2010年6月22日。

至辛:《沪上访白桦》,《镇江日报》2010年10月25日。

喻大翔:《给一棵树——赠白桦》(外二首),《花城》2010年11月第6期。

罗君:《白桦:与文学苦恋》,《上海采风》2011年2月第2期。

施维:《从"幕后隐身"到"台前显形"——从〈蓝铃姑娘〉看人性善恶表现的特殊类型》,《安徽广播电视大学学报》2011年3月第1期。

《白桦获第19届柔刚诗歌奖》,《南方都市报》2011年4月15日。

徐允上:《"我曾想过在苏州定居"——访著名作家白桦》,《苏州日报》2011年5月28日。

宋祖荫:《古镇邂逅白桦》,《太仓日报》2011年9月24日。

吴思敬:《艾青和"五七"受难者的回归》,《中国诗歌研究》(第八辑)2011年12月第8辑。

刘千秋:《文明人的"野蛮"与野蛮人的"文明"——试析〈远方有个女儿国〉的反乌托邦叙事》,《河海大学学报》2012年3月第1期。

史中兴:《一篇批判〈苦恋〉文章引发的风波》,《世纪》2012年3月第2期。

杨匡汉:《道一声"向经典致敬"》,《艺术评介》2012年6月第6期。

陶广学:《白桦的飞鸟情结》,《云南广播电视大学学报》2011年6月第2期。

陶广学:《问世间,情为何物——论白桦〈一首情歌的来历〉》,《昆明学院学报》2012年2月第1期。

陶广学:《诗人的"苦恋"》,《思茅师范高等专科学校学报》2012年2月第1期。

陶广学:《白桦先生主要文学活动系年》,《信阳师范学院学报》2012年10月第5期。

陶广学:《白桦小说的叙事艺术》,《楚雄师范学院学报》2012年11月第5期。

《诗人白桦》,《钱江晚报》2013年3月3日。

郜元宝:《近二十年"文学沪军"一瞥》,《文学报》2013年5月9日。

曹志佐:《在〈创业〉遭到封杀之后……》,《大众电影》2013年8月第16期。

王正口述,陈辽记录:《胡耀邦平息"突破"事件》,《炎黄春秋》2013年9月第9期。

《白桦手稿捐赠仪式举行》,《文学报》2013年12月5日。

谢晶莹:《电影〈孔雀公主〉配乐中的情感叙事》,《短篇小说》2013年12月第35期。

李伟伟:《电影〈孔雀公主〉配乐中的情感叙事》,《电影文学》2014年1月第1期。

王瑛:《写气图貌,于心徘徊——评白桦的〈山间铃响马帮来〉》,《名作欣赏》2014年3月第8期。

《〈吴王金戈越王剑〉隔31年复演 白桦不顾病体亲临谢幕》,《珠海特区报》2014年4月27日。

董城:《卅年挥剑 求索民族话剧之魂——〈吴王金戈越王剑〉演绎"后勾践时代"》,《光明日报》2014年4月30日。

范党辉:《今月曾经照古人——从〈吴王金戈越王剑〉看舞台的可阐释空间》,《文艺报》2014年5月26日。

博士、硕士学位论文

段凌宇:《现代中国的边地想象——以有关云南的文艺文化文本为例》,首都师范大学博士学位论文,2012年。

杨丽君:《"〈苦恋〉风波"再解读》,湖北大学硕士学位论文,2013年。

专著

白桦等著,中国电影出版社编:《中国电影剧本选集》(十二),中国电影出版社,1986年。

邓小平:《关于反对错误思想倾向问题》,《邓小平文选》(第2卷),人民出版社,1994年。

中国电影家协会编:《论中国少数民族电影——第五节中国金鸡百花电影节学术研讨会文集》,中国电影出版社,1997年。

张光年:《文坛回春纪事》,海天出版社,1998年。

张鸿声:《河南文学史·当代卷》,郑州大学出版社,2011年。

李振邦:《河南籍著名文学家评传·新时期部分》,大众文艺出版社,2005年。

冯志刚:《白桦的心路历程——一个知识分子从迷恋到觉醒的思想变化》,明艺有限公司,1998年。

编后记

  因为迷恋家乡籍的著名作家白桦先生和他的文学世界,我成了一个地道的"白痴"。也许在生命的冥冥之中,确乎存在着一种注定或者说缘分吧。

  二十年前,有幸聆听了先生的一次演讲。那时先生年届花甲,满头银发,然而激情满怀,滔滔不绝讲了两个多小时。远观先生的言谈举止,翩翩风度,亦不乏傲岸与倔强。

  六年前,应聘至信阳职业技术学院(先生的母校)。有一个以先生笔名命名的学生刊物《白桦林》,颇受师生喜爱。受领导之命,担任指导老师。陈兴焱教授一直很关心这个刊物,要求选登白桦、叶楠二老的作品及其评介文章。他几次三番,几次三番地说。于是,我开始收集、研读先生的作品,立即为他火热的文字所打动,为他唯爱、唯美的艺术世界所痴迷。于是写点小文斗胆通过 E-mail 联系先生,不曾想耄耋高龄、病体缠身的白老,一一回复并给予指导,着实令人感动。亦可见先生之道德、文章,皆令人景仰。

  一年前,我调至信阳师范学院文学院任教。适逢文学院领导为大力推动科研工作、提高科研水平,也为青年教师的学术提升打造平台,整合多学科力量,经过科学论证、积极规划,分批开展了多项重要的课题。其一就是开展河南籍作家研究。或因此前发表了几篇讨论先生作品的小文,我有幸忝列学院河南籍作家研究团队,承担先生的研究资料汇编工作。

  本研究资料共分四个部分:一、作家"自述·访谈·印象记",先生不仅著作丰富,而且在文艺理论方面颇有建树。其文学思想主要体现于创作谈、评论、演讲与访谈录等中,也散见于一些诗歌、小说、散文、戏剧作品中。先生呼吁作家为人民创作,强调文学创作要真实地反映现实,强烈地干预生活,努力地"纠正生活"。二、"研究论文选辑",与先生的文学成就相比,学界的研究成果实属远远不够。由于先生是创作的多面手,资料编选尽量涵盖其话剧、电影文学、诗歌、小说等多种体裁或多部著作的具有一定代表性的论文。三、"作品年表",利用多种途径尽可能地将先生的作品收集入表。年表主要以时间先后顺序排列,截至 2014 年 7 月。由于先生创作长达近七十年,早年的文献或不易收集,或早已散佚，遗漏之处，在所难免。四、"研究资料索引"，关于先生及作品的学术论文、新闻报道皆列入索引，此外还有部分相关著作，时间亦截至 2014 年 7 月。

  本人才疏学浅，在工作进展期间，幸得文学院吴圣刚教授、王雨海教授、沈文慧教授等专家的大力支持与热心指导，还有杜昆博士、侯朝阳博士不辞劳苦，远赴北京、香港、台湾，帮助收集、整理了一批珍贵资料，在此一并致以深深的谢意。

  噫！微斯人，吾谁与归？

  是为记。

陶广学

2014 年 8 月于申城